“十四五”普通高等教育汽车服务工程专业教材

Qiche Yingxiaoxue

汽车营销学

（第3版）

张国方　主　编
李江天　副主编

人民交通出版社股份有限公司
北　京

内 容 提 要

本书为“十四五”普通高等教育汽车服务工程专业教材。全书共十四章,主要内容包括概论、汽车营销环境、企业战略规划与营销管理、汽车用户购买行为、汽车市场营销调研与市场预测、目标市场营销与竞争策略、汽车产品策略、汽车定价策略、汽车分销策略、汽车促销策略、汽车服务策略、汽车互联网营销、我国汽车产业(市场)发展、国际汽车市场营销。

本书可作为普通高等院校汽车服务工程专业等汽车与交通类专业的教材使用,也可供汽车生产与销售服务企业的员工培训使用,还可供从事汽车营销与服务工作的在职人员学习参考。

图书在版编目(CIP)数据

汽车营销学/张国方主编. —3 版. —北京:人民交通出版社股份有限公司,2022.9

ISBN 978-7-114-17963-1

Ⅰ.①汽… Ⅱ.①张… Ⅲ.①汽车—市场营销学—高等学校—教材 Ⅳ.①F766

中国版本图书馆 CIP 数据核字(2022)第 080435 号

书　　名: 汽车营销学(第 3 版)
著 作 者: 张国方
责任编辑: 李　良
责任校对: 席少楠　刘　璇
责任印制: 刘高彤
出版发行: 人民交通出版社股份有限公司
地　　址: (100011)北京市朝阳区安定门外外馆斜街 3 号
网　　址: http://www.ccpcl.com.cn
销售电话: (010)59757973
总 经 销: 人民交通出版社股份有限公司发行部
经　　销: 各地新华书店
印　　刷: 北京市密东印刷有限公司
开　　本: 787 × 1092　1/16
印　　张: 18.5
字　　数: 462 千
版　　次: 2008 年 11 月　第 1 版
2017 年 7 月　第 2 版
2022 年 9 月　第 3 版
印　　次: 2024 年 7 月　第 3 版　第 2 次印刷　累计第 16 次印刷
书　　号: ISBN 978-7-114-17963-1
定　　价: 52.00 元
(有印刷、装订质量问题的图书,由本公司负责调换)

前　言

Qianyan

汽车产业是大家公认的与时代前沿科技和生产方式变革结合紧密的行业之一。近年来,随着汽车电动化、智能化、网联化和共享化(“新四化”)的快速发展,汽车正在成为新能源革命和智能网联的先行者,新能源汽车和智能网联汽车正在为我国经济和社会发展提供新动能,成为拉动经济增长的重要引擎。汽车产业加速进入转型发展新阶段,一定会形成高质量和持续发展的新局面,催生跨汽车、能源、交通、信息、通信等多领域、多主体参与的“网状生态”,铸就融合开放发展的新特征。新能源汽车与智能网联汽车最终将从代步工具,发展成为一种移动智能终端和能源终端。站在新时代、新征程的起点上,新能源汽车和智能网联汽车为国家提供了一个“新基建”“新消费”“新出口”的理想解决方案,为国家的“需求侧改革”和“双循环”大战略提供重要支撑,为国民经济形成“需求牵引供给、供给创造需求”更高水平的动态平衡增添力量,并最终实现汽车强国梦想,为中华民族伟大复兴做出贡献。

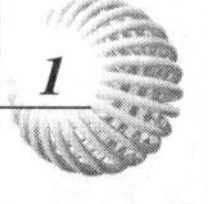

进入21世纪以来,我国汽车市场经历了一个持续、健康、快速的发展过程,并在2017年产销量达到阶段性的历史高峰,汽车需求在宏观上基本已经进入市场饱和或波动发展阶段,企业竞争的激烈程度将超越以往任何时期。但另一方面,新能源汽车呈现爆发式增长态势,智能网联汽车也不断取得重大进展,正在加速改变汽车产业的生态特征、产品结构、服务营运模式、盈利增长方式。在这种变化中,汽车企业必将更加注重运用各种现代营销手段,提高经营管理素质,实现企业的高质量增长。

《汽车营销学》教材于2006年被教育部列入国家规划教材,并于2008年和2017年由人民交通出版社先后出版发行了第一版和第二版。教材出版发行后,对全日制普通高等学校本科汽车服务工程专业及相关专业的建设与汽车营销类课程的教学起到了重要的支撑作用,也满足了汽车营销与服务领域的部分从业者学习业务知识的需要。

随着汽车产品加速向新能源汽车、智能网联汽车转型,传统汽车也正在被新能源汽车和智能网联汽车替代,汽车及其相关服务产品的营销活动出现重大创新,特别是新势力造车企业颠覆了传统的汽车营销与服务模式,取得了一批新的实践成果,迫切需要对其进行理论总结和升华,因此,有必要对《汽车营销学》教材中相关内容进行修订。本次《汽车营销学》(第三版)的教材修订,在借鉴前两版和同类教材编写经验的基础上,充分考虑了当今汽车产业变革进步的新要求,教材内容对经典知识体系做了适度的精简和优化,并注重吸收学术界的最新理论成果,尤其是非常注重凝练企业界特别是新势力造车企业的最新营销实践经验,全面更新了新产品开发策略、汽车分销渠道、人员销售、广告促销、互联网营销、汽车产业发展现状及未来趋势等内容。同时,结合新时代高等教育发展的新要求,教材对课程思政教育也给予了高度关注,本着"润物细无声"的原则,注重传承中华民族优秀传统文化和汽车行业的先进企业文化。教材注重内容的逻辑性,并在功能上注重教材对学生专业能力的培养作用,激发学生学习热情,强化创新思维训练,注重教材内容对课程教学目标达成度的支撑作用。在语言风格上,教材强化了可读性和友好性,语言简洁明了,表述准确。各章末尾保留了第二版增加的本章小结和复习思考题的形式,以方便学习者回顾和总结本章内容。

本书由张国方教授担任主编,由李江天副教授担任副主编。参加本次教材修订和撰写工作的人员有(按章节顺序排列):张国方(第一章、第七章、第九章、第十三章),李江天(第二章、第六章),刘超(第三章),蔡云(第四章),张斗南(第五章),曾娟(第八章、第十章),宋景芬(第十一章),廖燕(第十二章、第十四章)。张国方教授对全书进行了统稿。在教材修订过程中,景琳、王琪对部分章节做了很多资料收集和整理工作。

本书在撰写过程中,参考了国内外有关汽车营销的书籍和论文等文献,在此谨向原著(作)者表示敬意和谢意;同时,也感谢武汉理工大学和人民交通出版社股份有限公司对本书编写和出版提供的帮助和支持。

编 者

2022 年 3 月

目　录

Mulu

第一章 概论

现代市场营销诞生于第二次世界大战后的美国。西方市场营销的先进理论与我国社会主义市场经济建设相结合,极大地促进了我国企业的经营活动,提升了经营绩效。特别是我国加入世界贸易组织(WTO)后,我国汽车企业的市场营销水平不断创造新的高度,促进了汽车消费的普及和市场规模的扩张。为了更好地学习汽车营销理论和研究汽车营销实践,有必要先了解市场、市场营销和现代营销概念的含义,并对我国汽车工业的地位有个初步认识。

第一节 市场与市场营销

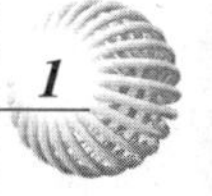

在现代市场经济条件下,几乎所有的经济现象和经济活动都与市场有关,所有的经济学科都会涉及市场概念。市场营销作为“一门建立在经济科学、行为科学和现代管理理论基础上的应用科学”(美,Philip Kotler 语)更是离不开市场。那么,“市场”该富有怎样的含义呢?

一、市场(Market)

市场是商品经济的产物,哪里有商品生产和商品交换,哪里就会有市场,市场是人们使用最频繁的术语之一。至于市场的概念,它随着商品经济的发展而发展,随着使用场合的变化而变化。大体而言,人们对市场概念的理解和运用主要包括以下三种意义。

1. 市场泛指商品交换的场所(places for goods to be exchanged)

市场的概念总是与时间和空间相联系,特别在早期商品经济尚不发达时,人们总是在某个时间聚积到某个地方完成商品交换,即所谓“日中为市,至天下之民,聚天下之货,交易而退,各得其所”,因而,市场被看作是商品交换的场所。时至今日,人们仍习惯性地将有形的商品交换场所称作为市场,如集贸市场、水果批发市场、小商品市场、二手车交易市场等。

2. 市场泛指商品交换关系(general relationship of commodity exchange)

从功能角度看,市场的作用在于实现商品交换,因此,“交换”是市场最本质的职能。在现代社会,商品交换已经突破了时间和空间的限制,特别是随着现代金融、通信、交通物流行业的发展,人们可以在任何时间和任何地方达成交易,实现商品交换。因此,在现代社会,市场不必特指商品交易场所,而是按其职能泛指商品交换关系,即只要存在商品交换现象,我们就认为存在市场。显然,这一概念突破和拓展了市场的场所概念,能更好地揭示现代市场的本质属性。

市场既然反映着商品的交换关系,人们就可以透过市场研究商品的供求规律,进而调节商品的供求关系，包括供给侧和需求侧两者在商品数量、商品结构上的静态和动态关系。这样，市场便可以调节商品供求关系，进而调节市场参与主体（供给者、购买者及其他交易参与者）行为及其利益关系，因此，市场就成为一只调节社会经济活动的“看不见的手”（英，Adam Smith 语）。

现代社会广泛地在这个意义上理解和运用市场概念，它既被用于研究宏观经济（如研究社会总供给与社会总需求的关系或政府的宏观经济调控政策），又被用于研究微观经济（如研究具体产业或产品的供求关系等）。

3. *市场泛指商品需求*（demand of one product）

随着经济的高度发展、商品的日益丰富，越来越多的商品出现供过于求，厂商的生产能力出现闲置。在商品交换关系中，买方（需求）成为左右商品交换的决定性因素，在交换关系中居于主导地位，因而，市场的内涵就被视作指代需求。市场营销就是在这个意义上理解和运用市场概念的。

市场营销站在卖方的角度专门研究买方的需求，是帮助卖方研究、认识和占领买方需求的有力武器，是卖方营销活动的工具。对于卖方来说，自己就代表了供给，因此，市场就特指需求（包括潜在需求），并进而将市场描述为“市场 = 购买者 + 购买力 + 需求欲望”（即足够数量的购买者 + 足够强的支付能力 + 足够强的消费意愿）。这里，“市场”专指买方及其需求，而不包括卖方，卖方则与其竞争对手（卖方的同行）一起组成某个产业，他们之间属于同业竞争者，而不是市场。所以，在市场营销中，市场往往等同于需求，平时大家所讲的“市场疲软、市场滑坡”，就是指有效需求的不足和下降。

尽管市场营销是在需求意义上运用市场概念的，但企业的市场营销活动不仅仅是正确地评估市场需求，还必须研究占领需求的方法和策略等，这就形成丰富多彩的营销活动。所以，对企业而言，市场与营销不可分割，市场营销就是要研究如何适应买方的需要，组织整体营销活动，努力拓展销路，以达到企业的经营目标。

需要说明的是，在现代社会，由于市场成为整个经济活动的指挥棒、调节器甚至主宰者，其作用被大大地加强了，其含义不可能是单一所指，具体内涵可视具体应用情境而定。

二、市场营销（Marketing）

市场营销，源自对英文 Marketing 的翻译。由于西方语系均直接采用 Marketing，基本无语言歧义，但我国曾将 Marketing 翻译为“市场学”或“销售学”，这些翻译一直饱受争议。因为“市场学”（Markets）被认为是对市场的静态描述和解释，属于研究市场、流通、供求关系及价值规律的经济科学；而“销售学”（Selling，香港特别行政区和台湾地区称为“行销学”）被认为是旨在强调重视销售技巧与推销方法的学科。这种争议直到 20 世纪 90 年代才渐趋统一，普遍认同和接受“市场营销”这一提法，并将其含义界定为既包括市场需求研究，又包括营销活动，它要求企业在营销实践上不仅要研究消费者的需求，更要考虑如何把生产出来的产品卖出去，企业在产品生产前就要考虑产品应该是适销对路的。

权威的美国学者 Philip Kotler 认为：“市场营销最主要的（职能）不是推销，推销只是市场营销的一个职能（并且常常不是最重要的）。因为准确地识别出消费者的需要，发展适销对路的产品，搞好定价、分销和实施有效的促销活动，产品就会很容易销售出去。”市场营销研究的对象和主要内容是“识别目前未满足的需要和欲望，估量和确定需要量的大小，选择和决定企业能提供最好服务的目标市场，并且决定适当的产品、劳务和计划（或方案），以便为目标市场服务。”这就是说,市场营销主要涉及企业在动态市场上如何有效地管理其交换过程和交换关系,以提高经营效果,实现企业目标。或者换言之,市场营销的目的,就在于了解消费者的需要,按照消费者的需要来设计和生产适销对路的产品,同时选择销售渠道,做好定价、促销等工作,从而使这些产品可以轻而易举地销售出去,甚至“使推销成为多余”(美,Peter F. Druoker 语)。

另一位美国学者 E. J. McCarthy 认为:“市场营销活动应从顾客开始,而不是从生产过程开始,应由市场营销部门(而不是由生产部门)决定将要生产什么产品,诸如产品开发、设计、包装的策略,定价、赊销及收账的政策,产品的销售地点以及如何做广告和如何推销等问题,都应由营销部门来决定。但这并不意味着市场营销要把传统的生产、簿计、财务等工作全部接过来,而只是说市场营销为这些活动提供指导。”

1985 年,美国市场营销协会对市场营销所作的定义为:“市场营销是关于构思货物和劳务的设计、定价、促销和分销的规划与实施过程,旨在导致符合个人和组织目标的交换。”

综上所述,市场营销是一种从市场需要出发的管理过程,它的核心思想是交换,是一种买卖双方互利的交换,即卖方按买方的需要提供产品或劳务,使买方得到消费满足;而买方则付出相应的报酬,使卖方亦得到回报和实现企业经营目标,双方各得其所。

市场营销是一门经济方面的、具有综合性和边缘性特点的应用科学,是一门经营管理的“软科学”。在某种意义上说,它既是一门科学(因为凝聚着诸多原理或理论),又是一门艺术(因为体现了一系列营销方法,是“问题、分析、管理和决策的方法体系”,即方法论)。其研究对象是企业的市场营销活动和营销管理,即如何在最适当的时间和地点,以最合理的价格和最灵活的方式,把适销对路的产品送到适当的用户手中。

三、市场营销的形成和发展

20 世纪初,以美国为代表的资本主义世界,经济迅速增长,商品趋于供过于求,消费主义逐渐兴起,政府的宏观管理加强,导致企业的销售活动不断地发展。于是,在美国的一些大学里诞生了一些总结和概括企业销售实践活动的课程,对企业的销售活动进行总结、研究与表达,从而开始了营销领域研究。这些课程以经济学、行为科学和早期管理学为基础,涉及企业经营思想、销售手段和生产战略等多方面的内容,形成营销学的雏形。当时的研究主要限于推销和产品广告等销售领域,市场营销尚未形成理论体系。

真正的现代市场营销是第二次世界大战后在美国形成的。这是由于美国本土在第二次世界大战期间未遭受战争打击,战后在世界经济恢复时期,其经济增长较快,并在 20 世纪 50 年代中后期开始出现商品供给超过商品需求,绝大部分商品市场成为买方市场,卖方之间的竞争空前激烈,使买方处于可以选择和左右市场的主导地位。在这种背景下,原有的销售理论和方法面临着严峻的挑战,于是销售学在理论上发生了重大变革,研究范围突破了原来的流通领域,与企业生产经营的整体活动日益密切结合起来,研究的重点转为买方市场条件下的企业经营活动,并逐步形成以市场需求为中心的现代营销观念及其指导下的一系列现代企业经营战略和方法,即现代市场营销学。其理论经广泛传播和应用,在营销实践上也取得了显著的成效。

进入 20 世纪 60 年代,市场营销在世界各地广泛传播,可以说商品经济越发达的地方,市场营销就越兴盛。其间,大量的市场营销研究组织和学术著作纷纷诞生,极大地推进了市场营销学科的发展。大体上说,市场营销是市场经济条件下企业竞争的有效手段,是现代企业不可或缺的经营武器。现在,就世界范围来看,现代市场营销理论已经被普遍接受,且在营销实践上各主要经济体均取得显著成效。

改革开放前,我国内地地区由于长期受到西方世界的经济封锁和执行计划经济体制,市场营销学的研究和传播基本被中断,内地学者和企业对国外迅速发展的市场营销理论及其实践活动知之甚少。改革开放后,西方的现代市场营销理论开始在大陆传播,特别是一些市场营销学术团体的成立及其富有成效的工作,极大地推动了现代市场营销理论在我国的传播、研究和应用,也促进了我国对现代市场营销理论的自主创新。

20 世纪 90 年代中期以来,是我国市场营销理论研究结合中国具体实际提高、创新的时期。其基本背景是,随着国内经济结构的变化,外资企业的大量进入,买方市场特征日益明显,中国市场竞争空前激烈。在这种形势下,强化营销和营销创新成为企业的重要课题,中国营销学术界主要进行了以中国企业实现"两个转变"(即从计划经济向市场经济转变,从粗放经营向集约化经营转变)为主题和以"跨世纪的中国市场营销"为主题的营销创新研究,取得了一批有价值的研究成果。在这个时期,我国汽车企业一方面需要完成自身的体制机制改革,一方面又需要研究对策应对即将加入 WTO 的严峻考验,纷纷开始学习、理解和运用现代市场营销理论成果,并将其用于指导自己的经营活动。

现代市场营销的诞生,至今不过几十年的历史,但其发展很快,影响很深,并受到世界各国的普遍重视。其原因就在于它适应了社会化大生产和市场经济高度发展的客观需要。(党的十八届三中全会提出"要处理好政府和市场的关系,使市场在资源配置中起决定性作用和更好地发挥政府作用"。)在现代社会,市场对社会资源分配起着决定性作用,指挥和调节着经济的运行,决定着每个企业的生存和发展、前途和命运。因此,每个企业都应该关心、认识和重视市场,否则就会遭受市场无情的惩罚,在竞争中失败。

第二节　营销观念及其发展

如上所述,市场营销是企业的一种综合经营活动,它通过一定方式使顾客的需求得到满足,并使企业获得一定的利润。这种有意识的经营活动,是在一定的经营思想指导下进行的,这种指导思想即营销观念,又称作营销管理哲学。换言之,营销观念是指导企业开展经营活动的一种理念,是用以指导企业的生产、经营、销售的一种思维导向。营销观念是否恰当,对企业经营活动的成败和企业的兴衰,具有决定性的作用。

根据西方对市场营销活动研究的看法,营销观念的发展大体上经历了四种类型或四个阶段,即生产中心观念、推销中心观念、市场中心观念及社会中心观念。其中,生产中心观念和推销中心观念被称为传统观念,是以企业为中心的营销观念,基本特征是"以产定销";而市场中心观念及社会中心观念则被称为现代营销观念,是以顾客或社会为中心的营销观念,其基本特征是"以销定产"。

一、生产中心观念(Production Concept)

生产中心观念,又称作生产导向。这种观念认为企业的一切经营活动应以抓生产为根本任务,企业能生产什么就生产什么,市场也就卖什么(典型的以产定销)。在这一经营观念指导下,企业经营要解决的中心课题就是生产问题。

生产中心观念表现之一就是如何扩大产量和降低产品成本。其基本经营理念是:产量扩大,成本和价格就会下降,于是顾客就会增多,从而又支持产量扩大,形成良性循环。“薄利多销”是这种观念的经典思维。

这种观念乍看上去很有道理,但要注意它不能脱离具体的适用条件。如果某种商品确因生产规模小、成本高而影响销路,那么,企业贯彻这种观念就一定会取得成功。反之,如果价格不是影响顾客购买的主要因素,而是因为产品的用途或功能不能满足顾客需要,即便企业免费派送也未必能够赢得顾客青睐。

应当看到的是,随着现代社会生产力水平的普遍提高,传统产业企业的综合实力越来越接近,企业在规模和成本上的竞争空间已变得越来越小(因为受最小极限成本限制),因而,这种生产观念作为指导企业经营活动的普遍观念已经逐步退出历史舞台。一般认为,生产观念(产量观念)的适用条件是产品确有市场前景,但因成本和售价太高而影响市场销售,只有通过大力提高产量、降低成本方能扩大销路的情形。

如果说上述生产观念是注重“以量取胜”的话,那么另一种生产观念则表现为“以质取胜”,也有人将这种观念称作产品观念(Product Concept)或质量观念(Quality Concept)。其基本理念是:企业经营的中心工作是抓产品质量,只要产品质量过硬,经久耐用,产品口碑好,就会顾客盈门,企业就会立于不败之地。这种观念同样不能脱离具体的应用条件,如果产品确实有市场,但因质量太差而影响销路,企业坚持贯彻这种观念就会大有作为。否则,如果因为非质量因素不能满足顾客需要,那么即使产品质量再好,企业也不会赢得产品畅销局面。在现代市场经济高度发达的条件下,这种质量观念也是不合潮流的。因为现代市场需求的层次是不断提高的,能够更好地满足市场需求的产品层出不穷,如果企业的产品不能及时满足市场的更高要求,质量再好的老产品也不可能持久地占领市场。

需要说明的是,虽然两种生产观念均已不能很好地适应现代市场营销的要求,但并不是说企业就可以不重视提高生产效率、降低成本、狠抓产品质量等基本工作,而是说仅仅做好了这些工作还不够,还不能充分保障企业取得经营成功。反之,在激烈竞争的市场上,如果产品缺乏成本优势或质量优势,企业恐怕就要失去竞争资格。特别是汽车工业作为大批量、专业化、社会化大生产的典型代表产业,汽车厂商必须力求充分发挥规模经济效益,苦练降成本、提质量等基本功,并在此基础上采取恰当的现代营销手段,才会让企业立于不败之地。

二、推销中心观念(Selling Concept)

推销中心观念产生于20世纪30年代初期,当时由于资本主义世界经济大萧条,大批产品供过于求,销售困难,卖方竞争加剧,企业担心的已不是生产问题,而是销售问题,因而推销技术特别受到企业的重视,并逐步形成了一种推销经营哲学。其基本理念是:企业经营的中心工作不再是生产问题,而是销售问题,抓销售就必须大力施展推销和促销术,激发顾客的购买兴趣,强化购买欲望,挖掘顾客购买潜力。其基本手段就是广告、人员推销和购买刺激。今天看来,推销中心观念也有其适用条件,即:消费者因为对商品认知不够,或者对购买渠道、交易条件不甚了解,消费需求被某些原因抑制而未能被充分释放出来,产品市场尚有一定潜力可挖掘。

推销中心观念以抓推销为重点,比生产中心观念前进了一大步。但它仍没有脱离以产定销的范畴。因为它只是注重对既定已经生产出来产品的推销,至于顾客需要什么,购买产品后是否满意等问题,则未给予足够的重视。因此,在经济进一步发展、产品更加丰富、竞争更加激烈的市场条件下,推销中心观念也不合时宜了。但推销中心观念对后来现代营销观念的形成起到了促进作用，正是由于推销人员和营销管理人员发现只是注重对既定产品的推销其效果很有限，企业必须对市场需要给予足够的重视，在生产之前就要研究产品是否会有销售前景，将营销活动纳入企业生产经营整体活动中进行统筹管理，而不能只是单纯地注重销售或推销活动，从而促进了营销中心观念的革命。

三、市场中心观念(Market Concept)

市场中心观念或市场主导观念是一种全新的经营哲学，它是一种以顾客需要为导向、“一切从顾客需要出发”的观念。它把企业的生产经营活动看作是一个努力理解和不断满足顾客需要的过程，而不仅仅是生产或销售产品的过程；是“发现需要并设法满足之”，而不是“将产品制造出来并设法推销之”；是“制造适销对路的产品”，而不是“推销已经制造出来的产品”。因此“顾客至上”“顾客是上帝”“顾客永远正确”等口号，才成为现代企业的座右铭。

市场中心观念取代传统观念是企业经营思想上的一次深刻变革。与传统观念相比，其根本区别有四点：

①起点不同。传统观念是在产品生产出来之后才开始营销活动，而市场中心观念则是以市场为出发点来组织生产经营活动。②中心不同。传统观念是以卖方为中心，以产定销；而市场中心观念则是以顾客为中心，以销定产。③手段不同。传统观念主要采用促销手段，而市场中心观念则主张采用整体营销手段(企业可控的多种营销组合)。④终点不同。传统观念以将产品售出获取利润为终点，而市场中心观念则将利润看作是顾客需要得到满足后愿意付给企业的回报，产品售出后，要继续跟踪顾客，实施产品持续改进，以便企业在后续的生产经营活动中能够更好地满足顾客需求。因此，市场营销的整体活动永远没有终点。

市场中心观念有四个主要支柱：目标市场、整体营销、顾客满意和盈利率。其基本逻辑是从选定的目标市场出发，通过整体营销活动，实现顾客满意，从而提高企业盈利率。市场中心观念的产生和被广泛应用以及科技进步，对第二次世界大战后各国经济发展做出了不可估量的贡献。

四、社会中心观念(Social Concept)

随着社会经济规模的扩张和企业对经济效益的过度追逐，一些不良现象开始涌现，如自然资源被不恰当利用、生态环境遭到破坏、环境污染日益严重、过度消费导致浪费严重和社会诉求遭到忽视等，这些现象严重威胁着社会公众的利益和消费者的长远利益，威胁着人类生活水平和福利的进一步提高，也威胁着经济的可持续发展。这种情况表明，现代市场营销活动有很多副作用，而市场中心观念指导下的营销活动又不能将其抑制或消除，因为只要企业从顾客需要出发，产品适销对路，就是符合市场中心观念的，这就必须要求对纯粹的市场中心观念进行修正，从而产生了人类观念(Human Concept，注重人类的集体发展)、理性消费观念(Intelligence Consumption Concept，不必过度消费)、生态消费观念(Ecological Imperative Concept，必须注重资源和生态环境的健康)等，其共同点就是注重社会公众利益和人类的长远利益，故统称为社会中心观念，也称为社会营销观念。

社会营销观念不是对市场观念的否定，而是对其进行了修正和完善。这种观念要求企业将自己的经营活动与满足顾客需求、维护社会公众利益和长远利益作为一个整体来对待，不急功近利，自觉限制(并不总是依靠政策和法律约束)和纠正营销活动的副作用，并以此作为企业的根本社会责任。

现代营销观念(市场中心观念和社会中心观念)的确立与发展,固然是资本主义经济发展的产物,但也是市场经济条件下企业经营经验的总结和积累。它告诉人们,企业仅仅生产价廉物美的产品,仅仅依靠生产出产品后再千方百计地去推销,并不能保证商品价值的实现,而只有深入地理解和适应消费者的需要并以此组织营销活动,同时维护公众长远利益,保持经济的可持续发展才是真正的经营之道。这就是促使营销观念变化发展的综合因素,也应该成为我国社会主义市场经济建设的基本共识。

改革开放以来,我国的经济社会发展取得了巨大成就,但也一度出现了严重的环境污染、资源过度开发、安全事故频发、资本无序扩张、企业伦理和社会道德滑坡、非理性消费出现等问题。这些问题引起了我国政府的高度重视,开始关注并果断采取有效措施约束这些负面行为。特别是党的十八大以来,国家注重协同推进经济建设、政治建设、文化建设、社会建设和生态文明建设"五位一体"的总体布局,深入推进全面建设社会主义现代化国家、全面深化改革、全面依法治国、全面从严治党"四个全面"的战略布局,提出了绿水青山就是金山银山、高质量发展、经济发展新常态等新观念,十九大后又进一步提出"创新、协调、绿色、开放、共享"等新发展理念,以创新发展获得发展动力,以协调发展实现发展平衡,以绿色发展促进人与自然和谐,以开放发展实现内外联动,以共享发展维护社会公平正义。这些先进发展理念,反映在企业的生产经营活动中,就是社会营销观念。

由此可见,营销观念不是一些空洞的概念,它具有非常具体的内涵。下面再通过一个案例说明营销观念对企业发展的重要意义。

在世界汽车工业的发展史上,亨利·福特(Henry Ford,1863—1947)是一位叱咤风云的人物,被誉为"美国汽车大王",他发明的汽车生产流水线使得寻常百姓买得起汽车,他的生产实践也推动了人们对生产管理的研究,为早期管理科学的发展奠定了基础。然而,就是这样一位世界级企业家,也只是辉煌一时,未能辉煌一世。

福特曾先后于1899、1901年与别人合伙经营汽车公司,但均因产品(高价赛车)不适合市场需要,无法经营而告失败。1903年,他创办了福特汽车公司,第一批福特汽车因实用、优质和价格合理,销量非常出色。1906年,福特又重蹈覆辙,面向富裕阶层推出豪华汽车,结果因大众都买不起,福特汽车的销售量直线下降。1907年,福特总结了过去的经验教训,及时调整了经营指导思想和经营战略,实行"薄利多销",于是销售量又魔术般地回升。到1908年初,福特按照当时百姓(尤其是农场主)的需要,做出了明智的战略性决策:从此致力于生产规格统一、品种单一的"T型车",并且在实行产品标准化基础上,借鉴当时的铸铁与食品罐头行业流水线生产方式,于1913年推出世界上第一条汽车流水生产线,开始组织大规模生产,最终实现了产品的成本下降和价格低廉,使得普通大众能够买得起汽车。此后10余年,福特汽车由于适销对路,销售迅速增加,产品供不应求,获得了巨大的商业成功。到1925年,福特汽车公司一天就能造出9109辆"T型车",平均每10s生产一辆。在20世纪20年代前期的几年中,福特汽车公司的年利润竟高达6亿美元,成为当时世界上最大的汽车公司。

到20世纪20年代中期,随着美国经济增长,人们收入及生活水平提高,经济形势又发生了变化。公路四通八达,马车时代坎坷、泥泞的路面已经消失,路面大大改善,消费者也开始追求时尚。可是,简陋而千篇一律的"T型车",虽然价格低廉,但已不能吸引顾客,因此,福特"T型车"销量开始下降。面对现实,福特仍自以为是,一意孤行,坚持其生产中心观念,置顾客的需求变化不顾,就如他曾宣称的"无论你需要什么汽车,我只有黑色的",其生产中心观念体现得淋漓尽致。1925 年,他在公司推销员全国年会上听到关于“T 型车”需要根本改进的呼吁后,静坐了两个小时后说:“先生们,依我看福特车的唯一缺点是我们生产得还不够快。”就在福特固守他那种陈旧观念和廉价战略的时候,通用汽车公司(GM)却时时刻刻注视着市场的动向,并发现了良机,及时地做出了适当的战略性决策:适应市场需要,坚持不断创新,即使因此需要相应提高销售价格,也增加一些新颜色和式样的汽车。于是“雪佛兰”车开始排挤“T 型车”。1926 年,“T 型车”销量陡降,到 1927 年 6 月,福特不得不停止生产“T 型车”,改产“A 型车”。这次改产,福特公司不仅耗资 1 亿美元,而且这期间通用汽车公司乘虚而入,占领了福特车市场的大量份额,致使福特汽车公司的生意陷入低谷。后来,福特汽车公司虽力挽狂澜,走出了困境,但从此失去了车坛霸主地位。

福特没有认识到:在动态市场上,顾客的需要是不断变化的,正确的经营指导思想是正确经营战略和企业兴旺发展的关键。如果经营观念正确,顺应潮流,战略得当,即使具体计划执行得不够好,经营管理效率不够高,也许仍能盈利;反之,如果经营指导思想失误,逆流而动,具体计划执行得越好,则赔钱越多,甚至破产倒闭。

从福特身上可以看到,一个企业家,纵然他曾经多么成功,如果不能高瞻远瞩,洞察事物发展的客观规律,不能与时俱进,制定正确的发展战略,也终将难免失败。但对身处变化的企业家来说,要做到摆脱经验的束缚是不容易的,而这才能体现伟大企业家的天才和智慧。

第三节　我国汽车产业的发展与地位

一、我国汽车工业体系的形成与发展

新中国成立初期,我国的工业基础极度薄弱,在百废待兴之际,现代工业尤其是汽车工业深受党中央重视,于是,国家便开始筹划建立我国自己的汽车工业。我国的汽车工业几乎从零基础发展到今天,成为全球最大的汽车生产体系,一些自主品牌车型尤其是商用车,还形成较强的国际竞争能力。

我国汽车工业历经 70 余年的发展,不仅实现了“从无到有”的突破,而且实现了“从小到大”,乃至“从弱到强”的飞跃。回顾我国汽车工业的发展历史,整个过程大体可分为三个阶段。

1. 基本建设阶段(1953—1978 年)

该阶段,汽车工业在国家高度集中的计划经济体制下运行。由于经济基础薄弱,国家采取了“集中力量、重点建设”的方式,先后建成了第一汽车制造厂(简称“一汽”)和第二汽车制造厂(简称“二汽”)等主机厂(整车生产企业)及一批汽车零部件厂,为我国汽车工业的发展奠定了基础。当时主要产品为中型载货汽车,全部由国家计划生产和计划销售。由于缺乏竞争机制等原因,在长达近 30 年的时间内,汽车工业发展较为缓慢。这一阶段,又可分为初创期和自主建设期两个历史时期。

1)初创期(1953—1967 年)

我国的汽车工业发展史可追溯到 1953 年。这一年,第一汽车制造厂(简称“一汽”)在长春动工兴建。新中国的成立,人民群众建设祖国的热情空前高涨,“一汽”仅仅用时三年即建成,第一辆汽车于 1956 年 7 月下线,同年 10 月开始批量生产载质量 4t 的解放 CA10 系列货车,从而结束了中国不能制造汽车的历史。

1958 年,“一汽”又研制出我国的第一辆轿车——东风牌轿车。1966 年,“一汽”试制并小批量生产了红旗 CA770 型三排座高级轿车。

在“一汽”逐步扩大生产的同时,全国各地也相继建成了一批汽车制造厂并生产各种类型汽车,如黄河牌重型载货汽车(JN150)在济南试制成功,跃进牌轻型载货汽车(NJ130)在南京试制成功,吉普车车型(BJ212)在北京试制成功。同期,全国各地也纷纷试制轿车,但由于技术和条件限制,产品质量较差,除上海牌轿车外,大多并未形成规模生产能力。

2)自主建设期(1968—1978 年)

在此期间,“一汽”投产已有十年,积累了一定基础和经验,但汽车产品在品类和数量上都满足不了当时经济发展和国防建设的需要,于是,国家决定在内地再新建一批汽车工业骨干企业。1968 年,我国在湖北省十堰市动工兴建了当时国内规模最大的第二汽车制造厂(简称“二汽”)。1975 年,“二汽”的第一个车型 EQ230 诞生投产。1978 年 7 月,“二汽”又开始投产其主导产品 EQ140。同期,我国又建成了生产重型汽车的四川(红岩)汽车制造厂和陕西汽车制造厂。这批企业的建成,标志着我国汽车工业进入了能够自行开展工厂设计和车型开发的新阶段。

其间,部分省(直辖市、自治区)利用本地资源也开始发展地方汽车工业,有的还形成了一定的生产能力。与此同时,一些行业主管部门(如交通部、林业部、石油部等),也组织布局了一批汽车制造厂、改装厂,从事行业所需各类改装汽车的生产。

总之,经过基本建设阶段的发展,我国汽车工业实现了生产制造、工厂建设和车型开发的“零”突破。到 1978 年,汽车生产能力达到 15 万辆的规模。但相对来讲,汽车工业发展还存在着生产增长速度慢、产品品种“缺重、少轻(即缺重型车、少轻型车),轿车近乎空白”的事实,不能满足国家进一步发展的需要,汽车工业尚待大发展。

2. 改革开放阶段(1979—2001 年)

我国于 1979 年开始实施农村家庭联产承包责任制,1984 年开始全面推进城市经济体制改革,从而开启改革开放发展的新阶段。在这一过程中,汽车工业与宏观经济发展基本同步,增速前快后缓,结构调整不断深入,市场竞争逐步加剧。这一阶段,也可以分为两个时期。

1)改革初期(1979—1993 年)

这一时期,随着改革不断深入,计划经济模式逐步被打破,市场配置资源的作用被不断加强,市场竞争机制逐渐发挥作用。同时,汽车工业逐步走出封闭发展模式,通过散件组装(KD)生产、技术引进、合资合作等形式寻求国际合作,先后建成北汽切诺基、上海大众、一汽奥迪、神龙汽车、天津夏利、广州标致等一批合资企业。汽车产品结构由单一的中型货车,转变为中型货车与重型、轻型、微型货车以及乘用车多品种车型同时发展,基本上改变了“缺重、少轻、轿车空白”的产品面貌,行业发展有了明显改观。

其间,在中央和地方同时推动并受市场需求的巨大拉动下,一批地方和行业的汽车生产企业应运而生。汽车生产能力获得了快速增长,产量迅速增加,从 1979 年到 1993 年我国汽车生产保持年均 15.4% 的增长速度。1992 年产销量首次突破 100 万辆大关,我国成为世界汽车生产排名前十名的国家。

在这个时期内,汽车产量和品种获得巨大发展的同时,也产生了投资散乱、生产集中度低等问题,产品质量、企业综合素质和市场竞争实力等并没有实质性提升。

2)市场开放期(1994—2001 年)

1994 年起,我国全面进入社会主义市场经济建设时期。随着宏观经济持续实施“软着陆”的结构调整政策，即经济调控由主要依靠行政手段改为主要依靠经济手段，并通过推行“两个转变”，即由计划经济体制向市场经济体制转变，企业经营从粗放经营向集约化经营转变，我国经济增长速度和汽车需求增长相对放缓，市场竞争空前加剧，企业开始真正感到生存压力。

1994年，国家颁布实施了第一个产业政策——《汽车工业产业政策》，在其导向下，汽车工业在企业、产品和用户需求结构等方面得到较大调整，企业综合素质得到明显提升，产量稳步增长，汽车工业整体实现由货车工业向轿车及零部件工业转变；国际合作向纵深发展，上海通用、广汽本田、一汽大众等新一批合资企业诞生；同时，私人资本也被允许进入汽车领域，涌现出吉利、长城等民营整车企业。尤其是《汽车工业产业政策》规定“国家鼓励个人购买汽车……任何地方和部门不得用行政和经济手段干预个人购买和使用正当来源的汽车”，首次将汽车和家庭消费联系起来，汽车市场实现从单一的公费购车向多元化市场需求转变，轿车市场得以放开，家用轿车市场潜能被瞬间放大。这些变化为后来汽车产业应对加入WTO，实现持续发展，打下了坚实基础。

总之，在这个阶段，我国的汽车工业在前后两个时期的发展速度前快后慢，在投资端实现对外资和民营资本的开放，在消费端实现对私人市场的开放，极大地促进了汽车产业结构和产品结构的调整，汽车产业整体上获得较大发展，总产量从1978年的15万辆发展到2001年的234万辆，中国汽车产量位居当年全球第八位。同时，车型种类得以丰富，产品性能和质量得到较大提高。特别值得一提的是，这个阶段一批轿车工业项目得到大规模建设，主要通过合资方式先后建成数个轿车生产基地，2001年轿车生产量达到70万辆，在汽车总产量中的占比从阶段初期的微不足道提升至30%，很大程度上改变了汽车产业的整体面貌。

3. 与国际接轨及自主创新阶段(2002年至今)

2001年12月10日，中国正式加入世界贸易组织(WTO)，即“入世”，中国汽车工业进入一个不同寻常的新阶段。在这个阶段，我国汽车产业在先赢来十年的快速发展和实现与国际接轨后，又开始转向自主创新和高质量增长的新常态发展模式。

1)与国际接轨发展期(2002—2012年)

“入世”后，我国抓住了国际市场需求旺盛、国内劳动力人口红利释放、第一轮国企改革后活力被激发、民营经济迅速发展等内外部有利机遇，国家经济赢来近10年的快速发展，并在2011年国内生产总值(GDP)规模成为世界第二。

伴随国家宏观经济和百姓收入的快速增长，我国汽车产业自2002年起，在私人消费潜力不断被释放的需求拉动下(2002年被普遍认为是中国普及私人汽车的元年)，汽车产销也历经了10余年的高速增长(部分年份呈现井喷行情)。2012年，当年实现新车产销1927万辆，10年间平均增长速度保持21%以上。其间，2009年新车生产1379万辆，首次超过美国，自此奠定了我国新车产销世界第一的大国地位。

经历这个快速发展时期，我国汽车产业实现了与国际接轨。从汽车产品结构和市场消费结构看，乘用车占整个新车市场的百分比从2002年的30%增加到2012年的78%，私人购车比例从不足20%增加到80%以上。这种生产与消费结构，已经与欧美等汽车发达国家基本一致，表明我国汽车在产品和市场结构上实现与国际接轨。

另一方面，“入世”后的中国汽车工业全面参与国际经济大循环。根据WTO对我国汽车工业“入世”设定的制度安排，自2002年开始我国对汽车产业的保护性措施逐年递减，至2006年汽车进口管理完全达到WTO规定的发展中国家平均水准，完成了汽车市场的对外开放。其间，各汽车企业持续推进了体制、机制的改革调整，逐步建立了"产权明晰、权责明确、政企分开、管理科学"的现代企业制度，汽车产品 QCD（质量、成本、交货期）的控制能力显著增强，并通过跨国并购、技术引进、模仿创新、自主发展等多种发展途径，加大了自主品牌的开发力度，一批自主品牌的乘用汽车纷纷问世。这些举措，表明国家主要依靠经济手段和国际惯例实施行业管理和调控，国家对汽车产业的管理方式实现与国际接轨。

2）自主创新发展期（2013 年至今）

2013 年以来，随着我国宏观经济进入新常态模式，经济增长速度逐步趋缓，加之汽车工业的总体产销规模已经达到较高水平，根据市场增长的"S 形"形态规律，汽车市场开始进入平稳或小幅波动发展态势。事实上，我国汽车市场在 21 世纪 10 年代起经历连续数年微增长，并于 2017 年达到产销高峰后，2018—2020 连续三年小幅下降，至 2021 年才又开始小幅反弹。这种情况表明，我国汽车市场基本已经迎来发展拐点，市场需求进入饱和状态。

汽车市场的变化迫使企业必须转换发展方式，过去长期依靠需求快速增长分享市场红利的时代一去不返，依靠土地、资金、资源、劳动力等要素投入赢得发展的机会必然大大减少，未来的增长方式越来越依靠技术创新、产品创新、市场创新、品牌创新和管理创新，创新驱动成为"新常态"发展的必然趋势。特别地，当前汽车产业正处于深刻变革期，新能源汽车、智能汽车、网联汽车（互联网汽车）以及传统汽车高新技术领域，是当今全球汽车产业竞争的制高点。

以上情况表明，我国汽车工业已进入创新发展期，企业兼并重组将促进产业组织创新，企业核心能力将依靠汽车科技创新，消费个性需求将催生服务模式创新。总之，以创新求发展已经成为我国汽车工业现阶段的时代特征。

二、我国汽车工业在国民经济中的战略地位

经过几十年的发展，至 21 世纪初，我国汽车工业已成为国民经济的支柱产业，这种战略地位是由我国汽车产业自身的特点所决定的。

所谓国民经济支柱产业（Mainstay Industry），是指产品市场广阔，对其他产业具有辐射面广、关联度大、牵动力强，直接和间接实现的经济效果在国民经济中占据突出地位的产业。支柱产业可以广泛带动其他关联产业的发展，对国民经济增长、科技水平进步和综合国力提升能够起到直接的促进或推动作用。

一般认为，国民经济支柱产业应具有以下特征：

①产品市场广。支柱产业所提供的产品或服务必须具有广阔的市场，只有需求量大才能支撑支柱产业实现足够规模的产值或增加值（GDP），对国民经济增长作出直接贡献，在国民经济各个产业中占据突出地位。

②产业链条长。支柱产业必须具备足够长的产业链条，必须能够波及、影响、带动和促进众多其他相关产业的发展，这种牵动力可以实现数倍于支柱产业自身的经济效果。

③科技含量高。支柱产业必须是科技含量较高、科技创新能力较强、科技成果吸收较多的产业，科技含量是支撑支柱产业可持续发展，是支柱产业带动国民经济产业结构和出口结构升级，促进产品结构高级化的关键因素。

④就业机会多。支柱产业必须能够直接或间接地创造大量的就业机会。

汽车工业是明显具备这些特征。

1. 汽车产品市场广阔,汽车工业对国民经济的贡献程度高

随着经济和社会发展,汽车已经成为现代物质生产和社会运转的重要工具,是否广泛使用汽车已经成为衡量一个地区或国家是否发达的标志,汽车是现代社会物质文明最重要的象征。

汽车既可以作为公共交通工具,又可以作为个人交通工具;既适合大小批量不一的货物运输,又适合多点多向、运距可近可远的旅客运输;汽车也是与其他运输方式衔接,实现接力运输的理想交通工具。因此,汽车具有使用上的灵活性、快捷性、方便性、适应性和广泛性,汽车交通是现代交通运输体系最重要的组成部分。我国作为一个幅员辽阔、人口众多的国家,经济总量世界第二,物质生产、经济运转和百姓生活都需要现代汽车交通的强力支持。在这样的国情和背景下,汽车在我国被广泛地使用和消费,呈现出市场广阔、需求量大的特点,我国是世界上最大的汽车消费和使用市场,2021 年新车销量实现 2527 万辆,汽车保有量达到 3 亿辆,这个客观存在要求我国必须具有自己完备的汽车工业体系,否则,依靠汽车进口将难以满足这个庞大的市场需求。

从经济贡献程度看,2021 年全国 GDP 达到 114 万亿元,汽车整车生产 2627 万辆,终端价值约 6 万亿元,约占 GDP 的 5.2%。同时,汽车零配件及维修终端价值 2 万亿元,保险服务 1.5 万亿元,燃油消耗 3.5 万亿元,二手车、改装以及其他商品或服务 1.5 万亿元,以上合计约 8.5 万亿元,约占 GDP 的 7.4%。换言之,2021 年汽车及相关行业累计实现增加值约 14 万亿元,占当年国家 GDP 的比例在 12.3% 以上。由此可见,汽车经济拉动了我国国民经济的增长,对国民经济发展的贡献度高,地位突出。

2. 汽车工业产业链条长,对其他产业发展带动作用强

汽车工业是一个高投入、高产出、集群式发展的产业,其自身的投资、生产、研发、供应、销售、维修,前端的原材料、零部件、技术装备、物流,后端的油料、技术服务、报废回收、金融信贷、咨询、保险理赔,直至广告、租赁、驾驶员培训、汽车运输、共享出行、汽车救援、汽车美容、汽车运动、加油站、基础设施建设、汽车旅游、汽车旅馆、汽车影院、汽车餐厅等,构成了一个无与伦比的长链条、大规模的产业体系,而且,随着汽车保有量的增长,这个链条会进一步加宽、增粗。

汽车产业链长,辐射面广,能带动钢铁、机械、电子、橡胶、玻璃、石化、建筑、服务等 30 多个相关产业的发展。有权威统计资料显示,汽车产业带动上下游产业的增值比例为 1:0.65:2.63,汽车消费的拉动作用范围大、层次多,是典型的波及效应大的产业。汽车工业的这种牵动作用被充分认识并得到尊重时,它便会成为促进国民经济发展的动力因素。

3. 汽车产业科技含量高,科技创新和科技成果吸收能力强

汽车市场的竞争,实质上是现代汽车科技的较量,是技术创新的竞争。汽车厂家纷纷建立技术中心或者研究院所,投入大量的资金开展技术创新和产品研发;政府对汽车关键技术及其关联技术也保持较高的经费投入,如我国科技部在"十二五""十三五""十四五"的科技规划中,均设有电动汽车和智能网联汽车的重大科技专项;高等院校、科研机构和汽车企业,承担了大量与汽车相关的科研课题。

汽车工业一直是强大的科技产业之一,是国家创新工程的重要阵地。汽车诞生 130 多年来,汽车的技术进步日新月异,发动机节能减排技术、自动变速技术、底盘/驱动电控技术等成功应用于现代汽车,使得汽车发动机的功率提升,燃油消耗降低和排放减小,汽车的操

控性、安全性和舒适性改善;蓄电池、电机性能的改进和能量管理系统的完善,推动了电动汽车等新能源汽车的诞生;汽车电子化、网络化、智能化、轻量化、能源多样化等技术发展趋势,使得汽车产业正在经历一场以智能网联汽车为代表的新的汽车科技革命。

汽车工业还是消化吸收科技成果(尤其是高科技成果)最强的工业部门。例如,数字制造中心、自动生产线、柔性加工系统、机器人、全面质量管理等新技术、新工艺、新方法,都是在汽车工业最先得到推广和应用;世界上 70% 的机器人被应用于汽车工业,CAD/CAE/CAM(计算机辅助设计/工程/制造)技术被广泛用于汽车研发和生产,以电子控制和人工智能技术为代表的一大批高科技产品在汽车上的装车率日益提高。机械、化学、材料、光电子等众多学科技术领域取得的成果,都在汽车上得到了体现和应用。

汽车工业的科技进步,直接促进了国家产业结构的升级。由于汽车工业的水平几乎代表着一个国家的制造业水平、工业化水平和民用科技水平,通过汽车工业的规模效应和关联效应,汽车科技对其他产业的辐射直接促进了有关产业的进步,从而使得国家的产业结构不断走向高级化。如美国的产业结构,由 1880 年以纺织、食品、木材加工为主体,发展到 1950 年以汽车、钢铁、石油、机械制造为主体,在转换中,汽车工业的发展起了极为重要的带动作用。又如日本第二次世界大战后,先后出现过三组带头主导产业:第一组是电力工业,第二组是石油、石化、钢铁等工业,第三组是以汽车工业为龙头的先进制造业。前两组工业的发展为汽车工业的大规模发展创造了必要条件,而汽车工业在形成一定规模后,便全面带动了日本制造产业的发展,实现制造业向深加工、高价值的转换。我国的产业结构由 20 世纪 80 年代初期的纺织工业和原材料初级加工产业为主体,发展到 21 世纪以机械汽车、电子电器、石油化工、高端装备为主体,汽车产业的贡献功不可没,汽车产业被认为是工业 4.0 最大的应用领域。

产业结构的升级,提高了产业的国际竞争能力,必将导致国家出口产品结构的优化,形成以深加工、高附加值为主的出口结构。第二次世界大战后,汽车"国际贸易第一大商品"的地位从未被撼动。我国自"十一五"开始,以汽车、汽车零部件(汽车摩托车配件)为代表的机电产品出口持续实现快速增长,现已成为我国出口规模最大的商品类别。

4. 汽车产业能够提供众多的就业机会

汽车工业及其相关产业为社会提供大量的就业机会。在几个主要汽车生产国和消费国,与汽车相关的工业和服务业都拥有较高规模的就业人数,尤其是汽车服务业的就业人数近些年来大幅增长。有资料统计表明,我国汽车工业带动相关产业的就业比例是 1:7。2021 年,我国汽车行业就业人数超过 500 万人,汽车及相关产业从业人员超过 4000 万人,累计占全国城镇就业人数的 13% 以上,汽车及其相关产业是提供就业机会第二多的行业,仅次于餐饮酒店行业。这种巨大的就业容纳能力,无论是其经济意义,还是其政治意义,都是不可低估的。

综上所述,我国汽车工业是名副其实的国民经济支柱产业。

本 章 小 结

市场经济条件下,"市场"无处不在,市场营销学更离不开市场,市场的概念随着商品经济的发展和使用场合的不同而发生着变化。早期,市场被认为是商品交换的场所,但在商品经济较为发达后,人们从市场功能角度将市场定义为商品交换关系,而营销者则更加关注需求所在,他们将市场理解为需求。市场营销的含义,既包括识别消费者的需要,又包括占领消费者需要的行动策略,它是一种从市场需要出发的管理过程,其核心思想是交换。通过交换,买方获得消费满足,卖方实现经营目标。

现代市场营销诞生于第二次世界大战后的美国,经全球广泛传播,并形成了以市场需求为中心的现代营销观念及其指导下的一系列现代企业经营战略和方法。营销观念的演化大体经历了四个阶段,也即四种类型,即生产中心观念、推销中心观念、市场中心观念和社会中心观念。其中,前两者被称为传统营销观念,其基本特征是“以产定销”;后两者被称为现代营销观念,其基本特征是“以销定产”。企业的营销观念是否正确,对企业发展具有重要意义,早期在社会生产尚不够发达时,企业经营当然会聚精会神抓生产(成本、质量),出现以生产为中心的经营观。随着社会生产能力提升,产品销售问题凸显出来,于是出现推销中心观念;在商品经济充分发展和竞争更加剧烈的时代,企业经营囿于以产定销模式,越来越没有成效,于是诞生了以市场需求为导向(中心)的市场营销观念,它要求企业在生产之前就要研究产品的销路问题,并综合运用各种营销要素,实施以销定产经营模式;但企业在实施现代营销观念和获取经济效益过程中,往往会出现一些不顾公众利益和人类长远利益的负面行为,于是注重社会根本利益的社会中心观念应运而生,它不是否定而是完善了市场中心观念。营销观念演进的逻辑反映了时代变迁的历史过程和要求,当代中国企业必须坚持高质量发展理念。

我国的汽车工业经历了三个发展阶段:第一阶段从1953年到1978年,是我国汽车工业的基本建设阶段;第二阶段从1979年至2001年,是我国汽车工业的开放发展阶段;第三阶段从2002年开始到目前,是我国汽车工业与国际接轨和自主创新阶段。“S形”产业成长曲线告诉我们,我国汽车产业(市场)进入市场饱和阶段。

我国汽车工业经过几十年的建设和发展,已经成为我国国民经济的支柱产业。这个战略地位,是由我国汽车工业自身具备的产品市场广、产业链条长、科技含量高和就业机会多等支柱产业特征所决定的。

复习思考题

1. 市场和市场营销具有怎样的内涵?分析市场和市场营销概念演化的驱动要素。
2. 何谓营销观念?它包括哪些类型和阶段?解释现代营销观念演进发展的内在逻辑。
3. 我国汽车工业发展大体经历了哪几个发展阶段?各阶段发展的标志性成果有哪些?
4. 何谓国民经济支柱产业?它有哪些特征?为什么我国汽车产业能够成为支柱产业?

第二章　汽车营销环境

企业的市场营销活动,必然受到企业内外相互联系、相互制约的各种因素的影响。现代市场营销通常将企业可控的内部营销要素视作营销手段,即营销组合策略,而将企业外部的不完全被企业控制的营销影响要素视作营销环境。市场营销环境,按其对企业营销活动的影响方式、影响程度和影响范围的不同,可以分为微观环境和宏观环境。企业营销者的任务就是要不断评估环境因素变化产生的营销机会和不利情况,安排适当的营销组合策略,使营销策略与营销环境相适应,从而取得良好的经营绩效。

第一节　市场营销微观环境

微观环境(Micro-environment)指和企业关系密切、能够直接影响企业顾客服务能力的各种因素,主要包括企业内部环境、供应商、营销中介、顾客(消费者)、竞争者和公众六类因素。微观环境构成企业的价值传递系统,其运行(运作)效率在很大程度上决定着一个企业的市场营销成效。

一、企业内部环境

企业内部环境(Enterprise Inner Environment)是指企业自身因素,主要包括企业所有制类型、组织结构模式、企业运营能力及企业文化等。其中,企业组织架构、职能配置、业务流程、决策机制等,往往是企业内部环境影响企业营销效率最重要的因素。

一般而言,企业内部基本的组织架构都是按照专业职能进行设置。例如,企业内部包括财务部门、产品研发部门(技术中心)、采购部门、制造部门、质量部门、营销部门(销售服务公司)等。这些部门之间的职能分工是否科学、目标是否一致、协作是否和谐、配合是否默契,都会最终影响到企业营销的效果。营销部门必须与其他部门密切合作、相互支持,方可有效地开展市场营销活动,如营销计划必须告知相关业务部门并得到认可,营销资金需要财务部门筹措、调度和管理,营销产品需要技术部门开发适销对路和制造部门生产质量上乘的产品,销售收入与营销费用需要会计部门核算等。从营销角度看,企业内部的所有部门都必须“想顾客所想”,并在工作行动中协调一致,共同提升顾客价值和实现顾客满意。

企业内部环境是企业提高市场营销工作效率和效果的基础。因此,企业管理者应强化企业内部管理,为市场营销创造良好的营销内部环境。通用汽车公司超越福特汽车公司的案例,便表明了企业内部管理对企业发展的重要性。

1908 年,通用汽车公司的创始人威廉・杜兰特(William Crapo Durant),在新泽西州以当时陷入经营困境的别克(Buick)公司为核心,成立了通用汽车公司(General Motor Corporation,GM)。在随后的十多年内,由于当时美国的汽车厂商众多,除福特汽车公司致力于生产廉价的T型车外,其他汽车公司大多没有明显的经营特色。踌躇满志的杜兰特,通过投资和股份交换等形式,在石化大王皮埃尔·杜邦(Pierre DuPont)的支持下,历经曲折,先后将雪佛兰(Chevrolet)、凯迪拉克(Cadillac)、奥兹莫比尔(Oldsmobile)、庞蒂克(Pontiac)等公司全部收归至通用公司旗下。1916年,杜兰特在特拉华成立新的通用公司;1919年,通用公司总部又迁至底特律。

可是,杜兰特在注重扩张的同时,忽视了公司的经营管理和工作效率,也缺乏治理大公司的管理经验,各分公司仍然各自为政,产品重复竞争,导致通用公司1920年出现严重的危机,杜兰特被迫离开通用公司,当时已经处于部分退休状态的杜邦则再度担任通用公司董事长,并选择阿尔弗莱德·斯隆(A. P. Sloan)接替杜兰特担任总经理。斯隆一上任,就提出改组通用公司管理体制的计划。

斯隆改组计划的核心是用制度代替个人控制,将公司的决策权和经营权分开,建立协同控制与分散经营相结合的管理体制。公司董事会拥有决策权,负责经营方针政策的制定和协调控制,而各子公司则为经营部门(事业部),拥有充分的经营权,是成本、质量和利润责任中心。新计划于1923年初开始推行,正好顺应当时美国汽车消费开始差异化的趋势。当时,通用公司决定让凯迪拉克生产公司专门生产高档汽车,奥兹莫比尔生产公司和别克生产公司生产中高档汽车,雪佛兰生产公司和庞蒂克生产公司生产中低档汽车,这样通用公司便以多档次、多品种、多样式、多价格的汽车产品,向单一品种的福特汽车公司发起挑战。1924年,斯隆接替杜邦的董事长职务后,又创造性地提出分期付款、旧车折价、年年换型、密封车身("四条销售原则")。这些举措,既减轻了客户的经济负担,又使得通用汽车始终保持对媒体与大众的吸引力。经过3~4年的不懈努力,通用公司获得了持续发展。1928年,通用公司的汽车产量超过福特公司,并自此以后一直居于世界车企领先地位,这标志着斯隆的改组计划取得了圆满成功。

斯隆创立的管理大型企业集团的新模式,奠定了现代企业的组织模式基石,被喻为"企业管理史上的一次划时代的革命"。他的成功也表明,企业内部环境对企业发展具有重要作用。

二、供应商

供应商(Product Supplier)是指向企业提供生产经营所需资源(如设备、能源、原材料、配套件、半成品、服务等)的组织或个人。供应商的供应能力包括供应成本(供应价格)、供应的产品或服务的质量、供应的及时性(交货期及交货的节奏)等,这些能力短期将影响企业的产销量,长期将影响顾客的满意度。企业应将供应商视为战略合作伙伴,共同提升为最终顾客提供服务的能力,合作共赢,打造富有竞争力的产品/服务供应链。

对汽车营销而言,零部件(配套协作件)供应商尤为重要。整车企业不仅要选择和规划好自己的零部件供应商,还应从维护长远利益出发,积极支持、扶植和引导零部件供应商的发展。整车厂商通常采取严格程序开发(发展)自己的供应商网络,对供应商的生产制造能力、质量管控能力、产品创新能力等要进行严格考核,通过考核后方可成为供应商。一旦成为供应商,零部件企业便成为整车企业供应链上的一个环节。为了让供应链能够持续发展,强化战略伙伴关系,当代整车企业通常一方面不会随意撤换供应商,另一方面每年也会开展对供应商的考核(考核不合格或排名末位的供应商可能面临被警告甚至取消供应商资格的风险)。事实证明,这种与供应商既保持大体稳定的伙伴关系,又淘汰劣质供应商的机制,能较好地保障采购件的质量、成本和交货期。

值得关注的是,随着汽车市场竞争的加剧,一些整车厂商往往采取降价促销的策略,要求供应商也大幅降低其产品价格,这会导致供应商利润减少。供应商如果盈利能力下降太多,为了压低成本,往往就会在材料节约和制造质量上做“文章”,进而导致整车产品的品质受影响,顾客口碑下降。

三、营销中介

营销中介(Marketing Intermediaries)是指协助和辅助汽车厂商开展营销活动的组织或个人。营销中介对汽车厂商的市场营销影响很大,如影响到汽车厂商的产品市场覆盖范围、营销效率、经营风险、资金运用能力等,因而,汽车厂商应重视营销中介的作用。营销中介的种类包括中间商(经销商)、物流商、营销服务机构和汽车金融服务机构等。

1. 中间商

中间商也称作营销渠道,是指能帮助汽车厂商寻找顾客并最终把产品售卖出去的商业组织或个人。一般商品的中间商主要有批发商、零售商等,汽车整车的中间商主要是特约经销商(具体内容参见第九章)。

2. 物流商

物流商是指专门帮助汽车厂商运入原材料、配套件和运出产成品(如商品车)的商业组织和个人,其主要业务包括运输、储存、包装、商检等。目前,我国汽车行业越来越广泛采取“第三方物流”的运行模式(具体内容参见第九章)。

3. 营销服务机构

营销服务机构是指专门向汽车厂商提供营销相关服务业务的商业组织和个人,主要包括市场调查公司、广告公司、信息传媒机构、营销咨询机构、培训机构等。由于这些公司(机构)在服务资质、服务能力、服务质量及服务价格等方面差异较大,汽车厂商在选择时,应认真考察比较,择优合作。

4. 汽车金融服务机构

汽车金融服务机构是指专门为汽车厂商的产品(含服务)营销提供金融服务的机构,主要包括商业银行、汽车金融公司和汽车企业财务公司等。

①商业银行是我国汽车消费贷款最主要的供应商,也是唯一可以吸收公众存款、且不限定服务对象(汽车品牌)的汽车金融服务机构。其提供的消费贷款业务,通常由被商业银行授权的汽车经销商具体代办。多年来,由于受我国金融自由化、市场化发育程度的影响,商业银行提供的汽车金融产品非常有限(如分期付款),金融服务产品的同质性(如贷款额度和分期付款周期等)很强。

②汽车金融公司通常是由汽车厂商与商业银行共同出资组建的非银行金融企业法人。汽车金融公司的资金,主要来源于股东投资、接受境内股东单位 3 个月以上期限的存款和向金融机构借款。其主要业务范围包括:为购车者发放贷款(分期付款),向经销商提供车辆订货贷款和营运设备(如展厅内设施、维修及检测设备等)采购贷款等,转让和出售汽车贷款应收款业务,为贷款购车提供信用担保,开展与购车融资活动相关的代理业务以及经银保监会批准的其他信贷业务等。汽车金融公司的服务对象主要是母体汽车企业及其经销商和

该品牌汽车的客户(消费者)。由于其与汽车制造商、经销商关系密切,具有成熟的运作经验和风险控制体系,因而,汽车金融公司能为消费者、经销商和汽车厂商提供专业化、高质量的金融服务。

③汽车企业财务公司是指以提高企业资金使用效率为目的,为企业集团成员单位提供财务管理服务的非银行金融机构。其资金来源主要有股东(汽车厂商及其下属企业)投资、成员单位的存款和同业拆借。其从事的业务主要有:对成员单位办理财务和融资顾问、信贷签证及相关的咨询、代理业务,协助成员单位实现交易款项收付,经批准的保险代理业务,对成员单位提供担保,办理成员单位之间的委托贷款和委托投资,对成员单位办理票据承兑与贴兑,办理成员单位之间的内部转账和相应的结算、清算,对成员单位办理贷款和融资租赁等。由于其资金来源和资金规模有限,因此,在汽车金融领域的服务能力通常比汽车金融公司弱。

四、顾客(消费者)

一般来说,顾客(Customer)市场可分为五类:消费者市场、企业市场、经销商市场、政府市场和国际市场。消费者市场由消费者个人及其家庭组成,他们仅为自身消费而购买商品和服务;企业市场购买商品和服务是为了深加工/再加工或在生产过程中使用;经销商市场购买产品和服务是为了进一步转卖,以获取商业利润;政府市场由政府机构组成(广义地泛指全部财政供养单位或部门),购买产品和服务用以服务公众或作为救济物资发放;国际市场则由其他国家的购买者组成。

以上每个市场都有各自的特点,营销人员需要认真研究,并有针对性地开展营销工作。

五、竞争者

任何企业的市场营销活动都要受到竞争者(Competitor)的挑战,现代市场营销理论认为,竞争者有各种不同的类型,企业应针对不同类型的竞争者分别采取不同的竞争策略。

从汽车消费需求的角度划分,企业的竞争者包括欲望竞争者、平行竞争者、产品形式竞争者和品牌竞争者。欲望竞争者是指提供不同的产品以满足不同需要的竞争者,例如在争夺消费者先购房还是先购车时,住房开发商和汽车经销商就构成欲望竞争者。平行竞争者是指能够提供不同产品满足同一种需求的竞争者,他们提供的产品往往具有相互替代效果。产品形式竞争者是指产品功能相似,产品形式不同,例如轿车与运用型多用途车(SUV)的竞争者。品牌竞争者是指产品形式基本相同,但品牌不同的竞争者。

在汽车行业的竞争中,卖方密度、产品差异、市场进入难度是三个特别需要重视的方面。卖方密度是指同一区域(市场)中同一类别(或品牌)汽车经销商的数目,其直接影响到各经销商的市场份额和竞争的激烈程度。产品差异是指不同级别(或品牌)的汽车,在结构、技术或性能等方面的差异程度,这种差别会形成一种竞争关系。市场进入难度是指某个新汽车厂商试图进入某个市场时所遇到的门槛高低或困难程度。

六、公众

公众(Publics)是指对企业的营销活动有实际潜在利害关系和影响力的一切团体和个人,通常包括新闻媒介、政府机关、社团组织以及一般群众等。

公众对企业市场营销的活动规范、对企业及其产品的信念等有实质性影响,如新闻媒体对消费者具有导向作用，政府机关决定有关政策及其动态，一般公众的态度影响消费者对企业产品的信念等。关系营销理论就要求企业采取有效措施，做到与重要公众保持良好关系，以树立良好企业形象。为此，企业应适时开展正确的公共关系活动，认真履行企业的社会责任，做好非盈利事业的策划、规划和管理（具体内容参见第十章）。

第二节　市场营销宏观环境

宏观环境（Macro-environment）是指能影响微观环境和企业营销活动的外部广泛性因素，通常包括人口环境、自然环境、科技环境、经济环境、政治环境以及文化环境。一般地说，宏观环境因素对企业的市场营销具有强制性、不确定性和不可控性等特点。一旦宏观环境发生变化，往往会对行业的所有企业产生影响，企业必须密切关注宏观环境因素的变化并努力去适应这些变化。宏观环境与微观环境及企业的关系如图 2-1 所示。

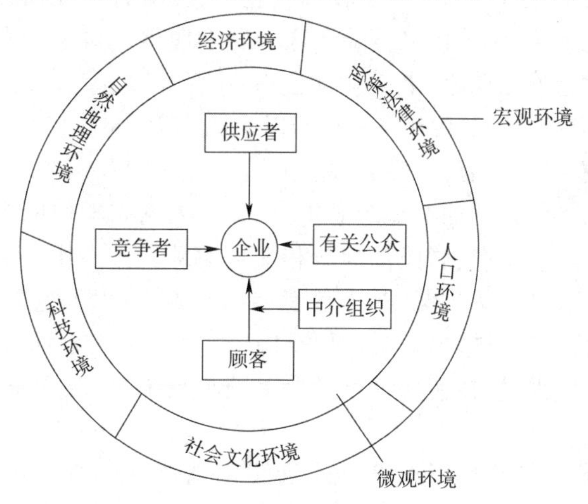

图 2-1　市场营销环境构成

一、人口环境

人口环境（Demography Environment）是指一个国家和地区（企业目标市场）人口数量、人口质量、家庭结构、人口年龄分布等因素的现状及其变化趋势。人口环境是一切社会经济活动的基础和出发点，是影响企业产品需求规模的基本宏观因素。当代我国人口环境的基本特点有以下几个方面。

1. 人口增长减缓趋势明显

由于现代社会竞争压力大，消费者个人面临的各种负担较重，加上年轻一代追求独立自由的生活方式，“多子多福”的传统文化观念已经发生根本改变，因此，年轻人的生育意愿下降，导致人口出生率大幅降低，这就使得我国现阶段的人口增长速度减缓下来。这个问题正在成为影响我国未来经济、社会乃至国家安全的重要战略问题，已经得到各方面的高度关注。

2. 人口城镇化趋势明显

城镇化是工业化和现代化的必然趋势。由于“城市让生活更美好”的观念已经深入人心，大量农村人口向城市聚集，在城镇学习、工作和生活，这直接促进了城镇人口的增加，加快了城镇和整个社会经济的发展。据统计,截至2021年,我国的城镇化率已经超过65%,大约还有20%的人口属于"人户分离"情形,他们的户口虽然尚在农村老家,但他们长期在城镇工作和生活,是事实上的"城镇人"。因此,我国现阶段的实际城镇化率已经达到85%以上,城镇化发展成效非常显著。

值得关注的是,由于城市人口增加,特别是市区人口密集,空间环境压迫感强,房地产价格高,城市人口开始不断向郊区迁移居住,出现在市区上班、在郊区居住的格局。这些变化,无疑会增加汽车的消费需求。

3. 人口老龄化趋势明显

随着人们生存条件的改善和医疗卫生事业的进步,人口平均寿命大为延长,死亡率大幅度降低,极大地减缓了社会总人口的自然衰减速度;少子女(甚至独生子女)家庭模式流行,使得社会的家庭规模减小,单亲家庭和空巢家庭增加;成年男女的经济比较独立,工作流动性增强,工作和生活的节奏加快,平均受教育程度高,更富有个性和独立性,独身主义者增多,年轻人生育意愿不足,新生儿比例下降。这些要素使得人口平均寿命延长,老年人的人口比例增加,社会出现老龄化现象(老龄化社会指60岁及以上人口占总人口的10%以上的人口结构情形)。截至2021年,我国60岁及以上人口达到2.67亿人,占全国总人口的19%,老龄化程度已经较高,且有快速增长趋势,这已经成为我国社会建设不得不高度重视的问题。显然,人口老龄化将增加对适合老年人、残障人驾驶操作的车辆的需求,也会增加对医疗应急车、社区医疗卫生车、居民福祉车和文化活动车等专用车辆的需求。例如,美国福特汽车公司推出的"福特老人"系列轿车就是专门为60岁以上老人设计的。该车考虑了老年人大多腿脚不便、反应迟钝的特点,不但车门较宽、门槛较低,而且特别配备了主动驾驶座、放大了的仪表盘和后视镜、按钮制动以及自动锁车系统等,以适应老年人的身体和生理特点,深受老年人欢迎。

在现代社会,由于汽车尤其轿车已经作为耐用消费品广泛地进入家庭,人口因素成为汽车营销者必须充分重视的环境因素。汽车营销者应认真研究不同收入、不同阶层、不同年龄、不同职业的人口数量及其特点,研究他们对各类型汽车的具体需求,以抓住营销机会。

二、自然环境

自然环境(Natural Environment)是指影响社会生产的自然因素,主要包括资源环境、土地环境、地理环境、生态环境和能源环境等。

1. 资源环境(Natural Resources)

汽车的生产和使用,需要消耗钢铁、有色金属、橡胶、石化、木材等自然资源,汽车工业越发达,使用普及程度越高,消耗的自然资源就越多。由于自然资源总的变化趋势是日益短缺,因此,资源环境要素对汽车营销构成的是一个长期的约束条件。汽车厂商应努力减少资源消耗,提高材料的综合利用率和循环利用率,并通过技术进步,积极发展新型材料和代用材料。

2. 土地环境(Land Resources)

由于公路、城市道路及其附属设施、停车场、加油站、维修店等服务场站的建设,都需要占用一定的土地资源,因此,保障土地供应是汽车正常使用非常重要的环境条件。总体来讲,随着人口增长和城市化进程加快,土地资源日趋紧张,对汽车营销是一个长期的约束条件。但在一定的发展阶段,一个地方或城市拿出必要的土地资源,增加土地供应,改善交通条件和促进城市经济社会发展也是必需的,这时可能就会改善汽车的使用环境,从而促进汽车需求的增长。

3. 地理环境(Geographical Environment)

地理环境主要包括一个地区的地形地貌、山川河流形态以及气候特征等自然因素,它对具体的道路交通基础设施条件具有直接影响(如道路的宽度、坡度、弯度、平坦度、坚固度、耐久度、隧道涵洞数量及道路桥梁里程等)。

地理环境还常常因为决定一个地区具体的自然气候条件,包括大气的温度、湿度、降雨量、降雪量、云雾天气、风沙降尘等情况以及它们的季节性变化,关系到汽车的使用环境,对汽车的冷却、润滑、起动、充气效率、发动机功率、制动等性能以及对汽车部件的寿命等,均会产生直接影响。同时,它也会对驾驶员的工作条件产生直接影响,关系到驾驶员操作技能的发挥和行车安全。

因此,汽车厂商(营销者)应向目标市场推出适应当地地理气候特点和使用条件的汽车产品,并做好相应的技术服务。例如,在西部高原地区,因为地理海拔高度高,道路也具有坡陡、坡长、路弯等特点,汽车厂商在这些地区销售带有发动机增压及制动减速缓速器等装置的车辆,就会深受用户欢迎。

4. 生态环境(Ecological Environment)

生态环境是指人类及地球上动植物赖以生存和发展的各种环境因素。随着人类过度地开展经济活动,甚至因为发展经济而破坏资源环境,往往会造成严重的环境污染和生态破坏,个别地方甚至出现永久性生态毁灭,十分不利于社会经济的可持续发展。

日趋恶化的生态环境,已经引起人类自身的高度警觉,环保意识和生态保护意识日益增强,各国环境保护的法规越来越健全,执法也越来越严格,这对传统石油燃料汽车的营销构成很大的约束。为了应对这种挑战,各国政府不断提高汽车节能减排技术法规要求,引导汽车厂商投入巨资开展汽车节能技术、排放改进技术的研究,积极开发新型绿色动力和清洁能源汽车。

5. 能源环境(Energy Environment)

能源环境泛指全社会拥有的能够以某种方式转化为动力形式的各种能源资源。虽然能源种类很多,但对汽车而言,能够转化为汽车动力的能源种类却是有限的。目前,汽车产品广泛利用的能源形式主要有石油(包括汽油和柴油)、天然气、电能等,部分情况下还包括液化石油气、氢气、生物能(生物柴油)等。

为了减少传统石油能源消耗对环境造成的污染,提高能源的战略安全和综合利用,各国政府及其汽车厂商,近年来均投入巨资开发汽车节能技术、寻找替代能源和发展新能源汽车,以应对能源危机和减少污染物排放,一些低油耗低排放的经济型汽车、各种混合动力及电动汽车被成功开发并及时投放市场,实现了较好的社会经济效益。

三、科技环境

科技环境(Science-technological Environment)是指一个国家和地区整体的科技水平和科技发展动态。科技因素对汽车营销具有重要意义,因为科技水平的整体进步,不仅会直接促进国民经济的发展,增强百姓的消费实力,增加汽车需求。而且,科技成果特别是新能源技术、人工智能技术、大数据技术、网络与数字技术等领域的科技成果在汽车开发、生产和服务领域的广泛应用,会促进汽车产品本身的科技进步(如近些年新能源汽车和智能网联汽车技术快速发展使得这类汽车的市场渗透率快速提升),促进产品开发方式的突破(如互联网工业云和云计算技术可以让汽车企业实现产品的异地同步开发、远程业务指导和交流等),促进汽车营销手段的创新(如实施网络调研,开展网上促销、网络直播、网上集客,开展电子商务 e-Commence 或 e-Business 等),促进企业综合运作能力的提升(如智能辅助决策系统、环境监测系统以及经营预警系统,让企业能够实施全球经营,并力求降低经营风险)。

当前,汽车科技的发展方向主要有以下几个方面。

1. 汽车智能化

汽车智能化是汽车行业未来发展的支柱性技术之一,也是人工智能、云计算、工业互联网在汽车领域的应用和创新,谷歌、阿里、华为、小米等一批国内外优质信息与通信技术(ICT)企业,特斯拉、蔚来、小鹏、理想等一批新造车企业,传统汽车行业的龙头企业,它们或独立或合作,已经成功开发出一批高水准的智能汽车,乃至无人驾驶汽车,并在国内外一些城市开展无人驾驶汽车的示范营运,智能汽车在全球的发展可谓是方兴未艾。

智能汽车是在汽车上增加了智能感知系统(雷达、摄像等传感器)、计算决策系统、执行控制器、智能座舱等装置,通过车载信息终端实现车与 X(人、车、路、云等)智能信息交换,具备智能的环境感知能力,能够自动地分析汽车行驶的安全及危险状态,按照人的意志到达目的地,最终实现替代人的操作的新一代汽车。

智能汽车的发展大体将会经历三个发展阶段:一是以驾驶员为中心的智能辅助驾驶阶段,例如自适应巡航控制系统(ACC)、车道偏离预警系统(LDWS)、车道偏离碰撞预警系统、自动停车系统等,都是现阶段辅助驾驶系统(ADAS)的应用成果;二是以智能车辆为中心的自主式智能驾驶(半自动驾驶)阶段,实现诸如高速公路等非复杂路况下的自动驾驶(保留人工干预);三是以互联网连接的网联式智能行驶,即高度或全自动驾驶阶段,无人驾驶将成为智能汽车的最终形态。

汽车智能化不仅解放和延伸了驾驶员的大脑和肢体,也是国家建设智能交通系统(Intelligent Transport Systems,ITS)的需要。ITS 是指利用信息、通信、控制技术,把车辆、道路、使用者紧密结合起来,以解决交通事故、拥堵、环境污染与能源消耗等问题为目的,具有智能化特征的现代交通系统。它主要由先进交通管理系统(ATMS)、先进交通信息服务系统(ATIS)、先进车辆控制与安全系统(AVCSS)组成。其中,AVCSS 的终极目标就是智能汽车与智能公路。因此,智能汽车的发展和应用会对智能交通系统的建设做出贡献。

2. 汽车网联化

汽车网联化或车联网是当代汽车技术发展的又一个热点领域。车联网(Internet of Vehicle)是由车辆位置、速度和路线等信息构成的巨大交互网络,是物联网、移动互联网技术在汽车市场的应用,通过车载传感器、道路传感器与卫星定位系统,实现车与人、车与车、车与路、车与城市的实时联网,从而对车、人、路等进行智能监控、调度、操作、管理,其组成如图 2-2 所示。

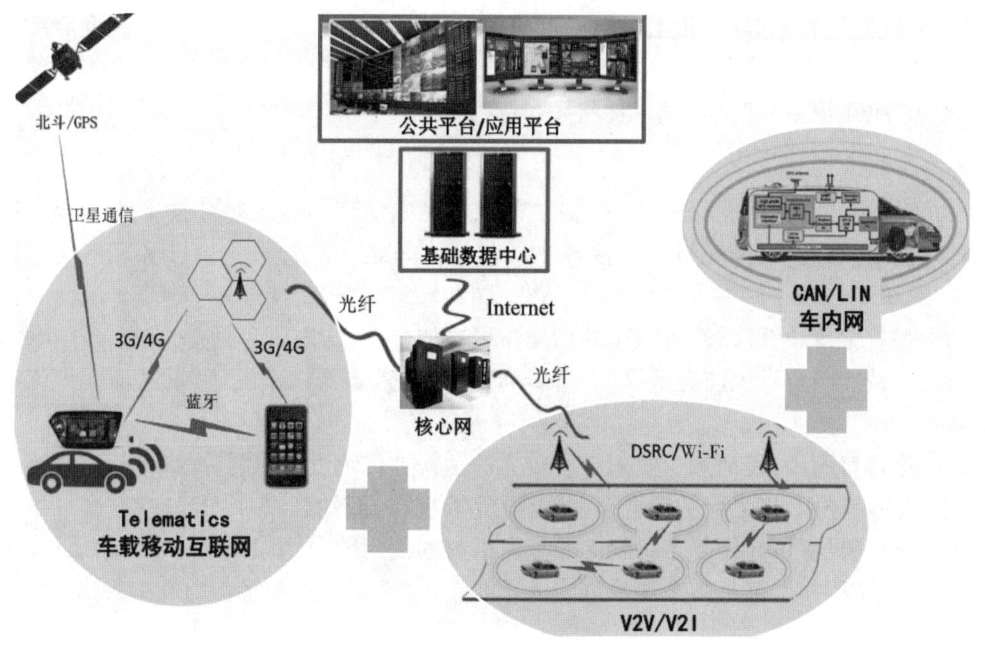

图2-2　汽车车联网的组成系统

由此可见,车联网基于车内网(车载设备联网CAN)、车际网(近程移动互联网DSRC)和车云网(远程移动互联网4G/5G)三网融合,依托智能终端(端)、通信网络(管)、信息平台(云)三项技术,实现为汽车相关者提供信息服务、诱发汽车及相关产业结构变革、支持和服务于汽车智能制造三大功能。

车联网是智能汽车、智能交通和互联网三项技术在汽车行业应用的交叉领域,它和智能汽车融合将产生智能网联汽车(协同式智能车辆控制),和智能交通系统(ITS)融合就产生协同式智能交通管理与信息服务,和汽车制造和应用服务融合就会产生汽车智能制造、汽车电商和汽车互联网服务。

3.汽车电动化

汽车电动化是汽车未来发展的另一个支柱性技术,智能汽车或智能网联汽车都需要以电动汽车为平台。电动汽车泛指以电能作为驱动动力的汽车,包括纯电动汽车、燃料电池电动汽车、混合动力电动汽车(限插电和增程式电动汽车,其余混合动力汽车不再作为新能源汽车)等几种类型。其中,纯电动汽车是指依靠蓄电池储存的电能驱动汽车和为汽车各工作系统提供电能的车辆,目前是我国重点发展的电动汽车产品。燃料电池电动汽车主要依靠氢气,通过电化学反应方式产生电能,进而为汽车提供能源的车辆。由于受自重和体积制约,目前燃料电池电动汽车主要应用于商用车领域。而混合动力电动汽车是在主要依靠蓄电池动力基础上,保留传统发动机系统的车辆。其中,插电式混合动力电动汽车采取并联方式,在车速达到一定数值后发动机参与工作;而增程式电动汽车则是采取串联布局,在电能不足时发动机开始发电供电机驱动汽车。

电动汽车涉及电池技术、电机技术和整车能量管理技术等核心技术,自"十一五"时期我国将电动汽车列入新兴战略产业予以扶植,大规模投入经费研究电动汽车关键技术和开展产业化营运示范。多年的努力获得显著成效,以蓄电池为核心的瓶颈技术取得突破,蓄电池的比能量(储存的电能与其自身质量或体积之比)获得巨大提升,其他关键技术(包括能

量管理、电机控制等)和制造技术也有了重要进展,纯电动汽车已经达到大规模生产和使用的程度。2021 年,我国电动汽车销售达到 340 万辆,占当年汽车总销量的 13%。预计到 2025 年,我国新能源汽车的市场占比将超过 30%。

4. 汽车轻量化

汽车轻量化既是传统汽车节能减排的需要,也是电动汽车的发展需求,汽车自重的减轻意味对电能的节省。汽车轻量化的途径主要包括汽车结构的轻量化设计和轻量化材料的应用。

结构轻量化设计,可以使得汽车的结构布局更加合理,结构更为紧凑,在保证结构强度、刚度满足机械性能要求的前提下,减少材料的使用,尽量降低汽车的自重,从而实现汽车的轻量化。

轻量化材料应用,包括减少使用自重较大的钢铁类传统汽车材料,提高使用高强度钢的比例,推广使用轻质、高强度的铝合金、镁合金等有色合金材料,增加工程塑料、碳纤维增强树脂基复合材料、有机纤维复合材料等非金属材料的使用等。

总之,汽车科技始终是整个科技创新的重要领域,其创新进步将会为汽车营销增加新的机会。

四、经济环境

经济环境(Economic Environment)指那些能够影响顾客购买力和消费方式的经济因素。多年的实践经验表明,国民经济形势与汽车市场具有密切的相关性,经济形势对全社会的汽车消费能力和汽车需求量具有决定性影响。因此,经济环境是汽车营销最重要的宏观环境因素。

经济环境包括狭义经济环境和广义经济环境。狭义经济环境特指消费者的购买能力(经济实力)和消费模式等因素;广义经济环境包括国家和地区的经济发展程度、发展速度、产业结构、社会经济发展战略(发展计划)、市场供求、物价和就业等广泛性经济因素。

汽车营销者研究宏观经济环境时,应重点关注以下经济指标及其变化。

1. 消费者收入

消费者的收入情况是决定购买力的根本要素。消费者收入(Consumer Income)可以分为名义收入、实际收入、可支配收入和可随意支配收入等。

(1)消费者名义收入(Nominal Income)又称作货币收入,是指消费者的工资薪金、劳务报酬、退休(养老)金、稿费、特许权使用费、股票收入(含红利)、利息收入、租金收入、受捐赠收入、继承性收入和中奖收入等各类收入的总和。

(2)实际收入(Real Income)是消费者名义收入扣除通货膨胀影响后的收入,它反映消费者名义收入实际所能购买到的商品与服务的数量。

(3)可支配收入(Disposable Personal Income)是指消费者的货币收入扣除消费者个人需要缴纳的各种税款和交给政府的非商业性开支后,可用于个人消费和储蓄的那部分收入(不考虑通货膨胀因素)。其中,"税款"主要是依据国家税法规定需要由消费者个人缴纳的税款,包括个人所得税、利息税和遗产税等;"非商业性开支"包括社会保险金、住房公积金和其他规定扣除项等。目前,我国规定,具有劳动收入的城镇居民都必须按其工资收入的一定比例缴纳社会保险,包括养老保险、失业保险、医疗保险、工伤保险和生育保险,社会上俗称“五大保险”(生育保险与医疗保险已于2019年底实现合并),这些保险由劳动者个人和其雇主单位共同按照劳动者工资收入的一定比例缴纳,并由政府劳动部门负责征管和发放。住房公积金是我国政府规定的住房专项基金,按劳动者工资收入的一定比例,由劳动者个人和其雇主等额缴纳,存入劳动者个人住房公积金账户,个人可在退休时一次性领取公积金账户余额(含利息)。退休前一般不能支取公积金,但劳动者如果购买商品住房、房屋改造或装修时则可以使用住房公积金支付,还可以申请住房公积金贷款以支付房款。而其他刚性开支主要包括消费者个人职业年金、罚款、摊派、捐赠、会费等必须缴纳的费用。

(4)可随意支配的个人收入(Discretionary Income),是指个人可支配收入减去维持生活必需的支出(如食品、衣服、住房)和其他固定支出(如分期付款、贷款、保险、学费)所剩下的那部分个人收入。这部分收入是消费者可以任意使用的收入,是影响消费者需求构成最活跃的经济因素。这部分收入越多,人们的消费水平就越高,高档和非必需商品的营销机会也就越多。

2. 消费储蓄与消费信贷

消费者的现实购买力,除与消费者收入因素有关外,还与消费储蓄(Consumption-savings)和消费信贷(Consumption Credit)相关。从动态的观点来看,消费者储蓄会降低现实购买力,但会增加未来的购买力。现代社会,消费者的储蓄形式除传统的银行存款方式外,还包括对债券、基金、股票、外汇、黄金、返还型保险等金融资产甚至房屋等不动产的投资。这些形式的储蓄在一定条件下,大多可以转化为现实的购买力。不管哪种储蓄方式,消费者如果认为其回报下降或存在储蓄风险时,往往就会将储蓄变现,并增加现实消费。

消费者信贷是指消费者以个人信用或其财产为保证,从金融机构那里获得贷款,并将贷款作为消费资金用于购买商品或服务,或者直接从供应商那里提前获得商品或服务的消费现象。消费者信贷的主要形式包括直接贷款、赊销和分期付款、信用卡透支等。消费者信贷增加了现实购买力,但会削减潜在或未来的购买力。

3. 消费者支出

消费者支出(Consumption Expenditure)是指消费者的收入支出结构以及这种结构随消费者收入增减而变化的情况。德国经济学家恩格尔研究发现,随着居民家庭收入的增加,居民用于购买食物的支出比例会下降,而用于交通、休闲、保健、教育以及储蓄等方面的支出比例会上升。经济学界将这种现象称为恩格尔定律,并使用恩格尔系数(The Engle's Coefficient)作为反映消费者支出的考量指标。

恩格尔系数(%)=消费者食品消费支出额/消费者的总支出额

恩格尔定律表明,消费者的支出模式与恩格尔系数密切相关。恩格尔系数不同,消费者的支出结构也会不同。恩格尔系数成为衡量一个国家、地区乃至消费者个人家庭富裕程度的指标,国际上广泛采用恩格尔系数评价百姓生活水平。根据联合国粮食及农业组织提出的标准,该系数在59%以上为贫困,50%~59%为温饱,40%~50%为初步富裕(小康,现阶段我国所处水平),30%~40%为富裕,低于30%为最富裕。

消费者的支出模式除普遍受收入因素影响外,从消费者个体而言,支出模式还受家庭所处的寿命周期阶段及其居住地点的影响。如新婚夫妇和没有孩子的家庭,在交通、娱乐(旅游)方面的支出比例较高;有孩子读书的中青年家庭,在住房、教育方面的支出比例较高;老两口家庭在医疗、保健、旅游方面的支出比例较高;居住地点与工作地点相距较远的人群,在交通方面的支出比例较高等。汽车营销者要注意研究消费者支出模式及其变化走势,以便更好地把握汽车消费市场及目标顾客群,赢得汽车营销的商机。

4. 国内生产总值

国内生产总值(Gross Domestic Product,GDP),是指在一定时期内(如一个季度或一年),一个国家或地区领土范围上所有居民生产与经营活动的最终成果和劳务价值,即全部最终商品与劳务以“货币价格”或“市价”计算的总价值。统计计算中,增加值是国民经济统计和核算的一项基础指标,全社会各部门完成的增加值之和即是国内生产总值,换言之,GDP由第一产业农业,第二产业工业和建筑业,第三产业服务业、交通邮电通信业、商业、金融保险业、房地产业、科教文卫、体育、国家机关、社会团体等三次产业增加值组成,将三次产业增加值加总即为GDP。它在数值上也等于私人消费、投资、政府支出和净出口额四个部分的总和。GDP是反映经济活动的综合性指标,代表着经济总规模,其增长率也就是国民经济增长率。

由于工业部门的经济地位比较突出,工业增加值(Value Added,Industrial Value Added或Industrial Added Value)是反映国民经济状态的重要指标,因此,它常被用于研究宏观经济形势。工业增加值反映了工业企业的投入、产出和经济效益情况,其含义是指工业企业在报告期内以货币形式表现的工业生产活动新增加的最终成果,是工业企业全部生产活动的总成果扣除了在生产过程中消耗或转移的物质产品和劳务价值后的余额,代表工业企业生产过程中新增加的价值。其计算方法为:

工业增加值=工业总产值-工业中间投入+本期应交增值税。

其中,工业总产值包括本期生产的成品价值、对外加工费收入、自制半成品在期末和期初的差额价值;工业中间投入是指工业企业在报告期内用于工业生产活动而一次性消耗的外购原材料、燃料、动力及其他实物产品和对外支付的服务费用(包括支付给工业、农业、批发零售贸易业、建筑业、运输邮电业等物质生产部门的服务费用和支付给保险、金融、文化教育、科学研究、医疗卫生、行政管理等非物质生产部门的服务费用);本期应缴增值税是指工业企业在报告期内应交纳的增值税额。

与国内生产总值相类似的指标,还有国民生产总值(Gross National Product,GNP)。国民生产总值指一个国家或地区的国民,在一定时期(如一个季度或一年)内创造的以货币表现的全部最终产品(含货物和服务)的总价值。国民生产总值(GNP)等于国内生产总值(GDP)加上来自国外的劳动报酬和财产收入,再减去支付给国外的劳动报酬和财产收入。GDP和GNP两者含义其实没有什么区别,只是统计范围不同而已。GDP是按国土原则计算的,只要其经济活动是领土范围内,不管是本地居民还是外地居民都要计算在内;GNP是按国民原则计算的,只要是本地居民,不管生活在本地还是外地,其经济活动都要计算在内。它们都能全面反映全社会经济活动的总规模,是衡量一个国家或地区经济发展所处程度的综合指标。

汽车营销者常常通过GDP指标研究国家宏观经济运行情况,预测和判断汽车市场的发展走势。一般而言,当GDP总量增加,特别是增长率较高时,意味着全社会的消费能力较强,汽车消费需求往往会增加;反之,如果增长率下降,经济进入衰退期,汽车市场就会下挫。

5. 市场(经济)行情指数

市场行情是经济活跃程度的反映。经济活跃程度越高,多数产品的市场行情就好,购销两旺，物价趋涨；反之，经济下行，市场就会冷淡，呈现低迷市场行情。研究市场行情主要包括以下工具。

1）商品价格指数

商品价格指数也称物价指数（PI），是反映各个时期商品价格水准变动情况的指数，是观察宏观经济运行动态的标志性指标。物价指数是一个与特定时间和一定组合的商品或劳务有关的价格计量，当该组商品或劳务的价格发生变化时，价格指数就随之变化。

物价指数包括物价总指数和特定物价指数两类。其中，物价总指数用来说明全部商品价格的变动，特定物价指数用来说明特定商品的价格变动。在统计分析中，如无特别所指，物价指数通常指物价总指数。我国物价指数由国家统计局统计和发布。

特定物价指数比较常用的指标有两个。一是居民消费价格指数（CPI），它是反映一定时期内城乡居民所购买的生活消费品价格和服务项目价格变动趋势和程度的相对数，是对城市居民消费价格指数和农村居民消费价格指数进行综合汇总计算的结果，利用居民消费价格指数，可以观察和分析消费品的零售价格和服务价格变动对城乡居民实际生活费用支出的影响程度。二是工业品出厂价格指数（PPI），它是反映全部工业产品出厂价格总水平变动趋势和程度的相对数，包括工业企业售给本企业以外所有单位的各种产品和直接售给居民用于生活消费的产品，通过工业品出厂价格指数能观察出厂价格变动对工业总产值的影响。除此之外，特定物价指数还包括商品零售价格指数、农产品收购价格指数、农村工业品零售价格指数、固定资产投资价格指数等。

2）股票价格指数

股票价格指数（stock index）是指描述股票市场总的价格水平变化的指标。各种股票指数尽管在计算方法上存在股票种数和加权差异，但基本都是选取有代表性的一组股票，把其价格进行加权平均计算得到。编制股票指数，通常以基期（作为基点的某个成交日）收盘时各股票成交价格经加权计算后得到的平均价格作为100，用相同计算方法计算的以后各期的股票价格除以基期价格，再乘以100，就得到各期的股票指数。

股票指数是反映不同时期股价变动情况的相对指标，通过它人们可以很方便地了解到股价上升或下降的百分比率。世界上较有影响的股票指数有：美国的道琼斯指数、标准普尔指数、纳斯达克指数、纽约证券交易所指数；英国《金融时报》股票指数；日本日经指数；我国香港特区恒生指数、上证指数和深证综合股票指数等。

3）国际期货商品价格

期货（Futurcs）与现货完全不同，现货是实实在在可以交易的货（商品），期货主要不是“货”，而是以某种商品为标的的标准化可交易合约。期货的标的物可以是普通金属商品（有色金属、螺纹钢、线材等）、贵金属（黄金、白银等）、能源商品（原油、燃料油、碳排放配额等），农产品（大豆、小麦、玉米、棉花、白糖、咖啡、棕榈油等）、金融商品（股指、利率、汇率等）。

期货市场主要功能有两个。一是发现价格，由于期货交易过程实际上就是综合反映供求双方对未来某个时间供求关系变化和价格走势的预期，这种价格信息具有连续性、公开性和预期性的特点，因此，它具有价格发现功能。二是期货套期保值功能，期货交易为现货市场提供了一个回避价格风险的场所和手段，为应对商品价格变化，可利用期货交易进行套期保值，即在期货市场上买进或卖出与现货市场上数量相等但交易方向相反的期货合约，使期、现货市场交易的损益相互抵补，就可以回避价格风险。

由于期货商品价格是在较大的市场范围通过竞价的形式而形成的，它的涨跌代表了人们对经济状况的信心，反映了人们对未来经济的预期，因此，它可以成为市场行情和判断经济走势的观察性指标。

6. 金融工具

通常，可以通过研究一个国家(地区)对金融工具的运用情况，去观察其宏观经济形势。这类金融工具主要包括以下几种。

1)存贷款基准利率(benchmark interest rate)

基准利率是金融市场上具有普遍参照作用的利率，它的变化决定了其他各种利率的变化。基准利率在整个金融市场和利率体系中处于关键地位，具有市场性、基础性、传递性特征，它是中央银行实现货币政策目标的重要手段之一，当政策目标重点发生变化时，利率作为政策工具也应随之变化。不同的利率水平体现不同的政策要求，当政策重点放在稳定货币时，中央银行贷款利率就应该适时调高，以抑制过热的需求；相反，则应该适时调低。

2)银行存款准备金(deposit-reservation)

银行存款准备金指金融机构为保证客户提取存款和资金清算需要而准备的在中央银行的存款。存款准备金率是指商业银行的存款准备金占其存款总额的比例，这个比例通常由中央银行决定，它是中央银行货币政策的重要工具，当其下调时就可以引导货币信贷的增长，保持金融体系流动性充裕；反之，当其上调时就减少货币信贷，收缩金融流动性。

3)公开市场操作(open-market operations)

公开市场操作又称作公开市场业务，是中央银行吞吐基础货币、调节市场流动性的主要货币政策工具。中央银行通过与指定交易商(通常为商业银行)进行有价证券和外汇交易，实现货币政策调控目标。其中交易包括正回购和逆回购两种，正回购是指央行向一级交易商卖出有价证券，从市场收回流动性的操作；逆回购是指央行向一级交易商购买有价证券，向市场上投放流动性的操作。

4)贴现(discount)与再贴现(rediscount)

贴现(又作票据贴现)是指销货方开户银行接受购货方开户银行开出的远期承兑支票，向销货方及时提供资金融通的行为。票据贴现相当于商业银行以承兑支票做抵押向其客户提供贷款支持，因此，贴现时须对原票据金额打一定的折扣，这个折扣率被称为贴现率(相当于贷款利率)。

再贴现是指中央银行从商业银行手中获得贴现票据，并向商业银行提供资金的业务。再贴现是中央银行的货币政策工具之一，它不仅影响商业银行货币供应，而且可以有选择地对不同种类的票据进行融资，从而促进产业结构调整。

5)汇率(Exchange Rate，简称 Ex Rate)

由于各国(各地区)货币的名称不同，币值(购买力)也不一，所以，一种货币对其他货币就要规定一个兑换率，这就是汇率，它是一种货币兑换另一种货币的比率，是以一种货币表示的另一种货币的价格。汇率是国际贸易中最重要的调节杠杆，汇率的升降，对进出口贸易、物价、资本流动(包括国际游资)乃至经济结构等均会产生影响。

6)货币供应量(Money Supply)

货币供应量指一国在某一时点上为社会经济运转服务的货币存量。世界各国虽然对货币供应量计算口径不一致，但划分的基本依据都是资产的流动性。所谓流动性，是指一种金融资产随时可以变为现金或商品的能力。流动性不同，在流通中的周转次数就不同，形成的货币购买力及其对经济活动的影响也不一样。我国由中国人民银行负责按季向社会公布货币供应量统计监测指标，并将货币供应量分为四个层次。

①M0：流通中的现金；

②M1：M0 + 企业活期存款 + 机关团体部队存款 + 农村存款 + 个人持有的信用卡类存款；

③M2：M1 + 城乡居民储蓄存款 + 企业存款中具有定期性质的存款 + 外币存款 + 信托类存款；

④M3：M2 + 金融债券 + 商业票据 + 大额可转让存单等；

⑤M4：M3 + 其他短期流动资产。

其中，M1 是通常所说的狭义货币量，流动性较强，是中央银行重点调控对象；M2 是广义货币量，M2 与 M1 的差额是准货币，流动性较弱。我国要求中国人民银行以保持人民币币值稳定为货币政策的最终目标，这就要求中国人民银行必须控制整个银行系统的货币供应量，其增长必须与经济增长相适应，与货币流通速度相联系。通常来讲，货币供应合理的主要标志是物价水平的基本稳定，物价总指数变动较大，说明货币供应有问题。从这个意义上讲，货币供应量亦是一个与普通百姓有关联的经济指标，它的多与少、量与度，影响国民经济的运行速度和货币的币值。

7. 固定资产投资

全社会固定资产投资（Total Investment in Fixed Assets）是以货币表现的建造和购置固定资产活动的工作量，包括基本建设投资、更新改造投资、设备固定资产投资、房地产开发投资等。投资规模包括年度投资规模和在建投资规模，前者是一个国家或地区在一年内实际完成的固定资产投资额；后者是指当年施工的建设项目全部建成交付使用所需的投资额，包括以前年度已完成的投资以及本年度和以后年度继续建设所需要的投资，反映了建设战线的长短。投资规模应与一定时期的国力相适应，通过固定资产投资活动，国民经济可以更新技术装备，建立新兴部门，调整经济结构和生产力地区分布，从而实现经济增长。

除以上经济指标外，汽车营销者还可以研究政府的财政收支规模及其增长率情况，研究工业设备及装备制造业、货物运输业、进出口贸易等重要行业的景气状况指数或采购经理人指数，研究全社会特别是工业用电量以及工业企业经济效益状况等，以分析研究宏观经济环境。

五、政治法律环境

政治与法律（Political and Legal Environment）是影响企业营销的重要的宏观环境因素。政治因素像一只有形之手，调节着企业营销活动的方向，法律则为企业规定商贸活动行为准则。政治与法律相互联系，共同对企业的市场营销活动发挥影响和作用。

1. 政治环境因素

政治环境（Political Environment）指企业外部的政治形势以及国家的方针政策，主要内容包括以下方面。

1）政治局势

政治局势指企业营销所处国家或地区的政治稳定状况。一个国家的政局稳定与否会给企业营销活动带来重大的影响。如果政局稳定,生产发展,人民安居乐业,企业就会赢得良好的营销环境。相反,政局不稳,社会矛盾尖锐,秩序混乱,不仅会影响经济发展和人民的购买力,而且对企业的营销活动也有重大影响。战争、暴乱、恐怖活动、罢工、政权更替等政治事件都可能对企业营销活动产生不利影响,改变企业的营销环境。例如,一个国家的政权频繁更替,尤其是通过暴力改变政局,这种政治的不稳定,会给企业投资和营销带来极大的风险。因此,社会是否安定对企业的市场营销关系极大。一个国家的政治局势稳不稳定,跟这个国家的社会制度、政体(政治权力架构及政权形成机制)、政党派别以及他们的力量对比、宗教势力、政治文化等因素密切相关。

2)方针政策

各个国家在不同时期,往往会根据所处历史发展阶段面临的使命任务制定经济社会发展的路线方针,颁布一些经济政策,这些方针、政策将直接或间接地影响企业的营销活动。因为国家制定的经济与社会发展战略、各种经济政策等,相关部门和单位都是要执行的,而执行的结果必然要影响市场需求,改变资源的配置,促进或限制某些行业的发展,这是一种直接的影响。国家也可以通过方针、政策对企业营销活动施以间接影响。例如,通过征收个人所得税,调节消费者收入,从而影响消费者的购买力;还可以通过设置或调整消费税来鼓励或抑制某些商品的需求,如我国对乘用车就根据排量大小征收不同的消费税和使用税,从而间接影响相关产品的营销。

现阶段,我国经济社会发展的路线方针是围绕经济建设、政治建设、文化建设、社会建设、生态文明建设"五位一体"总体布局,大力实施"全面建设社会主义现代化国家、全面深化改革、全面依法治国、全面从严治党"的"四个全面"战略布局,切实贯彻"创新、协调、绿色、开放、共享"的新发展理念,深入推进中国特色社会主义事业不断进步,实现"两个一百年"奋斗目标和中华民族伟大复兴的"中国梦"。这个路线方针必将深刻影响我国当前和未来一段时期经济和政治生活的方方面面,并决定这个阶段很多政策的具体特点。

目前,我国政府实施的对汽车企业营销活动有重要影响的政策措施主要有以下几方面。

(1)对新能源汽车的补贴退坡,且从消费端转向补贴营运端和基础设施。即地方政府自2019年6月之后取消对新能源汽车产品的补贴,中央财政补贴也减半,且在2020年后取消补贴(后因疫情原因延至2022年末);在补贴考核方式上,鼓励高能量密度、低电耗技术的产品,2017年后增加了单位载质量百公里电耗、电池系统能量密度、车辆带电量三项指标,不再只考核续驶里程;补贴方式转向运营端和基础设施建设,2018年11月四部委印发了《关于〈提升新能源汽车充电保障能力行动计划〉的通知》,要求引导地方财政补贴从补购置转向补运营(尤其公交企业),逐渐将地方财政购置补贴转向支持充电基础设施建设等环节。

(2)以双积分政策为核心构建新能源汽车发展长效机制。2018年4月开始,国家实行传统燃油车平均燃料消耗量(CAFC)积分和新能源汽车(NEV)积分并行管理政策(简称"双积分政策"),它既发力于供给端,对传统汽车油耗和新能源汽车积分占比具有硬性约束,又有积分交易、转让的价格信号引导,在后补贴时代对汽车行业发展起到直接促进作用。2019年7月,《乘用车企业平均燃料消耗量与新能源汽车积分并行管理办法》对传统燃油车油耗的测试方法、燃料消耗量目标值计算方法、企业平均燃料消耗量限制、新能源汽车的销售比例等均做出了更加严格的限制。NEV积分允许按比例结转,延续中小企业考核优惠。该办法将托底新能源汽车增速,为行业长期发展保驾护航。

(3)放开外资股比限制，扩大对外开放，鼓励国际竞争。2018 年 6 月国家发展改革委、商务部联合发布《外商投资准入特别管理措施(负面清单)(2018 年版)》，其规定从 2018 年 7 月 28 日起取消专用车、新能源汽车，2022 年起取消所有车型外资股比限制(但传统汽车不再新批整车企业资质)。2019 年 6 月，工业和信息化部发布公告称，自 2019 年 6 月起废止《汽车动力蓄电池行业规范条件》，动力蓄电池领域竞争彻底放开。这些开放举措，将提高外资新能源车企在我国建厂的积极性，汽车营销者将迎来更加激烈的行业竞争。

2. 法律环境因素

法律是体现统治阶级意志、由国家制订或认可并以国家强制力保证实施的行为规范的总和。对企业来说，法律是评判企业营销活动的准则，只有依法进行的各种营销活动，才能受到国家法律的有效保护。因此，企业开展市场营销活动，必须了解并遵守国家或政府颁布的有关经营、贸易、投资等方面的法律、法规。

从当前企业营销活动法制环境的情况来看，有两个明显的特点。

(1)约束企业经营行为的立法增多，法律体系越来越完善。现代国家一般都比较强调依法治国，对企业营销活动的管理和控制也主要通过法律手段。在这方面的立法主要有三个内容或目的：一是保护企业间的公平竞争，制止不公平竞争；二是保护消费者正当权益，制止企业非法牟利及损害消费者利益的行为；三是保护社会的整体利益和长远利益，防止对环境的污染和对生态的破坏。我国在建设中国特色社会主义市场经济进程中，也加强了市场法制方面的建设，陆续制定、颁布了一系列重要的法律法规，对规范企业的营销活动起到了重要作用。

(2)政府机构执法更严。有了法，还必须严格执法，这样法律才能起到应有的作用。各个国家都根据自己不同的情况，建立了相应的执法机关和消费者权益保护群众组织等，分别从各个方面对企业的营销活动进行监督和控制，在保护合法经营、取缔非法经营、保护正当交易和公平竞争、维护消费者利益、促进市场有序运行和经济健康发展方面，发挥了重要作用。因此，企业必须知法守法，自觉用法律来规范自己的营销行为并自觉接受执法部门的管理和监督。同时，还要善于运用法律武器维护自己的合法权益。当其他经营者或竞争者侵犯自己正当权益时，要勇于用法律手段保护自己的利益。汽车营销者既要善于应对各项政策法律的挑战，又要善于捕捉政策法律所带来的市场机会。

汽车营销者除应遵守政策法律外，还应遵守社会规范和商业道德。由于法律条文不可能解决所有的经济行为弊端，因此，营销者应根据一个国家或民族长期形成的社会规范和商业道德，自觉检视自己的经济活动，主动约束自己，避免不正当或不恰当的行为。现实生活中，许多企业制定了企业社会责任的管理目标，不钻法律漏洞，不挑战约定俗成的商业伦理，积极传播社会正能量，为企业赢得良好的社会口碑，树立了很好的企业形象。

六、社会文化环境

社会文化(Social and Cultural Environment)包括广义文化和狭义文化。广义文化指人类在历史实践过程中所创造的物质财富和精神财富的总和，由政治、经济、科学技术、知识、信仰、艺术、道德、法律、社会规范以及人们创造的物质世界等构成。文化本质上是人类在长期的历史发展和传承中所形成的一种价值体系，它一方面以一定的物质形态和文化形式为载体，另一方面又对人类社会相应的活动起着决定性的作用。狭义的文化是指社会的意识形态以及与之相适应的制度体系，即精神文化，包括价值观念、态度体系、伦理道德、生活方式、风俗习惯、行为规范和宗教信仰等。社会文化是一个社会全体成员长期共同形成的行为特征的总和,它决定着这个社会所接受的一整套的价值观念。

社会文化包括核心文化和亚文化。核心文化是人们持久不变的信仰和价值观,它具有世代相传和不易改变并由教育或宗教机构予以强化的特点。亚文化是按民族、经济、年龄、职业、性别、地理、受教育程度等因素划分的特定群体所具有的文化现象,它根植于核心文化,但相比核心文化又容易改变。

价值观念通常是规定性的,告诫人们什么是好的,什么是坏的,什么是正确和错误,什么是真和伪。不同的文化对时间、变革、物质财富、风险等都有不同的认识和态度,从而影响人们的消费行为和消费方式。价值观不同,人们的消费倾向也有区别。追求个人生活自由的人,消费较为感性;而节俭朴素的人,消费就比较理性。价值观念不同,对新事物的态度也会不一样。对一件新产品,各文化群体的消费接受态度也不同。可见,社会文化影响和制约着人们的消费观念、需求欲望及特点、购买行为和生活方式,对企业营销行为产生直接影响。因此,社会文化环境是影响企业营销诸多变量中最复杂、最深刻、最重要的变量。

社会文化环境对汽车营销的影响有以下几个方面。

(1)它影响着人们的行为方式(包括购买行为),对企业不同的营销活动(如产品设计、造型、颜色、广告、品牌等)具有不同的反应程度。例如,两厢型轿车在我国就曾经经历较长的市场开拓时间,才逐渐被消费者接受,原因就是我国百姓认为两厢造型不像“轿”车。在市场营销活动中,明智的做法是预先了解当地购买者的态度和价值观,并据此设计产品和组织推销,这样才会获得事半功倍的效果。

(2)亚文化的发展与变化,会引起市场营销活动的发展与变化。近年来,随着国际贸易往来越来越频繁,各国年轻人的交流趋于增加,在一定程度上产生了需求的趋同性,发达国家的消费流行往往会得到其他国家青年白领的率先认同,从而接受新的消费方式,营销者应及时适应这种变化,可以更积极地利用亚文化的相对易变性,充分发挥主观能动作用,增加本企业市场营销活动的成效。

由此可见,市场营销活动不仅是经济活动,也是一种文化活动。

第三节 汽车厂商适应营销环境变化的策略

营销者必须善于分析营销环境的变化,研究相应的对策,提高企业市场营销的应变能力。只有如此,企业才能在“商战如兵战、市场无常势”中立于不败之地。

一、营销环境分析方法

企业只有不断地适应营销环境的变化,方可顺利地开展营销活动。为此,企业除了在技术层面建立营销环境监测和预警系统外,还必须掌握环境分析工具,以便能够根据环境变化,主动调整营销策略。

对具体汽车厂商而言,并非所有的环境机会都具有相同的吸引力,也不是所有的环境威胁都产生相同的压力,因而,企业对于每种营销环境的变化给企业带来的机会或威胁,应从数量上或程度上予以分析,运用比较的方法,找出和抓住最有吸引力的营销机会,避开最严重的环境威胁,这就是环境分析方法。

环境分析方法的具体内容是:选择“环境威胁(危害性)”指标,评价营销环境变化给企业造成的影响,并用“高、低”两挡定性反映可能的影响程度;选择“营销机会(利好性)”指标,评价营销环境变化给企业带来营销机会的可能性,并用“大、小”两挡代表这种可能性的程度。通过引入这两个指标作为维度,再建立一个二维坐标或矩阵,就可以研究营销环境变化对企业的综合影响。根据营销机会和环境威胁两个维度的排列组合,一个企业在具体的营销环境的变化过程中所处的地位和类型可能是:理想企业,风险企业,成熟企业,困难企业,如图 2-3 所示。显然,“理想企业”是营销环境变化的受益者,而“困难企业”遇到的是最不利的营销环境变化。因此,各汽车企业对自己所处的地位和类型应保持清醒认识。

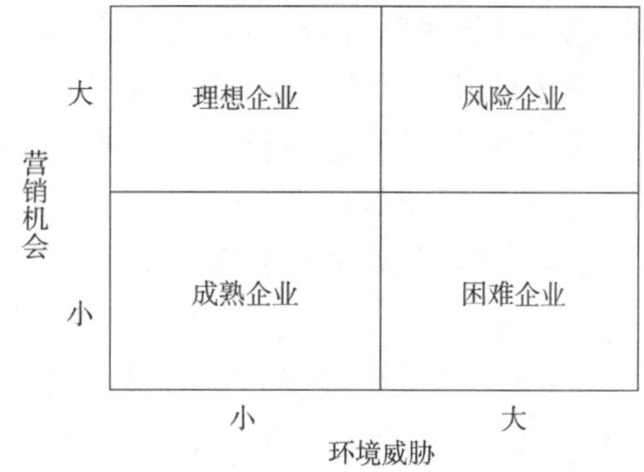

图 2-3　营销环境变化时企业的类型

二、营销环境变化的应对措施

为了适应环境变化,企业必须在营销实践中找到以下行之有效的措施。

(1)加强市场营销计划的弹性。富有弹性的市场营销计划,有利于发挥营销计划的先导作用,使企业在实施营销计划时能够适应营销环境的变化。因此,企业在制订营销计划时,应做到:

①在市场营销基本计划的基础上,制订多种营销应急预案。

②实施滚动性营销计划。使营销计划和决策既大体形成,又避免僵化,采取柔性计划方案。

③计划指标要有合理的上限和下限幅度。

(2)重视后备资源的建设。企业在制订应急方案后,应抓紧落实应急措施和办法,积蓄打赢“应急战”的资源和力量。

(3)提高控制水平,包括对流动资金、生产物资、生产指挥和中间商等市场营销重要因素的控制水平。

(4)建立快速应变的组织保证体系。企业在组织领导体制上要有“统一指挥、个人负责”的指挥系统,完善企业内部的信息共享机制,加强各部门的协调配合,提高整个组织的灵活性和协调性。

本 章 小 结

企业的市场营销活动,不可避免地受到营销环境的影响。营销环境泛指企业外部的不为企业完全控制的各类营销影响因素,可以分为微观和宏观两类环境。微观环境包括企业内部环境、供应商、营销中介、顾客(消费者)、竞争者和公众六类因素,与企业关系密切,他们可能是企业的供应链成员、业务合作伙伴或竞争对手。宏观环境包括人口环境、自然环境、科技环境、经济环境、政治环境以及社会文化环境,是能够影响微观环境和企业营销活动的广泛性外部因素,通常具有强制性、不确定性和不可控性等特点。

私人购买者成为现代汽车市场的需求主体,营销者应充分重视人口因素变化对汽车市场的影响。人类的经济活动,往往会挑战自然环境,因此,资源、土地、生态和能源等因素就会对汽车营销产生持续的约束作用。而汽车作为科技含量相对较高的产品,社会整体科技进步和汽车科技发展,对汽车营销往往意味着营销机会。经济环境是所有营销者必须面对的重要的影响因素,营销者应特别重视研究目标市场的消费者收入、消费者支出、国内生产总值、市场行情、金融工具、全社会固定资产投资等经济指标或指数,以便分析判断市场的当前现状和未来走势。政治与法律环境直接或间接地影响企业的市场营销。政治因素像一只无形之手,调节着企业营销活动的方向,而法律则为企业规定营销活动的行为准则。现代社会,营造公平市场环境、维护消费者权益和社会整体长远利益的法律体系越来越完善,执法越来越严格,约束和规范着企业的经营行为。社会文化是人们在历史发展和传承中所形成的一套价值体系,它直接定性了人们对好坏、正误和真伪的判断标准,影响和制约着人们的消费观念、需求特点、购买行为和生活方式,对企业营销产生直接影响。

面对不断变化的营销环境,营销管理者就是要不断评估环境因素产生的营销机会和不利威胁,通过制订弹性营销计划、建设营销后备资源、提高营销控制水平、建立快速应变体系等手段,做到适时调整营销策略。

复习思考题

1. 请解释市场营销环境、微观环境和宏观环境的概念并说明它们之间的关系。
2. 请分析消费者名义收入、实际收入、可支配收入、可随意支配收入的区别与联系。
3. 请解释恩格尔定律的含义和恩格尔系数的应用价值。
4. 请解释国内生产总值的含义。为什么它是衡量国民经济规模的综合性指标?
5. 试讨论分析一个经济体市场行情的研究方法。
6. 金融工具的应用手段有哪些?
7. 分析讨论政治法律营销环境包括的内容及其对企业市场营销作用的特点。
8. 社会文化环境的含义及其特点是什么?它对企业的市场营销有怎样的影响?

第三章　企业战略规划与营销管理

“取得卓越业绩是所有企业的首要目标，战略和运营效益是实现这一目标的两个关键因素”（美，Michael E. Porter）。汽车厂商应认真研究企业的发展战略，科学制定战略规划，合理分解年度任务，认真做好营销管理。

第一节　战略规划

市场经济条件下，尽管企业发展会遇到很多决策带来困扰的不确定性因素，但企业为了赢得未来发展的主动权，还必须认真研究发展战略问题，包括企业的战略定位、战略目标、战略内容、战略措施等，科学编制战略规划，实施战略管理，使企业发展具有明确的方向、目标和路径。

一、战略与战略规划的概念

1. 战略的概念

许多学者与企业高层管理者可能对现代企业经营战略（Strategy），有不同的理解，而且，在不同的时代，企业战略的具体内涵也会有所不同。

著名的战略管理专家迈克尔·波特（Michael E. Porter）认为：战略，一是创造一种独特、有利的定位；二是在竞争中做出取舍，确定什么可以做，什么可以不做；三是在企业的各项运营活动之间建立一种配称（统筹与协调）。战略从本质上讲，是要通过一种模式，把企业的目的、方针、政策和经营活动有机地结合起来，促使企业形成自己的特殊战略模式和专门的竞争优势，并将不确定的环境具体化，根据环境有效地解决各项管理问题。

哈佛大学商学院教授安德鲁斯（Andrewes）认为：作为企业总体经营的战略，是一种决策模式，它决定和揭示了企业的目的和目标，提出了实现目的的重大方针与计划，界定了企业所从事的生产经营领域，以及决定了企业对员工、顾客和社会应做出的贡献。战略决策在较长时间内有效地影响着企业资源配置的管理行为，战略模式的某些方面在相当长的时期里不会发生变化。但是，战略模式的某些方面可能会随着时间推移而有所变化，如延伸产品系列、改进制造过程等。因此，在制定企业战略和实施企业战略时，经理人员要辩证地处理变与不变的关系，在保证企业充满活力的前提下，提高战略的相对稳定性。

美国著名战略学家安索夫（Igor Ansoff）则认为，战略是贯穿于企业经营与产品和市场之间的一条“共同经营主线”。他认为战略应该由四个要素组成，即产品与市场范围、竞争优势、协同作用和增长向量。按照安索夫的定义，企业在制定战略时，应当首先确定自己的经营性质。企业可以按照产品特性或技术特性来确定经营性质。尽管企业有可能向不同的用户销售不同产品，但制造这些产品的技术基本应是一致的或有着一定的关系。无论怎样确定自己的经营性质，在产品和市场之间总是存在着一种内在联系，即“共同经营主线”。通过“共同经营主线”，企业能够把握自身的未来发展方向，指导内部管理活动，实现企业既定的目标。

由此可见，战略是厂商根据所处的外部环境和所具备的内部资源条件，对企业发展定位及目标以及实现这个目标的路径所做出的总体谋划或安排。

2. 战略规划概念

战略规划(Strategic Planning)是企业实施战略管理的工具，是根据发展战略要求(企业愿景)，对企业使命、企业目标、战略要素运用等做出的一个结构化方案。这个方案主要由企业经营目标、经营能力与一系列行动计划组成，反映了企业为了取得预期成果应该做些什么、怎样做和谁去做等问题。

1)企业使命

企业使命(Business Mission, Corporate Mission)是指企业战略管理者确定的企业生产经营的总方向、总目的、总特征和总体指导思想。它反映了企业管理者的价值观，揭示了本企业的行业地位及与其他企业的目标差异，界定了企业的业务发展方向。

不同的企业，因其规模、发展阶段的不同，具有不同的战略使命。一般来说，企业使命应符合以下要求：

①应富有想象空间(挑战性)，并且可以持续很长的时期。

②应分清楚企业的主要目标，弄清楚企业为什么而存在。

③应清楚地描述企业的主要活动和希望获得的行业地位(发展定位)。

④应阐明企业的关键价值观(理念)。

⑤应有愿望和有能力完成。

2)企业目标

企业目标(Enterprise Goal, Enterprise Target)是指在企业总体战略框架下，为企业和职工所规划的方向以及企业在一定时期内要达到的预期成果。通常，企业目标的层次包括：

①企业的社会目标，如企业必须为社会提供优质产品和服务，企业生产经营活动必须维护全社会的可持续发展，企业必须考虑商业道德和承担社会责任等目标。

②企业的发展目标，如企业的经济效果目标，技术装备改造目标，改善员工生活、保障劳动安全等目标。

③员工的发展目标，如员工的个人经济收入目标，员工身心健康目标等。

3)企业战略要素(Strategic Factors)

一般说来，企业战略由企业经营范围、资源配置、竞争优势、协同作用四个要素组成，这也是企业开展战略管理的依据和路径。

(1)经营范围(Business Scope)：是指企业从事生产经营活动的领域。对大部分企业来说，应根据所处的行业、提供的产品和服务的市场来确定经营范围。只有产品与市场相结合，才能真正形成企业的经营业务。企业确定经营范围的方式可以有多种方式。从产品角度来看，企业可以按照自己产品系列的特点来确定经营范围，也可以根据产品系列内含的技术来确定自己的经营范围。对多种业务经营的企业而言，不能只从某一行业的角度定义经营范围，需要根据服务的市场和顾客，或企业的某种能力特征去定义经营范围。

(2)资源配置(Resource Allocation)：是指企业过去和目前资源和技术组合的水平和模

式。资源配置是企业生产经营活动的支点,配置的优劣会极大地影响目标实现的程度。因此,资源配置被视为是企业核心竞争力的形成基础。企业只有采用其他企业很难模仿的方法,取得并运用适当的资源,形成独具特色的技能,才能在市场竞争中获得主动。

(3)竞争优势(Competitive Advantage):是指企业通过资源配置与经营范围的正确决策所形成的比竞争对手优越的市场竞争地位。这种优势,既可以来自企业在产品和市场上的领先地位,也可以来自企业对特殊资源的正确运用。

(4)协同作用(Synergistic Action):是指企业从资源配置和经营范围的决策中所能发现的各种共同努力的叠加效果。也就是说,合力要大于分力的简单之和,即“1 + 1 > 2”的效果。一般来说,企业的协同作用可以分为:

①投资协同作用,产生于企业内各经营单位联合利用企业的设备、共同的原材料储备、共同研究开发的新产品,以及分享企业专用的工具和专有的技术等。

②生产协同作用,产生于充分地利用已有的人员和设备,共享由经验曲线形成的优势等。这里所指的经验曲线,是指当某一产品的累积生产量增加时,产品的单位成本趋于下降的趋势。

③销售协同作用,产生于企业使用共同的销售渠道、销售机构和推销手段来实现产品销售活动。老产品为新产品引入市场、新产品为老产品巩固市场、老市场为新市场提供示范,这样的协同就可以使企业减少经营费用,提高营销效率。

④管理协同作用,是一种无形的力量,当企业的经营领域扩大到新的行业或市场,管理上遇到新问题时,企业管理人员就可以利用在原行业和市场上积累的经验,有效探索出解决新问题的途径,实现管理协同。

3. 战略管理理论的演变

20 世纪 60 年代初,美国著名管理学家钱德勒首开企业战略研究之先河。以他和安德鲁斯为代表的战略设计学派认为:战略是一个概念作用过程,是一个有意识的思维过程;首席执行官就是战略家;评估企业的优势与劣势是战略设计的前提;当战略形成一个明确、完整的观念时,设计过程才结束。该学派创立的“SWOT”分析法成为重要的战略分析工具。

同期的战略计划学派则将战略看作是一个计划过程,安索夫在《公司战略》中提出,战略包括四方面内容:产品与市场定位、企业经营方向和趋势、协同效果大于局部效果、竞争优势。该学派认为,战略产生于有意识的规划过程,战略应该分解为清楚的步骤,以利于贯彻;首席执行官负责整个战略制定过程,计划人员负责战略实施。

20 世纪 80 年代,以迈克尔·波特为代表的竞争战略理论在战略管理中取得主流地位。他认为战略的核心是获取竞争优势,而这种优势的建立一是取决于产业吸引力(产业的平均盈利能力),二是取决于企业在产业内的相对竞争地位。他认为,产业固有的盈利能力是决定该产业企业盈利能力的必要基础。但在大多数竞争性行业中,无论产业平均盈利能力如何,总有一些企业比其他企业经营得更好,获利更多,其原因在于这些企业获得了相对更好的竞争位置。这种相对位置主要取决于企业内部“活动”或“价值链”的效率,因此,企业战略管理就主要依靠优化价值链活动和价值链关系(包括价值链内的活动以及多条价值链之间的活动)来组织战略实施。

20 世纪 90 年代,基于资源观的竞争战略理论得到了长足发展,该理论将企业看作是一个人力资源和物质资源的结合体。企业之所以不同,是因为它所拥有的资源具有独特性。企业应利用自己独特的资源或能力建立或实施自己的战略,如低成本战略或产品差异化战略,从而为企业带来良好绩效。Barney 将这种独特资源称为"战略相关资源",并将其含义界定为能够促进企业实现持续竞争优势的资源,这种资源具有四个特性,即有价值、稀少、难以模仿和不可替代。以普拉哈拉德和哈默为代表的"核心能力学派"认为,企业如果拥有某种有效资源(包括知识、技术等),且这种资源不能在企业间自由流动或被复制,那么企业利用这些独特的资源就可能形成竞争优势。该理论强调企业内部条件对于保持竞争优势以及获取超额利润的决定性作用,在战略管理实践上要求企业从自身资源和能力出发,在自己拥有一定优势的产业及其相关产业进行经营活动,从而避免受产业吸引力诱导而盲目进入没有相对竞争优势的产业。

20 世纪 90 年代中期以后,随着产业环境动态化、市场竞争全球化、顾客需求多样化、技术创新快速化等趋势出现,企业逐渐认识到,如果想要发展,自己必须要与其他公司共同创造消费者感兴趣的新价值,必须培养以发展为导向的协作性经济群体。在此背景下,通过创新和创造来超越竞争成为战略管理研究的新热点。人们关注的焦点开始转向企业间各种形式的战略联盟,强调竞争合作,认为竞争优势是构建在自身优势与他人竞争优势相结合的基础上。1996 年,美国学者穆尔提出了"商业生态系统"概念,打破了传统的以行业划分为前提的战略理论的限制,力求"共同进化"。穆尔把商业活动分为开拓、扩展、领导和更新四个阶段,建议高层经理人员应经常从顾客、市场、产品、过程、组织、风险承担者、政府与社会七个方面来考虑商业生态系统和自身所处的位置,他认为系统内的公司通过竞争可以将毫不相关的贡献者联系起来,制定着眼于创造新的微观经济和财富的战略,以创造崭新的商业模式。

二、企业战略规划的基本内容

1. 战略规划的内容层次

一般来讲,企业战略规划可以分为以下三个层次。

1)总体战略(Overall Strategy)

总体战略是有关企业全局发展的、长期的、整体性的、带有挑战性的战略,在企业战略中属最高层次的战略,主要回答企业应该在哪些领域进行活动以及企业的发展目标。从企业的经营范围选择、经营发展方向到企业内各经营单位之间的协调,从有形资源的配置到整个企业价值观念、文化环境的建立,都是总体战略的重要内容。总体战略的制定与推行者主要是企业的高层管理人员。

制定总体战略,需要充分研究战略期内的市场机会与市场威胁、企业的产业类型、企业的优势与劣势、企业有形和无形资源、企业核心竞争能力、市场进入业务单元的战略选择、业务组合、竞争地位评估、多种业务的集团资源战略、基于价值链的成功要素整合等问题。

2)经营战略(Operation Strategy)

在大型企业,特别是企业集团,往往从组织形态上,把一些具有共同战略因素的二级单位(如事业部、子公司)或其中的某些部分组合成一个战略经营单位(Strategic Business Unit, SBU)。经营战略是诸如事业部或子公司等经营单位的战略计划。经营单位战略受企业总体战略的制约、指导和管理,为企业的整体目标服务,它主要是针对未来外部环境条件下,在各自的经营领域内有效开展经营活动和形成竞争优势的计划。资源配置、竞争优势打造通常是经营单位战略中最重要的组成部分。

3)职能战略(Functional Strategy)

职能战略是企业或战略经营单位内主要职能部门的短期战略计划。期限一般在一年左右，以便职能部门管理人员把注意力集中在当前需要进行的工作上，并及时根据已变化的条件做出相应的调整。职能部门战略在总体战略所提出的战略方向指导下，进一步明确各职能部门在实施企业总体战略中的责任和要求，为负责完成年度目标的管理人员提供具体的指导，使他们知道如何有效运用研究开发、营销、生产、财务、人力资源等各方面的经营职能，实现年度目标。协同作用(各个职能中各项活动的协调和联合)、资源配置是职能部门战略的关键要素。

2. 战略规划的基本内容

战略规划的内容包括以下几个方面。

(1)企业战略目标，包括近期目标和中长期目标。近期目标一般指年度目标，是企业中长期目标的一部分，根据年度制订计划安排，是企业当前亟待解决的问题和当年需完成的工作任务；中长期目标根据企业发展的进程制定，描绘企业发展前景的规划蓝图，是战略目标的主要内容。

(2)根据企业的目标，选择企业可以参与竞争的经营领域。

(3)合理配置企业经营所必需的资源，使各项经营业务相互支持、相互协调。

(4)规划企业价值观念、构建文化环境。

三、战略规划制定的过程

1. 战略规划的制定原则

厂商在制定战略规划时，通常应遵循以下各项基本原则：

(1)坚持企业能力与战略目标、有利因素与不利因素相统一的原则。分析在充分利用有利因素、最大限度限制不利因素的条件下，企业可具备怎样的能力，并找到企业能力与战略目标的最佳结合点。

(2)坚持战略目标要明确具体，具有可操作性的原则。

(3)坚持一次规划、分步实施、突出重点的原则。企业要处理好眼前与长远、改革与发展、已有基础与新事业拓展等关系，围绕总体战略目标，突出重点，分阶段付诸实施。

(4)考虑社会责任，坚持把企业利益和社会利益统一起来的原则。

2. 战略规划的制定方法

战略规划的制定，通常可以采取以下几种方法：

(1)自上而下方法。即先由企业高层管理人员拟定总体战略，再由下属各部门企业将总体战略具体化，形成系统的战略方案。

(2)自下而上方法。即各部门先提交战略方案，再进行汇总、综合、协调和平衡，然后形成企业的总体战略规划。

(3)上下结合的方法。即通过企业最高管理层和下属各部门管理人员共同参与、沟通协商来制定战略规划，实践证明这种方法效果较好。

(4)战略小组方法。指企业负责人与其他高层管理人员或专家组成一个战略制定小组。首席执行官(CEO)任组长，再吸收与所要解决问题关系最密切的人员参加，这种方法目的性强、效率高。

3. 战略规划制定的程序

企业制定战略规划应遵循一定的指导思想，即通过分析企业的内、外部环境，在找出企业所面临的外部机会与威胁、内部的优势与劣势的基础上，寻求能最大限度地利用内部优势和外部机会，并尽可能地减少内部劣势和回避外部威胁的一种方案。该方案必须能够使企业更有效地分配资源，且能够营造相对于其他企业的竞争优势，使企业获得可持续发展。因此，战略规划的制定程序可以概括为：识别和鉴定企业现行战略→分析企业的外部环境→评价企业的内部条件→匹配企业的内、外部因素→拟订备选方案→比较和评价各备选方案→确定企业的最佳战略方案。

四、战略规划制定的工具和方法

汽车厂商的管理者应能够熟悉和运用制定战略的工具和方法，以提高战略规划工作的科学性和工作水准。

1. SWOT 分析

SWOT 是一种分析方法，用来确定企业的竞争优势（Strength）、竞争劣势（Weakness）、机会（Opportunity）和威胁（Threat），从而将公司的战略与公司内部资源、外部环境有机结合。因此，清楚地确定公司的资源优势和缺陷，了解公司所面临的机会和挑战，对于制定公司发展战略有着至关重要的意义。

1）竞争优势（S）

竞争优势是指一个企业超越其竞争对手的能力，或者指企业所特有的能提高自身竞争力的因素。例如，当两个企业处在同一市场或者说双方都有能力向同一顾客群体提供产品和服务时，如果其中一个企业有更高的盈利率或盈利潜力，那么，我们就认为这个企业就更具有竞争优势。

竞争优势来源于以下几个方面：

①技术技能优势，包括独特的生产技术，低成本控制方法，领先的革新能力，雄厚的技术实力，完善的质量体系，丰富的营销经验，满意的客户服务，卓越的大规模采购能力。

②有形资产优势，包括先进的生产设备，丰富的资源条件，充足的财务资金，特定的关键信息。

③无形资产优势，包括优秀的品牌形象，良好的商业信用，积极的公司文化。

④人力资源优势，包括关键领域拥有专长的职员，积极上进、热爱学习、经验丰富的职员。

⑤组织体系优势，包括高质量的控制体系，完善的信息系统，强大的融资渠道。

⑥竞争能力优势，包括强大的产品开发能力，高效的经销商网络，良好的供应商伙伴关系，对环境变化灵敏的反应机制，市场份额的领导地位等。

2）竞争劣势（W）

竞争劣势是指公司缺少的某种条件或虽经努力但仍未能做好的事项，或指那些使公司处于竞争劣势的各种因素。可能导致公司处于劣势的因素有：缺乏具有竞争力的技能、技术，缺乏有竞争力的有形资产、无形资产、人力资源、组织资产等，丧失关键领域里的竞争能力等。

3）潜在机会（O）

潜在机会是指公司战略发展可能面临的利好因素，主要为市场机会。公司管理者应当确认每一个机会，评价每一个机会的成长和利润前景，选择、争取和抓住那些可与公司财务和组织资源匹配、能够使公司获得竞争优势的最可能机会。

潜在的发展机会可能是：客户群呈现扩大趋势或产品能够进一步细分市场，技能、技术能够向新产品新业务转移和增加客户群，供应链具有前向或后向整合的条件，新市场进入壁垒条件的降低，获得并购竞争对手的机会，市场需求强劲增长和可快速扩张，出现向其他地理区域扩张、市场份额扩大的机会等。例如，2022 年我国全面放开汽车领域的外资股比，取消跟国内企业设立合资企业数量的限制，这对有实力的外资汽车企业就是很好的政策环境机会。

4）外部威胁（T）

外部威胁是指在公司的外部环境中，存在着某些对公司的盈利能力和市场地位构成威胁的因素。公司管理者应当及时确认危及公司未来利益的威胁，做出评价并采取相应的战略行动来抵消或减轻其所产生的影响。

外部威胁可能产生于：出现强大的即将进入市场的新竞争对手，替代品抢占本企业的销售额，产品的市场增长率下降或市场需求减少，汇率和外贸政策的不利变动，人口特征和社会消费方式的不利变动，客户或供应商的谈判能力提高，商业周期进入萧条阶段。

企业在进行 SWOT 分析时，不能仅仅列出以上四项清单，而是必须从整个价值链和供应链上，将企业与竞争对手作详细的对比，通过评价公司的强势、弱势、机会、威胁，使企业能够有效应对内外部环境变化，最优地运用现有和潜在的资源，最终形成和发挥自己的竞争优势。如产品是否新颖，制造工艺是否复杂，销售渠道是否畅通，价格是否具有竞争力等。如果一个企业在某一方面或几个方面的优势正好是该行业企业应具备的关键成功因素，那么，该企业的综合竞争优势也许就强一些。

企业在维持竞争优势过程中，必须深刻认识自身的资源和能力，采取适当的保护措施。因为一个企业一旦在某一方面具有了竞争优势，势必会吸引到竞争对手的注意，竞争对手往往会针对企业的优势所在，采取积极策略，从而削弱企业原有的优势。

2. 波特“五力”模型

“五力”模型是由哈佛大学波特教授提出的，是企业制定竞争战略时经常应用的战略分析工具。波特认为决定企业盈利能力首要的、根本的因素是产业的吸引力，而行业中存在着决定竞争规模和竞争程度的五种力量，它们共同影响着产业的吸引力。这五种力量分别为：供应商的讨价还价能力（Supplier Bargain Ability），购买者的讨价还价能力（Buyer Bargain Ability），潜在进入者的威胁力（Threat of Potential Entrants），替代品的威胁力（Threat of Substitutes）以及同行从业者目前的竞争力（Competitiveness），如图 3-1 所示。波特认为，企业在提出一个可行战略时，首先就应该对这五种力量进行确认并评价。

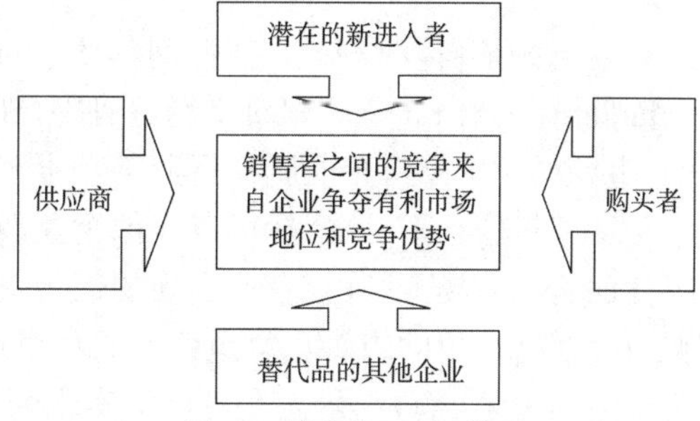

图 3-1 波特的“五力”模型

1）供应商的讨价还价能力

供应商如果提高产品或服务价格，或者降低产品或服务质量，那么就会影响企业的竞争力。影响供应商讨价还价能力的主要因素有：供应商所在行业的集中化程度，供应商产品的标准化程度，供应商所提供的产品在企业整体产品成本中的比例，供应商提供的产品对企业生产流程的重要性，供应商提供产品的成本与企业自己生产的成本之间的比较，供应商提供的产品对企业产品质量的影响等。

2)购买者的讨价还价能力

购买者对企业的盈利具有直接影响。购买者往往会压低企业的产品或服务价格,或要求企业提供更高质量的产品或更多更好的服务。为达这一目的,购买者可能会使生产者互相竞争,或者不从任何单个生产者那里购买商品。影响购买者讨价还价能力主要因素有:采购中心集体购买模式,产品的标准化程度,购买者对产品质量的敏感性,替代品的替代程度,购买的批量或累计批量,产品在购买者成本中占的比例,购买者前向一体化的战略意图。

3)新进入者的威胁

新进入者通常带来大量的资源和额外的生产能力,并且要求获得市场份额。除了完全竞争的市场以外,行业的新进入者可能使整个市场发生动摇。尤其是当有实力的企业有步骤、有目的地进入某一行业时,情况更是如此。现阶段,在智能网联汽车领域,对传统汽车厂商而言,那些被称为"新造车势力"的 ICT 企业(互联网企业)就是典型的新进入者。

新进入者是否活跃的影响因素有:新企业进入行业的可能性大小,这主要取决于该行业的前景情况。当行业增长率高、眼前利润高或未来盈利性强,都可能会不断诱惑新企业进入;当进入壁垒高,或者预期会遭受原有行业企业的强烈报复,新进入者就可能停下进入的步伐。

4)替代品的威胁

替代品是指那些与企业产品具有相同功能或类似功能的产品。替代品会给企业甚至行业带来威胁,替代竞争的压力越大,对企业的威胁就越大。决定替代品竞争压力大小的因素主要有:替代品的盈利能力,替代品生产企业的经营策略,购买者转向替代品的转换成本。

5)同行企业的竞争

同行企业是指现在已经与企业同处一个行业,提供相同或类似的产品与服务,在相同或相似的市场上开展生产经营活动的企业。同行企业带来的竞争压力的大小,取决于同行企业产品和市场的差异性程度,综合竞争能力和企业实力的强弱,经营策略和竞争的目的与目标,业务发展方向及战略上是否趋同。

每一个企业都或多或少地需要面对以上各种力量及其威胁(其实企业自己也会给其他竞争对手带去威胁),但随着彼此实力的变化,这五种作用力也会此消彼长,企业可以通过谋求战略发展改变五种力量的对比。

3. 波士顿矩阵法(BCG 分析法)

波士顿矩阵法是波士顿咨询集团(Boston Consult Group)创立的,它选择市场增长率(Market Growth Rate)和相对市场占有率(Relative Market Share)两个指标作为分析工具。其中,市场增长率是指企业所在行业某项业务前后两个统计期(如年度)的同比销售增长率,如年度销售增长率,该指标可以表征企业经营业务的市场吸引力。市场占有率是指企业在统计期和某市场范围内,企业实现的销售量(额)占该市场上总销售量(额)的百分比,它反映企业在行业中的绝对竞争地位。而相对市场占有率是指在统计期和某市场范围内,企业实现的销售量(额)与最大竞争对手实现的销售量(额)之比,用以反映企业与其竞争者的相对竞争实力。

BCG 分析法,选择市场增长率 η 和相对市场占有率 η' 两个指标,组成"市场增长率/相对市场占有率"矩阵(图 3-2)。其中市场增长率 η 的高低通常以 10% 为分界线,相对市场占有率 η' 以 1.0 为分界线。图中圆圈的位置(坐标)由企业相关业务的市场增长率和相对市场占有率的数值决定,代表着企业某项业务的竞争地位;圆圈的大小表示各业务销售规模

的大小。这样,企业的业务就可以划分为以下四种类型:

(1)"明星"类。市场增长率和相对市场占有率都较高($\eta > 10\%$,$\eta' > 1.0$),此类业务一般处于快速成长期,在增长方向上和获利能力上都有着极好的机会,但需要大量的投资。企业应在短期内优先供给它们所需的资源,支持其快速发展。

(2)"金牛"类。市场增长率低,但竞争能力强($\eta < 10\%$,$\eta' \geqslant 1.0$),此类业务一般处于成熟的低速增长的市场,市场地位有利,盈利率高,本身不需要大量投资,是企业利润的主要来源,宜采用保持稳定的策略。

(3)"问题"类。市场增长率高,但竞争能力不强($\eta > 10\%$,$\eta' \leqslant 1.0$),此类业务一般处于市场导入期,通常处于最差的现金流量状态。一方面,市场增长率高,需要大量的资金支持;另一方面,其相对市场份额较低,市场风险较大。企业要力求将此类业务转化成"明星类"业务。在对此类业务决定是否进一步投资时,要判断其转化为明星类业务所需的投资量,分析其未来盈利情况,两相比较,慎重行事。

(4)"瘦狗"类。市场增长率和竞争能力都不高($\eta < 10\%$,$\eta' < 1.0$),此类业务一般是处于衰退期或开发失败的业务,不宜过多地追加投入,如这类业务还能保本,可以维持一段时间,但应减少经营投入,随时进行业务清理或停止经营。

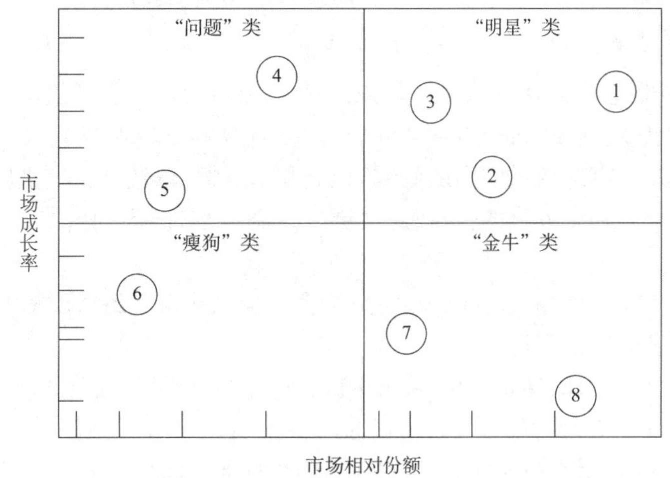

图 3-2　波士顿咨询集团法(BCG)分析矩阵

4. 通用电器公司法(GE 分析法)

通用电器公司法又被称为"多因素投资组合矩阵"分析法,是通用电器(General Electricity)公司创立的。它认为分析业务组合应选用更为全面的指标,因而选用两类指标:①行业吸引力,包括市场容量、销售增长率、利润率、竞争者强弱、商业周期性、季节性、规模经济等因素;②竞争能力,包括市场占有率、价格竞争力、产品质量、用户熟悉程度、推销效率和市场地理位置等因素。上述两类指标各分三个等级,排列组合后共分九个方格,如图 3-3 所示。

根据综合评估的行业吸引力和经营业务的竞争能力,可将企业的业务分为三类:

(1)右上角区域。这类业务具有很强的行业吸引力和市场竞争能力,是企业最强的战略业务。企业应采取拓展策略,追加投资,促其发展。

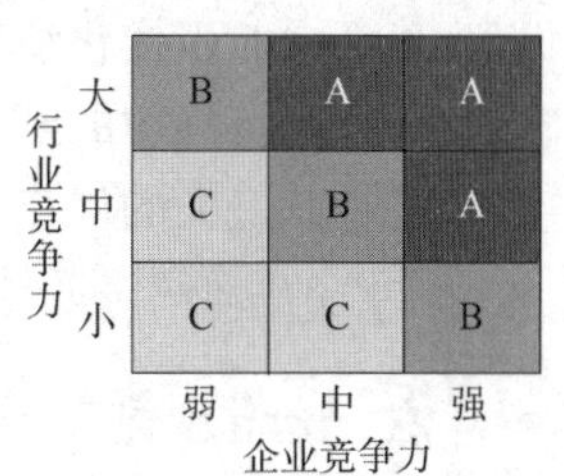

图 3-3　企业业务 GE 分析法

(2)左上—右下对角区域。这类业务不能同时具备较强的行业吸引力和企业竞争力，总体吸引力处于中等状态。企业应采取选择性发展战略，如右下角业务可能是成熟市场的优质业务，可以采取维持策略。

(3)左下角区域。这类产品的行业吸引力和竞争力都较弱，可能是没有前景的业务，企业可以不再投资，宜采取收割/放弃策略。

五、企业的增长战略

当企业需要业务扩张时，其战略规划就要确定增长战略(Growth Strategies)的方向。通常，企业会首先在现有业务上寻找发展机会，再在与现有业务相关的领域拓展市场，然后再考虑拓展与目前业务无关，但有较强吸引力的市场。这样，就有以下三种增长战略。

1. 产品市场增长战略(Product-Market Growth Strategy)

产品市场增长战略又被称为密集式增长战略。具体包括：

①市场渗透战略，指企业设法在现有市场上增加现有产品的市场份额。

②市场开发战略，指企业以现有产品为基础，努力开发新市场。

③产品开发战略，指企业通过产品开发，向现有市场提供新产品。

2. 一体化增长战略(Integration Growth Strategy)

一体化增长战略是依托企业的现有业务，在相关领域寻求增长的战略。具体包括：

①后向一体化战略(Backward Integration)，指企业收购供应商，加强控制上游企业的增长战略，如主机企业对零部件供应商的收购、控股和参股等，以达到稳定供应渠道、稳定产品质量、分享供应链上游利润等目的，企业对关键或核心零部件、高利润零部件可以实施这种战略行动。

②前向一体化战略(Forward Integration)，指企业向供应链下游发展的增长战略，如生产下游产品、收购或参股经销商等。

③水平一体化战略(Horizontal Integration)，指企业收购同一经营领域的竞争企业或经营单位，通过横向整合扩大企业的可利用资源，有利于迅速扩大企业的供给能力。

企业在选择一体化增长战略时，并不是追求“大而全、小而全”贪大求全的发展策略，而是要注重培育自己的核心竞争力和增加企业的盈利能力，避免出现供应链瓶颈，更不能出现“卡脖子”情形。

3. 多样化增长战略(Diversified Business Growth Strategy)

多样化增长战略是一种与企业现有业务跨度较大的增长战略，具体包括：

①同心多样化战略，指企业开发与本企业现有产品线的技术或营销有协同关系的新产品。如汽车厂商生产经营军用装备、农业机械等。

②跨行业多样化战略，指企业发展与现有市场、技术和产品基本无关的新产品。例如，意大利菲亚特集团的经营范围涉及汽车、钢铁、房地产、金融、新闻传媒等众多行业。跨行业多样化经营最大的优点在于可分散行业性系统风险，但企业在决定跨行业经营时，应选准行业，不可轻率地闯进陌生行业。

六、战略规划的实施

企业在确立了战略规划后，还必须注重实施。可以这么说，战略规划关注做正确的事，战略实施则关注把事做正确。战略实施强调通过实际行动实现战略计划目标,这个行动过程主要包括以下具体内容:制订年度目标、拟定相应政策、激励公司员工、有效分配资源、营造战略文化、构建有效机构、调整目标市场、准备财务预算、完善信息系统并调动员工实施战略的积极性。

在战略实施过程中,必须做好战略实施的组织工作、控制工作、监督工作和信息反馈工作。战略实施者需要制定纪律和激励员工,要协调企业的营销、财务、研究与开发和计算机信息系统等部门的活动,建立支持战略的企业文化和组织结构。在战略实施过程中会遇到各种突发性、偶然性问题,需要强调实施过程中的灵活性、非常情况下的应变性和日常行动中的创造性。战略实施者应充分发挥自己的主观能动作用,调动一切积极因素,以最低的成本、最好的收益去实现战略计划目标。

第二节　市场营销管理

市场营销是企业有组织、有目的的活动,是一种众多人员参与的整体活动,不可能离开科学管理。营销管理(Marketing Management)就是在认真研究营销环境基础上,识别和选择营销机会,正确运用营销组合手段,在目标市场开展营销活动而进行的分析、计划、执行与控制的管理过程。

一、市场营销组合管理

市场营销组合(Marketing Mix)是指企业根据目标市场特点,以取得最佳营销效果为导向,有计划地对各种可控的营销因素经优化组合后综合运用的策略。市场营销组合是现代营销理论的一个重要概念,受到学术界和企业界的普遍重视。

企业开展市场营销,可以运用和控制的因素有很多,美国营销专家尤金·麦卡锡把它们概括为四类基本变量或策略(营销手段)子系统,即产品(Product)、定价(Pricing)、分销(Placing)、促销(Promotion)。因为这四个单词均以字母 P 开头,再加策略(Strategy),故又简称 4Ps。市场营销组合,也就是对这 4 个"P"的恰当组合与搭配。

市场营销的每个组合都是多层次的,每类基本变量或策略子系统又是一个亚组合,如产品组合就包括产品的设计、技术、质量、性能、特色、用途、品牌(含商标)、包装、规格、型号、服务、品质保证等因素。定价组合则包括基本价格、折扣、付款方式、信贷条件、价格保证等因素。分销组合则包括分销渠道设计、中间商、订货、商品储存、物流与配送等因素。促销组合则包括广告、直邮、电话营销、网上促销、人员推销、营业推广、公共关系等因素。

市场营销组合不仅要对 4Ps 进行正确搭配,而且要安排好每个组合的内部搭配(亚组合),通过所有因素的灵活运用达到整体的最优营销效果。需要说明的是,市场营销 4Ps 组合及每个组合(或亚组合)的构成因素都是动态变化的,每个因素的变动都可能引起整个组合的变动,从而形成一个新的组合。

4Ps 市场营销组合理论被国内外营销学界普遍认可,已经成为现代市场营销的经典内容。在这个理论的发展过程中,麦卡锡针对服务型产品(相对实物型而言),进一步补充了 3 种组合,即:"人员"(People),包括营销管理者、营销执行人员、营销服务辅助人员以及这些人员的综合素质等;"过程"(Process),包括市场分析和营销活动的各个工作环节,以及各环节的工作质量,特别对服务业而言,服务过程往往决定着服务(营销)的成败;"实体环境"(Physical Environment),包括服务提供场所的工作环境、工作条件、设备设施状态、顾客服务体验环境、环境附属的标志标识以及各种环境要素所传达的视觉形象等。这样,4Ps 便拓展成为 7Ps。

二、市场营销需求管理

从某种意义上讲,营销管理的实质就是需求管理(Demand Management),营销者通过运用有效的营销组合手段,将市场需求调控到与企业的服务能力一致、节拍吻合,无疑是高超的营销艺术。

企业在认识了产品的市场需求特点后,具体调节市场需求的方法包括:

①扭转性营销。即采取措施改变用户对本企业产品的信念和态度,把否定需求改为肯定需求。此策略适合在用户对本企业产品存有偏见、以讹传讹或不信任情况下采用。

②刺激性经营。即设法引起用户的注意和兴趣,刺激需求,扩大需求规模。此策略适合于产品市场增长较慢,企业供应能力有富余的情况。

③开发性营销。即企业实时推出更加适销对路的新产品,以使新产品更好地满足用户的需求。

④维持性营销。当某种产品目前的需求水平与企业期望的需求水平基本吻合,出现更大规模需求的可能性不大时,宜采用此策略。

⑤限制性营销。当产品呈现供求不平衡时,企业可以通过宣传引导、提价等措施,抑制部分需求;当产品供过于求时,企业可以加强促销,以扩大需求,必要时还必须减少产品的供给,实行限制性营销。需要说明的是,有些企业为了减小营销压力,推高或维持销售价格,实施"饥渴疗法",注意不要散布虚假信息,不要违背法律法规和商业道德,当然也要评价竞争对手的反应和实际营销成效。

三、市场营销计划管理

市场营销计划(Marketing Plan)是在营销调研和分析研究基础上制订的,通常按年度编制。对于产品系列宽、品牌多、市场广的企业,其营销计划一般应按产品系列、品牌系列或市场系列分别进行编制。

1. 市场营销计划的制订

市场营销计划通常包括下列基本内容。

(1)内容提要。它是对主要营销目标和营销措施所做的简要概括性说明。内容提要之后便是计划内容的目录表。

(2)当前营销状况。一般应简要而明确地说明目前市场情况(目标市场、过去几个统计期的销售量等)、产品情况(各产品的型式、价格、销售额、利润率等)、竞争情况(竞争者辨认、竞争者的营销策略、市场份额及发展趋势等)、分销渠道情况(各个分销渠道上的销售数量及变化、经销商的力量变化、激发经销商所必要的价格和贸易条件等)。

(3)机会与威胁分析。它是对企业面临的营销机会和可能受到威胁的说明,是年度计划的依据。

(4)目标与差距。它是市场营销计划的核心内容之一。营销目标包括市场占有率、销售量或销售收入、利润率、增长率、投资收益率等;差距是要达到计划目标所应解决的主要问题。根据计划目标和现存差距,营销计划中还拟定出消除差距的具体措施。

(5)营销策略。它是达到营销目标的途径和手段,包括选择目标市场和市场定位、确定营销组合、营销费用预算等。

(6)营销活动方案。它是营销活动的具体实施阶段和实施步骤以及阶段性目标,一般应详细编制,以便执行和检查。

(7)营销预算(Marketing Budget),即盈亏分析报告。它是对销售收入及对生产、运输和营销成本的预算。

(8)营销控制。它是营销计划执行的控制原则和方法,其典型情况是将计划目标和预算按月或按季度分解,以便于检查、监督和实时调整。

市场营销计划一般由营销计划部门会同其他营销职能部门共同制订,一旦经过主管领导(甚至总经理)审批后,就成为企业整个营销系统的年度行动纲领。

2. 市场营销计划的实施

市场营销计划的实施必须有相关的各级人员和各个职能部门的共同参与和支持。只有通过整个企业全员的共同合作和协调行动,才能使营销计划有效地实施。市场营销的实施过程包括以下五个相互关联的方面。

(1)制订详细的行动方案。明确指出实施营销计划的关键决策和任务,并将这些任务落实到具体的责任人、责任单位,同时,制订出具体的时间表。

(2)建立合理有效的组织结构。组织结构应具有两大基本功能,即:①合理分工,明确各自的责任和权利;②建立畅通的沟通渠道。还要注意增加组织结构的营销弹性,使营销系统能对外部环境变化迅速而准确地做出反应。

(3)确立合理的、激励性强的报酬制度。制度中应明确业绩的衡量和评价标准、报酬的计算(一般应与业绩挂钩)和支付等内容。

(4)开发并合理调配人力资源。主要涉及员工的招募、考核、选拔、培训、安置和激励等问题。企业不仅要通过招募、考核、选拔、培训找到最适用的营销人才,还要通过合理地安置和激励,做到人尽其才,并发挥人才的最大潜力。在人才的使用上,还应考虑营销战略的特点,不同的营销战略需要不同个性特点和能力的人才。“开拓型”战略需要具有创业精神、有魄力的人才;“维持型”战略需要具有较强组织管理能力的人才;“紧缩型”战略则需要擅长精打细算的人才。

(5)营造企业文化和管理风格。企业文化(Corporation Culture)是指企业的员工共同持有的价值观念、信念和行为准则,优良的企业文化能使企业的全体员工团结一致,构筑一个充满活力的有机整体,企业的模范人物是企业员工共有价值观念的人格化,企业应通过各种手段大力宣传先进人物。管理风格(Administrative Style)是指企业管理者在工作中的处世做事的方式和方法。典型的管理风格主要有“集权型”(指管理者独揽大权,喜欢发号施令,对下属控制严格)和“参与型”(指管理者愿意授权给下属,鼓励下属主动参与管理)。两种管理风格各有利弊,企业具体的管理风格偏向哪种,这与企业的组织和治理结构、企业规模和发展阶段、企业文化和管理传统、员工素质和领导人的个人性格等因素密切相关。

同企业战略规划的实施一样,市场营销计划在实施过程中,也应密切注意市场监督、信息反馈、适时审查、及时修订和调整等市场营销的控制问题。

3. 市场营销计划的控制

市场营销计划控制是指通过对营销战略和计划的效果进行衡量与评估,对偏离市场营销计划的方面及时采取修正措施,以确保营销过程或营销行动得以实施。有三种主要的营销控制类型，见表 3-1。

营销控制类型　　表 3-1

控制类型	控制目的	方法
年度计划控制	检查计划目标是否实现	销售分析，市场份额分析，销售—费用率，财务分析，顾客态度分析
盈利率控制	检查企业在哪些地方赚钱，哪些地方亏损	产品、地区、顾客群、销售渠道、订单大小等盈利情况
战略控制	检查公司是否在市场、产品和渠道方面正在寻找最佳机会	营销效益等级评核，营销审计

1）年度计划控制

年度计划控制的主要任务是对销售额（量）、市场占有率、营销费用率、顾客态度等进行控制，以确保年度营销计划中规定的目标得以实现。其具体控制过程如图 3-4 所示。

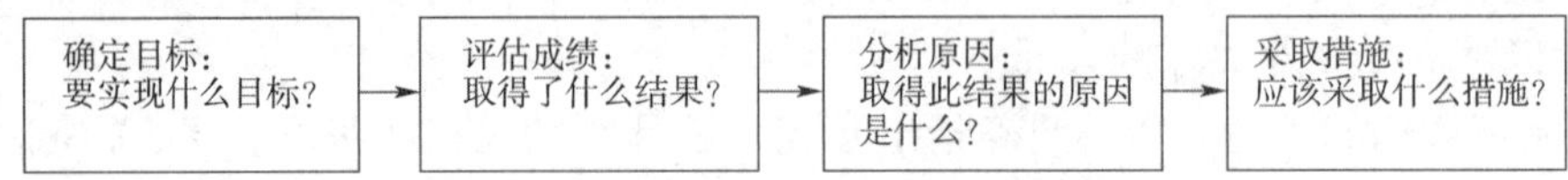

图 3-4　年度计划控制过程

2）盈利控制

除年度计划控制外，企业还需要分析从各种产品、地区、顾客群、分销渠道等方面的获利情况，这可以通过盈利控制来实现。盈利控制的具体分析方法是通过对财务报表和数据的一系列分析，把所获利润分摊到产品、地区、分销渠道、顾客群等方面，从而衡量出每一因素对企业最终获利的贡献大小，并针对盈利能力不足的因素，采取相应措施，排除或削弱它们。例如改进某种产品、调整某一销售渠道或者是针对某一市场加强广告宣传等。

3）战略控制

战略控制即是对企业目标、发展战略和主要措施进行审查与适时调整，以保证它们与不断变化的营销环境相适应。其控制方法有以下两种：

（1）营销效益等级考核。该方法从顾客导向、营销组织、营销信息、战略计划和工作效率五个方面概括地描述一个企业或部门的总体营销效益。

（2）营销审计（Marketing Audit）。即对企业的营销环境、营销目标、营销战略、组织系统和营销组合诸方面进行的全面的、独立的、系统的定期审查，以找出现有问题，发现新的营销机会。需要强调的是，营销审计不是只审查几个出了问题的方面，而是覆盖营销环境、内部营销系统和营销活动的主要方面，它是定期进行的，而不是出现问题时才采取的临时性补救行动。营销审计不仅能为陷入困境的企业带来转机，而且还能使优秀企业锦上添花。

营销审计的内容由六个主要部分构成：

①营销环境审计，主要审查企业的宏观环境和微观环境；

②营销战略审计，主要审查企业使命、营销目标、营销战略；

③营销组织审计，主要审查企业营销组织是否能正常发挥功能和相互沟通；

④营销系统审计，主要审查营销信息系统、营销计划系统、营销控制系统和新产品开发系统；

⑤营销生产率审计，主要审计盈利率和成本效益；

⑥营销功能审计，主要审查产品、价格、分销、促销等营销组合的有效性。

四、市场营销组织管理

市场营销组织管理指为了有效地开展市场营销活动,依据营销职能和营销目的设置营销职能部门、划分部门职能、建立协调机制以及安排指挥与执行权力等管理活动。这里只简要介绍企业市场营销部门的组织形式。

现代企业在设立其市场营销部门(或公司)时,都必须充分体现“以顾客为中心”的经营理念,从突出管理效率出发,强调组织结构扁平化、部门职能清晰化、个人职责综合化、程序流程制度化等。现代市场营销部门(或公司)的基本组织形式有:

①职能专业化组织[图 3-5a)],这是最常见的组织形式。这种形式按照市场营销的各种职能设置部门,其优点主要是简单、方便,缺点是没有人对一个产品或一个市场负全责,各部门倾向争取自己的部门利益。

②地区专业化组织[图 3-5b)],根据企业经营业务的地区范围设置市场营销部门。

③产品专业化组织[图 3-5c)],根据企业经营的产品业务范围设置市场营销部门,如品牌事业部。

④市场专业化组织[图 3-5d)],根据企业的顾客类型设置市场营销部门,如设置大客户部、普通客户部、特殊客户部、军需部等。

现实生活中,企业一般根据市场营销需要,基于以上基本形式组织成复合结构,如按照地区专业化和职能专业化,混合组织市场营销部门[图 3-5e)]。我国大部分汽车厂商都是在职能专业化基础上,再按地区分布设置企业的驻外营销机构(子公司、大区、办事处等)。

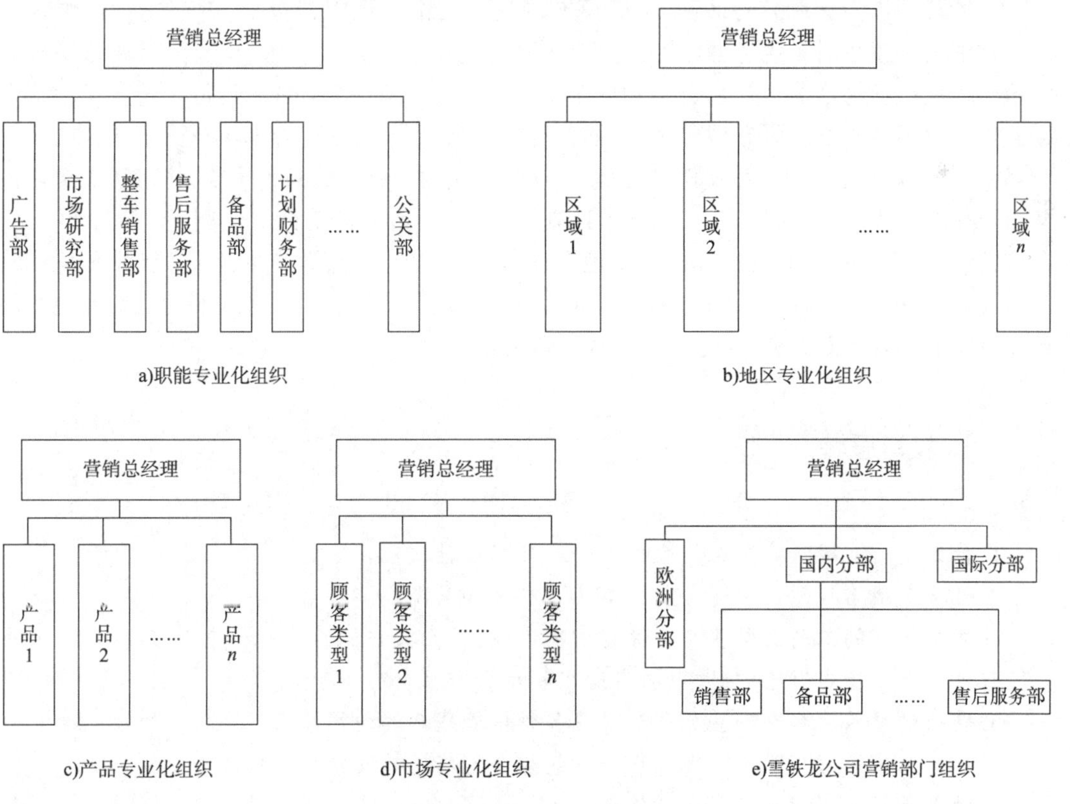

图 3-5　市场营销部门的专业化组织

本章小结

战略是企业根据其所处的未来外部环境和可能具备的资源条件，对发展定位、发展目标及实现目标的路径措施做出的总体谋划。战略规划是企业实施战略管理的工具，是根据战略要求，对企业使命、企业目标、战略要素运用等做出的一个结构化方案。战略管理涉及对经营范围、资源配置、竞争优势、协同作用四个要素的安排。在竞争性行业中，企业拥有有价值、稀少、难于模仿和不可替代的独特战略资源是企业获得更好竞争地位的必要条件。

战略规划的工具包括：①SWOT分析法，它要求企业根据拥有的优势，克服劣势，把握环境变化机会，同时避开环境威胁，打造企业竞争优势；②波特“五力”模型理论，它认为企业会遇到供应商讨价还价、购买者讨价还价、潜在进入者、替代品、现有同行对手竞争五种威胁，企业应通过谋求战略发展减少它们的不利影响；③波士顿矩阵法，它运用“市场增长率/相对市场占有率”矩阵工具，将企业业务划分为明星、金牛、问题和瘦狗四种类型，并分类实施经营战略；④多因素投资组合矩阵分析法，它选用行业吸引力和企业竞争能力两个指标分析工具，将企业业务划分为三类，并分类实施发展策略。

当企业需要扩张时，战略规划就要为企业指明增长方向，企业可能的增长战略有：①产品市场增长战略，包括市场渗透、市场开发和产品开发等战略形式；②一体化增长战略，包括后向一体化、前向一体化和水平一体化等战略形式；③多样化增长战略，包括同心多样化和跨行业多样化等增长形式。

市场营销作为有目的的活动，不能离开管理。营销管理内容包括：①市场营销组合管理。营销组合就是对企业各种可控营销因素进行优化组合和综合运用，现代市场营销理论将这些因素概括为产品、定价、分销和促销等四个策略子系统，即4Ps，且每个组合又由很多因素构成亚组合。针对服务型产品，有学者提出增加人员、过程和实体环境三个因素，从而将4Ps拓展为7Ps。②市场营销需求管理。营销者应通过有效的营销手段，将市场需求调控到与企业的服务能力一致。③市场营销计划管理，包括市场营销计划的制定、实施和控制。其中营销审计是重要的控制方法，它不是审查出了问题的方面，而是覆盖整个营销环境和营销活动的定期进行的检讨活动。④市场营销组织管理。现代营销通常按照职能专业化和地区专业化的复合方式，去组织企业的市场营销力量。

复习思考题

1. 什么是企业战略？企业的战略目的或目标是什么？
2. 什么是战略规划？它通常包含哪几种层次和类型？
3. 战略规划的工具有哪些？解释它们的内涵，并比较它们的特点和应用方法。
4. 什么是市场占有率、相对市场占有率和市场增长率？
5. 企业的增长战略有哪些类型？讨论各种增长战略的适用情形。
6. 什么叫市场营销组合？现代市场营销组合包括怎样的体系和内容？
7. 什么是营销审计？它有什么作用？
8. 现代营销管理是怎样设置部门机构的？组织体系具有怎样的特征？

第四章　汽车用户购买行为

营销活动应当围绕满足消费者的需求展开，了解消费者的心理行为和购买决策行为的特点是设计正确营销举措的基础。同时，由于汽车既是高档耐用消费品（私家车），又是集团消费品（公务用车），还是生产资料（运输生产/营运工具），汽车用户广泛而复杂，因此，汽车营销者就应该更好地研究汽车用户购买行为的规律，以便实施恰当的营销手段。

第一节　汽车私人消费市场及购买行为

汽车私人消费市场（Consumption Markets）由汽车的消费者个人构成。现代营销学术界对私人消费市场开展了大量研究，取得了许多成果。汽车营销者应在参考借鉴的基础上，结合汽车产品的使用特点及价值特点，研究汽车私人消费行为的规律。

一、私人消费市场的需求特点

由于消费者的经济收入、社会文化、个人性格等因素差别较大，汽车私人消费行为千差万别，但这个市场也呈现出一些共性的需求特点。

(1)消费需求多样化。汽车私人消费者规模基数大，地理分布广泛，其收入水平、消费能力、教育背景、职业地位、性格年龄、民族文化、生活习惯等各不相同，因而，在汽车消费需求上表现出多样性特点。例如，消费者会根据自己的收入水平选择新车售价和使用成本合适的车辆，低收入者注重代步功能而选择经济适用车辆，高收入、社会地位高或爱“面子”的消费者选择较体面的中高级车辆，个人性格低调的人会选择比较大众化的汽车，而女性消费者则热衷于驾驶操作简便、机动灵活、造型新颖和富于浪漫色彩的车辆等。

(2)消费需求弹性大。需求弹性是指消费需求对于价格的敏感程度，私家车作为一种耐用商品一般具有较强的价格弹性，即汽车售价降低会明显引起需求增加。私人消费者在购买汽车时，通常都会反复比质比价，最终选择自己认为性价比最高的车型和品牌。在产品同质时，消费者会选择价格相对低的产品；反之，当价格近似时，消费者会选择品牌形象或配置性能更好的汽车。在品牌忠诚度不明显时，品牌之间存在较强的竞争性和可替代性。

(3)消费需求可诱导。私人汽车消费较容易受到车型造型、消费风尚、周围环境、人际关系、媒体宣传、交易政策等因素诱导而增强需求欲望。例如，一个对某款产品尚在犹豫的消费者，其购买决定很容易受其他消费者的态度和口碑影响；企业的营销刺激（如技术特色或促销优惠吸引力强等），也往往会诱发消费者提前购买或改变选择。

(4)需求欲望无止境。人的需求总是越来越高的，一个需求在被满足后新的需求又会产生。消费者对汽车安全舒适性能的表现、科技感和智能化的追求也是永无止境的，只要汽

车厂商能够推出优秀、卓越的产品，总是越来越受消费者欢迎的。

汽车营销者可以根据需求的多样性特点科学地开展顾客分群（市场细分），研究各个群体的消费特点和行为模式，从而有针对性地开展营销活动。

二、私人消费者的购买行为模式

消费者的行为受其心理活动支配，消费者的汽车消费行为也不例外。早期的心理学家提出“刺激-反应”（Stimulus-Response，S-R）理论，认为人们行为的动机是一种内在的心理活动过程，像一只看不见、摸不着的“黑箱”（Black-box），是一个难以透视的过程。客观的刺激，经过一个心理过程“黑箱”后形成动机，并最终产生某种行为，如图 4-1 所示。

刺激 — 黑箱 — 反应

图 4-1 “刺激-反应”理论

S-R 理论映射到营销领域，这个刺激就包括营销刺激和其他刺激。其中，营销刺激（Marketing Stimulus）是指来自企业营销活动各种可控因素（4Ps 策略）的刺激，其他刺激指消费者来自他所处环境因素（经济、技术、政治、文化）的刺激影响。这些刺激通过“黑箱”产生“反应”，即购买行为。这些购买行为包括消费者对产品、品牌、经销商的选择，对购买时机、购买数量的决策以及实施购买行为等。

随着消费心理学研究不断走向深入，人们认为消费者的心理活动虽然复杂，但也不完全是不可透视的“黑箱”，而是“灰箱”甚至“白箱”，这个过程就是消费者的购买决策过程（图 4-2）。研究表明，这个过程主要受到消费者个人特性因素影响。

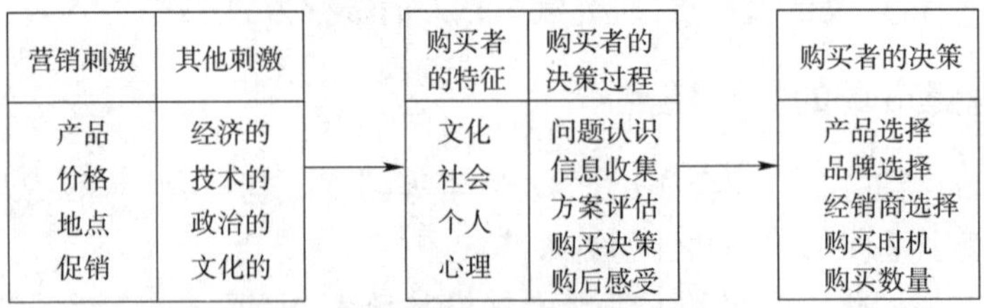

图 4-2 消费者购买决策过程

三、私人消费者决策过程和购买行为的影响因素

影响汽车私人消费者购买行为的因素很多，主要包括文化因素、社会因素、个人因素、心理因素，如图 4-3 所示。

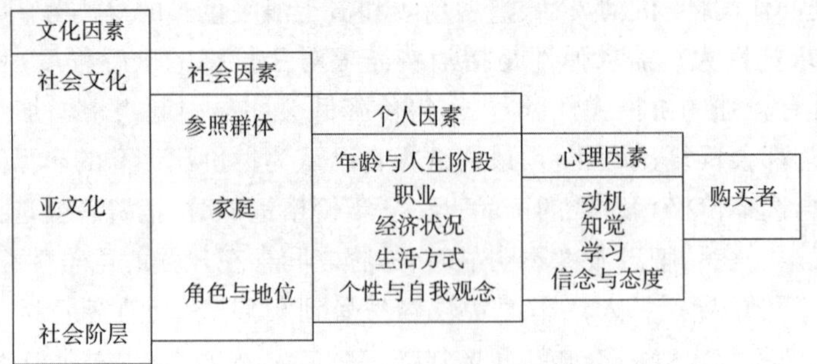

图 4-3 影响汽车私人消费者购买行为的因素

1. 文化因素

文化因素包括消费者所处的社会文化（Social Culture）和亚文化（Subculture）等因素，其具体内容已在营销环境章节做过介绍，本处从略。

2. 社会因素

汽车私人消费市场的购买行为也经常受到一系列社会因素的影响。这些因素主要有：参照群体、家庭、角色与地位。

1)参照群体(Reference Group)

参照群体是指对消费者个人的态度具有直接或间接影响的群体。它可能是一个团体组织,也可能是某几个人;可能是正式的群体,也可能是非正式的群体。参照群体是人们沟通、交流、学习或效仿的对象,在缺乏消费经验的情况下,消费者的个人选择往往以周边群体的标准为依据。研究表明,汽车私人购买者的购买行为容易受到相关群体要素的影响。

2)家庭(Family)

家庭是以婚姻、血缘和有继承关系的成员为基础形成的基本社会单元。大部分的消费行为是以家庭为单元进行的,在一个典型的现代家庭中,作为家庭成员的丈夫、妻子以及子女在购买决策中的角色各不相同,家庭成员购买决策权的大小取决于其家庭的生活习惯、内部分工、收入、家庭年龄阶段与受教育程度等。家庭基本上可以分为四类:丈夫决策型、妻子决策型、协商决策型和自主决策型。在我国私人汽车的购买过程中,有研究表明,在买与不买的决策上,多数是家庭成员协商决策或丈夫决策,但在款式或颜色上,妻子的意见影响较大。在汽车性能的要求方面,女性比男性更看中安全性、易操作性和舒适性;男性比女性更看中动力性和其他配置情况。从营销观点来看,认识家庭的购买行为类型,有利于营销者明确自己的促销公关对象。

3)角色与地位(The Role and Status)

角色是社会期望个人所承担的活动,每种角色都有相应的地位,它反映了社会对个人的综合认同。一个人在一生中会从属于许多群体,个人在群体中的位置取决于个人的角色与地位。一个消费者往往同时扮演着多种不同的角色,并在特定时间和情形里可能是特定的主导角色,每种角色都代表着不同的地位身份,并不同程度地影响着他的消费行为。

3. 个人因素

消费者的购买行为还会受到个人因素的影响,具体体现在以下几个方面。

1)年龄与生命周期阶段

从消费者个人的角度考察,消费者的购买行为与其年龄密切相关。随着年龄的增加,人们对汽车的喜好也在改变。例如,年轻人比较看重汽车的动力性及驾驶乐趣,而老年人更注重视野、操纵方便性和驾驶安全性。

从家庭角度考察,其生命周期的不同阶段也影响消费者的购买选择。学术界通常把家庭生命周期,划分为九个阶段,即:

①单身期,指离开父母后独居的青年时期。

②新婚期,指新婚的年轻夫妻,无子女阶段。

③“满巢”Ⅰ期,指子女在6岁以下,处于学龄前儿童阶段。

④“满巢”Ⅱ期。子女在6岁以上,已经入学的阶段。

⑤“满巢”Ⅲ期。结婚已久,子女已成人,但仍需抚养的阶段。

⑥“空巢”Ⅰ期。子女业已成人分居,夫妻仍有工作能力的阶段。

⑦“空巢”Ⅱ期。已退休的老年夫妻,子女离家分居的阶段。

⑧鳏寡就业期。独居老人,但尚有工作能力的阶段。

⑨鳏寡退休期。独居老人,处于休养状态的阶段。

2)职业

一个人所从事的职业在一定程度上代表着他(她)的社会阶层,并直接影响其生活方式和消费行为。不同职业的消费者对汽车的购买目标是不一样的,例如,公司经理与其属下雇员所选择的车型及档次可能存在差别。汽车厂商可以为特定的职业群体提供其所需的汽车产品。

3)经济状况

个人的经济状况对其消费选择具有重大影响,它在很大程度上决定着人们可用于消费的支付能力、对待消费与储蓄的态度及借贷的信用。尤其是汽车对一般人来说属于一种耐用消费品,个人的经济状况达不到一定程度是不可能购买汽车的。同时,经济状况较好的人与经济状况一般的人所选购的汽车是有所差别的。例如,低价位汽车车主对使用费用比较在意,高价位汽车车主则更在意安全性和舒适性。

4)生活方式

从经济学的角度看,一个人的生活方式表明其所选择的分配方式以及对闲暇时间的安排方式。一个人对汽车产品的选择,实质上也等于在向他人宣布其想拥有怎样的身份或生活方式。消费者选择这款汽车而不是其他,是因为其把自己与这款车所体现的一种特定的生活方式相联系。汽车厂商应注重研究特定汽车产品与特定生活方式群体之间的关系。

5)个性与自我观念

个性是指个人独特的心理特征,它使个人对环境做出相对一致和持久的反应。例如,有的人稳健保守,有的人则勇于冒险。个性不同,会导致消费者购买行为的差异,进而影响消费者对汽车产品和品牌的接受程度和选择。而消费者自我观念,可以理解为自我定位,代表着消费者自己对自己的认识,是与个性强相关的要素。消费者往往会根据自己的个性及自我定位选择他们认同的产品。

4. 心理因素

除文化、社会和个人因素外,消费者的购买行为还会受到动机、知觉、学习、信念和态度四个心理因素的影响。

1)动机(Motivation)

每个人在每个时刻都有许多需要,包括生理需要如口渴、饥饿等,也包括心理需要如希望得到尊重、具有归属感等。需要只有强烈到一定程度才会转化为动机,动机是一种上升到足够强度的需要,它能及时引导人们去探求满足需要的过程和目标。美国心理学家亚伯拉罕·马斯洛(Abraham Maslow)的需求层次理论(Hierarchy of Needs)解释了在特定阶段人们受到特定需求驱使的原因,如图4-4所示。

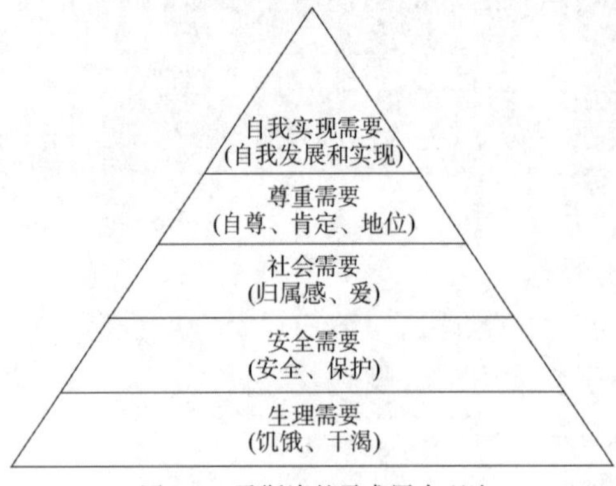

图4-4　马斯洛的需求层次理论

马斯洛认为,人类的需要是层次化的,按其重要程度依次为生理需要、安全需要、社会需要、尊重需要和自我实现需要,并且只有较低层次的需要被满足后,较高层次的需要才会出现并希望得到满足。消费者对汽车的需求也是有层次性的，收入相对有限的消费者购买汽车是为了满足代步需要，因此，选择经济实用的汽车；而经济收入较高的消费者，除满足代步需要外，还需要满足心理需要，不希望其私家车成为影响人们对其身份地位或经济实力看法的否定因素，因此，偏爱选择中高级甚至豪华型车辆。需求层次论可以帮助汽车营销人员理解顾客的生活和目标，使营销人员更好地识别现实的和潜在的消费者。

消费心理学还提出边际效用(Marginal Utility)理论。该理论认为，消费者购买动机的形成受商品效用支配，商品效用是消费者实施购买行为的根本条件。如果商品没有效用或效用不大，即使具备购买能力，消费者也不会对该商品形成购买动机。反之，如果效用很大，即使购买能力暂时不足，消费者也有可能筹措资金提前购买。

商品的效用指商品所具有的能够满足消费者某种需要的功效。就汽车产品而言，代步功能就是普通消费者追求的功效，解决个人交通和体现形象价值就是高档汽车的功效，能够获取良好营运效益就是营运汽车的功效等。

而消费者购买动机的强弱受商品“边际效用”大小支配。边际效用越大，购买动机就越强。所谓的边际效用，指消费者对某种商品再增加一个单位的消费时，该种商品能够为消费者带来的效用增加(量)。只要消费者认为，增加商品购买可以增加效用，即能够更好地满足需要，那么消费者就有可能继续购买该种商品。但客观上，随着消费数量的增加，商品的边际效用存在着递减现象，这就是“边际效用递减法则”(Law of Diminishing Marginal Utility)。例如，消费者总是感觉第一辆私家车给家庭带来的方便是最大的，随着购买量的增加(假如有必要)，那么第二辆、第三辆私家车给家庭新带来的好处就会越来越小，甚至还会觉得增加购买完全没有必要(边际效用为零)。

边际效用理论的营销意义是企业可采取各种措施增加产品的边际效用，如降低产品价格、提高性能质量、提升电池寿命、增加功能用途等，以达到促进销售的目的。另外，当边际效用为零时，表示商品需求趋于饱和，营销者不必再对这类购买者促销寄希望他们增加购买了，也可以借此预测商品的市场饱和需求容量。

2)知觉(Perception)

一个受到动机驱使的人可能随时准备行动，但具体如何行动，则取决于其知觉程度。人们是通过各种感觉器官来感知刺激事物的，同样的外部刺激对不同的消费者会引起不同的知觉，这是因为每个人感知、组织和解释信息的方式不尽相同。所谓知觉，是指人们收集、整理、解释信息，形成有意义的客观世界影像的过程。具体地说，人们要经历三种知觉过程：

①选择性注意。人们在日常生活中会接触众多刺激，但大部分会被忽略掉而不会留意，只有少部分刺激才会引起注意。例如，汽车厂商所做的广告很多，但这些广告通常只能引起那些准备买车人群的注意，其他人群根本就不会关注。

②选择性理解。每个人总是按自己的思维模式来接收信息，并趋向于将所获信息与自己的意志结合起来，即人们经常按先入为主的想法来接收信息。例如，当消费者对某品牌抱有好感时，即使他了解到该品牌的某些缺点，可能也会无视其缺点，或认为是事出有因，选择理解或原谅。

③选择性记忆。人们往往会忘记接触过的大部分信息，而只记住那些符合自己的态度与信念的信息(被认同的信息)，或者是吸引眼球的信息(感官刺激强的信息)。例如汽车厂商热衷聘请模特或明星在车展上为本企业或产品站台，目的就是希望给观众留下深刻印象，观众可能对站台的模特及其身旁的汽车这样的整体画面留下深刻记忆。

3)学习(Learning)

人们总是在实践中不断学习,学习是指由于经验而引起的思想和行为的改变。人类的行为大多来源于学习,一个人的学习是驱使力、刺激、诱因、反应和强化等互相作用的结果。由于汽车市场营销环境的不断改变,新产品、新品牌不断涌现,汽车消费者必须经过多方努力收集有关信息之后,才能对相应的产品或品牌做出评价并最终做出购买决策,这本身就是一个学习的过程。同时,消费者对汽车产品的消费和使用也是一个学习的过程。汽车营销者可以通过把汽车产品与强烈的“驱使力”联系起来,利用刺激性的诱因,并提供正面强化手段(如通过汽车展销会、顾客联谊会、广告等措施),使消费者对汽车产品产生了解和认识,强化消费者的需要。

4)信念与态度(Belief and Attitude)

信念是指人们对事物所持的描述性思想,并影响人们的行动态度,它可能建立在消费者的学习和实践经验上,也可能建立在传闻上。信念一旦建立,通常都会维持较长时间,不易改变。调查显示,中国消费者对日系车、德系车、美系车和韩系车有着不同的信念,例如,认为日系车经济省油、结构紧凑、外形漂亮、性价比好,但材料过于节省,安全性不够好;德系车安全性能好、做工讲究、质量可靠、品牌可信,但价格相对较高;美系车宽敞舒适、稳重大气,但车体笨重、油耗高、使用成本高;韩系车时尚现代、外观造型好、价格低廉,但质量不够好等。

对于汽车厂商来说,信念构成了汽车产品和品牌的形象,汽车厂商应通过健康的促销活动使消费者对其产品和品牌建立正确的信念。当消费者已经对某种汽车品牌产生良好印象时,汽车厂商必须努力维护或提升这个印象,不能出现有损形象的事件,以免消费者出现否定该品牌的信念。研究表明,汽车的产品质量和售后服务质量对消费者信念的形成具有显著作用,因此,厂商应高度重视质量工作并妥当处理质量事故,严防事态的负面影响升级。

态度是指人们对某些事物或观点所持的正面或反面的认识上的评价、情感上的感受和行动上的倾向。态度导致人们喜欢或不喜欢某些事物,它在很大程度上受信念的支配。一般情况下,汽车厂商不要试图改变消费者的态度,而应该考虑如何改变自己的产品或形象,改变消费者的信念并促使消费者产生积极的购买态度。

综上所述,汽车消费者的购买选择是文化、社会、个人及心理等因素综合作用的结果。汽车厂商及其营销人员在制订营销策略时,必须认真研究这些因素。

四、汽车消费者的购买决策过程

汽车营销者不仅要了解影响消费者购买行为的各种因素,还要了解消费者的购买决策模式和购买决策过程。

1.消费者购买决策模式

消费者购买决策模式主要包括参与购买决策的角色以及购买决策的类型等。

1)消费者购买决策的角色

在私人汽车消费市场中,消费者的购买行为往往是家庭成员共同影响的结果。每个家庭成员,可能扮演的角色包括以下五种:

(1)发起者,即首先提出购买建议的人。

(2)影响者,其看法和建议对最终决策有影响的人。

(3)决策者,对购买(包括是否买、何时买、买什么、何处买、如何买等)做最后决定的人。

(4)购买者,即实际购买人。

(5)使用者，即实际使用人。

上述五种角色可以组合在一个消费者身上，也可以分别由家庭几个成员担当。了解消费活动的主要参与者及其扮演的角色，有助于汽车厂商有针对性地开展营销。汽车营销者应首先分析和确认消费者在购买决策中所扮演的角色，然后再开展相应的促销，提高营销效率。例如，汽车厂商可以构思和设计出符合使用者需要的特色产品，在家庭购买发起者容易接触的媒体上进行广告宣传，并向家庭购买决策者提供本企业汽车产品的质量、价格、性能、购买地点等信息，吸引决策者做出购买本企业产品的决定。

2)汽车消费者购买决策的基本类型

不同的消费者家庭在购买产品时，其购买行为存在较大的差异。家用轿车一般是一种耐用商品，其购买决策对一个家庭来说是比较重要的事情，往往需要经过家庭商量和反复权衡才会形成购买决定。根据汽车消费者的个性特点，可将购买决策分为五种类型。

(1)理智型，指能够较为理性地做出购买决策的行为类型。这类消费者，其购买思维方式比较冷静，在需求转化为现实之前，他们通常要做广泛的信息收集和比较，充分了解相关知识，在不同的品牌和车型之间进行充分的调查，慎重挑选，经反复权衡比较后做出购买决策。由此可见，这类消费者的购买过程比较复杂，通常要经历信息收集、评价方案、慎重决策和评价购后感受等阶段，属于一个完整的购买决策过程。私人汽车消费者尽管其个性差异较大，但在决策是否购买时大都属于理智型决策者(因为对大部分消费者而言，汽车消费的花费一般不算低)。

(2)冲动型，指容易受他人诱导迅速做出决策，或容易受其他因素影响而迅速改变原有决策的行为类型。冲动型的购买者，通常是情感比较外向，做决定随意性较强的消费者。他们一般为个性比较独立，喜欢“说了算”的人，或者是在所购商品价格相对其资金实力而言负担不重甚至跟资金无关的情形时做的决策。对于冲动型的购买者来说，易受广告宣传、营销方式、产品特色、购买氛围、交易条件等因素的影响和刺激，进而诱发冲动决策。他们往往会在购买后慢慢发觉自己的购买存在某些缺憾而产生失落感，怀疑自己购买决策的正确性。对于这类购买行为，经销商要提供较好的售前和售后服务，使消费者相信自己的购买决策是正确的。冲动型汽车消费者在决定购买何种品牌和去哪个商家购买时容易表现出冲动的特点。

(3)习惯型，指购买者个人根据自己的品牌偏好做出购买决策。这类购买决策较少受广告宣传和时尚的影响，多是由于长期使用某个特定品牌并对其产生了信任感和依赖感，从而按习惯重复性购买，因此，这种购买决策实际上是一种“品牌认同”的购买决策，具有比较明显的品牌忠诚度。在日常家用消费品(往往多频次反复购买)领域，这类消费者比较常见。但在汽车消费领域，由于在两次购买之间的周期较长，且消费者的个体情况往往会发生较大变化(例如收入增加、社会地位和职务提升等)，因此，新的需求往往会“提档升级”，原品牌产品常常难以简单满足新的需求。但在汽车保险领域，消费者往往表现出这种习惯型行为。

(4)选价型，这是一种价格优先的购买决策，这类消费者比较注重选择价格对自己较为合理的商品。现阶段，我国汽车消费者在购买私家车时，往往是根据汽车的使用目的和自己的经济能力，首先确定一个目标价格区间，再大体按照品牌、车型(造型)、功能配置、颜色、油耗、维修成本与方便性、内饰的顺序，选择自己中意的汽车产品。这类决策行为比较接近理智型。

(5)情感型，指容易受感情支配做出购买决策的行为类型。持有这类购买态度的消费者，其情感体验较为深刻，想象力特别丰富，审美感觉灵敏。他们在购买决策的过程中，多以是否符合自己的情感需要作为决策标准。例如，喜欢小资情调的白领女性消费者多属于这种决策类型，如做出新版甲壳虫、Mini Cooper、Smart 等车型的购买决策。

综上所述，私人消费者购买决策行为的类型受具体的购买情形影响，同一个消费者在面对不同的购买情形时（如商品类型、支付金额、购买频率、人脉关系等），其决策行为的类型可能不同。

2. 汽车消费者购买决策的主要步骤

通常认为，完整的购买决策过程包括确认需要、收集信息、评价方案、购买决策、购后感受五个阶段。

1）确认需要

确认需要是购买过程的起点。当消费者意识到自己的实际状态与期望状态存在差距时，就产生了需要。汽车消费者的需要一般源于：

①内部刺激，如上下班路程较远需要汽车作为代步工具；

②外部刺激，如电视广告、身边同事或者消费流行等消费者自身以外的环境因素。

需要是推动消费者实施购买活动的驱使力，而消费者的大部分需要是由于外部刺激的影响而产生的，即使是代步等内部刺激引发的需要，也往往会在外部刺激的影响下寻求满足需要的具体品牌。

2）收集信息

只有在消费者的需要十分强烈且可用于满足需要的产品就在身边时，消费者才会马上采取购买行动，以求尽快满足需求。否则，在大多数情况下，消费者在产生需要后并不马上做出购买决策，而是首先寻找有关产品的信息，尤其汽车购买行为是一种较为复杂的过程，需要收集的信息很多。一般来说，消费者的信息来源主要有四个方面：个人来源、商业来源、公共来源、经验来源。汽车消费者的主要信息来源是商业来源，但是个人来源是最有效的信息来源。汽车厂商应了解和掌握消费者的信息来源并对不同来源的重要性予以评价，在此基础上，设计有效的传播途径，使企业与目标消费者更好地进行沟通。

3）评价方案

消费者在收集到所需的信息后，就会对这些信息进行分析比较和综合判断，以做出最终选择。菲利普·科特勒认为顾客在进行消费决策的过程中是在有限的搜寻成本、知识和收入的约束条件下，追求价值最大化。这里所说的价值，即顾客对与某企业的交互“过程”和“结果”的主观感知，是顾客对企业提供的产品或服务所具有价值的“主观”认知，包括顾客对其感知利得（Perceived Benefits）与感知利失（Perceived Sacrifices）之间的比较和权衡，即顾客感知到的整体价值（包括产品、服务、人员、形象等方面）与顾客感知到的整体成本（时间、体力、精神、货币等方面）之间的差额，也称为“让渡价值”，如图 4-5 所示。需要注意的是，对价值的认知是个性化的，因人而异，顾客会根据自己的价值体系来对感知到的商品或服务的属性进行价值判断，进行效用与成本间的权衡以做出购买决定。

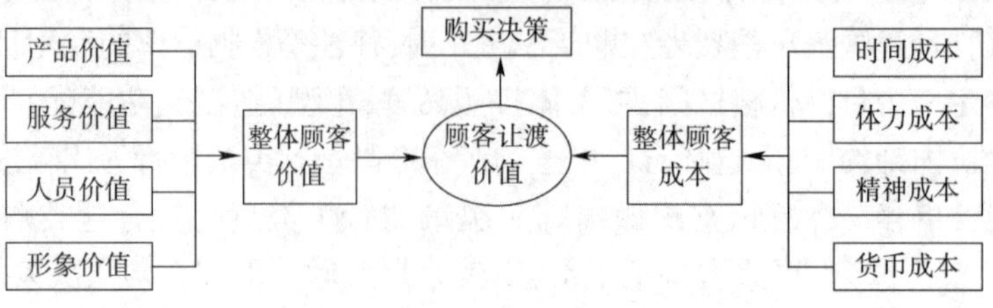

图 4-5　顾客让渡价值

4)购买决策

购买决策是购买过程的关键阶段。在评价阶段,消费者经过对可供选择的产品及品牌的分析比较,形成初步购买意向,但消费者购买决策的最后确定,还会受如下两种因素的影响:

①他人的态度。他人的态度对消费者购买决策的影响程度,取决于他人反对态度的强度和消费者遵从他人愿望的程度。

②意外情况。消费者即将购买时,家庭收入、产品价格、营销人员的态度或者成交中的细节谈判等意外情况常常会让消费者改变购买决定或者改变对品牌的选择。

5)购后感受

消费者在购买汽车产品后,往往会根据自己的使用体验与他人的评价,对其购买决策的效用形成感知和评价。如果顾客感到满意,很可能会向其他人宣传和推荐该产品形成正向的口碑传播,这将有助于企业品牌形象的建立和提升;反之,如果消费者感到不满意,可能会要求退货或向有关组织投诉,也可能会向其熟人和亲友抱怨,形成负向的口碑传播和损害企业的品牌形象。因此汽车厂商营销过程中要努力实现顾客满意,不断积累商业信誉。一旦出现消费者不满意情形,应及时采取有效措施(例如诚恳道歉、给予一定的物质补偿、管理者出面安抚顾客等),妥善处理善后工作,尽可能降低消费者的不满意程度。

综上所述,营销人员应关注消费者的整个购买过程,找出影响消费者购买行为的主要因素,理解消费者的购买决策过程,设计和制订行之有效的市场营销策略。

第二节　汽车集团组织市场及购买行为

购买和使用汽车的各类社会组织或集团构成汽车的集团组织市场。目前,我国汽车市场总体有约15%的新车销售给了集团组织购买者。这个市场是一个用户类型涵盖面很广的市场,是我国汽车市场重要的组成部分,甚至是某些车型(尤其是商用车)的主力销售市场。因此,汽车营销者必须认真研究这个市场的需求和购买行为的特点。

一、集团组织市场的汽车购买者类型

汽车的集团组织购买者类型比较复杂,大体可以划分为以下两类。

1.终端用户型

这类集团组织购买汽车,要么是将汽车作为集团消费资料使用,以满足单位干部职工公务出行、职工通勤、学生通学或业务运转的需要;要么作为运输生产资料或经营资料使用,以满足企业经营活动的需要。这些集团使用者包括的类型有以下几种。

(1)公共服务型集团消费者:包括政府机关、党群机关、人大政协机关、公检法司执法机关、军队机关、非营利团体(公益性社会服务组织)、服务型事业单位(主要向社会提供公共服务产品)等组织。此类组织购车的主要目的是解决公务出行、职工通勤或学生通学需要,购车资金主要来源于财政拨款。

(2)生产经营型集团消费者:包括各类工商企业和经营性事业单位,此类组织购车的主要目的是解决各层次管理人员或业务人员公务活动出行和职工通勤需要,其购车资金主要来源于组织自身的经营所得。

(3)运输服务者:包括公路客货运输、城市公共交通、出租客运等为社会提供公共运输服务的运输生产型企业,也包括向社会公众提供汽车租赁服务(car rental)、共享出行服务的经营机构。其购买汽车目的是将汽车作为生产资料或经营资料使用,以便为社会提供公共运输服务或租车服务,并获取合理报酬,购车资金主要来源于企业投资或从经营收入中提取的固定资产折旧基金。

(4)自备运输者:包括具备自备运输能力的企事业单位、工程建设单位、特定部门系统等组织。所谓自备运输,是指单位在生产经营活动中因为存在较多的内部运输任务,为了解决运输问题,不是向社会运输企业采购运输服务,而是通过自己购买运输装备,自己组建运输力量,以满足自身运输需求的运输模式。如我国粮食系统有运粮车队、发电企业自己组建运煤车队、旅游公司和旅游景点自己拥有旅游车队等,都属于自备运输范畴。自备运输者的购车资金来源于单位内部的固定资产投资。

2. 非终端用户型

非终端用户类集团购买者主要包括再生产型购买者(例如专用汽车生产厂商、客车改装厂商等)和再转卖型购买者(例如经销商),其购买汽车不是为了获得产品的使用价值,而是为了进一步制造加工或提供产品分销服务,实现产品增值,获取增值报酬。

二、集团组织市场的购买特点

与一般私人消费者市场相比,集团组织市场有其自身的特点。

1. 购买者数量相对少,但购买规模相对大

相对于汽车私人消费者来说,集团组织汽车购买者的数量相对少得多,但一次购买或累计购买的数量往往较大。

2. 购买者类型往往比较集中

面向集团组织销售的汽车产品,尽管车型品种多样,但是对具体车型品种而言,其购买者的类型往往非常集中。如专用汽车、大型客车、旅游汽车、公务轿车甚至汽车零部件都有自己特定的用户。集团组织市场的这种特性,非常适合采用效率较高的人员推销的方式促销,汽车厂商(包括零部件厂商)通常会根据集团客户的特定需要定制产品,甚至不惜改变常规的生产流程等,非常注重与这些大客户建立持久的合作关系。

3. 购买过程具有专业性

集团组织购买者大多对产品功能、产品结构、产品价格、产品质量、产品交货期、备件供应和售后服务有特定要求,且采购过程复杂,采购、设备建账、财务做账等作业流程规范,一般由受过专门训练的采购人员实施采购。此外,他们在采购谈判技巧方面都较有经验和有一定的规则,这就要求营销者必须熟悉他们的采购业务。

4. 需求弹性较小

相对于汽车私人消费市场,集团组织购买者的需求价格弹性要小得多,特别是在短时期内需求受价格变动的影响不大。例如,汽车产品价格上涨,只要涨价原因合理,集团购买者不会像私人消费者那样会放弃购车计划;反之,也不会因为价格下跌而增加购买。他们的需求更主要受财务预算、政策管控、对产品需求的强度、单位经营效益等因素影响。

5. 需求受政治经济因素影响大

公共服务型集团消费需求受政策因素、突发事件等因素的影响较为明显。例如,党的十

八大后,中央出台八项规定,直接改变了公务汽车的消费模式,对用车档次、用车范围严格约束。其他类型的集团购买,除一定程度受政策因素影响外,主要受宏观经济运行形势和单位财务状况影响。

6. 影响购买决策的人员较多

汽车集团组织购买决策中的参与者比汽车私人消费购买决策多很多。除了具体执行购买行为的采购部门外,常常还包括技术部门、质量部门、产品使用部门、财务部门(或财政部门)、招标部门等众多部门的人员参与,一般需要履行一串严格的业务流程。

7. 购买行为方式比较特殊

购买行为方式的特殊体现在:

①直接购买。集团组织购买者往往直接向生产厂家定制产品,而不通过经销商环节。

②互惠采购。集团购买者往往跟汽车供应商达成互购协议,实施互惠采购。

③租赁。在不占有所有权的条件下,通过支付租金的方式取得产品的使用权。例如,那些单价很高的特种汽车,采取租赁使用模式往往比购买方式更为可行、可取。

三、集团组织市场的购买决策模式

根据购买情况的复杂程度,集团组织购买者的决策模式分为以下三类。

1. 直接重购

直接重购(Straight Rebuy)是指集团组织购买者按以往惯例重复订货,是一种最为简单的购买决策模式,购买者需做的决策最少。在这种情况下,用户的采购部门根据以往交易条件完成采购即可。

2. 修正重购

修正重购(Modified Rebuy)是指集团组织购买者对产品形式、价格、采购数量、发货条件或其他方面做了一定调整之后,仍然从原供应商采购的业务活动。与直接重购相比,修正重购涉及更多的购买参与者。汽车供应商应认真分析购买者调整采购的原因,到底是因为用户的使用需求变化而导致正常调整,还是隐喻着对自己以前的服务感到不满。

3. 全新采购

全新采购(New Task)是指集团组织购买者的采购部门首次购买某种产品。其购买决策模式最为复杂,需收集的信息和需做出的决策较多。同时,购买者的采购成本和采购风险均增加,购买决策所需的时间也较长(履行采购流程)。在全新采购中,集团组织购买者必须在汽车产品型号、性能、供应商资质、价格、付款条件、订货数量、交货时间及售后服务约定等方面进行决策。对汽车供应厂商来说,这是最大的机会和挑战,他们应选派优秀的销售人员,尽可能充分接触集团组织顾客,提供充分的交易信息,保持沟通和磋商渠道畅通,努力消除购买者的疑虑。对于大额全新采购业务,汽车供应厂商应派出自己的销售使团,汽车厂商通常会设立专门的大客户部专门负责对全新采购用户的营销。

需要指出的是,许多集团组织购买者倾向于从一个供应商那里购买一揽子解决方案,例如集团购买者需要的各种车型,或从整车到配件再到维修的所有业务都从一个供应商那里购买。更有甚者,需求者的“需求”将从原来对产品的需求直接改为对服务的需求,例如有的城市公用事业局不再采购公共汽车(产品),而是直接发包某条公交营运线路(服务),由线路营运者解决所需车辆问题;又如有的机关团体不再自己购买公务用车,而将自己的公务交通需求委托给一个服务商等。这种方式称为系统购买(System's Buying),汽车厂商可以相应地采用系统销售的营销方式,为客户提供整套解决方案,以赢得集团组织客户。

四、集团组织购买过程的参与者

采购中心是指集团组织用户的购买决策团体,它由所有参与采购决策过程的人员构成。在集团组织购买过程中,购买的参与者很多。具体地说,采购中心的成员可以分为使用者、影响者、决策者、购买者、信息控制者五种角色。

1. 使用者(User)

使用者指未来使用拟采购产品的组织成员。通常情况下,使用者率先提出需求建议,并提出对产品用途、性能、功能、型号等方面的要求。

2. 影响者(Influencer)

影响者指影响购买决策的组织成员。他们通常协助决策,组织中的质量人员、技术人员、财务人员是最重要的影响者。

3. 决策者(Decision Maker)

决策者指有权决定或批准采购计划的组织成员,往往是该集团组织的高层领导者或具体采购部门的领导者。

4. 购买者(Purchaser)

购买者指具体安排和落实购买事项的组织成员,其主要职责是选择汽车供应厂商并就交易条件进行谈判(如价格、服务、违约责任等)。

5. 信息控制者(Goal Keeper)

信息控制者又被称为"守门人",是指控制信息流向的组织成员,如集团组织的采购代表、技术人员、秘书人员等。

由于采购的汽车产品的型号和数量不同,采购中心成员的数量和类型也有所不同。同时,在实际的采购过程中,各类参与者所起的作用也各不相同。在对集团组织的营销活动中,汽车营销者应安排销售人员上门服务,为了提高交易的成功概率,销售人员必须弄清楚谁是主要的决策参与者,他们影响哪些决策,影响程度如何,决策参与者之间如何互相影响,每位决策者使用何种评价标准等。

五、影响集团组织购买行为的主要因素

集团组织购买者在制定购买决策时会受到很多因素影响。归纳起来,主要有环境因素、组织因素、人际因素和个人因素四类,如图4-6所示。

1. 环境因素

环境因素是影响集团组织购买行为的重要外部因素。首要的环境因素是经济因素。在通常情况下,经济环境对集团组织的影响最为直接,集团组织购买者的购买行为在很大程度上受到当时经济环境和预期经济环境的影响。在经济不景气时,集团组织购买者往往会减少购买计划。另一个重要的环境因素就是政策法规因素,如几乎所有依靠财政资金购买汽

车的集团组织,其购买行为均要符合有关政策和纪律监察制度的要求,又例如各地政府对城市客运出租行业也或明或暗地出台了对车型选用的直接规定。此外,集团组织购买者还会受到资源供应、技术进步、竞争环境、文化习俗等其他因素的影响。

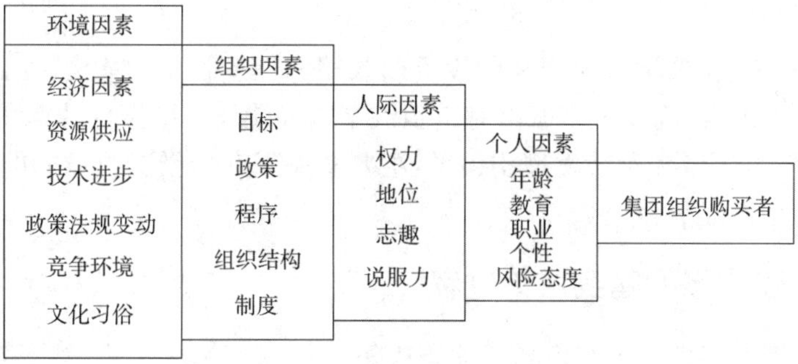

环境因素
经济因素
资源供应
技术进步
政策法规变动
竞争环境
文化习俗

组织因素
目标
政策
程序
组织结构
制度

人际因素
权力
地位
志趣
说服力

个人因素
年龄
教育
职业
个性
风险态度

集团组织购买者

图 4-6　影响集团组织购买行为的因素

2. 组织因素

组织因素在一定程度上影响着集团组织购买者的购买行为,每一个集团组织购买者都有自己的目标、政策、程序、组织结构和制度,营销人员必须尽可能多地掌握这些相关情况,从而了解和确定购买决策参与人员的组成、集团对采购人员的政策和规定等。

营销人员还必须及时了解集团组织用户的组织变化及其对集团组织未来购买行为可能产生的影响。组织制度的变化调整、组织机构的重新设置等因素都会影响集团组织客户的购买行为。例如,在设有多个事业部的集团组织里,可以由各个事业部分别行使采购权,也可以由总部统一集中采购,这些情况对汽车营销的策略会产生直接影响。

3. 人际因素

集团组织的购买中心由相互影响的众多成员组成,由于他们在组织中的地位、职权以及相互关系各不相同,因而对购买决策的影响力也不尽相同。在很多情况下,并非地位高的购买中心成员最具实质影响力(特别是有些领导对权力较为放手)。这种人际关系因素非常微妙,营销人员必须予以认真调查和分析。

4. 个人因素

个人因素对集团组织购买行为的影响也不可低估,尽管集团组织购买相对私人消费者购买更为专业与理性,但由于购买中心由多个感性的人组成,个人的情感因素将不可避免地体现在购买决策和购买行为中。每位参与购买决策的组织成员都对采购行动带有个人理解和偏好,这些因素又受成员年龄、受教育程度、专业特长、个性特征及对待风险的态度等因素影响。在产品和服务同质性和替代性强,或者销售竞争比较激烈时,采购人员的个人偏好、情感因素对集团组织购买行为的影响就比较显著。

影响集团组织购买行为的因素复杂多样,汽车营销人员必须了解各种因素的变化及其对集团组织购买行为可能产生的影响,制订行之有效的营销方案。

现实生活中,我国集团组织购买者对汽车采购的决策行为呈现出以下特点。

(1)公共服务型集团消费者:首先会根据使用者的行政级别对应的政策限价,确定拟购车辆的价格,再选择品牌形象好、造型端庄大气的三厢型黑色轿车(近年 SUV 开始增多),然后再确定选装配置(价外选装)。对使用成本和维修成本等几乎不予考虑。

(2)生产经营型集团消费者:首先会参照同一阶层相关群体消费的汽车档次(圈内的消

费流行)确定拟购的车型与品牌,比较重视汽车的安全性能和使用者的个性爱好,汽车的销售价格和使用成本几乎不是考虑的问题。

(3)自备运输者:购买行为主要取决于产品的实用性和使用价值,其次是产品销售价格和使用成本。

(4)运输生产者:主要取决于产品的投资回收期和创造收益的能力。有时,政策规定会成为最直接的影响因素,例如很多城市对出租汽车购买就是直接指定品牌和车型。

(5)再生产型购买者和再转卖型购买者:主要取决于产品创造收益的能力,本质上就是取决于最终产品是否好销、好卖。

六、集团组织市场的购买决策过程

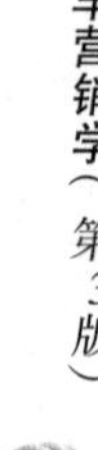

现代市场营销学将集团组织市场的购买决策过程划分为八个阶段,全新采购包括这八个购买决策阶段,属于完整的购买决策过程,而对于修正重购和直接重购而言,所包括的决策阶段要少一些,尤其是直接重购包括的决策阶段最少,这两种决策过程属于不完整购买决策过程。购买决策模式所包括决策过程阶段见表4-1。

集团组织市场的购买决策过程阶段 表4-1

采购阶段	购买决策模式		
	全新采购	修正重购	直接重购
1. 确认需求	是	可能	否
2. 描述基本要求	是	可能	否
3. 确定产品性能	是	是	否
4. 寻求供应厂商	是	可能	否
5. 提出方案	是	可能	否
6. 选择供应厂商	是	可能	否
7. 签订合同	是	可能	否
8. 检查评估	是	是	是

(1)确认需求。确认需求阶段是集团组织购买过程的起点,即集团组织购买者意识到某种需求。这种需求根本上产生于组织内部,即集团组织出现真正的实际需要,当然这种需要有时会因为组织外部因素(如汽车展销会、广告等)的刺激而提前释放。

(2)描述基本要求。在确定需求后进一步明确所需产品的数量及各项技术参数。汽车是一种技术较为复杂的工业产品,采购人员通常会与技术人员和实际使用者共同研究确定产品的品牌、型号及其他技术特征。

(3)确定产品性能。通过说明书对所需产品进行详细描述,其主要工作是确定产品的技术规格,通常由技术小组负责撰写所需产品的技术说明书。

(4)寻求供应厂商。集团组织购买者可以通过多种渠道寻求供应厂商,在此基础上列出一份合格的供应厂商名单。当前,随着互联网的普及,越来越多的集团组织购买者通过互联网来寻找供应商。

(5)提出方案。集团组织购买者邀请相关的供应厂商,让他们提供具体的产品目录和报价表,并描述其产品在质量、性能、型号、技术、服务等方面的详细情况。对汽车营销人员来说,这种书面材料既是技术文件,也是营销文件,应在满足购买者内容要求前提下,尽可能突出自己的优势,为增加成交可能性积累基础。

(6)选择供应厂商。在这个阶段,购买中心通常会制作一个表格,列出满意的供应厂商的主要特征,如产品质量、售后服务、交货及时性、价格竞争力、企业的资质和信誉等,并对待选的供应厂商进行分类评估。在做出最后决定之前,购买中心还可能与预选中的供应厂商就价格或其他条款进行谈判。集团组织购买者对供应商的确定,通常采取竞标方式。

(7)签订合同。在选定供应厂商后,双方正式签订合同,并在其中详细规定交货数量、技术标准、交货时间、质量保证等具体细节。

(8)检查评估。采购者对特定供应厂商的履行合同状况进行检查和评估。集团组织购买者通常会向实际使用者了解对产品使用的满意度,对供应厂商的综合服务能力予以评估。

七、集团组织市场的采购方式

集团组织在采购过程中,常常需要选择合适的采购方式。常见的采购方式有以下几种。

1. 公开招标

公开招标(Competitive Bidding)是指集团组织的采购部门通过一定的传播媒体发布公告或发出信函,说明拟采购产品的型号、数量、技术、商务要求以及对投标单位的资质要求,邀请供应厂商在规定的时间内投标(该过程称为招标)。有意参加招标的供应商,各自秘密地填写投标书,在规定的截止时间前将填写的投标书交给招标人(该过程称为投标)。招标单位在有公开或有监督的条件下,在预定的日期现场揭开各供应商的投标书内容(该过程称为开标)。然后,招标人根据各供应商填报的价格,并参考其他条件(产品质量、服务、交货期等)请评标专家小组进行评议(该过程称为评标)。最后,选择报价合适和其他交易条件符合要求的供应厂商作为中标单位,宣布招标结果(结标)。这种招标方式被广泛用于集团组织的业务采购。

采用招标方式,集团组织会处于主动地位,供应厂商之间会产生激烈的竞争。作为供应商的汽车厂商(或其代理人)在投标时应注意。①自己产品的品种、型号是否满足招标方的要求。②能否满足招标方的其他要求。例如提供较长时间的维修服务,承担维修费用等。③中标欲望的强弱。如果供应商迫切要求赢得这笔生意,就要认真研究投标策略,尤其是对价格、质量和服务的承诺要明确、具体、合理,不要一味强调低价。招标单位对价格一般都已进行过测算,有一个标底价,如果过于低于这个价格,招标单位有可能怀疑其服务能力和服务质量,而选择淘汰这样的投标者。

2. 议价合约

议价合约选购(Bargaining)是指集团组织的采购部门分别与供应厂商(通常 1 ~2 家,供应商达到 3 家及以上时就应当采取招标方式),就某一采购项目展开谈判,最后与符合要求的供应厂商签订合同,达成交易。汽车产品的特殊需求订单一般都采用此种采购方式。

综上所述,汽车供应厂商必须了解集团组织顾客的购买特征,针对集团组织购买者的具体需求,制定有效的营销策略。

本 章 小 结

了解顾客消费心理,熟悉客户购买行为,有利于汽车厂商改进营销策略。汽车客户总体上可以分为私人消费者和集团组织购买者两大类。其中，私人消费者是目前我国汽车市场的购买主体，尽管他们的消费心理和行为千差万别，但整体上也呈现出需求具有多样性、需求弹性大、需求可诱导、需求欲望进步无止境等特点。市场营销者对消费者购买行为的认识是一个不断深化的过程，早期提出的 S-R 理论，认为消费者在接收"刺激"后，会经历一个"黑箱"心理过程，然后产生"反应"行为。进一步研究表明，消费者的心理活动不完全是"黑箱"，而是一个包括"确认需要、收集信息、评价方案、购买决策、购后感受"等阶段的购买决策过程，这个过程会受到消费者所处的文化因素（社会文化、亚文化）、社会因素（参照群体、家庭、角色与地位）、个人因素（年龄与生命周期阶段、职业、经济状况、生活方式、个性与自我观念）和心理因素（动机、知觉、学习、信念和态度）等消费者个体特性因素的影响。需要说明的是，需求层次论和边际效用递减法则等理论为营销者研究消费者的购买动机提供了有效方法。

汽车的集团组织用户，包括公共服务型集团消费者、生产经营型集团消费者、社会公共运输服务者、自备运输者、再生产型购买者和再转卖型购买者等，这个群体涵盖面较广，是我国汽车市场的重要组成部分，甚至是某些商用车型的主力销售市场。集团组织市场的购买特点是购买者数量少但购买规模大、购买者类型比较集中、购买过程专业化程度高、需求价格弹性小、需求受政治经济等宏观因素影响大、参与购买决策的人员较多、购买行为方式比较特殊（如互惠交易）等，购买的业务类型和决策模式包括直接重购、修正重购和全新采购三种。集团组织购买决策的影响因素除包括由使用者、影响者、决策者、购买者和信息控制者等参与者构成的采购中心外，还包括外部环境因素、内部结构因素、人际关系因素和决策者个人因素等，而购买实际过程一般包含确认需求、寻求供应厂商、提出方案、选择供应厂商、签订合同和检查评估等环节，其中在供应商确定环节，主要采用公开招标（可选供应商较多时）或议价合约（可选供应商较少时）方式确定。

复习思考题

1. 试讨论私人汽车消费者市场所具有的特点及其对汽车营销的意义。
2. 汽车私人消费者购买行为的影响因素有哪些？
3. 请简述马斯洛需求层次论的内容并分析其营销意义。
4. 请简述边际效用递减法则的内容并分析其营销意义。
5. 汽车的集团组织市场包括哪些类型的购买者？
6. 汽车的集团组织购买者有哪些特点？
7. 参与集团组织购买决策的人员有哪些？他们对决策的影响方式是什么？
8. 集团组织购买过程包括哪些环节？各环节的实施内容是什么？
9. 请简述公开招标的流程和构成环节。

第五章　汽车市场营销调研与市场预测

市场营销面对的是不断变化和充满竞争的市场,汽车营销者必须借助科学方法,对市场进行科学调研和预测,以便掌握市场发展变化的走势和规律,从而为寻找营销机会、安排营销计划、谋划营销策略提供科学依据。

第一节　汽车市场营销调研

一、营销调研的概念与特点

1. 概念

营销调研(Marketing Investigation)就是运用科学的方法,有计划、有目的、有系统地收集、整理和研究分析有关市场营销方面的信息,并完成调研报告,总结有关结论,提出营销机遇与挑战,以便帮助营销管理者了解营销环境,发现营销问题与机会,并为市场预测或营销决策提供依据。

2. 特点

当今的市场竞争日趋激烈和复杂,除价格竞争外,竞争手段越来越向非价格竞争转变,如强化新产品开发、提供更完备的售后服务或者改进渠道效率等。将非价格竞争作为企业竞争的有效武器,这离不开科学的市场调研。通过调查研究,可以弄清消费者的消费偏好,判断市场环境变化,把握营销机会,正确做出营销决策,提高市场营销的效率。现代市场调研,一般具有以下特点。

1)目的性

现代企业进行市场调研均具有明确的目的。在每次市场调研之前,都必须预先确定调研要达到的目标。因此,它是一种有计划、有目的、系统而客观进行的市场信息资料收集,而不是盲目地工作。

2)科学性

市场调研的方法必须是科学的,而不是主观臆测。要正确认识市场的发展规律,必须从市场的实际情况出发,坚持实事求是,应用现代信息技术(Information Technology,IT)和统计分析方法(Statistical Analysis Method),采取科学的调研方式,克服调研过程中的主观片面性。

3)实践性

市场调研具有鲜明的实践性。它要求工作人员必须深入实践才能获取具体的、全面的第一手资料。

4) 相关性

市场调研一般以企业的营销活动为中心开展具体工作。因此,它总是与产品的营销业务直接有关。

市场是在不断变化的,竞争是非常激烈的。通过市场调研,可以把握未来的市场变化趋势,及时根据竞争环境中的不可控因素(营销环境)的变化去调整营销管理中的可控因素(营销手段),从而增强应变措施的针对性。

二、营销调研类别与内容

1. 市场调研的类型

一般地,根据研究问题的目的,可以将市场调研分为以下四种类型。

1) 探索性调研(Exploratory Investigation)

一个厂商在自身的经营活动过程中,可能会遇到一些新情况、新问题。面对这些新情况和新问题,厂商就需要通过探索性调研来寻找问题发生的原因,或者为解决新问题寻找新的思路。例如面对销售量的下降,它究竟是因为竞争者抢走了自己的市场,还是市场上出现了新的替代产品,抑或是某些宏观环境因素出现重大变化。这些疑惑都需要企业通过探索性调研去寻找原因。又如,随着市场的变化,厂商应该需要开发哪些新产品以满足市场的需要,或者企业还可以开发哪些新的市场,这些问题均需要通过探索性调研为厂商决策提供科学依据。探索性调研一般是通过搜集第二手资料(Secondary Data)或访谈专家等方式展开。

2) 描述性调研(Description Investigation)

所谓描述性调研,就是通过搜集与市场有关的各种历史资料和现实资料,并通过分析研究实现清楚地描述某些问题,从而为厂商的市场营销决策提供科学依据。如某汽车厂商要制订今后 5 年的营销规划,就需要通过调研弄清企业自身和主要竞争对手的营销现状与历史状况、未来营销环境的主要特点、企业可用的内外部资源条件、未来营销面临的机遇与挑战等情况,从而才能科学规划未来的发展目标和阶段步骤,提出合理的路径和保障措施。描述性调研也是为企业开展市场预测提供基础支持。与探索性调研相比,描述性调研要深入一些,因此需要制订详细的调研计划,并做好市场调研的各项工作(包括调研表的设计、样本的选择、调研人员的选择与培训、强化调研过程管理等),以确保调研获得成功。

3) 因果性调研(Causality Investigation)

厂商在经营活动过程中,会面临许多变量关系。这些变量(Variable),有的属于自变量(Independent Variables),有的属于因变量(Dependent Variables);有的属于厂商自身可控制的变量,有的则属于企业不可控变量。所谓因果性调研,就是要揭示和鉴别某种因变量的变化究竟受哪些因素的影响以及它们的影响程度。如汽车销量的波动究竟受哪些因素影响,各种因素的影响程度有多大,这些影响因素将来会发生什么样的变化等。这就是因果性调研所要回答的问题。由于上述问题的研究对厂商的市场营销关系很大,因此,因果性调研应用很广。

4) 预测性调研(Predictability Investigation)

在整个市场营销调研中,预测性调研具有特别重要的意义。因为市场的未来情况如何,企业是否能够把握未来机遇,规避可能的威胁和挑战,直接决定着厂商的命运和今后的发展。因此,只有对市场的未来有一个比较清楚的预测,厂商才能够做出合理的营销决策。

2. 市场调研的内容

市场调研的内容包括厂商市场营销的各个方面，具体地说，可概括为以下六个方面。

1）顾客需求调研

现代营销观念要求厂商的一切经营活动都必须围绕顾客需要开展，因此对顾客需求的调研便成为市场调研的首要内容。具体内容包括：

①现有顾客需求情况（包括需求什么、需求多少、需求时间等）；

②现有顾客对厂商产品（包括服务）的满意程度；

③现有顾客对厂商产品的信赖程度；

④需求影响因素的变化情况；

⑤顾客的购买动机和购买行为；

⑥潜在顾客的需求情况（包括需求什么、需求时间等）。

2）产品或服务调研

产品（包括服务）是支撑厂商营销的基础。一个厂商要想在竞争中求得生存和发展，就必须始终一贯地提供令顾客满意的产品。调研内容包括：

①产品设计（包括功能设计、用途设计、使用方便性和操作安全性设计、产品的品牌和商标设计、产品的外观和包装设计等）；

②产品形式和产品组合；

③产品生命周期；

④老产品改进；

⑤新产品开发；

⑥跟产品营销伴随的技术服务等。

3）产品价格调研

价格对产品的销售和厂商的获利情况有着直接影响，尤其在市场经济条件下，积极开展产品价格的调研，对于厂商制定正确的价格策略有着积极意义。其调研内容包括：

①市场供求情况及其变化趋势；

②影响价格变化的因素；

③产品需求的价格弹性；

④替代产品的价格；

⑤新产品的定价策略等。

4）促销调研

促销调研就是要弄清目标顾客获取商业信息的途径、各种促销方式的特点及其促销效率、费用情况等。具体内容包括：

①广告调研，包括调研广告信息及其表达形式、广告媒体特性、广告时间、广告效果等，现代社会特别注重互联网等新媒体广告；

②人员推销调研，包括调研销售力量、销售人员素质、销售人员配置的合理性、销售人员的薪酬机制等；

③各种营业推广措施及其效果的调研；

④公共关系利用与厂商形象的调研等。

5）分销渠道调研

销售渠道的选择是否合理，产品的储存和运输安排是否恰当，对于提高销售效率、缩短交货时间、降低销售费用、节约客户时间和精力等，均有着重要的作用。渠道调研的内容包括：

①中间商(包括批发商、零售商、代理商等)的属性选择和利用情况；

②仓库选址合理性；

③运输工具的安排和利用情况；

④交货期和销售费用的状况等。

6)市场营销环境调研

市场营销环境是厂商市场营销最重要的外部影响因素，必须重视对营销环境的调研(具体的调研内容参见第二章的第一节和第二节)。现实生活中，营销者应特别重视对竞争对手的调研，包括竞争者范围以及他们的经营规模，主要竞争品牌的市场占有率及其变化情况，各品牌产品特色及其售价水平，市场畅销的品牌、型号及售价水平，竞争品的质量、性能与设计，主要竞争对手的售后服务水准、商业政策、促销预算与促销方式，用户及中间商对竞争对手的评价和满意程度，竞争对手与其经销商的关系情况等。

以上各项内容，是从市场调研的一般情形而言的。由于厂商在不同时期，在市场营销中遇到的和需要解决的具体问题不同，因此所要调研的内容也就不同，厂商必须根据具体的调研目的指向去确定市场调研的内容和重点。

三、营销调研步骤

为了保证市场调研的准确性、客观性和工作质量，必须遵循一定的调研程序。调研活动的实施，应根据调研目的与目标，调研的内容及其要求，调研的时间、地点、方法、经费预算，调研人员的知识、经验等具体情况而确定恰当的工作程序，一般按照以下步骤进行。

1. 确定调研目标

市场调研的第一步就是确定调研目标。也就是说，在进行市场调研之前，先要确定调研的目的、范围和要求，即把调研的主题确定下来。例如，本次调研想了解什么问题，目的要求是什么，调研想解决什么问题等。如果调研目标不明确，就会无的放矢，浪费时间和财力。调研目标要明确、具体，一次调研希望达到的目标不宜设置过多，要突出重点，紧紧围绕企业营销决策的需要去确定调研的目的和目标。

2. 制订调研计划

调研活动的第二步就是要制订调查行动计划和方案。调研小组应根据调研的总体目标进行目标分解，做好系统设计，制订调研方案，确立调研方法与形式，并制订工作计划与阶段目标。具体而言，调研计划的制订工作包括以下内容。

1)确定调查对象

要明确本次调研的对象范围，包括调查对象是哪些顾客，是什么样的顾客，需要调查多少样本人数。应拟出这些调研对象的具体清单(名单)，明确这些调研对象的接触方式或联系途径。

2)拟定调研提纲

拟定调研提纲主要就是确定实际调研基本问题的过程。简单说，就是根据厂商发展情况和存在的营销问题去确定调研的问题和需要收集的资料等。调研提纲没有固定的内容，可简可繁，但问题要具体。有时候，只要求查明当地消费者对某种产品的特殊要求，有时要了解厂商新产品、新技术、新服务项目在顾客中受欢迎的程度，有时要了解厂商品牌在消费者中的知名度，也有时要了解同行竞争者产品的性能、特点及营销策略等。

调研提纲和调研问题（调查题目）设计的质量，直接关系到调研结果的质量和调研目标的实现。为此，调研者在拟定调研题目和编制调查表格时应符合以下要求：

①尽量减轻被调查者的负担。尽量使用选择题，且提供较为完备的备选答案让被调查者选择；凡是那些与调查目的关系不大或可隐含得到答案的问题均可省去，避免那些需要被调查者反复回忆、计算或艰辛查找资料方能回答的问题。否则，被调查者可能不会配合调研工作，甚至对调研工作置之不理。

②问题要具体，用语要准确。

③调查题目不应具有诱导性，不应让被调查者受调研工作人员态度倾向的影响。

④问题必须是被调查者有能力回答和愿意回答的问题。

⑤问题应简单明了，并注意按问题间的逻辑关系顺序罗列，同一方面的多个问题应连续列出，符合人们的一般思维过程。

⑥问题要与被调查者身份与知识水平相适应。如对专家可使用专业术语，而对一般群众则应使用通俗语言。

⑦交代必要的填写说明及其他事项，如调查活动的背景、调研目的等，以让被调查者理解和支持调查活动。否则，调查活动就难以得到被调查者的积极配合，调查效果也就较差。

3）确定调研方法

实际调研方法是多种多样的，每种方法都有一定的优点、缺点和适用条件。调研者应根据资料的性质、精确度及经费预算情况来确定调研方法。如果采用抽样调查方法，还要搞好抽样设计。

4）确定经费预算

调研经费预算应包括调研劳务费、文印与资料费、交通费、差旅与补助费、杂项支出等。

5）制订调研工作日程表

日程安排要根据调研过程所要做的各项工作和每项工作所需要的时间来确定。为了控制调研进度，可在日程安排的基础上列出调研进度表。

3. 实地调研

实地调研是营销调研的正式实施步骤，指调研人员到指定的调研地点，拜访具体的调研对象，有目的地收集第一手资料（Original Data）或二手资料（Second-hand Data）。实地调研工作质量的好坏，直接影响到调研结果的可信性。为了保证调研工作按计划顺利进行，应事先对现场调研工作人员进行培训，要充分估计到调研过程中可能会出现的问题，要建立问题报告和应对制度。调研课题组应对调研进展情况了如指掌，做好过程控制工作，对调研中出现的问题及时采取解决或补救措施，以免拖延调研进度。在实地调研这个环节，调研者还必须具体确立收集调研信息的途径，因为有些信息可以利用二手资料。当需要进行调研获取第一手资料时，应具体确定调研对象、专家或组织名单。工作中要特别强调按调研规则办事，采取实事求是的态度，切忌主观偏见。注意尊重调研对象，取得被调研者的真诚合作。

4. 整理分析资料

当调研资料收集工作完成以后，调研人员就要对资料进行整理，并进一步加以分析，以掌握市场发展动态，探索解决问题的办法。资料的整理与分析，主要包括以下工作内容。

(1)资料校核。现场实地调研所获取的大量资料,不一定都有效、可靠。所以,当取得大量的第一手资料之后,首先要对每份资料进行审核,消除资料中的错误或含糊不清的地方,以使资料准确和完整。在校核时,如发现资料不清楚、不完整、不一致时,就应采取相应措施予以澄清、补充和纠正。

(2)资料编码。经过审核,调研资料合乎要求后,应分类编码汇总,按不同的标志分门别类进行资料编码。编码的目的在于方便查阅、统计和利用。

(3)数据统计。统计就是累计计算某一问题选择各个答案的人数,计算相应的百分比,即答案的分布情况。

(4)资料分析。资料分析是整个市场调研工作中资料工作的最后阶段。资料分析要求市场调研人员使用经过调研获得的全部情况和数据,去验证有关各种因素的相互关系和变化趋势,以便明确和具体地说明调研结果。资料分析的方法一般有三种:①因果性分析,即分析造成这种结果的原因是什么,有哪些直接或间接的影响因素及其影响程度;②预测性分析,即分析研究市场的发展趋势如何;③描述性分析,即通过调研资料的研究分析,找出存在的问题,寻找问题的结论。

5. 编写调研报告

市场调研的最后一道"工序"就是编写调研报告,这是市场调研的最终成果。调研报告包括以下内容:

①题目、调研人、调研日期;

②内容提要,简要概述主要调研结论、观点和建议;

③序言,说明调查研究的原因、背景、目的、任务、意义;

④调查概况,说明调研地点、对象、范围、过程、采取的调研方法和调研程序;

⑤调研结论与建议,这是调研报告的主要部分,根据调研的第一手资料、数据,运用科学的方法对调研事项的状况、特点、原因、相互关系等进行分析和论证,提出主要理论观点,做出结论,提出建设性意见;

⑥补充说明,指出调研的不足、局限性与今后工作的改进意见;

⑦有关资料、材料的附件。

四、营销调研的方法

市场调查的方法多种多样,调研者应根据实际需要,审慎地选择适宜的调研方法。下面介绍几种常用的调研方法。

1. 文献调查法

文献调查法是收集、查询和研究已经发表的历年统计资料、档案资料、样本资料等第二手资料,加以整理、分析、研究,从中获取有关信息。这些资料可以依靠日常的收集获取,也可以通过购买、交换、查问、索取等方法获得。资料的收集应注意广泛性和连续性。所谓广泛性,是指凡与厂商市场调研主题有关的资料都要尽量收集,这有利于全面分析研究问题。所谓连续性,是指对于有关的资料要不间断地收集,这有利于动态地研究调研的问题。

获取文献资料之后,要进行分类和编码,这是科学调研的基础。分类可按下列方式展开。

(1)政策法律信息:包括与调研有关的公共政策、法律、法令、规定、条例等。

(2)经济形势数据:包括与调研有关的各种经济资料,如政府公布的统计资料、经济年鉴等。

(3)竞争者信息:包括通过行业刊物收集竞争对手的产品、性能、经营等情况等。

(4)公开刊物:包括报纸、杂志、图书刊载的新闻报道、市场信息、调查报告、经济论述等资料。

(5)企业内部资料:包括历年的统计资料,各种记录、报表,财务决算报告,生产销售资料,用户来函等。

2. 问卷法

问卷法又称问卷调查,就是调查人员将要调查的内容和问题编成统一的问卷,从调研对象总体中抽取一定数量的样本进行抽样调查,从而推算出总体特征的一种调查方法。

1)问卷设计

问卷设计,首先要把握调研的具体目的,然后围绕调研目的拟定一些问题。问卷设计是否恰当,直接关系到调研结果的质量,所以问卷设计一定要做到科学合理。问卷一般分以下两类。

①开放式问卷。即问卷上没有拟定参考答案或备选答案,只罗列问题,请被调查者自主发表意见。这样可以收集到调研者事先估计不到的答案和资料。但这类问卷资料因为答案表述的各不相同而使得资料整理起来比较麻烦(可以采取语义归类方法将答案归为几个典型类别)。通常,一份问卷中这类开放性问题不宜过多。

②选择式问卷。对调查的每个问题均提供备选答案供被调查者选择。它又分为四种具体形式:是非法,要求调研对象对问卷中所列问题提供的“是”与“非”两个选项进行选择;选择法,要求被调查者从提供的若干备选答案中进行选择,具体可分为单选或多选;等级排列法,又称序列法,要求调查对象对多种可供选择的答案,按其重要程度的顺序对答案的编号进行排列;计分法,要求调查对象对问卷中的问题进行5段或7段计分(根据答案的“等级”计分)的方式进行回答。

2)抽样设计

问卷调查往往只对调研对象总体中的一部分样本进行抽样(Sampling),而不需要对总体(Population)样本进行普查。因为统计科学表明,统计变量的均值随样本数量的增加将会变得越来越不显著,因此只要样本达到一定数目,便可以认为其均值就可以代表总体样本的均值。但如何抽样,样本是否具有代表性,即抽样设计是否科学合理,直接关系到调查的可靠性/可信性。在实际工作中,按抽样是否严格遵守随机原则可分为随机抽样调查和非随机抽样调查。

(1)随机抽样调查。

随机抽样调查指按随机原则抽取样本。也就是在总体中随机抽取一定数目的个体进行调查,用所得样本数据推断出总体的专门调查。其具体抽样又分为:

①简单随机抽样,也称纯随机抽样。就是从被调查的市场总体中,随机抽取若干个体作为样本而不作任何有目的的选择,以此推测总体的调查方法。通常可以采取抽签法、乱数表法、等距离随机抽样等方式实现抽样。

②分层随机抽样,又称分类或分组随机抽样。就是先将总体按照属性或特征分成若干层次或类型,然后在各层次或类型中按照一定比例随机抽取相应的样本。分层随机抽样中在层与层之间,样本的特性是不同的,而同一层内的个体特性基本相似。实际应用中,如何

分层应根据调查的目的和要求而定,例如可按职业、性别、年龄、教育程度等标准进行分层。

③分群随机抽样,又称群体随机抽样。即将总体分为若干个子群,再从子群中随机抽取样本,抽取的样本单位不是一个个体而是一个子群。分群随机抽样所划的子群,其特性应大致相近,每个子群应包括各种特征不同的个体。换言之,分群随机抽样子群之间的特征基本相似,子群内个体之间的特征可能不同。分群抽样的主要优点是抽样组织工作比较容易,可以节省人力、物力和费用。

(2)非随机抽样调查。

非随机抽样调查不是根据概率原理进行调查,而是按照调查者的主观意愿,有意识地在总体中选择一些样本进行调查的方法。非随机抽样常用的方法有:

①判断抽样。调查者根据对总体的熟悉了解程度,凭自己的经验判断抽取样本。此法要求调查者对总体的特征有充分的了解。选择样本时,如果发生判断偏差,则极易产生抽样误差。一般而言,判断抽样通常只适用于总体的构成单位极不相同,而样本数很小的情况。

②定额抽样,又称配额抽样。是先将总体按一定的属性和特征分层,并规定各层的样本配额,然后由调查人员按照每一层的配额,用判断抽样的原则取样。所以它实质上是分层判断抽样。

③任意抽样,又称偶遇抽样。就是调查人员根据方便,任意抽取样本进行调查的方法。例如通过在街头拦截、柜台访问顾客等形式开展调研,此法调研误差较大,常用于探索性调研或预备性调查。其优点是方便灵活,成本低廉。

④计划抽样,是按照一定的标准或计划,从总体中按标准选取若干样本进行调查的方法。所谓一定的标准,一般是选取中等特征的样本作为抽样样本。例如,在调查价格时,常选取中等价格的商品作为样本。在调查居民耐用消费品的消费能力时,常选取中等收入家庭为样本。

以上各种抽样调查的方法既可单独使用,也可结合使用。此外,在确定抽样方法的同时,还要确定抽样样本的规模(样本的个体数量),这要根据人力、物力、财力和所需时间而定。

3. 面谈法

面谈法就是派调研人员上门访问被调查人员,面对面地提出问题,获取所需信息资料。面谈又分为个别访问和座谈两种形式。其中座谈形式每次与会人数不宜过多,一般5~9人为宜。为使会议收到预期效果,必要时可将调查提纲事先发给与会者(调查对象)。采用面谈法,要求议题明确、集中,尽量让与会人员谈出有价值的信息和建议。

这种方法的优点:

①调研者可以清楚地介绍调查的目的、意义和要求,取得被调查者的支持,可以当面解释被调查者的有关疑问,不致误释调研题目;

②反馈迅速,意见回收率高;

③灵活性强,可以针对被调查者提出的问题进行讨论;

④可以实现深度访谈,对调研的问题可以展开深入讨论,挖掘很多幕后或隐含信息,所以可能会获得其他调查方式获取不到的很有价值的信息。

面谈法的缺点是耗时长,费用大,而且调研者的观点容易影响被调查者。

4. 实验法

所谓实验法,就是通过各种实验手段来收集资料的方法。这种方法应用范围广泛,凡是推出新产品、改进产品、更改包装、造型变化、改变设计等，都可通过实验方法，观察消费者对产品的“感兴趣”程度，从而推断消费者对产品的认可度。其具体方法包括以下几种：

1）实验室观察法

实验室观察法在研究广告效果和选择媒介广告时常常被采用。例如，厂商为了选择一种最能吸引大众的广告，可设计几种广告，请一些人来观看，看哪种广告设计对他们最有吸引力，以便为广告设计提供决策信息。

2）销售区域实验法

销售区域实验法可分为以下两种：

①试销。把少量产品先拿到几个有代表性的市场去试销、展销、看样订货。试销是商品大量上市之前的一个准备阶段，是新产品转向市场导入的过渡环节。这种方法要求厂商先生产一小批商品，有计划地投放到几个预定市场，摸清销路，听取顾客意见，经过改进，然后再扩大生产。

②免费试用。厂商拿出一部分实验产品让消费者试用，然后由消费者再付款买断产品，或者厂商收回实验产品。例如，某厂拟生产一种新型车载电话，就将该型电话请部分用户无偿试用一段时间，到期收回或赠送，请试用者提出对产品的改进意见。这就为厂商进一步改进产品和预测销售提供了有价值的资料。

3）模拟实验法

模拟实验是通过建立一定的模型，在计算机上进行模拟。模拟实验必须建立在对市场情况充分了解的基础上，也就是说，它所建立的假设和模型，必须以市场的客观实际为前提，否则就失去了模拟的意义。模拟实验的好处是，它可以较方便地实现各种方案的对比，这是其他实验观察法难以做到的。

总之，通过实验调查法，收集到的原始资料比较客观、准确，但缺点是调查的时间比较长，成本比较高。

5. 观察法

观察法就是调研人员亲自到现场直接进行观察，来判断顾客在各种情况下的购买心理、购买行为、购买态度和购买感受。观察法可分为以下三种。

1）直接观察法

调研人员亲自参与某种活动，直接观察市场动向和顾客态度。如汽车厂商派调查人员到4S店，直接观察顾客最喜欢哪些车元素等。

2）行为记录法

调研者使用一定的技术手段，如利用机器如录音机、录像机、照相机、眼动仪及其他一些监听监视设备，观察和记录消费者的反应，搜集所需要的资料并其进行分析研究。例如，可以通过眼动仪记录顾客对汽车某个部位的观察顺序和视线驻留时间来判断顾客对汽车外观设计的兴趣程度，通过穿戴设备记录驾驶员模拟驾驶时的皮肤电压与驾驶场景的关系来判断驾驶员在历经各个场景时“紧张”程度，从而为改进交通安全设计提供依据。

3）痕迹观察法

观察被调查对象留下的实际痕迹。例如，经销商都开展汽车修理业务，通过考察各个品牌经销商的维修业务，就可以知道各品牌汽车的产品质量等。痕迹观察法的关键是做好实际情况的记录，根据不同的调研课题，可分别采用卡片记录、代码记录、速记记录、记忆记录和机械记录等方法记录调查结果，取得调查资料。痕迹观察法的优点是收集资料比较迅速客观,但不能讨论,无法了解到原因、动机方面的资料。

需要说明的是,随着大数据和人工智能技术在汽车营销领域的应用越来越普及,通过记录和整理顾客的网上信息浏览大数据(包括对具体产品、品牌、厂商和信息栏目的浏览人数和平均浏览时间)、网络论坛(BBS)评论或其他网络评论等信息,就可以评估顾客对某款汽车新品的认同程度、感兴趣程度等,甚至可以发现和追踪潜在客户有哪些、有多少等重要商业信息。

除以上调研方法外,现实生活中还包括电话调查、函件通信调研、典型调查法等方法,但如果不是面向"熟人"或依托他们推介,这些方法的效果正变得越来越小。

第二节　汽车市场营销预测

为了较好把握市场变化,准确做好营销决策,除了应强化营销调研外,还有赖于高质量地进行营销预测。因而,在加强市场运行规律研究的基础上,做好市场营销预测对于提高汽车营销水平具有重要的现实意义。

一、市场营销预测的概念及理论基础

科学的营销决策,不仅要以营销调研为基础,而且要以市场预测为依据。所谓市场预测(Market Forecasting),就是在市场调研基础上,利用科学的方法和手段,对未来一定时期内的市场需求、需求趋势和营销影响因素的变化等内容做出判断,以为营销决策服务。市场营销预测大致包括市场需求预测、市场供给预测、产品价格预测、竞争形势预测等。

迄今为止,预测理论产生了很多预测方法。归纳起来,预测方法大体可分为两大类:一类是定性预测(Qualitative Forecast),另一类是定量预测(Quantitative Forecast)。人们在实际预测活动中,往往综合运用两种方法,即定量预测必须接受定性分析的指导,定性预测需要定量预测给出发展程度的描述。只有如此,才能更好地把握汽车市场的变化趋势。

无论是定性预测,还是定量预测,事物之所以能够进行预测,是因为事物发展总有其自身规律,这种规律构成预测的理论基础。预测的理论依据主要包括惯性原则(Inertia Principle)、相似原则(Analogy Principle)和相关原则(Relevancy Principle)。

惯性原则认为事物的发展总是具有一定的惯性,特别是在短期内事物发展的趋势不会出现突变情况。人们便依据这一思想,创造或发明了很多预测方法(如时间序列预测方法),根据业已发生的事实或现象,去预测事物的未来发展。应该承认,在短期预测中,应用惯性原则进行预测是有一定科学性和合理性的。

相似原则认为特征相似的系统,其发展过程和发展规律具有相似性,在研究系统的特征变化或发展趋势时可以相互借鉴。现实生活中,"相似的系统"有两种情形:①系统在发展时间上不同,但发展特征相似。人们利用这一原理,总结了一些预测方法,即利用特征相似的不同系统在发展时间上的先后差别,以先发展系统的表现过程去预测后发展系统的演进过程。例如,通过对发达国家汽车市场发展研究,来预测发展中国家汽车市场的发展规律。②局部系统与总体系统相似。基于此,人们总结出由局部类推总体的预测方法,如抽样调查与统计方法。由于研究局部系统通常比研究总体系统更为容易,因此可以通过抽样,调研某些局部或小规模系统,去预测总体和大规模的系统。例如,通过对一省一市汽车更新需求的调研,来预测全国汽车更新需求的情况。应用相似原则进行

预测时,要注意系统之间的相似性,系统的特征越相似,预测就越能够成功。否则,如果相似性不够,预测效果就会打折扣。

相关原则认为有些事物之间客观上存在着因果关系或关联关系,通过研究这种相关关系及其变化规律,就可以通过研究相对较容易(包括获得数据容易)的问题(自变量),去预测另一问题(因变量)。人们基于这一原理,提出了很多预测模型,尤其是定量预测模型,如回归统计模型、计量经济模型等。所谓的因果关系,是指事物之间(自变量与因变量之间)存在因果联系,一个事物的变化必然引起另一个事物按照一定的规律变化;所谓的关联关系,是指事物之间虽然存在一定的不确定性联系,但也具有一定的统计学规律(非因果关系)。例如,高收入消费者购买高档车的人数比例相对其他消费者群体要高,但消费者收入高与消费者购买高档轿车之间并不成因果关系,因为消费者收入高不是必然会去购买高档汽车,只是概率大一些而已。因此二者之间属于关联关系,存在较强的相关性。由此可见,从某种意义上讲,相关原则本质上就是概率原则(Probability Principle)。

二、定性预测方法

定性预测主要依靠营销调研,采用少量数据和直观材料,预测人员再利用自己的知识和经验,从而对预测变量的未来状况做出判断。这类方法有时也用来推算预测变量在未来的数量表现,但主要用来对预测变量未来的性质、发展趋势和发展拐点进行预测和判断,适合于缺乏数据的预测场合,如技术发展预测、中长期预测、处于萌芽阶段或导入期的产业发展预测等。定性预测的方法易学易用,便于普及推广,但它有赖于预测研究人员本身的经验、知识和专业能力。运用定性预测方法,不同经验、知识和技能素质的预测研究人员,所得出的预测结论往往差别很大,预测结果的价值也大不相同。

最常见的定性预测方法是德尔菲法(Delphi Technique)。该种方法是在 20 世纪 40 年代由美国兰德公司首创并使用的。至今,这种方法已经成为国内外应用较广的预测方法,它可以用于技术预测和经济预测,短期预测和长期预测,尤其是适合于在缺乏统计数据的领域,需要对很多相关因素的影响做出综合判断的领域,以及事物的发展在很大程度上受政策影响的领域等进行预测。

该种方法的预测过程是:首先,由预测研究者将需要预测的问题逐一拟出,分寄给各个领域专家(预测专家),请他们对预测问题一一填写自己的答案或判断看法,然后将答案回寄给预测研究者;其次,预测研究者对回收的答案进行分类汇总,将一些专家意见相差较大的问题再抽出来,并附上几种典型的专家意见请专家进行第二轮预测。如此循环往复,经过几轮预测后,专家的意见便趋向一致或者集中于少数结论上,预测研究者便以此作为预测研究的结果。由于这种方法使参与预测的专家能够背靠背地充分发表自己的意见,预测过程不受权威人士态度的影响,这就保证了预测过程的民主性和科学性。

定性预测方法还有社会(用户)调研法(即面向社会公众或用户展开调研)、综合业务人员意见法(综合销售或其他业务人员意见)、小组讨论法(头脑风暴或会议座谈形式)、单独预测集中法(由预测专家独立提出预测看法,再由预测人员予以整理综合)、领先指标法(研究与预测变量关系密切的某个引领变量的变化去开展预测)、主观概率法(预测人员对预测变量未来变化的各种情况做出主观概率估计)等。

总之,随着社会经济及科学技术的发展,预测方法也在不断地发展和完善,汽车营销预测人员应不断加强理论学习,并通过预测实践总结出一些简便、有效、实用的方法。

三、定量预测方法

定量预测方法是指依据必要的统计资料，借用数学方法，通过建立数学或统计模型，对预测变量的未来数量发展进行预测的方法。常用的定量预测方法有时间序列法和回归统计法等。

1. 时间序列预测法

时间序列(Series Based on Time)预测模型有多种，这里主要讨论指数平滑法。指数平滑法(Exponential Smoothing)的理论依据是惯性原理，认为最新的观察值(预测变量的统计值)包含了更多的未来信息，因而应赋予较大的权重，越远离现在的历史观察值则应赋予越小的权重。通过加权方式，平滑处理"滤掉"观察值中的随机信息，从而进行有效预测。

1)指数平滑法的预测模型

指数平滑法需要借助平滑值作为预测计算的中间参数。其中，一次平滑值的计算模型为：

$$S_t^{(1)} = \alpha y_t + (1-\alpha) S_{t-1}^{(1)} \tag{5-1}$$

式中：$S_t^{(1)}$——第 t 期的一次平滑值；

y_t——第 t 期预测变量的观察值；

α——加权系数。

平滑值可分为一次平滑值、二次平滑值和高次平滑值，平滑的次数称为平滑指数。其中，一次平滑值是对预测变量原始观察值的平滑值，其计算方法如公式(5-1)所示；二次平滑值是对一次平滑值再次进行平滑计算所得到的计算数据，其计算方法如公式(5-6)所示，其他高次平滑的概念及其计算方法依此类推。

指数平滑预测模型依据预测变量原始观察值呈现的发展趋势不同(通常以时间作为横坐标，预测变量原始观察值作为纵坐标)，可划分为如下三种模型。

(1)水平趋势预测模型(原始观察值大体呈水平趋势)。

$$\widehat{Y}_{T+L} = S_T^{(1)} \qquad L=1,2,\cdots \tag{5-2}$$

式中：T——最后一期观察值的时间(时点)；

L——相对时点 T 的预测期时间长度；

$\widehat{Y}_{T+L}$——未来(相对时点 T)第 L 期的预测值(下文同)。

(2)线性趋势预测模型(原始观察值大体呈线性增长趋势)。

$$\widehat{Y}_{T+L} = a_T + b_T L \qquad L=1,2,.... \tag{5-3}$$

其中：

$$a_T = 2S_T^{(1)} - S_T^{(2)} \tag{5-4}$$

$$b_T = \frac{\alpha}{1-\alpha}[S_T^{(1)} - S_T^{(2)}] \tag{5-5}$$

$$S_T^{(2)} = \alpha S_T^{(1)} + (1-\alpha) S_{T-1}^{(2)} \tag{5-6}$$

(3)二次曲线预测模型(原始观察值大体呈加速增长趋势)。

$$\widehat{Y}_{T+L} = a_T + b_T L + c_T L^2 \qquad L=1,2,\cdots \tag{5-7}$$

其中：

$$a_T = 3S_T^{(1)} - 3S_T^{(2)} + S_T^{(3)} \tag{5-8}$$

$$b_T = \frac{\alpha}{2(1-\alpha)^2}[(6-5\alpha)S_T^{(1)} - 2(5-4\alpha)S_T^{(2)} + (4-3\alpha)S_T^{(3)}] \tag{5-9}$$

$$c_T=\frac{\alpha^2}{2(1-\alpha)^2}[S_T^{(1)}-2S_T^{(2)}+S_T^{(3)}] \tag{5-10}$$

$$S_T^{(3)}=\alpha S_T^{(2)}+(1-\alpha)S_{T-1}^{(3)} \tag{5-11}$$

2)指数平滑法的参数选取

运用指数平滑模型,首先就要确定加权系数 α 和各次平滑值 $S_0^{(1)}$、$S_0^{(2)}$ 和 $S_0^{(3)}$ 的初始值。

(1)α 的选择。

加权系数 α 的大小,表明了预测研究者对近期观察值信息的倚重程度。α 越大,表示近期观察值对预测值的影响越大。经验表明,α 一般应由预测研究者在公式(5-12)计算的 α 值附近选择。

$$\alpha=2/(n+1) \tag{5-12}$$

式中:n——预测变量观察值的数目。

在确定 α 的数值时,为了尽快找到合适的 α 值,可参考下列原则:①若观察值的发展趋势比较稳定,α 值可以小一些,以便包含较长的时间序列信息;②若观察值的发展趋势已发生了系统的改变(如有拐点),或有理由认为近期数据更好地反映了发展趋势,则选择大一些的 α 值。

(2)初始值的确定。

指数平滑法模型是一个迭代计算过程,除了需要确定 α 外,还必须确定初始平滑值 $S_0^{(1)}$、$S_0^{(2)}$ 和 $S_0^{(3)}$。通常情况下,只要观察值较多(例如 8 个以上),就可以直接将首期观察值作为初始的各次平滑值,即:$S_0^{(3)}=S_0^{(2)}=S_0^{(1)}=y_1$。

在 α 和初始平滑值确定之后,预测模型中的系数(如 a_T、b_T、c_T)就可以根据以上相关公式进行确定,进而就可以进行预测计算。指数平滑法的特点,一是需存储的数据少,二是能够用于中短期预测。

2. 回归统计预测模型

回归统计预测模型是基于相关原理的统计学模型,是最常用的定量预测模型之一。很多情况下,选用(准)一元线性回归(Linear Regression)预测模型便可以进行预测研究。

1)回归预测模型的建立与检验

一元线性回归预测模型的标准形式为:

$$\widehat{Y}_t=A+BX_t \tag{5-13}$$

式中:$\widehat{Y}_t$——预测值;

X_t——预测时点的自变量取值。

对标准形式(5-13),系数 A、B 由下列方程组确定:

$$B=\frac{\frac{1}{n}\sum_{i=1}^{n}(X_iY_i)-\overline{XY}}{\frac{1}{n}\sum_{i=1}^{n}X_i^2-(\overline{X})^2}=\frac{n\sum_{i=1}^{n}X_iY_i-\sum_{i=1}^{n}X_i\sum_{i=1}^{n}Y_i}{n\sum_{i=1}^{n}X_i^2-(\sum_{i=1}^{n}X_i)^2} \tag{5-14}$$

$$A=\overline{Y}-\overline{BX}=\frac{1}{n}\sum_{i=1}^{n}Y_i-\frac{B}{n}\sum_{i=1}^{n}X_i \tag{5-15}$$

$$\overline{X}=\frac{1}{n}\sum_{i=1}^{n}X_i \tag{5-16}$$

$$\overline{Y}=\frac{1}{n}\sum_{i=1}^{n}Y_i \tag{5-17}$$

其中，X_i、Y_i分别为自变量和因变量的原始观察值，n 为观察值的组数。

模型的检验通常包括：相关系数检验，模型的 T 检验与 F 检验，回归系数检验。对一元线性回归模型而言，这些检验是等价的。通常选择相关系数检验，相关系数（Correlation Coefficient）的形式是：

$$|R| = \frac{\left|\frac{1}{n}\sum_{i=1}^{n}X_iY_i - \overline{X}\,\overline{Y}\right|}{\sqrt{\left(\frac{1}{n}\sum_{i=1}^{n}X_i^2 - \overline{X}^2\right)\left(\frac{1}{n}\sum_{i=1}^{n}Y_i^2 - \overline{Y}^2\right)}} \tag{5-18}$$

R 值越大，表明回归方程的线性程度越显著。

2）预测结果的点估计与区间估计

运用公式（5-13）得到的预测值，称为预测变量的点估计。通常情况下，只有点估计是不够的，还要确定一定置信度 α 下的区间估计。估计区间由下式确定：

$$\widehat{Y}_t \pm t_{\alpha/2}(n-2)S_0 \qquad n<30 \tag{5-19}$$

$$\widehat{Y}_t \pm Z_{\alpha/2}S_0 \qquad n\geqslant 30 \tag{5-20}$$

式中：　　$\widehat{Y}_t$——点估计值；

$t_{\alpha/2}(n-2)$、$Z_{\alpha/2}$——分别是 T 分布和正态分布查表值；

α——置信度，即可信水平是 $100(1-\alpha)\%$。

公式（5-19）和（5-20）中的 S_0 由下式确定：

$$S_0 = \sqrt{\frac{1}{n-2}\sum_{i=1}^{n}(Y_i - \widehat{Y}_i)^2} \cdot \sqrt{1 + \frac{1}{n} + \frac{(x_t - \overline{x})^2}{\sum_{i=1}^{n}(x_i - \overline{x})^2}} \tag{5-21}$$

在同一置信度 α 下，预测时点自变量取值 X_t 偏离自变量观察值平均值 $\overline{X}$ 越远，则估计区间的范围就越大。

对于可划为一元线性回归（准一元线性回归）的各种模型，在对原始观察值进行处理后，也可采用一元线性回归方法进行预测。例如：

如果原始观察值符合 $y=ab^x$（指数曲线）的变化趋势，那么在经过以下标准化处理后，就可以应用一元线性回归预测模型：对 $y=ab^x$ 两边取对数，得到 $\ln y=\ln a+x\ln b$，再令 $Y=\ln y$，$A=\ln a$，$X=x$，$B=\ln b$，这样就将非线性的指数模型转化为公式（5-13）的线性模型了。通过回归计算，求出 A、B 的数值后，再通过 $a=e^A$，$b=e^B$ 换算，从而得到 $y=ab^x$ 的模型参数 a 和 b。

以此类推，可以将其他形式的一元非线性模型，例如幂函数模型、倒函数模型等，进行标准化处理，从而转化为一元线性模型。

3. 增长率统计法

现实工作中，预测人员还常常使用增长率统计法进行预测。如已知预测变量在观察期（假设包括 n 个时段）首期期初的观察值 X_0 和末期的观察值 X_n，那么就可以求得预测变量在整个观察期（共 n 期）的平均增长率 i：

$$i = \left(\sqrt[n]{\frac{X_n}{X_0}} - 1\right) \times 100\% \tag{5-22}$$

根据统计期的平均增长率，再推断确定未来时段的增长率 i'，就可以计算预测值，即：

$$\widehat{Y}_t = X_n(1+i')^t \tag{5-23}$$

其中 t 为预测时点与观察值末期的时距。

以上讨论的都是常用的定量预测方法,模型与计算过程相对并不复杂。现实生活中,还有许多人探讨过其他复杂的定量预测方法。实践表明,通过复杂数学模型得到的预测值,不一定比简单方法更准确(预测值与未来实际发生数值的误差小)。营销人员可以根据自己的预测知识和经验灵活选用适当的定量预测方法。

四、组合预测与组合处理

当采用定量预测方法时,对同一研究变量的预测,既可以采用多种预测模型,也可以用同种模型采用不同的自变量对预测变量(因变量)进行预测。像这样对同一预测变量采用多种途径进行预测的方法,叫作组合预测方法(Combination Forecasting)。它是现代预测科学理论的重要组成部分,其思想就是认为任何一次预测都不可避免地具有局限性、片面性或偶然性,为了克服这种单次预测的缺陷,必须采用多种途径、多种方法对预测变量进行预测研究,才能更全面地掌握预测变量的发展变化。实践证明,组合预测比只进行单次预测,对于改善预测结果的可信度(预测值发生的概率较大),具有显著效果。因此,现代预测实践大多都采用组合预测方法。

采用组合预测方法,随之而来的问题是如何根据各次预测结果(称之为中间结论)获得最终的预测结论。组合预测在理论上针对这一问题提出了一些解决方案,这个过程就是组合处理。所谓的组合处理就是通过一定的方法,对多个中间预测结果进行综合,使最终预测结论收敛于一个可信度相对较高的区间内,即得到一个较为合理的预测值取值范围,并将其作为最终预测结论。

组合处理的具体方法有以下几种。

1. 权重合成法

该方法对各个中间预测结果分别赋予一定的权重,最终预测结果为各中间预测结果与相应权重系数乘积的总和,可用下式表述:

$$\widehat{y_t} = \sum_{i=1}^{n} \alpha_i \widehat{y_{ti}} \tag{5-24}$$

式中:$\widehat{y_t}$——综合预测值,即最终预测结果;

α_i——第 i 个中间预测值被赋予的权重系数,$\sum_{i=1}^{n} \alpha_i = 1$;

$\widehat{y_{ti}}$——第 i 个中间预测值;

n——中间预测值的数目。

其中权重系数 α_i 的确定,可以由预测人员根据经验分配,也可通过某种方式计算分配。

2. 区域合成法

区域合成法取各个预测模型预测值的置信区间之交集为最终结果,可用下式表示:

$$\widehat{y_t} = \bigcap_{i=1}^{n} (\widehat{y_{ti}} \pm \Delta \widehat{y_{ti}}) \tag{5-25}$$

式中:$\Delta \widehat{y_{ti}}$——第 i 个模型的预测值在置信水平为 α 时的置信区间。

总之,组合处理可以在一定程度上消除随机因素对预测结论的影响。实践表明,它对改善预测结论具有良好效果,使得最终预测结论成为大概率事件。

五、预测相关问题讨论

预测人员在进行实际预测活动时，往往需要注意处理好以下问题。

1. 政策变量对预测结论的影响

市场往往受国家经济政策和非经济政策的影响，在进行汽车市场预测特别是定量预测时，政策变量常常是难以处理的因素，给预测研究带来挑战。

尽管政策变量不是很好把握，但它并不是不可感知的。政策的制定总有其目的性，它往往是为了调整某些经济或社会问题而制定的，最终目的总是要促进经济和社会的稳定发展。从这个意义上讲，政策是可以预知的，只要预测人员加强监测和研究宏观和微观经济运行形势及其他重大社会问题，便可以最大限度地预知政策取向，再在综合判断基础上，考虑政策因素对预测结论的影响程度和对预测结果给予修正。

2. 预测模型的拟合度与预测精度

模型拟合度是指预测模型对历史观察值的拟合程度。一般地讲，对既定的历史数据总可以找到拟合程度很高的模型。但预测人员不应过分相信拟合度越好，预测结果就越准确（精度越高）的论调。预测精度指预测的准确程度（即预测值与未来实际发生值之间的差异程度），模型拟合度好不一定预测精度就高，当然模型的拟合度太差可能也是不妥当的。

事实上，在开展预测研究时是难以评判预测精度的，因为预测精度只能等到未来到达预测时点后，才能通过比较预测值与实际发生值的吻合程度去检验。显然，这样的精度检验没有任何实际应用意义，对当初预测结论的应用不能提供支持。现实生活中，人们对短期预测精度的要求高于长期预测，或者采用复杂的以及多因素的预测模型来寄望于提高预测精度。预测实践表明，这些愿望固然可以理解，但是效果是不理想的，例如复杂模型不一定比简单模型的预测精度更好。因此，纠结于预测精度没有任何意义，这时可以将对预测精度的追求转化为提高预测的可信度（预测结论发生的概率判断），有幸的是回归统计等方法对预测结果可以给出置信水平和置信区间。

3. 预测与想象

很多预测人员在预测研究过程中，一开始就对预测变量的未来发展状态做了想象和主观判断，并以此想象来不断地修正预测结果。其实这是一种本末倒置的做法，预测实践上应该努力戒除。还有的预测人员，对不符合其“想象”的异常原始观察值进行人为取舍或无根据地修订。这种对原始数据的处理方法实际上是在回避矛盾，数据异常总有其原因，预测人员应首先应对其进行认真研究，然后再确定数据的应用处理策略。

4. 定性预测与定量预测的关系

定性预测与定量预测，并不是相互排斥的，而是相辅相成的。一般地说，定性预测有利于把握事物发展的“质”，定量预测有利于把握事物发展的“度”。对于变化规律不稳定的经济指标的预测，在模型的识别、建立、运行、修正、结果的判断与调整过程中，定性分析和预测人员的经验都起着十分重要的作用。

预测实践表明，应综合运用两类预测方法，定量预测必须接受定性分析的指导，这是因为：①现实是复杂的，任何模型都无法完全描述现实情况。②预测涉及许多不确定的影响因素，预测人员的经验甚至直观感觉，对了解和掌握这些因素的性质往往是十分重要的。否则，单纯地采用由历史数据建立的模型进行定量预测，可能会导致数学模型的滥用。③定量预测模型本身也经常需要经验和定性知识指导（如虚拟变量的引用、权重分配及观察点数目的选择等）。

本 章 小 结

市场营销调研，就是运用科学的方法，有计划、有目的地收集、整理和研究市场营销信息，并提出调研报告的过程。市场调研是企业获取营销信息、开展产品规划、改进投资决策和科学营销的基础，具有明确的目的性、科学性、实践性等特点。市场调研包括探索性调研、描述性调研、因果性调研和预测性调研等类型，内容上包括对顾客需求、市场营销环境和营销组合的调研。通常，市场调研流程包括确定调研目标、制订调研计划、实地实施调研、整理分析资料和编写调研报告等步骤，并主要采取文献调查法、问卷调查法、实验法、观察法和面谈法等调研方法。

市场预测就是根据营销决策的需要，利用科学的方法，对未来一定时期内决策变量未来变化的趋势或程度做出判断。预测的理论依据是事物发展惯性原则、相似原则和概率原则，预测方法可以分为定性预测和定量预测两类。定性预测是指采用少量数据和直观材料，利用预测人员的知识和经验进行预测，常用的方法是德尔菲法，它经过多轮调查，收敛得到预测结论。定量预测的主要方法有指数平滑法、（准）一元线性回归和增长率统计法等。现代预测理论提出组合预测思想，它要求采用多种预测途径、模型和方法，从不同路径对研究变量进行预测，然后根据大概率原则汇聚得到预测结论。预测实践中，应注意处理好政策变量影响、模型与预测精度、预测实际与想象、定性与定量预测等问题。

复习思考题

1. 请描述市场营销调研的概念及其类型。
2. 市场营销调研通常遵循怎样的工作步骤？
3. 营销调研主要有哪些方法？
4. 什么是市场预测？市场预测的科学依据有哪些？
5. 请简述德尔菲调研预测方法的应用过程及其注意事项。
6. 指数平滑法、（准）一元线性回归定量预测方法如何正确应用？
7. 什么是组合预测思想？

第六章　目标市场营销与竞争策略

现代市场营销理论认为，企业的营销资源总是有限的，企业通常没有必要也无能力在所有的市场上展开营销和形成竞争优势，而应该在市场细分和自身能力评估的基础上，选择恰当的细分市场，针对该市场中消费者的特点设计营销战略与策略，以形成竞争优势并达成营销目标。

第一节　汽车目标市场营销

企业不应该将有限而宝贵的营销资源分散到过于宽泛的市场范围，而应该关注那些最有可能被自己的产品或服务满足的消费者，基于他们的消费偏好，有针对性地设计营销战略与策略，这一过程称为目标市场营销。它的基本活动过程包括三个行动步骤，即市场细分、目标市场选择和市场进入。

一、汽车市场细分

随着汽车产业的快速发展，汽车产品不断丰富，市场竞争不断加剧，同时人们的消费偏好也随着收入的增加而越来越多样化，因此，汽车市场细分化成为必然趋势，做好市场细分是企业推行目标市场营销战略的基本前提。

1. 市场细分的概念

所谓市场细分（Market Segmentation），就是企业根据市场需求的多样性或购买者行为的差异性，把整个市场（即全部用户）划分为若干具有某种相似特征的用户群（细分市场），以便实施目标市场营销的战略和策略。市场细分所形成的具有相同需求的用户群称为细分市场，或子市场（分市场、次级市场等）。

市场细分概念的形成和出现，大体经历了三个历史阶段：

（1）大量营销阶段（Mass Marketing）。企业面向整个市场销售单一产品，不考虑用户的需求差异，根本就没有市场细分意识。生产中心观念及其指导下的营销活动就属于这个阶段。

（2）产品多样化营销阶段（Product Differentiated Marketing）。企业提供多种规格、质量或特色的产品供用户选购。多样化营销是根据企业自身的能力，力所能及地生产一些多样化的产品，以让消费者有一定的消费选择空间。多样化营销相对大量营销前进了一步，企业开始认识到消费者的需求存在差异，但它依然是从自我生产能力出发的营销过程，它不以顾客需求为导向，缺乏明确的市场细分意识。

（3）目标市场营销阶段（Target Marketing）。从 20 世纪 50 年代开始，买方市场的严峻形势，使许多企业认识和接受了现代营销观念。这些企业在市场观念指导下，开始辨别各个不同的市场部分和购买群体，选择其中一个或几个市场作为目标市场，集中力量为目标市场提供优质服务,逐渐开始了目标市场营销。

基于市场细分的目标市场营销理论的产生,被西方营销学者称为是“市场营销的一次革命”。它使传统营销观念和方法发生了根本变革,在市场营销理论和实践上均产生了巨大影响。市场细分及其目标市场营销不仅适合于实力较弱的中小型企业,也适合实力不俗的大型企业,因为即使是大型企业,他们也无力做到市场“通吃”。

2. 市场有效细分的标准和原则

通常,面对消费者市场,可依据以下变量进行市场细分:①地理位置,主要是地理区域;②人口特点,主要指消费者的年龄、家庭类型、性别、收入水平、受教育程度等;③购买者心理,主要指消费者的生活态度、个性、购买动机以及消费习惯等;④用户规模;⑤用户的购买特点,主要指购买者的购买能力、购买目的、购买方式、购买批量、付款方式等。

面对集团组织市场,也可以采用地理因素、利益诉求、用户类型(组织类型)、使用频率等变量来进行市场细分。科特勒等学者还提出可以采用集团组织市场所独有的一些特征参数作为市场细分的变量,即以下变量。

(1)统计变量:①行业变量,企业应该服务的行业;②客户规模变量,企业应该服务的客户规模;③地点变量,企业应该服务的市场地理区域。

(2)经营变量:①技术变量,企业应该把重点放在被客户重视的技术上;②使用变量,指企业应该从重度使用者、中度使用者、轻度使用者还是未使用者中选择客户;③客户能力变量,指企业应该选择需要大量服务的客户,还是需要少量服务的客户。

(3)购买方式变量:①采购职能变量,企业应该服务于高度集中采购组织的客户,还是分散采购的客户;②权力结构变量,企业应该服务于工程导向、财务导向还是其他导向的客户;③现有业务联系变量,企业应该服务于与自己有牢固关系的客户,还是简单地追求最理想化的客户;④采购政策变量,企业应该服务于喜欢租赁的客户,还是采用投标、签订合同、进行系统采购的客户;⑤采购标准变量,企业应该服务于追求质量、服务还是价格的客户。

(4)环境因素变量:①紧急性变量,企业应该抉择是否服务于需要快速、随时交货或提供服务客户;②应用范围变量,企业应该抉择是关注某一种应用的客户,还是关注所有应用的客户;③订单规模变量,企业应该着重关注于大订单客户还是小订单客户。

(5)人员特征变量:①相似性变量,企业是否应该服务于那些人员和价值观与本企业相似的客户;②风险态度变量,企业应该服务于偏好风险的客户,还是规避风险的客户;③忠诚度变量,企业是否应该服务于对其供应商表现出高忠诚度的客户等。

需要注意的是,在大多数情况下,市场细分通常不是依据单一标准细分,而是把一系列划分标准结合起来进行细分。

为了使细分市场有效和富有意义,营销人员在进行市场细分时,必须要把握好一定的原则。这些原则包括:①差异性。指依照选择的划分依据,各细分市场之间应该存在明确的差异。市场之所以能够细分,必须存在某种差异性。②可衡量性。指细分市场现有或潜在的需求及购买力具有一定规模,且是可以测量的。市场之所以能够细分,也必须存在需求的相似性,没有这种需求共性,每个消费者都不一样,那么市场细分就无从做起。③可进入性。指企业拟作为自己目标市场的那个(那些)细分市场,企业必须有能力进入,且能够为之服务,并能占有一定的份额。④收益性。指企业在选定的细分市场(即目标市场)上要能够获取必要的盈利。⑤稳定性。指细分市场的特性不能变化过快,至少能够让企业有足够的时间开展生产准备和营销活动。

3. 汽车市场常见的细分方法

通常情况下,根据汽车产品和汽车市场的一般特点,可按以下变数(变量)对汽车市场进行细分:

(1)按购买者的性质不同,汽车市场可分为机关团体公务消费市场、企事业单位集团消费市场、运输生产经营用户市场、私人消费市场等。

(2)按汽车保有量变化与否,汽车市场可分为新增需求市场和更新需求市场。其中,汽车保有量是指全社会拥有的可以正常上路行驶的各类汽车的总量(辆)。

(3)按是否属于首次向最终用户销售,汽车市场可分为新车市场、二手车市场等。

(4)按地理位置不同,汽车市场可分为城市汽车市场和农村汽车市场,也可以按照地理区域划分为不同的区域市场。

总之,汽车市场的细分,应选择恰当的变量,能够将汽车市场有效地细分开来,并有利于汽车厂商进行市场评估和开展目标市场营销。

二、目标市场选择

由于受到企业资源和能力的约束,并非所有的市场机会都是企业的营销机会,汽车厂商必须从各细分市场中选择最富有吸引力的市场作为自己的目标市场(Target Market),即企业决定要进入,拟开展营销活动的细分市场。

1. 目标市场评估

企业在选择目标市场时,必须对各细分市场和企业营销能力进行综合评估后,才能决定将哪些细分市场作为自己的目标市场。在这一过程中,企业需要仔细考虑细分市场的总体吸引力、公司目标和企业所具有的资源。市场的总体吸引力通常取决于其规模、成长性、利润率、经济规模和投资风险等因素,而迈克尔·波特在其竞争理论中提出,决定一个市场或者细分市场内长期吸引力的五种力量为:行业竞争对手、潜在加入者的威胁、替代品的威胁、与购买者的议价能力、与供应商的议价能力。而企业的能力则涉及其经营活动所需的关键资源和独特技术与运营管理能力。

2. 目标市场选择

企业只评估细分市场是不够的,还必须评估自己的资源条件和经营能力,才能正确选择自己拟展开经营的细分市场,即目标市场。企业只有选择那些自己有条件进入,且能充分发挥营销优势的细分市场作为目标市场,才有可能经营成功。

企业能力通常包括:①市场营销能力,即企业在品牌知名度、商业声誉、市场占有率、分销网点、销售成本、促销效率、营销政策灵活性、市场地理优势等方面的能力;②产品开发能力,即企业在科技人员储备、研发创新、产品规划、项目管理、试验条件等方面的能力;③生产能力,即企业在制造工艺、制造装备、质量控制、生产成本、生产柔性、提交货物、供应链与物流、生产现场管理等方面的能力;④财务能力,即企业在资金筹措、盈利水平、资金运用等方面的能力;⑤组织能力,即企业在组织结构、执行与响应力度、领导者和员工素质、企业文化等方面的能力。

企业可以将自身已经具备和能够整合的资源与能力,与经营某个(些)细分市场需要的资源与能力进行比对,看看是否存在差距。如果不存在差距,或者这种差距能够被企业弥补和克服,那么这样的细分市场就可以作为目标市场。

现实生活中,目标市场抉择是一个艰难而复杂的过程,企业必须对以上理论和方法活学活用。例如,宝马(BMW)汽车公司结合自己的产品和技术特点,长期将目标市场定位于"家庭收入较高、充满生气活力、注重驾驶感受的中青年人"市场,这个细分市场的消费者更喜欢展现不同于父辈的个性和价值观,喜欢"人驾驭车"而不是"车驾驭人"的感觉,喜欢通过驾驶"宝马"而体验安全、自信和寻找控制感。为此,宝马汽车公司在产品开发上一直围绕"以驾驶人为中心"展开设计,在营销策略上对准三种消费者,即相信"驾驶技术好的人应该驾驶好车"的消费者、希望将安全"掌控在自己手上"或由驾驶技术来控制安全的消费者、希望以高超驾驶技术体现个人风格和成就的消费者。多年的营销实践表明,宝马汽车公司对自己目标市场的选择非常成功,甚至在我国"开宝马、坐奔驰"也被广泛流传,宝马车主都是喜欢"开车"的驾车人。

三、企业的市场定位与产品定位

1. 市场定位

市场定位(Marketing Positioning),是指企业向其目标市场的消费者准确传导营销信息(如产品质量、价格、档次、价值取向、与竞争者的差异等),让目标用户对自己的产品和形象在目标市场中形成独特印象的过程。

1)市场定位策略

企业要做到准确定位,就要决策和实施恰当的市场定位策略。也就是说,企业要认真研究自己的"卖点",并在营销中特别强调和突出它,使其被目标顾客广为接受、认同和深深记住。概括而言,企业的市场定位策略有以下几种类型:

(1)产品差别化策略。是从企业产品的某种特色和优势寻求突破的策略。企业常常通过独特的产品特征实现产品的差别化,如日系车的经济实用性、美系车的空间宽敞性、宝马汽车的驾驶操控性、奔驰汽车的乘坐舒适性、沃尔沃汽车的卓越安全性等,都是非常富有特色的。

(2)服务差别化策略。是向目标市场提供与竞争者不同的优质服务的策略。一般地,企业的竞争能力越强,越能体现在用户服务水平上,越容易实现服务差别化。如果企业将服务要素融入产品的支撑体系,就可以为竞争者设置"进入障碍",通过服务差别化提高顾客总价值。当前,智能化、车联网就是汽车企业实行服务差别化策略非常有效的切入口,因为各厂商在传统汽车零部件上的实力越来越接近,如果有企业能够尽快开发出服务强大的智能化和车联网产品,提升和改进用户服务体验,那么就会争取到越来越多的汽车用户,特别是年轻顾客。

(3)人员差别化策略。是通过聘用和培训出比竞争对手更优秀的营销服务人员,以获取人员差别优势的策略。实践证明,市场竞争归根到底是人才的竞争,一支优秀的人员队伍,不仅会做好产品质量,还会保证服务质量。人员的素质通常包括人员的知识、技能、修养、诚实、责任心强和沟通能力等。

(4)形象差别化策略。是指当产品在使用功效上与竞争者无明显差异(同质)的情况下,通过赋予产品不同的形象价值(心理价值)以获取营销差别的策略。

总之,企业应结合自己的综合实力、产品特色及其他优势条件,综合分析和研究以什么内容为依托开展市场定位,确立自己的定位策略。

2)市场定位的方法与过程

通常,可按下述程序进行目标市场定位。

(1)调查研究影响定位的因素。调查内容主要包括:①竞争者的定位状况。即企业要对竞争者的定位状况进行确认,并要正确衡量竞争者的潜力,判断其有无潜在的竞争优势。②目标用户对产品的评价标准,搞清楚用户最关心的问题,并以此作为定位决策的依据。

(2)选择竞争优势和定位策略。企业通过与竞争者在产品、促销、成本、服务等方面的对比分析,了解自己的长处和短处,从而认定自己的竞争优势,进行恰当的市场定位设计。

(3)准确地传播企业的定位观念。企业在做出市场定位决策后,还必须大力宣传,把企业的定位观念准确地传播给目标用户,避免因宣传不当造成公众的误解,或者使得公众没有明确的认识。

2. 产品定位

产品定位(Product Positioning)是指企业通过一些重要的属性或要素,帮助消费者建立产品形象(相对于竞争产品)的过程,或者说是将市场定位产品化的过程。

1)产品定位的内容

在产品定位过程中通常应该包括的决策内容有:①产品功能属性定位,即产品可以满足消费者怎样的需求;②产品线定位,即产品应该有怎样的产品系列和品种;③产品外观(含包装)定位,即产品应有怎样的外观形象或风格;④产品卖点定位,即向消费者提出怎样的购买主张最易被消费者认可;⑤基本营销策略定位,即企业应该做怎样的市场竞争者角色,确定怎样的价格策略、沟通策略与渠道策略等;⑥品牌属性定位,即确定怎样的品牌策略和设定品牌的价值。

2)产品定位分析

汽车厂商在进行产品定位前,必须进行产品分析。分析的内容有:①产品的性能,即分析产品的性能、特色、质量,与竞争对手相比存在的优势和劣势;②产品的外观,即分析产品的外观设计是否符合目标消费群体的审美取向和目标消费者的身份地位;③产品在产品线中的地位,即分析产品在企业整个产品类别及产品线中的地位与作用,以及企业可以调用多少资源来经营这个产品;④企业的分销能力与促销能力,即分析需要什么样的分销能力与促销能力才有可能使产品获得成功,以及企业是否具备这种能力;⑤企业的品牌属性,即分析是否能够形成品牌效应,如何定位品牌(在消费者心目中树立怎样的品牌形象),以及规划企业的品牌发展方向。

总之,企业只有对目标市场和产品进行认真分析后,才能够对产品进行准确定位,并制定与之相对应的营销策略。

四、目标市场进入策略

企业进入目标市场,还必须讲究一定的策略。主要的进入策略有:①独立进入。企业依靠自身的力量,自己开发产品或服务,独立进行市场营销。这种策略需要企业具有必要的技术、资源、信誉及营销经验,一旦成功进入并立足,企业便可以获利较大。②联合进入。企业依靠与合作者进行合作,共同开发某个(些)市场,减轻独立进入市场的风险。这种策略要求合作各方能够优势互补、各取所长。③并购进入。企业通过产权(股权)并购方式,兼并或者控股,掌握相关企业的控制权,借助被并购企业的原有资源进入市场。并购是那些资金实力强,希望尽快拓展新市场的企业常见的进入市场的方式,如上汽集团就是通过并购,先后进入了微型汽车市场和重型商用车市场。

第二节　汽车营销的顾客满意战略

随着市场竞争的加剧,企业越来越注重竞争的效率,对顾客资源的争夺成为现代企业竞争的着力点,企业视之为克敌制胜的重要法宝。围绕提高顾客满意,培植顾客忠诚,不断丰富顾客资源,实施一系列顾客管理方法,成为现代市场营销理论研究和营销实践的热点。

一、顾客满意战略的内涵

顾客满意(Customer Satisfaction,CS)概念的提出,最早源于美国。20 世纪 50 年代,以 Drucker、Mckitterck、Felton 为代表一些研究者提出企业的持续发展取决于顾客导向这种"营销理念",从而在理念、精神和思想层面指出"顾客满意"对于企业营销活动的重要意义。1965 年,Cardozo 将社会心理学研究应用到市场营销领域,运用社会心理学的理论和研究方法探讨了消费者满意的形成过程。20 世纪 80—90 年代,在积极吸收消费者行为领域研究成果的基础上,研究者们正式提出顾客满意战略的概念,强调顾客满意可以创造利润,提高顾客满意度,培育和巩固顾客忠诚度(Reichheld & Sasser)。这一时期为有效实现顾客满意而探索最佳资源配置模式的实证研究开始流行,在顾客选择、品质改善、投诉处理等方面提出了具体的战略提示。1986 年,美国一家市场调查公司以顾客满意理念为指导,首次发表了顾客对汽车满意程度的排行榜。1991 年 5 月,美国市场营销协会召开了第一届 CS 会议,讨论如何以 CS 战略来应付竞争日益激烈的市场变化。经过 20 世纪 90 年代的酝酿和发展,CS 在发达国家得到了广泛的认可和应用,CS 很快在家电、电脑、机械制造等领域被全面推广,并迅速扩展到银行、证券、流通、娱乐等服务性行业。

关于顾客满意的内涵,普遍被认为是顾客在产品或服务的购买、使用和消费过程中或之后,对其所感知到的效果与购买前的预期之间差异的一种主观评价。如果感知效果达到或超过预期,顾客就会感到满意或很满意;如果感知效果低于预期,顾客可能就会感到不满意。

顾客满意战略(Customer Satisfaction Strategy,CS 战略),是指以创造顾客满意为导向、以信息技术为基础、以顾客满意指标为工具而发展起来的一种现代市场营销观念及其指导下的营销方法论。其基本指导思想是:企业的整个经营活动要以提高顾客满意度为指向,从顾客视角而非企业利益角度去努力满足顾客需求。顾客满意战略不仅要求将顾客需求(包括潜在需求)作为企业生产经营活动的源头,而且强调在产品功能、价格设定、分销促销、售后服务等营销组合的各个方面,必须最大限度地实现顾客满意,提升顾客满意度,并依此设定改进目标,及时修正和完善各环节的工作质量。企业实施 CS 战略,就是希望以提高顾客满意度为抓手,成功留住老顾客,实现顾客资源不断扩大之目的。

二、顾客满意的形成机制

要进行有效的顾客满意管理,设计顾客满意管理模式和管理方法,就必须了解影响顾客满意的因素及其作用机制。

1. 顾客满意影响因素的结构模型

当代市场营销学界对影响顾客满意的因素开展了大量研究,运用结构层次思维将顾客满意的影响因素进行了分类和分析,较有代表性的成果是 Kano 模型。该模型由日本的 Noriaki Kano 教授提出,他将影响顾客满意和不满意的因素分成三类:

(1)基本属性(Basic Feature)因素。是指构成顾客需要的某些基本要素,如果这些需要没有得到满足,顾客将会感到不满意或很不满意;反之,如果需要得到满足,顾客也几乎不会产生满意感。究其原因,是因为基本属性被顾客认为是其理所当然应该得到的。例如,当顾客来到一家餐馆吃饭,发现餐馆的桌布、菜盘、碗筷等非常干净,那么这样的服务会被顾客认为是"理所当然",对顾客满意不会产生加分;反之,如果卫生条件不干净,顾客就会感到不满意,甚至引起抱怨。需要说明的是,基本属性因素虽然不能增加顾客的满意度,但会直接导致顾客的不满意,因此企业不能在这些要素方面过于节约成本,必须保障基本属性的质量。

(2)绩效属性(Performance Feature)因素。是指能够促进或增加顾客满意程度的产品或服务的绩效性因素,通常是产品或服务使用价值或价值中不可或缺的组成部分。一般来说,顾客满意程度跟绩效属性水平成正比,即提高绩效属性水平可以带来顾客满意水平的提高。例如,顾客来到汽车服务企业维修车辆,如果服务技师能够娴熟应用仪器设备,迅速而准确地判断和排除故障,交车时能够向顾客说明本次维修的作业内容或服务项目,解释故障形成的原因,交代今后使用车辆应该注意的事项等,这些高超的服务技能,会让顾客感觉专业、放心和可信赖,从而增加满意度;反之,如果故障原因迟迟不能找到,甚至不能完成维修作业或维修失败,顾客就会产生不满意,还会抱怨自己的时间被耽误了。总之,绩效属性好,顾客就满意;绩效属性差,顾客就不满意。

(3)激励属性(Excitement Feature)因素。是指顾客得到的一些他们没有期望、没有要求,甚至认为不可能的产品或服务属性,这些属性往往会使顾客感到兴奋和愉悦。激励属性在任何执行水平上,即无论超值多或少,只要是竞争对手尚不提供的,都可以让顾客满意。例如,汽车服务企业在为顾客提供车辆维修服务后,额外再赠送清洗服务、全车检查等,这些额外赠送的服务项目就属于绩效属性。激励属性能使顾客满意产生指数效应,即它的小小改进往往会产生较大的满意提升。企业在设计激励属性时,可以根据自己的专业经验判断或小范围征询消费者意见后,自主决定激励属性的具体内容,不必事先开展顾客调查,因为顾客往往不知道他们想额外得到什么。再者,激励属性也不适宜广泛宣传,否则会使顾客失去意外之喜。

如果将产品或服务的属性绩效作为水平坐标,以顾客满意度当作垂直坐标,则 Kano 模型可以用图 6-1 表示。

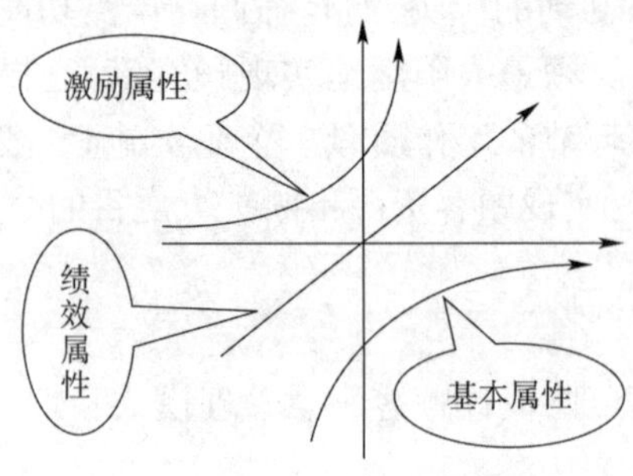

图 6-1 Kano 模型

值得注意的是,在 Kano 模型里各类因素会发生转化。一方面,随着市场竞争的加剧,竞争对手会相互模仿竞争手段;另一方面,随着消费者消费经历的增加,他们对服务内容和服务水准的要求也会提高。这种动态过程会使得企业原来的绩效属性或激励属性失去优势和作用,引起顾客满意要素发生变迁,原来的激励属性可能会变成绩效属性,甚至变成基本属性。因此,企业要保持较高的顾客满意水平,必须不断地实现服务创新。

2. 顾客满意的形成机制

长期以来,理论界和企业界对顾客满意的形成机制进行了大量研究,提出了许多理论模型,其中比较有代表性的成果是绩效模型,如图6-2所示。

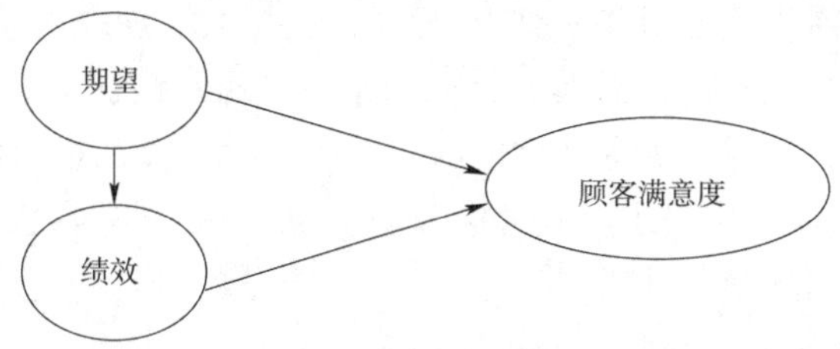

图6-2 绩效模型

该模型认为,顾客满意是"指一个人通过消费而对一个产品的可感知绩效与其期望值相比较后形成的感觉状态,是感知效果和期望值之间的差异函数"(美,Philip Kotler),即顾客满意=f(感知绩效-顾客期望)。

该理论的内涵要义包括以下几点。

(1)比较后的感觉状态有三种可能情况:一是如果感知绩效低于期望,顾客就会产生不满,而且这个差异越大,顾客的不满意程度就越严重;二是如果感知绩效超过期望,顾客就会满意,而且这个差异越大,顾客的满意状况也会越好;三是如果感知绩效与期望基本相同或一致,顾客一般不会感觉不满意,也不会明显导致顾客满意。

(2)顾客满意感是一种心理状态,是一种态度评价,是一种"复杂感情(Mixed Feeling)"。

(3)感知绩效不是产品本身的客观绩效或技术绩效,主要是相对所付出的成本而言,消费者所获得的产品(或服务)的绩效水准(是否感到物有所值)。它跟顾客的消费经验、对事物的敏感性、对他人的包容心和是否爱挑剔等个体特性有关。

(4)顾客期望形成于购买或消费产品/服务之前,是消费者根据过去经历、广告宣传或相关群体等途径获得信息后,形成的对产品或服务绩效特征的期望(设定的主观状态)。

三、顾客满意战略的内容、特征与意义

企业要实施顾客满意战略,首先必须具备将顾客需求转化为产品或服务的能力。企业在进行产品或服务的设计和开发时,应充分考虑顾客的需求特点,发现影响顾客满意的因素,并尽可能将其包含于产品或服务当中,为顾客提供更大的让渡价值(Customer Delivered Value)。同时还应充分重视顾客的潜在需求,引导顾客将潜在需求表达出来。企业应建立顾客参与机制,让顾客参与到产品或服务的开发和决策中来,建立以顾客为中心富有活力的企业组织,保证企业信息畅通,形成对顾客需求的快速反应机制。

其次,顾客满意战略要求企业重视顾客关系管理,用优质的服务手段和服务产品向顾客提供价值。企业在向顾客提供产品或服务的过程中,应努力延长顾客保有期(顾客不流失),这就要求企业摈弃短期交易思想和行为。

第三,顾客满意战略是高度复杂的系统工程,需要企业内部各个部门及全体人员的积极配合,形成"顾客导向"的工作机制。因此,企业应积极发挥能动性,调动一切可以支配的资源,创建顾客满意战略系统,并不断地加以完善,最大限度地提供令顾客满意的服务。

顾客满意战略具有以下基本特征：①顾客导向。企业以顾客的观点而非企业利益的观点去设计和开发产品，尽可能地预先把顾客的不满因素从产品中去除，并顺应顾客的需求趋势（潜在需求），预先在产品本身上创造顾客的深层满意。②自我完善。通过信息反馈系统，对服务体系的设计、执行过程等环节不断修正、完善，最大限度地发挥顾客满意战略管理的效率，提升顾客满意度。③高度互动。企业在实施顾客满意战略的过程中，应注重与顾客的交互，在高度互动中调节顾客期望和对服务过程的了解，实现顾客满意。④界面友好。借助信息技术手段，创造友好的顾客界面，为顾客创造"接触"便捷。⑤组织创新。通过建立面对顾客需求的快速反应机制，培育鼓励创新的组织文化和保证组织内部的上下沟通，建立并完善以顾客为中心的学习型组织。⑥分级授权。加强员工培训，尤其一线员工的服务意识和水平，并通过逐级充分授权，使一线工作人员有充分的处理决定权和较强的责任意识，这是及时完成令顾客感到满意的服务的重要环节。

实施顾客满意战略，在宏观和微观两个层次上均具有积极意义。宏观层面的意义体现在：①顾客满意战略有助于促进国民经济的持续增长。这是由于随着社会整体生产力的发展，生产效率极大提高，企业竞争加剧，经济增长依靠规模扩张空间有限，而顾客满意战略更强调产出的"质量"，可以通过"质量效益"弥补数量增长不足，从而支撑更多企业（宏观层面就是国民经济）获得持续发展。②顾客满意水平是人民生活质量的重要表征。顾客的不满意往往代表着产品或者服务的质量低劣，很难想象一个市场上充斥大量伪劣产品，消费者投诉比比皆是的社会是一个文明的正常社会，因此从这个意义上说，整体顾客满意水平体现了一个社会的福利和国民的生活质量。在微观层面，提高顾客满意水平能够有效地提升企业的竞争能力和盈利水平。

四、顾客满意战略的导入与实施

顾客满意战略的核心思想是企业的全部经营活动都要从满足顾客的需要出发，以提供满足顾客需要的产品或服务作为企业的责任和义务，以满足顾客的需要、使顾客满意作为企业的经营目标。

企业推行顾客满意战略，关键是要提高服务过程中的顾客感知利得，同时减小顾客感知利失。从营销管理的角度推行顾客满意战略，一般包含多个步骤。

1. 企业顾客满意现状调查与诊断

顾客满意现状的调查与诊断，是导入顾客满意战略的基础，其目的是深入了解企业的组织与管理现状。具体调查内容包括组织的架构、组织的效率与活力、组织的管理流程、员工的服务观念与意识、服务行为与服务心态、服务培训、服务传播与相互沟通等。

2. 基于顾客满意战略，优化企业组织架构

创造顾客满意，需要一个以顾客满意为目标，协调高效、应变能力强的服务组织体系，传统的科层式组织结构，往往不同程度地存在着上下级之间单向沟通（往往表现为由上而下的"下行沟通"）、部门之间互动协调不力、市场监控系统不完善、内部反馈系统流于形式等弊端。因此，要改善顾客满意，必须在组织结构上做出适当安排，围绕着有效满足顾客需求，通过扁平化、网络化和组织弹性，提高对顾客需求的响应效率和效果，改善企业的整体顾客满意水平。

3. 建立与维护企业顾客满意的动态监控体系

企业建立顾客满意动态监控体系，主要目的是通过专业的动态调查和监控手段，收集和监控企业自身顾客服务满意状况及竞争对手满意服务状况，提供企业顾客满意服务与竞争对手满意服务的动态分析报告，以为企业进行顾客满意度管理提供依据。在实施中，企业可设立专门部门对企业的顾客满意情况进行动态监控；也可以委托第三方专业机构进行，但企业必须有专人对该监控体系的运作方案和实施情况进行审核和监督。

4. 确立与执行企业顾客满意服务标准

高品质顾客服务涉及服务结果管理和服务过程管理两个方面。首先企业提供的产品或服务在效用方面要能很好地满足消费者的需求，即服务结果要达到消费者的预期；另一方面，服务过程管理涵盖满意服务工作的所有程序，这些程序提供了满足顾客需要、令顾客满意的各种机制和途径，以及在服务过程和与顾客接触的过程中，服务人员所表现出的态度、行为、情感和语言技巧等。特别要注意的是，满意服务标准是动态发展的，随着客户对服务要求的整体水平提高，满意服务标准必须进行修订，提升工作要求。

五、顾客满意的测量

企业如果要清晰地了解顾客是否满意，了解顾客满意或不满意的原因，了解改进顾客满意管理的措施及成效等，就必须要对顾客满意进行测量。

1. 顾客满意度测量的含义

顾客满意是一种积极的购后评价，它本身是一种心理活动过程，它可以通过问卷调查的方式直接测出。对于顾客满意管理来说，顾客满意度测量一方面需要直接测量顾客满意程度（结果）；另一方面还应该测量顾客形成该满意水平的心理过程，即测量满意度影响因素的情况。这是因为对企业来说，单纯顾客满意度高低的结果只意味着企业的现实表现，而无法对企业未来的营销实践活动起到指导作用；相反，如果调查顾客满意度判断的心理过程，将能使企业了解自己的表现与顾客期望等影响因素的差距，从而指导企业制订有针对性的改进措施。

2. 顾客满意度测量的管理

顾客满意度测量会产生有关顾客、企业及竞争者的大量信息，能帮助企业从影响顾客满意的因素中区别出急需改进的因素，这对企业的营销实践具有重要价值。具体来说，顾客满意度测量要能够达到明确顾客要求，寻找工作差距和工作改进方向等目的。

顾客满意度测量要能够帮助企业确立顾客的优先要求，找出企业表现与顾客期望之间的差距，以及与竞争对手表现之间的差距。因此，企业要在了解顾客意见的基础上形成顾客满意度的评价体系，并在调查过程中要求被调查者对各个指标的重要性（排出各指标的相对重要顺序）、企业得分（在各指标上的满意度评分）和竞争者得分（对竞争对手在各指标上的满意度评分）分别进行打分。

调查问卷回收并经过分析处理后，企业即可根据顾客认为的重要性程度，将影响顾客满意的所有因素进行统计排序，进而发现顾客看重的满足顺序。通过分析顾客对企业和竞争对手在各个满意度测量指标上的打分，即可了解企业在各个指标上的表现情况，找出与顾客要求的距离和跟竞争对手之间的差距。

企业在弄清重要性顺序和各指标的表现得分后，便可以制订改善顾客满意度的措施了。

一般情况下，企业应该将顾客认为重要，且企业得分较低的指标或者那些与竞争对手表现差距较大的指标作为优先改进的方向，并针对这些指标的具体内涵确定企业改进策略的具体内容和改进后要达到的目标水准。

第三节　汽车市场竞争策略

在越来越激烈的竞争性市场上，企业经营的根本出发点和落脚点就是要动态地运用成功关键要素，建立企业的竞争优势，正如战略专家迈克尔·波特所说的"竞争优势是任何战略的核心所在"，谋求企业的可持续发展。

一、竞争对手分析

知己知彼，百战不殆。有效的竞争战略和策略必须以分析竞争对手为基础。

1.竞争对手分析的内容与步骤

一般来说，竞争对手分析的内容和步骤如下。

1）辨别企业的竞争者

通常，可以从产业和市场两个方面来辨别企业的竞争者。从产业方面来看，竞争者通常是与本企业提供类似产品或服务，并且有相似目标顾客和相似价格的企业，通常称之为"品牌竞争者"，这是通常辨别企业竞争者的方法。

从市场方面来看，竞争者通常是与本企业争夺顾客（顾客购买力）的不同行业企业，称为"欲望竞争者"。在这种情况下，顾客购买了竞争对手的产品或服务后，由于购买能力下降，顾客对本企业产品或服务的需求欲望或购买能力就会不足。

现代市场营销理论根据企业在市场上的竞争地位不同（如市场占有率高低），把企业分为四种竞争类型：市场领导者、市场挑战者、市场追随者和市场利基者。

（1）市场领导者（Marketing Leader）。指在市场上具有最高市场占有率的企业，如日本汽车市场上的丰田汽车公司，美国汽车市场上的通用汽车公司等。主导企业在价格变动、新产品开发、分销渠道和促销策划等方面往往处于行业领先地位，是市场竞争的引领者，也是其他企业挑战、效仿或规避竞争的对象。

（2）市场挑战者（Marketing Challenger）。指市场竞争地位仅次于领导型企业，并能够经常向领导者或其他竞争者发起挑战的企业。如日本汽车市场上的日产和本田汽车公司，美国汽车市场上的福特汽车公司等。

（3）市场追随者（Marketing Follower）。指跟随、模仿领导者或挑战者企业，从事与之类似的产品生产与服务的企业。这类企业市场竞争地位处于挑战者之后，一般不向其他企业主动发起挑战。

（4）市场利基者（Marketing Nicher）。指精心服务于特定细分市场，通过专业化经营谋求发展的企业。这类企业大多是绝对经营规模不大、产品特色较为鲜明的中小企业或新企业，他们一般不与骨干企业竞争，履行市场补缺者角色，例如专用汽车、特种汽车制造企业等。

及时而准确地辨别企业的竞争者，尤其是及时辨别潜在竞争者有时并不容易。20世纪60年代后期，日本汽车开始进入美国低档轿车市场，当时并没有引起美国汽车厂商的重视。美国人认为，日本车的设计不符合美国人的消费偏好，不可能成为美国汽车市场的主流产品，被认为没有经济实力的人才会去买日本车。然而，随着20世纪70年代石油危机的到来，油价急剧上涨，美国汽车市场的外部环境发生了很大变化，美国消费者开始接受日本车。美国人发现，日本车不仅省油，而且维修次数少，服务也好。于是，日本车逐步深入美国人心，市场走俏，并给美国本土的汽车工业造成极大冲击，几乎迫使美国丧失全球第一汽车生产大国的地位。

2）确定竞争者的目标和营销策略

企业在确定了自己的竞争者之后，还要进一步弄清每个竞争者的目标和营销策略。企业必须了解竞争对手在市场里找寻什么，竞争对手行为的驱动力是什么，还必须考虑竞争对手在利润目标以外的目标以及竞争对手的目标组合，关注竞争对手攻击不同产品和市场细分区域要达到的目标。此外，企业还必须弄清竞争者为达到其营销目标所采取的营销策略。在多数行业里，竞争对手可以分成几个追求不同战略的群体，采取相同或类似战略的一群企业称为战略性群体。企业必须确认竞争对手所属的战略性群体，这关系到本企业的某些重要认识和决策。

3）确认竞争者的优势和劣势

评估竞争者的优势和劣势，目的是避其锋芒，找其弱点，攻其不备。确认竞争者的优势和劣势，必须广泛搜集竞争对手的信息。可以建立竞争对手信息采集分析系统来对竞争对手经营管理方方面面的信息进行采集。在资料搜集过程中，对手资料范围也可以根据实际情况进行调整，保留能够反映竞争对手优势和劣势的有效资料和数据。

2. 竞争对手分析方法

战略规划分析工具如波特的“五力”模型、波士顿矩阵分析等，也适用于分析竞争对手。这里再引入迈克尔·波特的竞争对手分析模型和价值链分析法。

1）竞争对手分析模型

迈克尔·波特在《竞争战略》一书中提出了竞争对手的分析模型。该理论提出从四个方面分析竞争对手：①分析竞争对手的现行战略，要列出竞争对手所采取的战略，并深入分析竞争对手目前正在做什么、将来能做什么，以便本企业能做出及时而有效的应对；②分析竞争对手未来目标，从而看出是什么因素在驱使竞争对手向前发展；③分析竞争对手的竞争实力，找出本企业与竞争对手的差距以及本企业在市场竞争中的优势和劣势，以便更好地改进本企业的工作；④分析竞争对手对自身竞争实力和产业发展的自我假设，从而认清竞争对手对自身的战略定位以及他们对行业未来发展前景的预测。通过掌握竞争对手的这些正确的或不正确的假设，企业可以找到竞争的着力点，从而使本企业在竞争中处于有利的地位。

2）价值链分析法

深入理解竞争对手的价值链，是企业制定竞争战略策略的一个有益和有效的方法。迈克尔·波特认为“每一个企业的价值链都是由以独特方式联结在一起的几种基本活动类型构成的”，这些基本的活动类型有很大的潜力为顾客提供各自的价值，并帮助企业建立竞争优势。企业与其竞争对手的价值链差异就可能蕴含着潜在的竞争优势。

价值链分析的内容包括：①识别价值活动。价值活动分为内部后勤、生产经营、外部后勤、市场营销、服务五种基本活动，以及采购、技术开发、人力资源管理、企业基础设施四种辅助活动。②确立活动类型。每类基本和辅助活动中都有直接活动、间接活动和质量保证三种不同类型，直接活动是指新产品开发、零部件加工、安装、产品设计、销售等直接为买方创造价值的各种活动；间接活动是指那些保障直接活动能够持续进行的各种辅助活动，如设备维修与管理、工具制造、原材料供应与储存等活动;质量保证是指监督、视察、检测、核对、调整和返工等保证质量的各种活动。③分析企业的竞争优势。企业竞争优势主要来源于价值活动本身、价值链内部联系及企业价值链与供应商/渠道价值链和买方价值链之间的外部联系等三个方面。

二、汽车厂商的竞争战略与策略

每个企业都要依据自己的目标、资源和环境以及在目标市场上的地位,来制定竞争战略和策略,即使在同一企业中,不同的产品也应有不同的竞争战略与策略。

1. 竞争战略

概括地讲,企业的竞争战略有以下几种基本形式。

1)产品差异化战略(Products Difference Strategy)

产品差异化战略是将企业提供的产品或服务差别化,通过差别化实现经营的独特性。实现差别化战略可以有许多方式,如独特的形象设计、独特的技术应用、独特的性能结构、独特的功能满足、独特的商业网络和独特的经营运作等,理想的情况是在多个方面都能够实现差别化。差别化战略比较适合处于行业头部地位、综合竞争实力强的企业,是企业通过差别优势赢得竞争成功的有效战略,但要注意不能让企业因为差别化而付出过高的成本代价。

2)成本领先战略(Cost Leadership Strategy)

成本领先战略在于追求规模经济、改进生产技术、提高运作效率、降低产品成本等因素,获得低成本、低价格和较高市场占有率的优势,并建立进入壁垒把竞争者拒于市场之外。这种进入壁垒主要是规模经济在低成本中发挥着重要的作用。实施成本领先战略,通常要求产品市场需求量大,且企业具备较高的相对市场份额,以此作为基础,再充分发挥企业的其他优势(诸如与供应商的良好关系、经销商网点的市场覆盖率高等)。这一战略比较适合产品同质度高、价格竞争激烈、生产可以实现大批量低成本扩张等情形下的企业竞争。

3)经营集中化战略(Business Centralization Strategy)

经营集中化战略是集中力量为某一个或几个细分市场提供最有效服务的一种战略,通过充分满足顾客的特殊需要,从而争取局部竞争优势。这一战略适合市场或业务具有“专、精、特、新”特点的企业。

波特认为,每一个公司必须明确地从这三种战略中择其一而为之,徘徊其间、战略不明的公司往往会处于极糟糕的竞争地位。但这并不是说企业的产品或服务就要“单打一”,例如一个在成本上领先的企业也不能完全忽视其产品的差异化。现实生活中,如果一个企业既能做到有效的差别,又能保持低廉的价格,实现战略融合,那么它就有可能成为市场的领导者。例如,丰田公司能在全球汽车行业中获得竞争优势,原因就在于做到了产品差异化和低成本的相对统一,从而可以为顾客提供性价比较好的产品和服务。

需要说明的是,传统经营理念使得企业通常在以产品竞争为事实的基础上建立竞争战略,而没有认识到顾客的观念对于市场竞争的重要性。观念竞争战略认为,市场营销应紧紧围绕着顾客的观念进行,市场竞争不是产品本身之争,而是顾客观念之争。例如,本田汽车在日本市场上的销量位居丰田汽车和日产汽车之后,只能排在第三位,但它在美国市场上很长时间却是排在第一位。这种市场差异,是产品事实竞争理论无法解释的,因为三家公司的产品,无论是质量、款式、动力、价格、服务等方面,都大体处于相似或相近的水平,理论上三家公司应该有相似或相近的市场表现。而事实上，正是由于日、美两国消费者的信念差异才导致三家公司在两个市场上销量的差别。在日本，本田是众所周知的摩托车企业，即使本田汽车的质量很高，也很难改变日本民众对其“摩托车厂商”的信念；但在美国，消费者关于本田是“摩托车厂商”的信念便不是很深厚，本田汽车先入为主的高质量就很容易被美国人接受。可以说，本田公司由于更善于运用观念竞争战略，才使得其在美国市场上赢得更好的竞争业绩。

2. 竞争策略

各个厂商由于在市场上所处竞争地位不同，故应采取不同的竞争策略(Competitive Tactics)。

1) 市场领导者的竞争策略

市场领导者为了维护自己的优势，保住自己的领先地位，通常可采取以下三种策略。

(1) 扩大市场需求总量。一般说来，市场领导者可从三个方面扩大市场需求量：①发现新用户；②开辟产品新用途；③增加用户使用量。

(2) 保护市场占有率。市场领导者经常面临挑战者的进攻，必须严守阵地，加强防御，维持其市场地位。市场领导者可选择的防御策略有：①阵地防御，就是在现有阵地周围建立防线，只保护自己目前的市场和产品；②侧翼防御，指市场领导者除保卫自己的阵地外，还要注意保卫自己较弱的侧翼，以防止对手乘虚而入，如前述的20世纪80年代美国几大汽车公司因没有注意侧翼防御，被日本汽车抢去大片阵地；③以攻为守，即先发制人，在竞争者尚未进攻之前，先主动展开攻击；④反击防御，当市场领导者遭到进攻时，不能只是被动应战，应主动反攻入侵者的主要市场阵地，可实行正面反攻、侧翼反攻，或发动钳形攻势，切断进攻者的后路；⑤运动防御，不仅防御目前的阵地，而且还要扩展到新的市场阵地，作为未来防御和进攻的中心；⑥收缩防御，在所有市场阵地上全面防御有时会得不偿失，在这种情况下，最好是实行战略收缩，即放弃某些疲软的市场阵地，把力量集中到主要的市场阵地上去。

(3) 提高市场占有率。设法提高市场占有率，是增加收益、保持领先地位的一个重要途径。美国的一项研究表明，市场占有率是与投资收益率有关的最重要的变量之一。市场占有率越高，投资收益率也越大。

我国目前汽车市场条件下，领导者比较适合采取进攻策略。因为我国汽车产业在很多细分市场上，生产集中度不高，企业实力不强，同质竞争严重，行业成熟度低，在这种背景下，领导者主动进攻，既是企业发展的战略需要，也可为产业格局优化调整作出贡献。

2) 市场挑战者的竞争策略

市场挑战者是市场中最具进攻性的企业。市场挑战者如果要向市场领导者和其他竞争者挑战，首先必须确定自己的战略目标和挑战对象，然后选择适当的挑战策略。

(1) 确定战略目标和挑战对象。战略目标与进攻对象密切相关，对不同的对象应有不同的战略目标。一般说来，挑战者可以选择的进攻对象有三：①市场领导者。挑战者需仔细调查研究市场领导者的弱点和失误，如研究市场上有哪些尚未被满足的需要，领导者有哪些使顾客不满意的地方等。这种挑战富有刺激性，挑战者应认真分析成功概率和失败的风险，一旦决定之后就要坚决贯彻竞争战略，从而实现企业以弱胜强的长远目标。如通用公司对福特公司、丰田公司对通用公司，均先后成功实现战略赶超。②实力相当者。设法夺取他们的市场阵地。③实力弱小者。将实力不如自己的竞争对手逐出竞争领域。

我国汽车产业纵然在一些细分市场领域取得骄人成绩，但从整体实力看，仍然缺乏世界一流企业,战略重组、做大做强仍将是中国汽车工业实现强国目标的必经之路。各个企业应认真选择自己的竞争对手,确立正确的竞争目标,抓住产业变革的有利时机,以使本企业在竞争中获得更大发展。

(2)选择进攻策略。在确定了战略目标和进攻对象之后,挑战者可供选择的进攻策略有:①正面进攻,集中全力向对手的主要市场阵地发动进攻。在这种情况下,进攻者必须在产品、广告、价格等方面超过对手,才有可能取得成功。②侧翼进攻,集中优势力量攻击对手的弱点,有时可采取"声东击西"的战略,佯攻正面进攻,实则攻击对手的侧面或背面,这又可分为两种情况:一种是地理性侧翼进攻,即在全国或全世界寻找对手力量薄弱的市场地区;另一种是细分性侧翼进攻,即寻找领导者尚未为之服务的细分市场,在这些细分市场上迅速填空补缺。③包围进攻,在挑战者拥有优质资源,并确信围堵计划的完成足以打垮对手时,可进行这种全方位、大规模的进攻。④迂回进攻,这是一种最间接的进攻战略,即完全避开对手的现有阵地而迂回进攻,具体办法有三种:一是发展无关的产品,实行产品多角化;二是以现有产品进入新的市场地区,实行市场多角化;三是发展新技术、新产品,取代现有产品。市场挑战者的进攻策略多种多样,一个挑战者不可能同时运用所有策略,但也很难单靠某一种策略取得成功,通常是设计出一套组合策略,以达到竞争胜利的目标。

3)市场追随者的竞争策略

市场追随者由于一般不需要投资开展探索性新产品的研发,依靠模仿他人的产品和服务,所以面临的市场风险较小,获利能力往往也不差。这类企业多属于产品开发能力和企业综合实力相对不强的企业。他们通常也有三种策略:

(1)紧密跟随。这种策略是在其目标市场上,尽可能仿效跟随对象的市场营销组合。这种跟随者有时好像是挑战者,但它一般不从根本上侵犯和动摇领先者的地位。

(2)距离跟随。这种跟随者在目标市场、产品创新、价格水平和分销渠道等主要方面追随领导者,但仍与领先者保持若干差异。

(3)选择跟随。这种跟随者在某些方面紧跟领先者,而在另一些方面又自行其是。这种跟随者不是盲目跟随,而是择优跟随,在跟随的同时发挥自己的独创性。选择跟随者之中有些可能发展成为挑战者。

追随者虽然往往会遭遇被追随企业在知识产权上的法律诉讼,但常常不一定会输掉"官司",因为它在经营上不同于假冒伪劣行为,属于正常经营活动范畴,其产品有自己的品牌和商标;而假冒者则隐瞒实情,冒充其他企业名称及产品商标,旨在以假乱真、以次充好,属于不正当经营行为。

4)市场利基者的竞争策略

市场利基者的竞争策略主要是寻找竞争对手所忽略的市场空隙,致力于在空隙中生存和发展。作为市场补缺者,要完成三个任务:创造补缺市场、扩大补缺市场、保护补缺市场。市场利基者只要仔细经营,通过为用户提供满意的产品和服务,通常可以获取较大的投资收益率,利润率常常超过大型企业。

在我国汽车市场上,目前还存在着众多的中小型企业。从长远看,此类企业应向着市场利基者方向发展。据资料介绍,在汽车生产大国,专用汽车的年产量占普通商用汽车产量的比例很高。如美国有上千家专用汽车厂,其中约有一半的企业职工不足20人,很多专用车的年平均订货量只有几十辆。由此可见,生产特种、专用汽车是这批中小企业的良好出路,只要产品富有特色、产品质量过硬、价格合理,企业就会获得经营成功。

本 章 小 结

在激烈竞争的市场上，企业市场营销需要走“精准”之路，于是产生了目标市场营销思想及其方法体系，它被认为是市场营销史上的一次“革命”。目标市场营销包括市场细分、目标市场选择和市场进入三个行动步骤。市场细分就是辨别消费者特征并把他们分组的过程，细分过程需要把握好差异性、可衡量性、可进入性、收益性和稳定性等原则；目标市场选择则要以评估细分市场需求规模、市场吸引力、企业自身的资源与营销能力为前提；企业进入目标市场时，在确定拟采取的经营战略后，需要做好市场定位，向目标消费者准确地传导营销信息后，再确定具体进入目标市场的方式。

目标市场营销，创造顾客满意，拓展顾客资源，是现代企业竞争的法宝。顾客满意是一种积极的购后评价，体现的是顾客心理活动，其影响因素包括基本属性、绩效属性和激励属性。顾客满意的形成机制源于顾客感知绩效与购买前预期之间的差异。如果感知绩效达到或超过预期，顾客就会满意；否则，低于预期，顾客就会不满意。顾客满意战略是以提高顾客满意度为指向的现代营销观念及其方法体系，它的实施需要企业了解顾客满意现状、优化企业架构、建立动态监控体系、确立顾客满意服务标准。为了管理顾客满意，企业往往通过问卷调查方式，测量企业的顾客满意及其影响因素的水平。通过调查，企业可以建立顾客满意评价的指标体系，确立各指标的相对重要性，了解企业和竞争者在各项评价指标上的得分，从而可以找出企业顾客满意管理的差距，并将顾客认为重要且企业得分较低或与竞争对手表现差距较大的指标作为优先改进的方向。

竞争是现代企业的经营常态，其根本目标就是企业要运用成功关键要素，建立竞争优势。企业的竞争者包括品牌竞争者和欲望竞争者，前者在目标顾客、产品服务和营销策略方面，跟本企业有类似之处；后者可能与本企业不在同一行业，但会共同争夺顾客或顾客的购买力。现代营销理论将竞争者分为市场领导者、市场挑战者、市场追随者和市场利基者四种竞争类型，每种类型的企业因为综合竞争实力不同，应当实施不同的竞争战略和竞争策略。

复习思考题

1. 什么是市场细分？市场细分应遵循怎样的原则？试讨论汽车市场的细分方法。
2. 企业应当如何抉择自己的目标市场？
3. 什么是市场定位和产品定位？
4. 什么是顾客满意？请讨论顾客满意的影响因素和顾客满意的形成机制。
5. 什么是顾客满意战略？请讨论其导入和实施方法。
6. 顾客满意测量包括哪些内容？如何开展顾客满意测量？如何应用测量结果？
7. 企业的竞争者有哪些类型？请讨论各种类型竞争者的基本特征。
8. 企业的竞争战略有哪些类型？请讨论各种战略的应用条件。

第七章　汽车产品策略

任何厂商的市场营销都不能离开产品，产品既是给消费者带去使用价值的要素，又是给营销者带来经营收入的要素，产品策略在厂商整体营销组合策略中往往占据基础性地位，特别是对产品的营销而言，产品组合通常在4Ps整体组合中居于中心地位。因此，汽车厂商必须合理设计自己的产品组合，针对产品生命周期的发展变化，制定和调整相应的营销策略，并特别重视新产品的开发及其营销。

第一节　产品与产品组合

一、产品的概念

《质量管理体系　基础和术语》(GB/T 19000—2016)标准对产品的定义是："活动或过程的结果"或者"活动或过程本身"。前者对应有形的实物产品，后者对应无形的服务(包括无形的软件)。现代营销理论认为，产品(Product)既包括营销者的有形实物，也包括无形的信息、知识、版权、实施过程及服务等内容。凡是能够满足消费者的实际需要，并能够让营销者获取经营收益的任何要素，都可以被认为是产品。因此，后续内容涉及产品概念时，究竟是指有形实物，还是无形服务，抑或是二者兼之，应视语意而定，不具体所指时就对二者不作严格的概念区分。

市场营销是一个满足用户需要的过程。用户的需要既包括物质方面的需要，又包括心理和精神方面的需要。对汽车产品来讲，用户需要的一是汽车能够满足自己对运输或交通工具的需要，包括与其相关的优质服务，如维修方便、快捷、经济、品质保证等需要；二是汽车能够满足自己心理和精神上的需要，如安全、舒适、方便和体现身份地位等需要。

现代市场营销关于产品的概念，是一个包含多层次内容的整体概念，而不是单指具体的有形实物。营销理论将产品的整体概念划分为五个层次(图7-1)。

(1)实质产品(Core Interest或Core Product)。是指消费者希望获得的核心利益，它是产品的效用或利得，是产品的本质属性。营销人员的任务就是要把产品的核心利益提供给顾客，充分满足顾客的需要。

(2)形式产品(Main Product)。即承载实质产品的物质基础，是实质产品的有形表现形式。企业必须将产品的核心利益转化为形式产品，消费者通过对形式产品的购买、使用或消费，才可以获得产品的实质效用，达到满足需要的目的。形式产品由产品的结构、质量、性能、品牌、特色、式样(或款式)以及包装等要素构成。

(3)期望产品(Expected Product)。即消费者购买产品时通常希望和默认的一组属性和条件。它主要是消费者购买产品前,基于以往经验和知识而形成的对产品的期望,这种期望是否能够得到满足,将影响用户或消费者的购买决策,也是影响顾客满意度的重要因素。厂商不能仅仅从实质产品或形式产品出发去进行市场营销,必须完整理解消费者的整体期望。

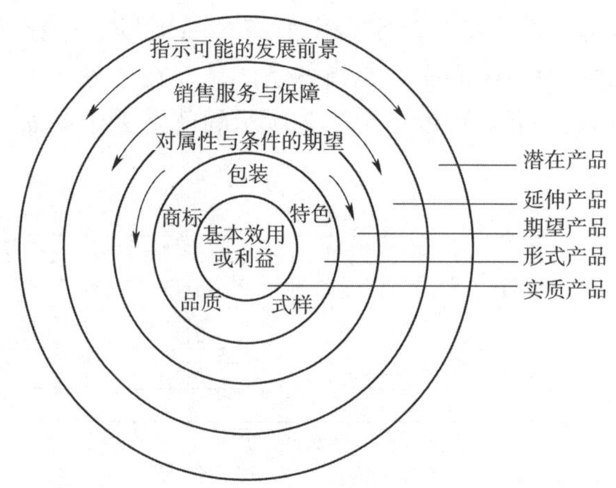

图 7-1　现代市场营销的产品概念

(4)延伸产品(Additional Product)。是指用户在购买产品时所得到的附加利益,如营销者能够提供免费送货、安装调试、质量保证、售后服务等。延伸产品是消费者购买产品时非常看重的要素,对产品使用价值的充分发挥具有重要影响。现代市场营销提出了“系统销售”的概念,即销售给用户的不是单纯的形式产品,而是产品系统。产品系统就是有形产品及其延伸产品的总和。在较为成熟的市场上,由于厂商在形式产品上的实力越来越接近,因此有学者认为,现代市场竞争主要发生在产品的附加层次上。可见,做好延伸产品是促进产品销售的重要举措。

(5)潜在产品(Potential Product)。即目前处于潜在状态(尚未被厂商或消费者充分认知),但今后会衍生为形式产品或延伸产品组成部分的要素。它指出了现有产品可能的演变趋势和发展方向。

产品概念层次的关系表明,实质产品居于中心地位,其他层次围绕实质产品展开。厂商必须始终以实质产品为核心,以充分满足消费者对产品功能需要和心理需要为导向,不断开展形式产品和延伸产品的创新,影响消费者对产品的期望,充分研究潜在产品,率先将潜在产品转化为形式产品或延伸产品,以便占领市场先机,提高顾客满意度。

二、产品组合概念

产品组合(Product Mix),是指一个企业生产经营的全部产品的结构,即各种不同形式产品之间质的联系和量的比例。汽车产品组合则是指一个汽车厂商生产和销售的所有产品线和产品品种的组合方式,也就是全部汽车产品的结构。它由若干产品线(亦称产品大类)组成,每个产品线又包括若干产品项目。

产品线(Product Line)是指一组产品结构或制造工艺密切相关、相类似的产品。汽车产品线可能是某个车型系列或基于某个车型平台衍生的系列产品。这些产品之间往往共用一个产品结构平台(如底盘或动力系统)和生产制造平台,具有相近的结构形式,或者存在相似的制造工艺等,但这些产品的规格、款式可能不尽相同。

产品项目(Product Item)是指同一产品线中不同品种、配置、规格、款式的特定产品。

现代营销学通常采用产品组合的宽度、深度、长度和关联性四个参数来描述一个企业的产品组合:①产品组合的宽度(Width),是指产品组合中所包括的产品线的数目,即经营多少产品大类。②产品组合的深度(Depth),是指平均每条产品线所包括的产品项目的多少。③产品组合的长度(Length),是指产品组合中所有产品项目的总数,即企业产品深度的总和。④产品组合的相关性(Correlation),是指各条产品线在产品结构、制造工艺、生产条件、分销渠道或其他方面相互关联的程度。图7-2所示的就是关于产品组合的宽度、深度和长度的概念。

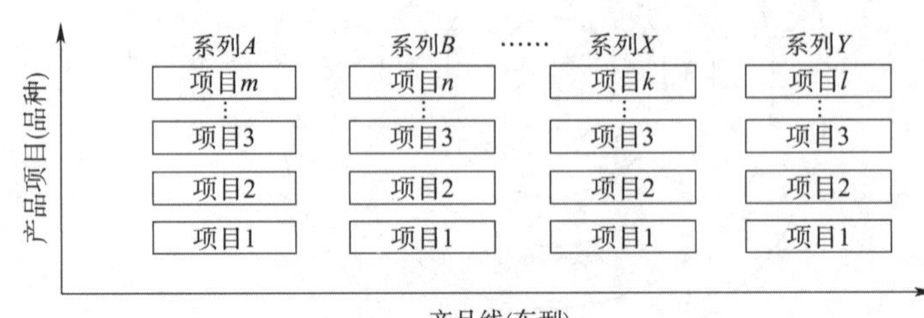

图7-2　产品组合概念

现实生活中,企业应当对其所有的产品项目、产品线进行销售额、利润等方面的统计分析,并按照企业发展战略的要求,适时对产品组合进行调整,以保持企业的最大盈利能力。

汽车产品组合决策是指根据企业经营目标对汽车产品组合的宽度、深度、长度和相关性做出合理安排。它主要受企业所拥有的资源条件、市场情况和竞争条件等因素的影响。

汽车产品组合决策对企业的市场营销成效具有重要意义。通常,增加产品组合宽度(产品线多),有利于企业扩大经营范围,减少产品线单一的经营风险;增加产品组合的长度或深度(产品项目多),可使企业的产品线变得更加丰满,有利于企业充分挖掘细分市场潜力;增加产品相关性,有利于企业节约研发、制造、采购或渠道成本等。产品组合决策一般应参照以下策略。

(1)产品项目(品种)发展策略。企业如果增加产品品种可增加利润,那就表明产品线太短;如果减少品种可增加利润,那就表示产品线太长。产品线长度以多少为宜,则主要取决于企业的综合经营能力。目前我国汽车市场已经进入买方市场,汽车厂商有增加产品线长度、丰富产品品种的趋势。产品项目的调整是企业市场营销经常面临的决策,汽车营销者必须经常根据汽车市场的变化,分析各品种的销售增长率和利润率,以确定各产品项目的获利能力,决定该增加或减少哪些项目的生产与投放,从而保证市场营销取得最大的经营成果。

(2)产品线(车型系列)发展策略。企业产品系列的发展受到各种因素的制约。这些因素主要有:①竞争对手的产品系列。即竞争对手是否有相同系列的产品,如有,这些产品的水平如何,市场上是否畅销,需求规模有多大等,这些问题将影响到本企业的产品线发展。②本企业的经营战略。如果企业对某个产品线做出了战略安排,是企业的重点产品方向,那么就应该认真做好这些产品线的经营规划。③本企业的产品开发能力以及产品线形成生产能力所需的资金条件等。企业至少对上述问题调查摸底后,才能制订科学的产品发展规划和计划。所以产品线发展策略实际上是一个做好企业新产品开发决策的问题。

第二节　汽车形式产品策略

当实质产品需要借助一定的物质形式作为载体时，厂商就需要对产品形式所包括的产品结构、质量、性能、特色、品牌、商标，甚至外观、包装等形式元素进行决策。对整车产品而言，造型和品牌无疑是最重要的形式产品要素。

一、汽车造型策略

汽车造型(Car Styling)，又称为汽车车身造型或汽车外型，是由形状、线条、曲面、色彩、空间等要素形成的汽车总体外部特征。汽车造型是汽车形式产品最直观的部分，是消费者认识汽车最先看到的有形内容。调查表明，消费者非常看重汽车的造型，汽车造型是影响消费者对具体产品选择最重要的因素之一。因此，从汽车营销角度看，汽车造型不只是单纯的艺术创造，也不只是单纯的技术设计，它是满足消费者审美需要和令消费者产生精神愉悦的要素。

1. 汽车造型的演变

从汽车诞生，直到19世纪末期，汽车只是装上了自备动力的马车。此时的汽车，外形酷似马车，人们还没有造型的概念，车身最多只是简单装备了开敞的车顶，以遮阳避雨。随着汽车工业的发展，汽车造型才逐渐被人们认知。在现代汽车发展史上，汽车造型大体经历了方箱型、流线型、三厢型、梯型和现代流线型等几个发展阶段或造型形式的变化，如图7-3所示。

1)方箱型

由于马车型的汽车，发动机装在座椅下部，维修起来很不方便，于是汽车设计便将发动机移到汽车的前部，这一变化就将汽车分成了车头和乘员舱(或载货舱)两个部分。而且，随着车速的提高，马车造型也难以满足遮风挡雨的要求，于是就用平板将乘员舱密封起来，这样车身就像一个带窗户的箱子，从而形成方箱造型。

20世纪初期至20世纪30年代，是方箱型汽车的流行时期，其代表性产品如福特的A型车[图7-3a)]。方箱型汽车，车身内部空间大，座椅比较宽敞，现在的客车总体上依然沿用了方箱造型，不过车身的棱角部分都变为圆弧过渡了。

2)流线型

随着车速的进一步提高，空气阻力越来越大，人们开始关注汽车的空气动力学问题，为了降低汽车的形状阻力，人们发明了流线型车身。1934年，克莱斯勒公司率先推出“气流”牌流线型汽车[图7-3b)]。但由于这种造型超越了当时消费者的欣赏能力，在推向市场后，销量并不是太好。到了第二次世界大战前后，以大众汽车公司“甲壳虫”为代表的流线型汽车才被大量生产，并使流线型成为当时汽车的主要造型。从世界范围看，流线型造型主要流行于20世纪30～60年代，当然个别流线型汽车(如大众的甲壳虫汽车)的生产一直持续到20世纪80年代。

3)三厢型

流线型汽车被长期使用，人们产生了审美疲劳，感觉它缺乏阳刚之气。到了20世纪60年代，以流线型汽车为基础，吸收方箱型汽车的优点，以直线平面为主要造型元素，创造出三厢型汽车[图7-3c)]。这种造型以大平面为主，平面接合部采用小圆弧过渡，具有刚劲挺拔、朴实大方、轮廓鲜明、工艺性好等特点。三厢型汽车刚劲而略带柔性，既不像方箱型那样生硬和单调，也不像流线型那样软绵无力，成为20世纪60年代的流行造型。

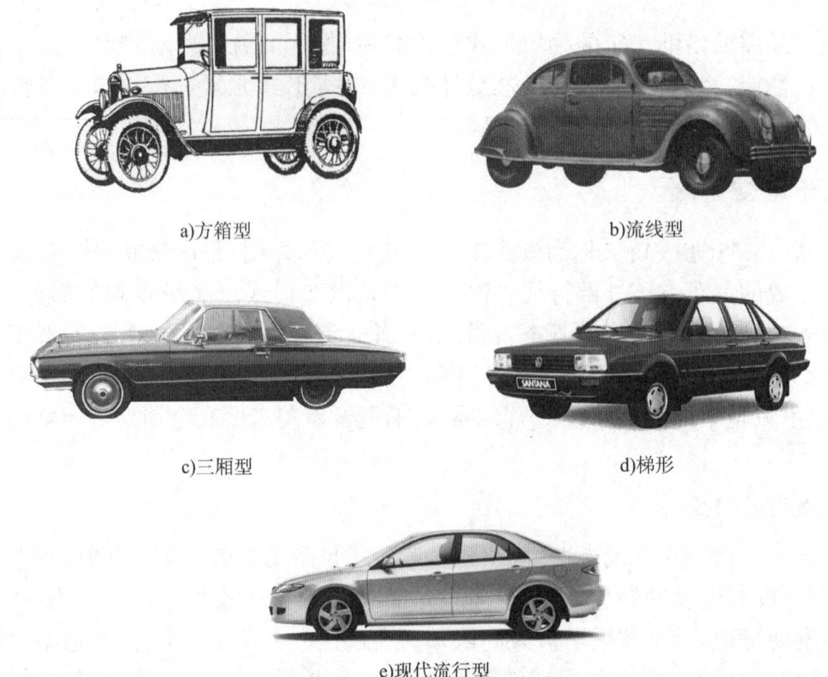

a)方箱型 b)流线型 c)三厢型 d)梯形 e)现代流行型

图7-3 不同的汽车造型

早期的三厢型汽车，其前部的发动机舱与尾部的行李舱几乎等长，车身前后呈对称结构。这种布置形式，车身整体较长，汽车的机动性不好，于是设计师们开始缩短汽车的尾部尺寸，这样就演变成短尾部的三厢造型。但尾部长度缩短后，行李舱空间变小，设计师就干脆将乘员舱顶部直接向后延伸，将乘员舱和行李舱两舱合一，以增加行李舱容积，这样就产生了两厢造型。这种造型变化，使得三厢和两厢汽车的消费者群体出现分化。三厢型汽车比较适合中高级汽车，满足公务、商务需求，展现平稳、大气、正统的文化特色；而两厢型汽车则比较适合普及型汽车，满足普通消费者的需求，展现方便、灵活、实用的功能特色。这使得三厢和两厢造型成为后来长期共存的两种最基本的汽车造型。

4）梯型

20世纪70年代后，由于当时的三厢（两厢）汽车整体上看上去仍然过于"方方正正"，刚性有余，柔性不足，使人感觉不够"亲切"，人们开始追求更轻巧、更简洁、更明快、更富生气的新造型，于是出现了梯形造型［图7-3d）］。这种造型，保留了三厢（两厢）造型的基本布置形式，仍采用直线、平面为基本造型元素，不过所采用的平面不再是大平面，而是相当数量的梯形小平面，并将近乎水平的直线改为斜线。这样的造型，从正面和侧面看都像两个相扣的梯形。其中，上梯形的高度高，形状为上小下大，平行边的长度相差较大；下梯形的高度小，形状为上大下小的倒立梯形。在面与面的交汇处，仍采用众多的小圆角、小曲线、小曲面过渡。从整体上看，汽车既轮廓分明、清晰，又不失柔和、亲切，稳定感、轻巧感都很好，造型的艺术感染力强。

5）现代流线型

20世纪90年代后，由于汽车制造技术的提升，汽车设计师开始在梯形造型的基础上，广泛采取大曲面替代所有的平面,各个大曲面之间运用曲率更大的小曲面连接和过渡。从侧面看,轿车车顶上部通过一条曲线连接到尾部,上梯形的后斜边改为一条圆滑过渡的曲线。这就是当代汽车的主流造型[图 7-3e)]。这种造型融合了先前各种造型的优点,具有空气阻力小,运动感、轻快感强烈,刚柔相济的特点。

目前,有的汽车还采取将乘员舱上部的车顶,通过一个曲面向前延伸,将发动机舱和乘员舱连贯成一体,这样发动机舱、乘员舱甚至行李舱都可以合在一个厢内,从而产生了单厢轿车,如雷诺的风景和雪铁龙的毕加索轿车。

综上所述,汽车科技进步、空间合理利用、社会审美文化变迁,是驱动汽车造型演进的主要因素。汽车造型的每次变化,都是三者综合作用的结果,每种典型造型代表着一个时代的流行形式,汽车厂商则在遵循主流风尚前提下,根据其产品外形尺寸的具体情况,努力实现造型创新,形成造型个性,以期获得用户青睐。

2. 汽车造型设计策略

汽车造型设计策略指在一定的营销理念指导下,从营销角度对汽车造型设计所进行的各项决策。汽车造型设计策略的基本内容有如下几点。

1)坚持功能价值与社会文化的协调统一

汽车车身可以有效容纳旅客或货物,保护运送对象免受风沙雨雪的侵袭或侵害,保护车上人员的人身安全,好的造型还可以减少汽车的空气阻力,减少能源消耗,节约动力成本,这些都是汽车车身造型的功能属性。以实用功能为造型设计的工作导向,从文化角度讲就属于功能文化范畴。但是,任何物质产品也是一种社会文化符号,是社会文化的载体,凝聚着人们的精神价值追求。汽车当然也不例外,其车身造型必然体现一个时代的社会主流审美价值观,也要与目标市场消费者的文化时尚保持一致。可以说,汽车造型表现和传达的是汽车的功能价值与社会文化的融合,当二者融合较好时,便会产生成功的经典造型,在展现汽车造型之美的同时,实现营销上的成功。坚持功能价值与社会文化的协调统一,应该成为指导汽车造型设计的根本思想,是造型设计师应遵循的基本理念。现代汽车造型体现了科学技术、社会生活、文化观念、消费心理、审美情趣等因素的有机融合与统一。

2)注重造型创新,凝练产品特色

尽管汽车造型历经了多个发展阶段或者多种基本造型,但在每个阶段或基本形式内,不同厂商的汽车造型也存在差别,而且这种差异很容易被消费者感知。汽车厂商的产品造型,究竟具有怎样的特点,从企业内部来讲主要取决于厂商对汽车造型的认识态度、车身制造设备、车身造型设计能力和企业对产品的市场定位等因素,从技术角度讲主要取决丁汽车的总体尺寸、结构布置形式、空气动力学、人体工程学等因素,从外部环境讲主要取决于社会文化、目标市场的审美取向、竞争产品的造型等因素。

汽车造型在很大程度上影响着消费者对汽车产品的印象和兴趣。如果造型具有鲜明特色,往往会吸引消费者的眼球,增添市场人气,激发消费者的购买欲望,提高消费者的选择偏好,从而有利于市场营销;反之,如果造型没有特色,或者长期保持外形不变,即使产品的内在质量提高,也不易被消费者感知,市场销量就会表现平平。因此,汽车厂商必须重视研究汽车的造型设计策略,适时推出富有个性特色的造型,以应对激烈的市场竞争,或引领汽车消费时尚。

需要说明的是,造型创新只是汽车厂商为其产品增添特色的手段之一。产品特色是指产品功能之外的附加利益,它是与竞争者产品相区别的有效方法,也是市场竞争的有效武

器。因此,汽车厂商可根据目标用户的需求特点,创造各种各样的产品特色,了解用户对这些特色的感受价值,做好产品特色的定价和营销,以便获得更好的经营效益。

二、汽车产品的品牌策略

品牌(Brand)是形式产品整体概念的重要组成部分,其作用对于营销者和消费者都是不可或缺的,了解品牌的完整含义及其性质作用,掌握制定和实施品牌策略的原理和方法,十分有利于汽车厂商的市场营销。

(一)品牌的概念及其构成要素

1.品牌的概念

品牌是生产经营者对自己的产品或服务所取的商业名称,主要用以识别生产经营者的产品或服务,并使之与竞争者的产品或服务区别开来。

2.品牌的构成要素

品牌的构成体系是一个复杂系统。品牌的有形部分包括品牌名称、品牌标识、商标等,其无形部分包括品牌属性、品牌文化、品牌个性、品牌联想、品牌形象、品牌知名度、品牌美誉度、品牌忠诚度、品牌资产等。

1)品牌名称(Brand Name)

品牌名称指品牌中可以用语言称呼的部分,包括中文名称和外文名称,如奥迪(Audi)、奔驰(Mercedes Benz)、丰田(Toyota)、别克(Buick)、风神(Aeolus)等。

2)品牌标识(Brand Identity)

品牌标识又称为品牌视觉标识,指品牌中可以被认识、易于记忆但不能用语言称呼的部分,即品牌的视觉形象标志,通常由文字、标记、符号、图案和颜色等要素组成,如奥迪车的品牌标识是四个相连的圆圈,奔驰的品牌标识是一个汽车转向盘图案。

3)商标(Trademark)

商标指品牌名称和品牌标识经依法注册,成为受法律保护、具有专用权的品牌视觉系统。它主要出现在商品的外表或者包装上,便于消费者识别,本质上属于品牌的一部分。

商标是一个法律概念,其法律意义主要表现在:①商标专用权一经确立(具体确立方式包括申请、转让、仲裁或司法判决等法定途径),商标所有者及其授权使用者的合法权益就会受到法律保护。未经允许,任何人不得使用他人商标;否则,就是商标侵权,为法律所不许。所以,商标可以起到防止他人假冒和维护公平竞争的作用。②促使生产经营者保证商品质量,维护品牌(商标)信誉。③商标掌握在其所有者手中,是企业的工业产权,不管使用与否,商标总是有价值的,因为至少在商标的申请注册、维护管理等环节上,商标所有者已经为它花费了一定的成本。当然,商标转让(贴牌)的价格不是取决于这种商标管理的直接费用,而取决于被转让者获得商标使用权后可能获得的收益,其背后的支撑因素其实是品牌的资产价值。

相对商标而言,品牌是一个市场概念。也就是说,品牌的资产价值取决于品牌的市场接受程度和消费者的认同度。品牌资产不是银行存款,如果消费者对品牌的信心下降,那么品牌资产就会减少;或者品牌不被使用,就没有资产价值。

目前,国际上对商标权的认定有两种方式:一种采用注册在先的原则,如中国、德国、法国等大陆法系国家;另一种采用使用在先的原则,如英国、美国、加拿大、澳大利亚等英美法系国家。但著名商标的认定,一般采取注册权超越优先申请的原则,例如被某个国家认定的著名商标,即使在其他国家没有注册,它也受《保护工业产权巴黎公约》的保护,所以著名商标的专用权是自动跨越国界的。

品牌的内涵要素除包括以上有形要素内容外,还包括以下丰富多彩的无形要素,品牌是一个复杂的综合系统。

4)品牌属性

品牌属性指品牌产品所代表的特定属性和利益,如著名品牌不仅表示产品知名度高,往往还是企业信誉好、商品价值高、高贵耐用等直接利益的象征,可以让消费者获得更可靠、更安全、更放心、更有品位等心理满足等附加利益。可以说,品牌就是一种承诺、契约和保证,久负盛名的品牌就是优质品质的保证,放心就是品牌带给消费者的附加利益。品牌利益属性是消费者宁愿额外增加支付费用也要购买品牌产品的逻辑基础。

5)品牌文化

品牌文化指品牌所蕴藏的特定理念、价值追求、企业文化等价值系统及其行为方式,核心是品牌经营者所奉行的并且能够引起目标消费者共鸣的价值观。品牌文化虽然与品牌经营者所处国度的社会文化和民族文化有关,但更主要还是蕴含品牌经营者的企业文化及其行为表现,如企业的经营理念、社会责任感、价值取向、对消费者的态度等。例如沃尔沃(VOLVO)奉行“安全以人为本”、奥迪(Audi)奉行“科技奥迪”、宝马(BMW)注重驾驶操控感、奔驰(Benz)注重乘坐舒适、日系车注重性价比、美系车注重内部空间大(以大为美)等,都是他们长期不变的核心价值。

品牌文化是品牌的精髓,并能够覆盖或延伸至企业的多个产品,也是构成品牌个性的基石。品牌个性就是让消费者能够将不同的品牌及其产品进行区别的力量,建立品牌个性不能仅仅停留在产品外观差异上,而应在品牌理念或品牌文化上做到让消费者在心目中留下鲜明印象,品牌文化要能够有助于消费者建立品牌的心理差异(痕迹)。

现实生活中,汽车营销者常常只注重品牌的属性(产品功能),这种忽视品牌文化的做法,往往不能培植品牌忠诚。一旦有功能更好的产品,消费者就会选择离开,使得厂商苦心经营的品牌力量丧失殆尽。其实,品牌价值、品牌文化和品牌个性才是品牌最持久的意义,品牌有了这些内涵,品牌力就存在,即使出现功能更好的产品,只要厂商及时改进产品,消费者就不会过多流失。

6)品牌定位

品牌定位就是企业对品牌产品所服务的消费者群体进行界定,并将企业的品牌属性、品牌价值和品牌文化,准确地传达给目标顾客,使其具有鲜明印象的过程。品牌定位是否成功,关键看其是否能够得到目标消费者对品牌的认同,能否引起消费者共鸣。品牌定位一旦确立,就要正确地做好品牌传播,以让消费者有准确的品牌联想。

7)品牌联想

品牌联想就是社会公众在任何时间和地点,以任何方式接触到品牌有形元素后对品牌所产生的各种无形元素的想象,包括对品牌定位、品牌文化、品牌属性的记忆、认同和想象,尤其要让目标消费者联想到自己就是品牌最合适的用户。

8)品牌知名度

品牌知名度反映的是品牌在市场上被消费者“知晓”的程度,知道的消费者人数越多,品牌的知名度就越高。企业在注重知名度的同时,更要注重品牌的美誉度。品牌美誉度是品牌在市场上受消费者赞誉的程度,持赞誉和肯定态度的消费者人数越多,品牌的美誉度就越高。知名度高,未必就会美誉度也高,如重大恶性事件,可能会增加厂商和品牌的知名度,但却丝毫不能增加美誉度。

需要说明的是,经营品牌并不等于造就名牌。名牌只是一种知名度很高的品牌,其美誉度可能高,也可能不高。品牌经营不仅应注重扩大品牌知名度,更应致力于造就品牌的美誉度。我国老百姓往往用“名牌”代称知名度和美誉度都好的品牌,从严格意义上来讲这种代称是不准确的。

9)品牌忠诚度

品牌忠诚度指消费者对品牌的忠诚态度和忠诚行为,忠诚的顾客人数越多,品牌忠诚度就越高。价差效应(消费者愿意增加额外开支去购买自己喜欢的品牌产品)、重购(消费者反复地再次购买同一个品牌产品)和推介(消费者自愿或自觉地向其熟人推介其喜欢的品牌产品),被认为是消费者对品牌具有忠诚度的“试金石”。其中,消费者重购是从消费行为角度观察和研究顾客忠诚度的,比较适合日常多频次消费用品;而价差效应和向他人推介是从消费态度角度观察和研究忠诚度的,比较适合消费频次稀少的商品(如私家车、商品房等)。

10)品牌资产

品牌资产指品牌能够为企业带来经济收益的能力。品牌知名度高、美誉度好、忠诚顾客人数多,品牌的资产价值就越高。这样的品牌就成为企业资产的增值要素,是企业无形资产和知识产权的重要源泉。品牌资产是各种品牌要素的综合市场表现,品牌资产价值的大小取决于它能够为经营者带来的收益,包括销量增长、市场占有率增加和价差效应所产生的综合经济收益等。

3. 品牌的类别

1)按功能区别的品牌类型

品牌按其功能不同,可以划分为主品牌、副品牌和背书品牌等。

主品牌(Main Brand),是企业产品的总品牌或基本品牌。它所代表的价值正是影响消费者购买决策的最重要核心要素。如“丰田皇冠”“丰田花冠”中的“丰田”就是主品牌。

副品牌(Side-brand),是用以区分在品牌系统中产品线某个部分的辅助品牌,如上述品牌名称中的“皇冠”“花冠”就是副品牌。

背书品牌(Endorsement Brand):也称企业品牌,通常就是企业的商号,即品牌产品生产企业的名称。背书品牌实质上是在向消费者宣称,品牌产品的背后有一个怎样的企业,例如一个富有能力和有责任的企业,它一定会保证品牌产品的属性。

品牌背书者(Brand Endorser):品牌背书者是人而不是企业,这个人可以是企业家,也可以是企业聘请的品牌代言人。品牌背书者其实是在拿个人声誉和公众形象,向广大消费者对品牌产品进行担保。因此,品牌背书者必须要对消费者负责,对其代言的产品质量负责,对相应生产企业的社会责任行为有较为深入的了解,不得拿钱就帮委托企业“摇旗呐喊”,甚至“助纣为虐”。

2)按所有者类型区别的品牌类型

品牌按其所有者不同,可以划分为制造商品牌、中间商品牌和服务商品牌(服务标记)等。

制造商品牌,也称为全国性品牌,这种品牌在产品从制造商到中间商,再到消费者的整个流通过程中都不发生变化。品牌归属于制造商。

中间商品牌，也称为商业品牌或自有品牌，这种品牌是商业组织（如批发商、零售商等中间商）将商品进行重新组合或包装，重新命名或贴上自己的商标后形成的品牌。此种情形下，商家宣称对产品质量负责，消费者可以不必关注实际生产者是谁。

服务品牌，也称为服务标记，指服务商（如配件商、维修商）自己的品牌，通常以服务商的企业商号命名，并设计相应的标识。其目的与有形产品品牌一样，用以区别不同服务商的服务。

汽车市场上，汽车产品品牌一般是制造商品牌，它在汽车整个流通和使用过程中均不发生改变。而汽车经销商和其他服务商一般都有自己的服务标记。

（二）品牌的性质与作用

品牌，对消费者而言，代表的是消费体验；对企业而言，它是一份资产财富。品牌的作用体现在：

（1）品牌是消费者选择商品的重要依据。由于品牌是企业与消费者之间的一种无形契约，代表着企业对消费者的承诺，当消费者对产品不熟悉或没有消费经验时，消费者就会更加信赖有品牌的产品。

（2）品牌有利于企业增加新产品的销售。企业在推出新产品时，常常可以借助原品牌的无形力量，带动新产品的销售。品牌资产越大的企业，品牌的这种积极作用就越大。

（3）消费者容易对品牌产品形成消费偏好，特别是产品形象和企业形象较好时，这种偏好就比较容易形成，因此品牌有利于厂商建立稳定的用户群，不断扩大顾客资源。

（4）品牌是规避单纯价格竞争的有效手段。企业通过品牌经营，增加品牌附加价值，提高品牌忠诚度，品牌的价差效应就是企业摆脱单纯价格竞争的法宝。

（三）品牌策略

品牌策略的内容比较广泛，正确运用品牌策略需要较高的经营艺术，汽车营销者应充分重视品牌策略的研究和应用。

1.品牌设计策略

品牌设计策略就是对品牌的有形部分进行设计的策略，包括对品牌名称的命名和对品牌标识的设计。一般应当遵循这样一些原则和要求：①简洁醒目，易记易读；②构思巧妙，暗示精髓；③富有内涵，情意浓重；④个性鲜明，实现超越。

品牌有形设计必须遵守有关法律规定，如我国禁止使用领袖人物的姓名对产品命名，也禁止使用国旗、国徽、党徽等严肃政治图案作为品牌标识或商标。品牌设计还要符合目标市场的社会文化，尤其在产品出口时，必须要研究出口产品的品牌。如东风汽车公司出口品牌为“风神”（AEOLUS），不可将“东风”直译为“东边的风”，因为对多数欧洲国家而言，他们不喜欢从东边西伯利亚吹来的冷风，更欢迎来自西边大西洋的暖风。又如，“宝马”“奔驰”等品牌的中文名称，就有非常好的寓意，给人非常美好的联想，其品牌管理无疑是成功的。

当今的汽车品牌，特别是著名品牌，沉淀了几代汽车人对事业的执着追求和奋斗历程，凝聚着汽车人对经营的价值理解和过人智慧；代表了产品的功能与品质保证，蕴含着企业的精神与社会责任；彰显了消费者的个性、身份与追求，也昭示着生产者的特色、地位与辉煌；展现了产品的时尚与艳丽，也标志着高超理智和审美素养。魅力传承百年的汽车品牌，镌刻了汽车技术与社会文化的融合，触发人们对企业及其产品的美好联想，启迪人们对未来汽车的思考和期许，精妙绝伦地展示了光辉灿烂的汽车品牌文化。

2. 品牌运用策略

汽车厂商往往具有多个产品线，面对自己众多的产品项目，究竟是使用统一品牌，还是使用个别品牌，这是品牌运用最基本的决策。

一般而言，使用统一品牌，即对所有产品使用同一品牌，有利于企业推出新产品，不必为新产品进行品牌设计，也可以节约新产品的市场推广费用，用好著名品牌可以起到一荣俱荣的效果。但是，这种策略也存在一损俱损的风险，即任何一种产品的失败都有可能导致整个品牌的失败。使用个别品牌策略，即对各种产品分别使用不同的品牌，其优缺点则正好相反。

现实生活中，汽车厂商广泛采取的品牌策略是"主品牌+副品牌"的策略，如"本田·雅阁、本田·思迪、本田·飞度、本田·思域、本田·CRV"等。其中"本田"是主品牌，以商标形式出现在汽车的显要部位；而"雅阁、思迪、飞度、思域、CRV"则属于副品牌，通常以文字形式出现在主品牌附近部位，它代表的是不同的产品线或者特定的消费者群体。

汽车厂商的主品牌设计，既可以用厂商的企业商号（公司名称）命名，也可以不用企业商号命名。如丰田、本田、大众、日产、福特、奔驰等，既是汽车厂商的公司名称，也是产品的品牌名称。而奔驰公司的迈巴赫（Maybach），丰田公司的雷克萨斯（Lexus），通用公司的别克（Buick）、凯迪拉克（Cadillac）、雪佛兰（Chevrolet），大众公司的奥迪（Audi）、斯柯达（Skoda）等，都是与企业商号不同的主品牌名称。同一个汽车厂商主品牌不同的产品，通常市场定位差别较大，如丰田公司的"雷克萨斯（Lexus）"就是定位于豪华乘用车市场的主品牌，其消费者群体与丰田（Toyota）品牌的消费者差异较大。

"主品牌+副品牌"的策略模式，使得企业在产品线较多的情况下，既可以享受统一品牌的好处，又可以克服"一损俱损"的品牌风险，即使某个副品牌做得不够好，也不会对整个主品牌造成严重伤害。

汽车厂商在决策主品牌的延伸策略时，即在考虑将主品牌延伸到那些产品线时，要尽量不与主品牌原有的核心价值理念相抵触，即所有的副品牌都要遵循基本相同的品牌核心价值观。否则就不适合品牌延伸策略，而应考虑设计独立的品牌。

3. 品牌经营策略

经过长期市场经济洗礼，国内汽车厂商对现代营销理念、4Ps营销策略、市场调查研究等现代营销理论和方法，已经能够在汽车营销实践中合理运用。但在2018年后，我国汽车企业不得不面临市场趋于饱和、竞争日益加剧、产业转型升级等新形势，过去业已习惯的主要依靠规模扩张的"经营经验"已然不灵了，汽车营销开始出现诸多新情况、新问题、新焦虑，原因之一就是因为我们的企业品牌力不够，也不懂得如何将品牌经营打造成企业经营的秘密武器。

做好品牌经营，一是要完整、准确地理解品牌的概念，杜绝因为理解偏差造成的错误经营行为；二是要了解品牌实力的积累方法，通过品牌建设，将品牌变为企业强大的无形资产。

1）关于品牌内涵的理解

前文已经述及，品牌是一个复杂的概念系统，特别是其无形部分更为重要。单独强调品牌的某一方面都会失之偏颇。现实生活中，对品牌内涵的理解经常会陷于以下误区：

（1）做销量就是做品牌。认为只要销量上去了，品牌力自然就会提升。其实，忽视品牌美誉度、忠诚度、品牌形象和个性的建设，片面追求产品销量，特别是经常进行降价促销，往往会贬低品牌形象,给消费者带来价格不实和“吃亏”的感觉,难以培植顾客忠诚。成功品牌往往不会过于看重短期销量的起伏变化,而是更注重持续的品牌经营,做好品牌“文章”,讲好品牌“故事”,积蓄品牌力量。

(2)名牌就是品牌。认为做品牌就是做名牌,将产品知名度作为经营的最高目标。这样做的结果虽然产品的知名度提高了,但消费者对品牌并没有在心中“留下烙印”,对品牌利益、品牌价值和品牌联想等没有“深刻印象”,一旦宣传造势停下来,消费者就会对品牌遗忘。从创建过程看,名牌的打造可以毕其功于一役(如一次广告运动),而品牌的打造需要常年积累,因为消费者对企业品牌的完整理解和认同需要一个过程。从各自发挥的作用看,知名度可能在短期内促进销售,而品牌却能够长期对企业做出贡献,强势品牌可以让消费者感觉到附加利益的存在,并愿意为此增加支付。

(3)做产品就是做品牌。认为企业只要产品过硬,就会建立品牌。现实生活中,很多产品其实在产品本身方面(质量、材料、款式)差异并不大,但在价格上却相差悬殊,有的产品经过贴牌后就身价倍增,这种变化唯一的原因就是品牌,是品牌升华了产品价值。宾利和劳斯莱斯的高价值,主要不是来自产品,而是来自品牌定位和购买者的消费心理(身份象征)。在品牌力竞争时代,仍然依靠产品力竞争,注定难以保持持续优势。如果一个品牌领先于对手的原因仅仅只是产品属性,那么这个品牌将来一定会被别的品牌产品力更好的产品所赶超。

(4)品牌是靠广告打出来的。广告虽然可以宣传产品的功能利益,传递品牌主张和品牌情感,但品牌却有赖于消费者对产品的完整体验和口碑传播,需要顾客满意和顾客忠诚,需要顾客自愿接受价差效应等,这些都不是依靠广告运动能够解决的。广告只有在品牌手段的整体规划下运作,才能成为“品牌的有效投资”。

(5)品牌也有生命周期。很多营销者认为品牌与产品一样,具有明显的生命周期,需要适时更换。其实,这是一种受产品生命周期误导的认识。强势品牌一旦建立,它就可以以它强大的生命力跨越产品周期的限制,持久地发挥力量。例如,奔驰汽车的产品换了一茬又一茬,但奔驰品牌却总是“常青藤”。当然,营销者防止品牌形象老化是必要的,其手段包括产品更新、品牌代言形象更新、广告语更新、整合品牌视觉形象等。

需要说明的是,以上品牌经营行为虽属误区,但并不是否认这些工作的重要性,例如一个品牌如果没有特定的品牌属性和利益,没有一定的知名度,没有一定的产品销量,产品没有一定的质量水准,不注重强化品牌宣传等,品牌也是注定不会经营成功的。

2)关于品牌实力的建设

品牌建设一般应遵循以下程序和步骤:

第一步,根据市场定位设计品牌的核心价值。品牌核心价值是企业经营理念和品牌诉求的反映,是企业必须长期坚持的精髓。品牌核心价值的成功标志是品牌理念得到目标顾客的认同和共鸣。核心价值可以彰显产品价值(让用户相信某品牌永远是最合适的),也可以突出消费者本身(如品牌总是服务于某类消费者),还可以刻画品牌与消费者的互动关系(如针对某个群体,长期以“满足你的需要,就是我的责任”为品牌理念)等。

第二步,基于品牌理念,做好品牌认同设计,包括品牌属性认同、品牌文化认同、品牌个性认同、品牌形象认同和品牌定位认同等。品牌认同设计,关键就是要做到企业自己期望的认同,最终真正能够得到消费者的认同,这样消费者就会在心中对品牌“留下深深的烙印”,从而增强品牌生命力。为此,营销者必须做好品牌分析(包括顾客分析、竞争者分析和自我品牌分析），建立一套完整的品牌认同系统（包括基本认同和延伸认同）。

第三步，围绕品牌理念，根据品牌认同设计，综合运用营销手段，做好品牌传播，以便不断增加品牌的资产价值。实际工作中，特别要注意的是：①品牌传播要全力维护和宣扬品牌核心价值，各项举措始终以品牌核心价值为轴心，这是品牌经营不可动摇的基石。否则，品牌诉求经常变，对品牌资产就不会产生积累效应。②品牌宣传要突出品牌个性，让目标受众对品牌能够形成鲜明印象。③广告创意和广告宣传要富有张力，要有利于提升品牌形象和增加对品牌资产的积累，只注重提升销量的广告，不是成功的广告。④品牌形象必须坚持统一，无论宣传用语怎么变化，都不能偏离既定轨道，朝令夕改最终将无法建立强势品牌。坚持品牌形象统一，就要做到“横向统一”（一个时期的各种营销要素都围绕同一个主题展开）和“纵向统一”（长期坚持同一主题和风格）。⑤注重品牌手段的整体规划，品牌建设不能单纯依靠4Ps中的某一个策略，必须综合运用各种营销要素，向着同一品牌目标“集体发力”，才能够建立强势品牌。特别是企业促销时，一定不要忽视品牌管理，不要让促销成为品牌的“掘墓”活动。

总之，在市场竞争越来越向品牌竞争转变的今天，汽车厂商要学会品牌经营，走出习惯应用价格竞争的误区。

第三节　产品生命周期理论与营销策略

企业的任何产品都不可能长盛不衰，从新产品开发成功，到投产上市，再到被市场淘汰，表现出一定的规律性。认识这种规律，并根据它实施正确的营销策略，是企业市场营销必须认真研究的问题。

一、产品生命周期的概念

在现代营销理论中，产品生命周期（Product Life Cycle）是指一种产品自开发成功和上市销售，在市场上由弱到强，又由盛转衰，再到被市场淘汰所持续的时间。产品生命周期实质是产品的市场寿命周期，是产品从上市到被市场淘汰所历经的时间，其长短主要取决于市场竞争的激烈程度和产业内科技进步的快慢，即取决于产品的无形磨损（失去技术上的比较优势）。

一般认为，产品生命周期的典型形态包括如下五个阶段（图7-4）。

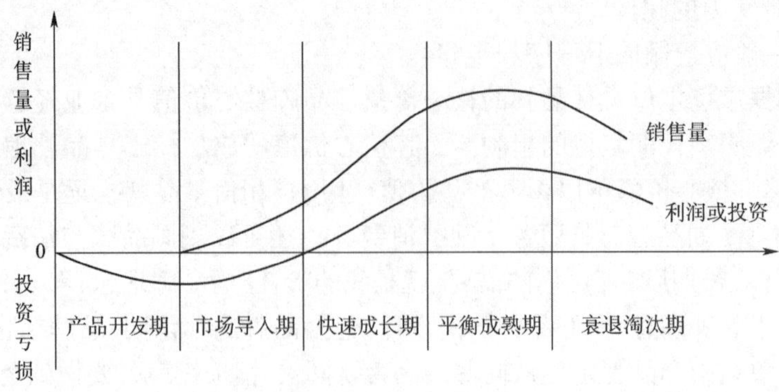

图7-4　产品生命周期

（1）产品开发期。这是产品生命的培育阶段，它始于汽车厂商的新产品构思，到产品的定型投产。在此阶段,产品的销售量为零,厂商需要投入研究开发经费。

(2)市场导入期。产品开始上市,但产品的知名度还不高,销售增长比较缓慢,为打开市场销路,厂商的促销宣传费用往往较高,产品很可能还没有为厂商带来利润。

(3)快速成长期。在此阶段,产品的知名度日益扩大,销售增长率迅速增加,利润显著增长,竞争者开始高度关注产品,可能开始开发类似的竞争产品。

(4)平衡成熟期。产品开始大量生产和销售,成本大大下降,销售量和利润额达到高峰,销售增长率趋于平稳(往往伴随波动),市场竞争加剧,在成熟期后期,营销费用开始渐增,利润可能下降。

(5)衰退淘汰期。市场竞争激烈,开始出现较多的替代新产品。原产品的销售量明显下降,利润渐少,最后因无利可图而退出市场。

产品生命周期是一种理论抽象,虽然各个阶段的转换界限没有具体数值,难以非常具体地去描述它,但它又是客观存在的。正确判断产品所处的生命周期阶段,对企业制定营销策略非常重要。企业可以借用产品销售量、销售增长率和利润的变化曲线,采用适当的方法判断产品的生命周期阶段:①类比法。即根据以往类似的生命周期变化资料来判断新产品的生命周期阶段。②增长率法。该方法根据销售增长率的变化来判断产品所处的市场生命周期阶段。

现实生活中,营销者判断产品生命周期阶段的发展进程,在分析销售增长率时,往往会面临销售增长率波动情形,此时要注意排除偶然波动(受偶然因素影响)和季节性波动的干扰,主要注重长期趋势的形态变化。因为一时的销售波动往往可能是市场受到某个偶然因素的影响而产生的短期波动,不一定就是生命周期阶段的转换时点。

除此之外,产品的具体生命周期形态也往往多种多样,例如有的产品因为开发失败,在导入期便夭折,或者在经历短暂的市场增长后便被淘汰;有的产品可能在衰退期还能"起死回生";厂商营销策略的不同,也会影响产品生命周期的发展形态等,所以产品的生命周期并不总是呈现包括五个完整阶段的标准形态。

不同产品生命周期的长短以及各个阶段历经时间的长短,都可能有较大的差别。对汽车产品而言,商用汽车的生命周期比乘用汽车要长一些,高级轿车的生命周期较竞争更加激烈的普及型轿车要长一些。但总的来说,随着科技的进步以及市场竞争的加剧,无论哪种车型的产品生命周期较之以往都有缩短的趋势。

对任何厂商来讲,理想的产品生命周期的形态应该是:开发期、导入期和成长期要短,投入要少,很快达到销售高峰,并持续很长的成熟期,能够获取大量利润;而且衰退期要缓慢,利润要缓慢减少。厂商可以通过实施正确的营销策略,尽量让产品的生命周期按理想形态发展。

二、产品生命周期各阶段的营销策略

产品在不同生命周期阶段具有不同的市场特点,需要制定不同的营销策略。由于开发期属于新产品开发阶段,其策略将在下一节讨论,在此只讨论其他四个阶段的营销策略。

1. 导入期营销策略

在这个阶段,为了建立新产品的知名度,汽车厂商需要大力促销,广泛宣传,引导和吸引潜在用户,争取打通分销渠道,并占领市场。营销策略要突出一个"准"字,即目标顾客、市场定位和营销组合策略都要准确无误。处于导入期新产品的营销策略有如下几种。

(1)高价格、高促销策略。又被称为撇脂定价策略,即以较高的产品价格和大量的促销措施推出新产品,以期快速拓展市场销量,尽快回收前期开发投资。其适用条件是:①产品确有特点,有吸引力,但知名度还不高;②市场潜力很大,并且目标用户有较强的支付能力。汽车产品较多采用这一策略,因为处于导入期的汽车产品,由于产量小、销售量小、制造成本高、促销费用也高,而且买主更多是看重新品的某些特色,是一群"愿意吃螃蟹的人",他们对价格的敏感性不强,所以定价往往较高。

(2)高价格、低促销策略。以高价和少量的促销支出推出新产品,目的是以尽可能低的促销费用取得最大限度的收益。这种策略的适用条件是:①市场规模有限;②产品已有一定的知名度;③目标用户愿支付高价;④潜在的竞争并不紧迫。某些专业性极强的高端专用车新品的营销可以适用此策略。

(3)快速渗透策略。以低价和大量的促销支出推出新产品,以争取迅速占领市场,然后再随着销量和产量的扩大,使产品成本降低,取得规模效益,这种策略的适用条件是:①市场规模很大,但用户对该产品还不了解;②目标顾客对价格比较敏感;③潜在竞争的威胁严重;④单位成本有可能随生产规模扩大和生产经验的积累而大幅度下降。在竞争激烈的低端汽车市场可以采用此种策略。

2. 成长期营销策略

新产品上市后如果非常契合市场需求,那么在经历导入期后便会很快进入成长期。在此阶段,产品销量迅速增长,企业的主要目标是尽可能调动制造资源增加产量,并维持较高的销售增长率,以便尽快获取规模效益。因此,营销策略上要突出一个"快"字,其基本策略有:

(1)稳定产品质量(不要因增产而忽略产品质量),增加产品项目(品种),以进一步增强产品的市场吸引力。

(2)进行新的市场细分,从而更好地挖掘市场增长潜力。

(3)开辟新的销售渠道,扩大商业网点,争取市场增长率和市场覆盖率。

(4)改变广告宣传目标,由以提高知名度为中心转变为以说服消费者接受和购买为中心。

(5)适当地降低价格以提高竞争能力和吸引价格敏感的顾客。

3. 成熟期营销策略

产品进入成熟期的标志是销售增长率渐缓,市场趋于稳定,并持续较长时间。这个阶段,企业产品的销售增长率降低甚至波动起伏,市场竞争日益加剧,市场上其他竞争产品逐渐增加并形成竞争。延长产品的成熟期是该阶段的主要任务,市场营销策略应突出一个"争"字,具体策略可以是:

(1)发展产品的新用途,寻找新的细分市场和营销机会,使产品销售实现再次增长。

(2)挖掘现有市场潜力,或者开辟新的市场,消除市场盲点,提高产品的销售量。

(3)改良产品的质量、形态、特性和特色,以更好地满足现有市场日新月异的消费需求。例如,大部分乘用车企业每年都会推出年度车型,就是在既定的成熟产品上每年做一些技术改进(尚不构成更新换代的程度),以维持市场热度,保持对用户的吸引力,延长产品的成熟期时间。

4. 衰退期营销策略

企业对处于衰退期的产品,如果能够保持一定的生产批量,则可以在不增加促销费用前提下尽量采取维持策略。否则,企业应面对现实,见好就收。对处于这个阶段的产品,市场营销应突出一个"转"字。企业可根据具体情况,决定采取立刻放弃策略、逐步放弃策略还是自然淘汰策略,适时退出市场。

产品生命周期是现代市场营销很重要的概念,它和企业制定产品策略以及其他营销组合策略有着直接的联系,产品生命周期各阶段特点及相应的营销策略可归纳为表 7-1。

产品生命周期各阶段特点及营销策略 表 7-1

阶段	导入期	成长期	成熟期	衰退期
销售额	低	迅速上升	达到顶峰	下降
单位成本	高	平均水平	低	低
利润	无	上升	高	下降
营销策略	建立知名度	提高市场占有率	争取利润最大化	推出新产品

第四节　汽车新产品开发策略

在激烈竞争的市场上,不断研究和开发新产品是保持竞争活力的关键所在,是取得竞争优势的有力武器。汽车厂商的新产品开发应统筹规划,做到"改进一代、开发一代、预研一代"。因此,除了技术问题外,新产品开发更主要是指新产品战略和开发策略问题,以服从企业市场营销的需要。从这一意义上讲,新产品开发实质上是一个营销管理问题,而不只是纯技术问题。

一、新产品的概念

现代市场营销关于新产品(New Product)的概念,不是从纯技术的角度理解的。它从市场营销角度,凡是能够为新顾客带来需求满足或者能够为老顾客带去新的利益,在产品功能或结构形态上得以创新的产品都可以称之为新产品。它大体上包括:填补市场空白或企业空白的全新产品、更新换代的新产品、改进改良的产品、新牌号(新品牌、新规格、新型号或新包装)产品、拓展功能开发新用途的产品以及用以拓展或开发新市场的产品等。

二、汽车新产品研发管理

汽车研发是一项非常复杂的系统工程,需要投入大量的人力、物力、成本和时间等资源,因此必须进行有效的规划与管理才能持续开发出有竞争实力的汽车产品。本节以开发全新填补空白产品或更新换代产品为主要对象,讨论汽车新产品开发的管理策略。

(一)汽车产品研发管理的含义及基本原则

汽车产品研发管理指在一定研发体系和管理风格基础上,以多样化的信息平台为工具,对研究开发流程中涉及的团队建设、步骤设计、风险和成本管控及项目管理等众多问题的协调行为。从管理的视角来定义,研发工作涵盖范围极其广泛,包括新产品的战略规划、目标市场分析、产品及研发项目规划、研发进度和质量管理、研发团队和绩效管理、试验平台开发等一系列内容。

产品研发管理具有内容复杂、管理对象人员较多、流程严格、持续周期较长等特点,因此必须遵循以下管理原则。

①市场导向:目标市场需求是产品研发的核心内容,一切研发活动都以其为中心展开。

②严格节点控制和结构化流程:跨部门的研发团队应在研发总体目标之下,统一规划、并行实施,将总体目标和相应的任务系统分解到各个部门,并按照统一的时间计划制定各部门的工作节点,实施并行工程,以提升研发效率,缩短产品开发时间,保证研发质量与风险管控。

③跨部门协作与强化项目管理:为了提高研发过程的效率和增强研发成效,产品研发团队应该涵盖不同特色领域的代表,将良好的项目管理渗透到产品研发的整个过程中,实现产品的成本控制、质量控制、风险控制和交货期控制。

(二)基于IPD理念的汽车产品研发流程与内容

汽车新产品开发是一种具有复杂技术含量的综合性创新活动,能否顺利进行,其中一个至关重要的环节就是要做好汽车新产品开发流程及其工作内容的综合(顶层)设计。现在,像汽车这样的复杂产品多采用集成产品开发(Integrated Product Development,IPD)方法,建立面向客户和市场需求的一套完整的产品开发流程,这个流程主要包含项目策划、概念设计、工程设计、验车试验、投产启动、生命周期管理六个阶段。下面简要讨论各阶段的主要内容与要求。

1.项目策划阶段

一款新车型的开发过程极其复杂,不仅需要投入大量资金,而且目标市场日益激烈的竞争也给企业开发的新产品能否获得成功增加了很大的不确定性。因此在进行项目策划(这里特指新产品开发项目策划)时,必须首先组建跨部门开发团队(Product Development Team,PDT),合理确定项目使命和项目任务书,认真做好市场细分、目标市场选择和产品有效定位的研究,对市场机遇、潜在的前沿技术、制造生产手段、项目风险、资金需求、进度等进行预测,对项目投资和收益开展深入有效的市场调研与评估,并以此为依据开展项目可行性分析,生成项目建议书,并拟定新产品的设计目标与计划。

汽车新产品项目策划绝对不是单纯依靠技术部门(技术中心)就可以完成的,也不仅仅是企业高层负责人凭借直觉、经验或工作热情提出动议的过程。项目策划必须吸纳企业相关职能部门共同参与,科学谋划,既要各司其职,又要做到总体协作,通常,需要以下部门的参与。

(1)规划部门。主要根据企业发展的战略规划,提出新产品的历史使命(主要是新品对企业发展肩负的责任与贡献),制订新品开发的项目管理总体计划,组建跨部门的策划团队,并主导新品策划工作;

(2)技术部门。主要负责:①研究新品的技术定位,基于竞品的技术特点和汽车科技本身的发展情况,确定新品的技术特色(往往会成为新品上市后的卖点);②对新品进行产品构思,为概念设计提供依据,初步判断哪些零部件可以继承,哪些零部件需要做出更改,还有哪些零部件需要重新开发;③制订项目项目管理计划,包括进入工程设计和试验试制阶段后的工作任务分解和进度计划,确立关键进度线路,制定PERT网络计划图和Gant进度图,协调组织技术人员、专利技术和新品研发需要的物质资源(包括从企业外部寻求合作、协作和支持的方案)等。

(3)市场营销部门。主要负责:①新品的市场细分和目标市场的选择。必须回答目标用户是具备哪些特征的用户群,这类用户群的数量有多少,他们对新品在技术、产品功能或性能方面有怎样的期待,他们使用产品的用途(目的)是什么,他们的产品使用习惯和使用环境如何。②竞品研究。市场上有哪些竞品,竞品的市场规模及其市场占有率如何,竞品的价格如何,消费者对竞品有哪些褒贬意见等。③新品营销策略研究。新品的生命周期预计多长,最佳的上市时间是何时,新品(包括基于新品基本型的各种变型产品)上市的价格应该是多少,未来生命周期内的价格走势怎样,预计的市场销量多大,主要的营销手段有哪些等。

(4)制造部门。主要负责新品制造准备,包括弄清新品的制造工艺如何,现有的生产线、加工中心、生产设备以及他们的生产能力能否满足新品的制造要求,需要进行哪些技术改造或新建哪些制造能力等。

(5)采购部门。主要负责与技术部门、制造部门和供应商资质管理部门沟通,确定新品需要外购或外协的零部件有哪些,现有供应商是否具备供货能力,是否需要更改采购条件,是否需要寻求新的供应商,对新品零部件采购有哪些新要求(涉及质量、价格和交货期),物流条件怎样等。

(6)质量部门。主要负责新品的质量控制目标。

(7)财务部门。主要负责:①跟技术部门合作,测算新品开发需要的各项费用,包括技术调研、产品设计、分析计算、样机试制、性能试验、定型试验和新品备案等产品工程(Product Engineering,PE)领域费用。②跟制造部门合作,测算新品制造工程(Manufacturing Engineering,ME)领域费用,包括生产设备和生产线的增置或改造费用、工艺更改费用、物流费用等。③跟市场营销部门合作,测算市场和竞争者调研、新品广告和营销启动费用等。④测算新品开发投入总费用,包括上述 PE 领域费用、ME 领域费用、生产和营销启动费用、项目管理费用、供应商辅导费用和其他合理辅助费用等。⑤测算投资收益,跟相应职能部门合作,测算新品的制造成本、采购成本、营销成本,测算新品在生命周期内各年的销量收入和利润水准,再折算为收益净现值,就可以计算投资回报(利润净现值或投资收益率 IRR)。

新品项目策划阶段经过高水准工作,通常会形成三项直接成果:①产品构思。其主要内容包含车辆型式(例如是轿车、SUV 抑或是其他车型)、动力总成参数、底盘总成的布置、车身造型及其强度要求等。②新品项目管理目标大纲。各个部门经过反复地沟通和协作工作,可以明晰自己部门在新品开发阶段的具体工作内容及其工作要求,并最终整合出新产品项目管理目标大纲。③董事会的新品开发批准书。在明确新品开发工作任务,特别是财务上经测算认为投资回报是划算的,那么公司董事会(或其执委会)就会批准该项新品开发计划。

需要说明的是,这个阶段的工作质量对新品开发、投产上市和未来的市场走势至关重要,工作态度是否实事求是,调查研究是否全面充分,工作过程是否民主科学,测算依据是否准确可靠,直接影响到新品项目策划质量。为了提高新品项目策划质量,这个阶段的工作即使有些反复,也不会给企业造成太大的经费负担。否则,如果这个阶段的工作不扎实,待到新品开发全面启动或者开发完毕后,才暴露这样或那样的问题,那么企业就要承受更大的新品开发费用损失,延误新品投产上市时机,甚至造成不可挽回的局面(例如新品开发失败致使市场销售长时间在低位徘徊)。

2. 概念设计阶段

拟定具体的研发目标和计划是概念设计阶段的首要工作，以此来制定各个设计环节相应的时间节点；对产品开发工作量进行有效评估，从而做到合理地分配各项任务；预估项目成本，实时节制各项开发所需成本；根据企业供应链实际情况构造新车组成结构，拟定需要新开发或变更的零部件清单，便于后续开发工作有条不紊地进行。除此以外，总体布置草图设计和造型设计也是概念设计阶段的两个主要任务。

(1) 总体布置草图。总体布置草图也可以叫作整体或整车布置草图，它依据整车的总体设计要求和整体性能要求，对不同总成和零部件的具体安放位置和特性参数提出相应要求。与此同时，总体布置草图能够帮助设计工程师对整车与各项总成间的布置关系和参数匹配关系进行有效协调，使组成的汽车产品能够满足产品目标大纲所要求的各项指标，并且能够让产品的使用性能在给定的某个使用条件下达到最优。更重要的是，依据总体布置草图所确定的基本尺寸控制图是后续进行正式造型设计的基础。

(2) 造型设计。紧接着总体布置草图设计之后便是进行造型设计，而前者所确定的基本尺寸则是造型设计的基础。

3. 工程设计阶段

在此阶段，需要解决汽车整车、总成和零部件之间在结构、功能、工程（运动学及动力学）和制造工艺方面的问题，确保汽车的各项性能能够满足新产品开发目标大纲的要求。

(1) 总布置设计。以前面确定的总布置草图为基础，对模型总布置进行深入细化设计，对各部件的实际尺寸和安放位置进行准确描述。

(2) 车身造型数据生成。油泥模型在特定部门形成后，采用专业的三维测量工具对其进行各项测量，得到相应的车身造型数据，以此数据为依据来对原油泥模型进行重新铣削得到一个新模型，检验车身数据是否无误。

(3) 动力总成和底盘工程设计。为了确保新车型的动力稳定性，动力部门成员的主要任务就是依据新车型的特征和各项特定要求来合理布置动力系统，并实现较为有效的匹配；底盘系统（传动系统、行驶系统、转向系统、制动系统）相关部门的主要工作就是对各个底盘系统开展具体的匹配和设计。

(4) 白车身工程设计。通常将车身整体结构件和所有覆盖件的焊接总成，包含发动机舱盖、翼子板、侧围、车门以及行李舱盖在内的没有经过涂装的车身本体定义为白车身。白车身工程设计就是要确定车身整体结构方案，具体设计不同组成部分，并通过工艺性分析来完成各部件的装配关系图和车身焊点图。

(5) 内外饰及电器工程设计。汽车内外饰主要包含汽车外装件和内饰件。汽车上全部的电器设计则属于电器工程设计的范畴，包含刮水系统、空调系统、各类仪表、整车上的开关、前后灯光和车内照明系统。

4. 验车试验阶段

工程设计完成后需要对新车型的样车进行试制和初步试验，即进入验车试验阶段。试制部门的工程师依据工程设计阶段得到的数据，并根据试验所需各项要求制作出相应的试验样车。样车试验（又作定型试验）主要包括性能试验和可靠性试验。

(1) 性能试验。目的是确认各个不同总成和零部件经过装配后是否满足设计要求，及时发现存在的问题，并针对问题做出相应的设计修改以便对设计方案进行有效完善。

(2)可靠性试验。目的是验证汽车的强度以及耐久性。以国家制定的各项相关标准逐项进行试验,并对试制以及试验所得到的数据和结果进行分析总结,针对出现的不同问题提出改进意见。改进后的新样车需要再次进行试验,直到确定最终产品为止。

以上试验的具体形式依照试验项目、试验目的不同,可以采取台架试验(室内试验)、试验场试验、道路试验、风洞试验、碰撞试验等相应的测试和试验。

5. 投产启动阶段

汽车投产前需要进行很多准备工作,这些任务主要包含制定生产工艺流程、安装调试生产设备及时到位、铺设改造生产线、开发模具、制造和配置各类检具/作业工具等。在投产启动阶段,制造工程师需要反复对冲压、焊装、涂装和总装生产线进行完善。投产启动阶段,往往还需要进行样车小批量生产,以进一步检验新产品的可靠性和生产线的合理性,若3个月内通过小批量生产并未出现严重问题或不存在未能解决的问题,则可以正式启动量产。

6. 生命周期阶段

即按照前一节所述内容对产品生命周期各阶段进行营销管理。需要说明的是,在生命周期末端主要涉及停止生产、停止销售和停止服务等三个检查点的管理。在停止生产(End of Production,EOP)检查点,企业将终止产品以及产品包的生产;在停止销售(End of Marketing,EOM)检查点,产品和产品包的销售将停止;在停止服务和支持(End of Service,EOS)检查点,将停止产品及产品包的服务和支持。随着服务和支持相关活动的完全停止,也就意味着产品的生命周期阶段彻底结束。

本章小结

现代市场营销认为,凡是能够满足消费者的实际需要,并能够让营销者获取经营收益的任何要素,都可以被认为是产品。传递或转移使用价值是产品的基本属性,因此产品可能是有形实物,也可能是无形服务,并构成一个由实质产品、形式产品、期望产品、延伸产品和潜在产品五个层次组成的概念系统。企业的产品往往不能太单一,必须提供产品组合。产品组合反映了一个企业的产品结构,是各种不同类种产品之间质的联系和量的比例,通常可以用产品宽度、产品深度、产品长度和产品组合相关性来表征产品组合的特征。

形式产品是实质产品(使用价值)的承载形式,包含质量、造型、品牌、外观、包装等产品形式要素。汽车造型构成了汽车形式产品的外部特征,先后历经了方箱型、流线型、二厢型、梯形和现代流线型等几种形式。品牌是企业给自己的产品/服务确定的一个名称,以便区别市场上的同类产品/服务。品牌是企业重要的工业产权,其有形要素包括品牌名称、品牌标识和商标,无形要素包括品牌属性、品牌文化、品牌知名度、美誉度、忠诚度和品牌资产等,汽车产品通常采取"主品牌+副品牌"的应用策略,企业在品牌运作中应特别注意坚持品牌理念的长期统一,并通过营销组合手段"集体发力"打造品牌实力。

企业的产品是有生命的,产品生命周期就是产品自开发成功和上市销售,在市场上由弱到强,又由盛转衰,再到被市场淘汰所历经的时间,它通常包括市场导入期、快速成长期、平衡成熟期和市场衰退期四个阶段。企业对处于不同生命周期阶段的产品,应实施不同的营销组合策略。企业为了做好产品衔接和为了拓展新市场,需要特别重视新产品的开发。所谓新产品,泛指能够为新顾客带来需求满足或者能够为老顾客带去新利益的产品。它可能是全新开发的产品，也可能是改进改良的产品。汽车产品研发是一项非常复杂的系统工程，需要施行有效的规划与管理，现在多采用集成产品开发方法，建立面向客户和市场需求的一套产品开发流程，这个流程主要包含项目策划、概念设计、工程设计、验车试验、投产启动、生命周期管理六个阶段。其中项目策划阶段的工作质量对新品开发能否取得成功至关重要。

复习思考题

1. 试讨论如何完整理解现代市场营销关于产品的概念体系。
2. 请概述产品组合的概念，并讨论企业产品组合特征的评价方法。
3. 请简述汽车造型的概念，并讨论汽车造型的变化驱动因素。
4. 请解释品牌的概念，并讨论它的构成要素和汽车企业的品牌运用策略。
5. 试讨论品牌经营的目标以及正确的品牌经营策略。
6. 简述产品生命周期的概念及其构成阶段，并讨论各阶段的基本营销策略。
7. 现代市场营销对新产品概念有着怎样的理解，请简述新产品开发的基本过程。

第八章　汽车定价策略

价格策略(Price Strategy)是企业市场营销组合最为重要的要素之一,直接关系到产品的市场竞争力,也关系到厂商、经销者、用户等多方的切身利益,因此给产品定价是一项非常重要、敏感和慎重的决策,往往需要由企业最高管理层最终决定产品的基本价格和相应价格政策(策略)。

第一节　基本定价方法

基本定价方法通常有三种,即成本导向定价法、需求导向定价法和竞争导向定价法。各种方法的具体运用过程如下。

一、成本导向定价法

成本导向定价法(Cost-based Pricing)就是以产品的成本为中心定价。这一类定价法有许多具体形式,这里重点介绍两种常见形式。

1. 成本加成定价法

按单位产品的总成本,再加上一定比例的毛利来确定产品的最终销售价格,即成本导向定价法的基本形式。定价模型为:

$$P = AC \times (1 + \alpha) \tag{8-1}$$

式中:P——单位产品价格;

AC——单位产品分摊的总成本,具体概念见下节内容;

α——加成率(%),包括企业的税率和合理的利润率。

2. 目标利润定价法

目标利润定价法是根据企业所要实现的目标利润来定价的一种方法。企业利润模型(量本利分析)如下:

$$R = (P - AC_v)Q - C_{tf} \tag{8-2}$$

式中:R——企业统计期获得的利润额,

P——单位产品价格;

Q——统计期销售量(如辆、份、台、套等);

C_{tf}——统计期需要回收的固定成本总额;

AC_v——单位产品可变成本。

显然,如果企业总的目标利润为 R_s,则单位产品的价格为:

$$P = AC_v + (R_s + C_{tf})/Q \tag{8-3}$$

在采用这种方法定价时,企业首先应明确统计期内所要实现的目标利润 R_s,然后再根据销售量的预测,确定出统计期的产品销售量 Q,再核算出单位产品的可变成本 AC_v 以及统计期内应回收的固定成本总额 C_{tf},从而完成定价工作。

成本导向定价方法反映了基本的价格原理,即只有当产品的平均价格高于产品的平均总成本时,企业才能进行有效的再生产。这种定价方法优点是:①简便、实用;②将本求利,一般不会诱发价格竞争。但其缺点是:①定价过程脱离市场,闭门造车。所定价格要么高于市场可接受的价格(如企业生产成本较高时,所确定的价格可能会高于竞争对手),产品面临滞销风险;要么价格过低,产品被市场抢购,企业面临营销机会的损失。②定价过程使得企业有利可图,企业缺乏自主技术革新、主动控制和降低成本的压力和动力。

需要指出的是,成本导向定价法有时会被认为是生产中心观念指导下的产物,但由于其简便易行、有效抑制价格竞争的显著优点,至今在很多企业还被普遍应用。

二、需求导向定价法

在广泛调研和认真测算基础上,企业对其产品确定出一个既能够使企业获利最大,又能够使产品具有较强竞争力的价格,这个方法就是需求导向定价法(Value-based Pricing)。

需求导向定价法的基本定价过程是:运用量本利分析工具,测算各种价格水平下的销量及其对应的利润,以最大利润所对应的价格作为产品的定价,将对应的销量作为企业的生产计划。这个过程如表 8-1 所示,即如果 $R_k = \text{Max}[R_1, R_2, \cdots, R_k, \cdots, R_n]$ 时,那么定价就为 P_k,企业的生产规模就是 Q_k。

需求导向定价法的基本过程 表 8-1

序号	价格	销售量	变动成本 C_v	固定成本 C_{tf}	利润
1	P_1	Q_1			R_1
2	P_2	Q_2			R_2
…	…	…			…
k	P_k	Q_k			R_k
…	…	…			…
n	P_n	Q_n			R_n

(利润列右侧标注:Max)

需求导向定价法的优点有:①由于考虑了市场需求对产品价格的接受程度,因此产品上市后出现产品滞销或者损失盈利机会的风险就大为降低;②能够为企业带来降成本的动力,从而提高企业的经营素质。因为该方法不是依据成本定价,而是依据市场可接受价格确定定价,即定价过程先于成本核算过程,此后如果企业能够将产品成本控制得越低,那么利润就越大。

需求导向定价法也有一些缺点:①定价过程复杂,特别是各种价格下的市场需求量(销量),难以做到准确估计,这成为该方法在现实中难以被普遍使用的最大障碍;②由于技术、产能等因素的限制,企业不一定总能做到将产品成本控制在“市场接受价格”之下,因此企业很可能没有利润。由此可见,需求导向定价法的优缺点与成本导向定价法正好相反。

三、竞争导向定价法

在竞争激烈的市场上,企业在最高价格(市场可接受价格)和最低价格(产品可变成本)

的范围内,究竟怎样确定自己的产品价格,主要取决于竞争对手的同类产品价格。竞争导向定价法(Competition-based Pricing)就是企业依据竞争产品的品质和价格来确定本企业产品价格的一种定价方法。

竞争导向定价要求定价者必须了解竞争对手的产品质量和价格,并据此来进行分析和比较,从而为本企业制定出具有竞争力的价格。本企业和竞争对手的同种产品如果质量大体一样,那么二者的价格水平可以大体一致;如果本企业的产品质量较低,那么价格也应该相对较低,以便争取同类产品的低端客户;如果本企业的产品质量较高,那么价格就可以定得较高,以争取同类产品的高端客户。因此,这种定价方法简便易行,所定价格的竞争力强,但如果企业为了追求更高的销量或市场占有率时,往往容易将价格确定得比较低,从而招致竞争对手的报复。

竞争导向定价法比较适合市场竞争激烈、市场上同类参照产品较多时的产品定价。营销者在运用该定价方法时,应当强化用户的感受,使用户相信本企业产品的价格比竞争对手更符合用户的利益。在当代竞争激烈的汽车市场上,汽车企业越来越广泛地采用此种定价方法。

第二节　产品定价的影响因素

价格是一个变量,它受许多因素的影响,包括企业的内部因素和外部因素。内部因素主要是定价目标、产品成本、营销组合策略等,外部因素主要是需求价格弹性、市场结构形态、政策环境等。企业在运用基本定价方法确定价格时,还必须研究这些因素对定价的影响。

一、企业的定价目标

不同的厂商,由于所面临的经营形势和市场竞争地位不同,因此它们的定价目标也很可能不同。在正常或常态经营情况下,企业的定价目标应该是争取利润最大化。例如,针对市场声誉高,在目标市场上占有优势地位的产品,或处于成熟期的产品,就宜以最大限度地获得当前利润为定价目标。

当然,在特定情况下,企业也会以其他经营目的作为定价目标。例如,当运用非价格手段的经营效果有限时,企业为了阻止竞争者进入自己的目标市场,或者想打入别人的市场,或者想进一步扩大销量及提高市场占有率时,企业就可以将产品价格定得比大部分竞品低,以市场竞争力作为定价目标;又如,对于市场知名度高、美誉度好的产品,企业为了维持其"优质优价"高端品牌形象,就会以合理高价作为定价目标。

对于大多数企业来说,产品定价往往不只是单一目标导向,企业很可能会同时兼顾多个目标要求,因此定价目标的设置需要根据企业的营销战略和经营处境具体确定。

二、产品的成本

产品成本是价格构成中一项最基本、最主要的因素。低成本是企业制定富有竞争力价格的重要基础。一般情况下,产品价格必须能够补偿产品的直接成本,还要补偿企业为产品承担风险所付出的隐性代价。

1. 成本的概念与种类

企业产品的生产和经营要经过一系列复杂的过程,必定要消耗一定的物化劳动和活劳动,这种在产品生产和经营中所产生的实际耗费的货币表现就是成本。它是产品价值和价格形成的基础,通常也是产品价格的经济底线。企业的成本包括制造成本、管理成本、营销成本、储运成本和提取折旧基金等,通常可分为固定成本和可变成本两大类。

1)固定成本(Fixed Cost,FC)

固定成本又称作不变成本,是指在短期内并不随着企业产量和销售收入的变化而变化的费用,具有相对不变特性,其构成包括设备折旧费、租金、利息支出、企业管理经费、员工的固定薪金等。这种成本的特点就是只要企业未被注销,即使企业没有实际经营活动,这些费用都必须支出;换言之,固定成本跟企业的生产情况不直接相关。

企业的固定成本通常按照一定周期(年度、季度或月份)进行回收,各周期回收的固定成本基本相同,跟本周期的产品产销量基本无关。这种口径统计的固定成本属于统计期的总固定成本(Total Fixed Cost,TFC)。换言之,总固定成本是统计期企业需要回收的固定成本的总额,其数量相对固定不变。

由于补偿固定成本的最终经济来源终究还是来自企业的销售收入,因此固定成本需要分摊到单位产品上方能回收。通常,将单位产品分摊的固定成本称为平均固定成本(Average Fixed Cost,AFC),又称为单位固定成本,指总固定成本按产量平均分摊到单位产品中的固定成本。它等于总固定成本(TFC)与总产量(Q)之比,即:$AFC = TFC/Q$。显然,它随统计期产量的增长而趋于下降。

2)可变成本(Variable Cost,VC)

可变成本是指直接随着企业的产品产出和销售收入变化而变化的费用支出,包括原材料费、中间品(零部件或外协件)采购费用、储运费用、能源动力消耗、计件工资等,其特点是可变成本跟企业的生产活动直接相关,没有生产活动就不会产生可变成本。

企业的可变成本通常是随着产品的售卖而回收,统计期内企业的总可变成本(Total Variable Cost,TVC)通常等于单位产品可变成本与总产量的乘积,即可变成本总量 $TVC = AVC \times Q$。

与可变成本总量概念对应的也有可变成本均量概念,即平均可变成本(Average Variable Cost,AVC),又称为单位可变成本,指统计期的总可变成本与总产量之比,即:$AVC = TVC/Q$。通常,在企业的产能范围内产品的平均可变成本是大体稳定的,可以简单地视为与产量无关。

3)总成本(Total Cost,TC)

总成本是指企业在统计期内的所有物化劳动和活劳动耗费的总和,它等于统计期内企业的全部固定成本与总可变成本之和,即:$TC = TFC + TVC$。虽然固定成本在统计期与产量无关,但由于总可变成本与产量成正比,因此总成本也与统计期产量成正比。

平均总成本(Average Total Costs,ATC),又称为全分摊成本或单位产品总成本,是指分摊到单位产品上的不变成本与可变成本的总和,即:$ATC = TC/Q = AFC + AVC$。显然,由于单位产品分摊的固定成本和统计期的产量成反比,因此单位产品总成本也随产量增加而下降。

4)边际成本(Marginal Cost,MC)

边际成本是指每增加一个单位的产品生产所引起的总成本的增量。它等于总成本增量与总产量增量之比。即:$MC = \Delta TC/\Delta Q$ 或 $MC = \mathrm{d}(TC)/\mathrm{d}(Q)$。通常,企业处于成熟期的产品,其边际成本与平均可变成本大体相等。但当产量增长引起固定成本增加时(如需要投资改造生产设备或者招募新员工需要进行培训等),或者引起单位可变成本变化时(例如加班生产就比正常时间支付给工人的计件工资高),边际成本就会高于平均可变成本。因此,边际成本在数量上不会小于平均可变成本。

以上各类成本的关系如图 8-1 所示。

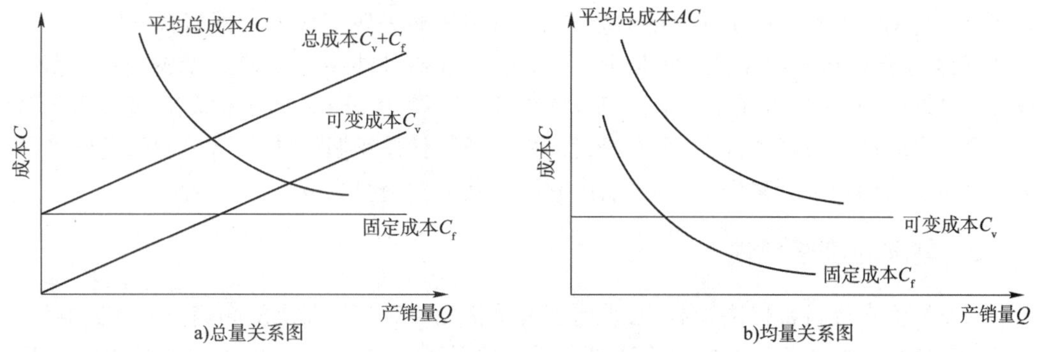

图 8-1　固定成本、可变成本与总成本的关系

2. *成本对产品定价的参考价值*

任何企业都不能随心所欲地制定价格。一般情况下,某种产品的最高价格取决于市场,即消费者愿意支付的价格水平;最低价格取决于成本,尤其是价格不可能低于单位产品的可变成本。从长远看,企业要获得健康稳定的发展,产品的销售价格必须高于单位产品总成本;否则,企业的销售收入就不能抵偿全部成本支出。

企业在给产品定价时,对成本的参考可能会面临以下几种情形:①如果产品价格大于平均总成本($P>ATC$),那么企业在收回全部可变成本和固定成本产品基础上,还会赢得利润(单位产品的利润贡献为 $R=P-ATC$)。②如果产品价格大于平均可变成本,且小于平均总成本($ATC>P>AVC$),此时企业除全部回收可变成本外,还可以回收部分固定成本,但总体上没有利润,亏损额为[$TFC-(P-AVC)Q$]。企业在已经投资形成生产能力或出现能力闲置,而市场销售却无法增长时,可以采取这种定价策略,因为毕竟可以弥补部分固定成本[即$(P-AVC)Q$]。③如果产品价格小于边际成本($P<MC$),单纯从这些增加生产的产品看,企业是没有利润的,但此时企业是否在整体上盈利,要看边际成本与平均总成本的关系,如果 $ATC<P<MC$,企业虽然会有利润,但这些增加生产的产品会使企业的利润减少,从经济学观念看,不主张企业在这种情况下增加生产。

由此可见,平均总成本(ATC)是企业真正盈利的底线。平均可变成本(AVC)是企业产品售价的底线;否则,如果价格低于平均可变成本($P<AVC$),就意味着企业不能维持简单再生产,生产已经没有任何意义,除非企业清仓处理已经生产出来的产品(事实上这个时候产品已经没有任何底价约束,只能奉行"尽量变现"原则)。边际成本是企业扩产至何种规模的判定标准(价格不应低于边际成本)。

现实生活中,汽车厂商依据成本的定价过程通常是:①核算生产厂商出厂价格,它包括生产企业的采购成本、制造成本、固定费用提成、生产环节的税收和合理利润;②核算厂商对经销商的供应价格,它包括生产厂商出厂价格、厂商销售部门的总成本(含运费)、销售环节的税收和合理利润;③核算经销商对最终用户的销售价格,它包括厂商的供应价格、经销商的总成本、经销商的税收和合理利润,以及经销商的价格浮动。

三、企业的营销组合策略

价格是营销组合中最活跃的因素。在制定价格策略时,企业不能脱离其他营销组合因素而孤立地决定产品价格，而必须与产品策略、分销策略和促销策略互相匹配，做好营销组合策略的整体设计，形成一个相互协同的营销组合。

不同的市场条件下，价格策略在营销组合中所处的地位是不一样的。在买方市场条件下，或只有降低价格才能赢得市场的条件下，价格策略一般应居于营销组合策略的中心地位，如在竞争激烈的普及型汽车市场上，厂商应首先研究目标市场所能接受的或比较富有竞争力的价格范围，然后再在这个价格范围内展开汽车设计。而在卖方市场、厂商竞争不激烈的市场或高端产品市场条件下，企业经营的中心任务就是发掘或维持产品特色，此时产品策略一般居于营销组合策略的中心地位，由它决定其他营销组合策略。

四、需求的价格弹性

汽车厂商在进行价格决策时，必须要了解价格变动对产品需求的影响方向和影响程度，才能合理选择价格策略和制定价格决策。通常情况下，市场需求会按照与价格变动相反的方向变动。即价格提高，市场需求就会减少；价格降低，市场需求就会增加。营销理论中通常使用需求价格弹性，以反映价格变动而引起需求变动的情况，或者说需求对价格变动的敏感程度。

1. 需求价格弹性的概念及其应用

不同商品，其市场需求对价格变动的反应程度不同，通常采用需求价格弹性来表征商品需求量对价格变动的敏感程度。需求价格弹性（Price Elasticity of Demand），是指商品的市场需求量随着价格变化而变化的程度，即价格变化率引起的需求量的变化率。用公式表示如下：

$$E_{\mathrm{d}} = \frac{Q_2 - Q_1}{Q_1} \Big/ \frac{P_2 - P_1}{P_1} \tag{8-4}$$

式中：E_{d}——需求价格弹性系数；

P——价格；

Q——需求量。

通常情况下，价格变化跟需求量变动的方向相反，因而需求价格弹性 $E_{\mathrm{d}} < 0$，但有时在人们“买涨不买落”的心理驱使下，也会出现 $E_{\mathrm{d}} > 0$ 的情况。

分析商品的需求价格弹性，通常采用其绝对值 $|E_{\mathrm{d}}|$ 形式。因而，需求价格弹性在理论上有五种情况：完全无弹性（$|E_{\mathrm{d}}| = 0$）、单位弹性（$|E_{\mathrm{d}}| = 1$）、完全有弹性（$|E_{\mathrm{d}}| = \infty$）、缺乏弹性（$|E_{\mathrm{d}}| < 1$）和富有弹性（$|E_{\mathrm{d}}| > 1$）。但是，在现实生活中，前三种情况非常罕见，可以不予研究，主要分析缺乏弹性和富有弹性两种情况。

汽车厂商在制定价格策略时，对富有弹性的产品可采用适度降价的办法，刺激需求量增加，从而扩大销量和取得更大的收益。但对缺乏弹性的产品，则不宜采用降价策略。因为降价后，需求量并未增加多少，反而使企业总的营业收益下降；反之，如果采取提价的策略，需求量也不会明显下降，企业可能会反而增加收益。一般而言，轿车比商用汽车的需求弹性大，私人购买比集团购买的需求弹性大。

影响需求弹性系数的因素很多，就汽车产品而言，主要有以下因素：①消费者对汽车的需求强度。即汽车对于消费者而言到底是生活必需品还是奢侈品，一般而言，奢侈品比生活必需品需求弹性大。②替代品或竞品的竞争强度。凡是市场垄断程度高，替代品或竞争产品数量少，或者竞争力不强时，该产品的需求弹性就小；反之，需求弹性就大。③通货膨胀和币值的影响。凡用户认为价格变动是币值或购买力升降的必然结果时,需求弹性就小;反之,需求弹性就大。

2. 需求交叉弹性

需求交叉弹性(Cross Elasticity of Demand),是指相关两种商品中一种商品的价格变动比率,引起的另一种商品需求量的变动比率,即一种商品的需求量变动程度对另一种商品价格变动反应程度的影响。用公式表示如下:

$$E_{xy}=\frac{Q_{x2}-Q_{x1}}{Q_{x1}}\bigg/\frac{P_{y2}-P_{y1}}{P_{y1}} \tag{8-5}$$

式中:E_{xy}——x 商品对 y 商品的需求交叉弹性;

P_y——y 商品的价格;

Q_x——x 商品的需求量。

上式中,如 $E_{xy}>0$,表明此种产品价格上涨,会导致彼种产品需求量增加,这两种产品互为替代品,例如市场上相互竞争的两种车型之间就属于这种情况。如 $E_{xy}<0$,表明此种产品价格上涨,会导致彼种产品需求量下降,这两种产品即为互补品,例如整车与其零配件之间即属于互补品。

五、市场结构类型

在市场经济条件下,市场结构不同,即企业及其产品在市场上的竞争格局不同,企业定价的自由程度和定价策略自然也就不同。根据市场竞争程度的区别,可把市场划分为完全竞争市场、垄断竞争市场、寡头垄断市场和完全垄断市场四个类型。

1. 完全竞争市场(Perfect Competition Market)

完全竞争市场是一种没有垄断因素的市场。在这种情况下,价格是在竞争中由整个行业的供求关系自发决定的,每个市场参与者都只是价格的接受者,而不是价格的制定者。现实生活中,我们可以将厂商数目众多、市场竞争充分、价格不能被任何厂商或厂商联盟控制的市场视为完全竞争市场。

完全竞争市场的形成,必须具备以下条件:①市场上存在着众多的买者和卖者,任何一个买者和卖者的购买数量或销售数量,都不足以影响整个市场的供求状况,因此不能影响整个行业的价格水平。②产品是同质的,对消费者或用户具有较高的替代性。③厂商可以自由地进入或者退出行业,没有进入或退出壁垒,资源可以自由流动。④生产者或消费者对于自己要购买或消费的产品具有充分的信息,不存在信息不对称阻碍市场竞争的情况。在这种市场竞争状况下,没有哪一个买主或卖主对市场有绝对的影响力。如果提价就会无人购买其商品,而降价就会减少利润收入,因此,企业只需参照市场价格,接受由市场供求关系决定的价格即可。

2. 垄断竞争市场(Monopolistic Competition Market)

垄断竞争市场是一种既有竞争,又有垄断,且竞争势力大于垄断势力的市场情形,这种市场的特点是:①市场上存在着较多的厂商,厂商和厂商之间存在着比较激烈的竞争。②厂商之间的产品既有一定的差别,又有较大的替代性。③厂商进入或退出行业比较容易。

在这种市场情形下,卖者提供的产品质量、品牌等方面都存在着一定程度的差异,每一个厂商对自己的产品有一定的垄断权,但同时市场上也存在可以替代的产品,因此厂商之间具有明显的竞争,而价格就在这种竞争中形成。每一个厂商都是自己产品的价格制定者,都有一定程度的定价自由。在汽车市场上,虽然存在有差别的汽车产品,并形成一定的市场垄断,但多数汽车产品又面临类似产品的激烈竞争,从而形成垄断竞争的市场类型。在这种市场形态下,如果某汽车厂商在其他厂商价格不变的情况下降价,销售量会有较大的提升,但如果其他厂商也随之降价,则率先降价的厂商,其销售量的变化也可能不大,并有可能诱发恶性竞争,形成价格战。

3.寡头垄断市场(Oligopoly Market)

寡头垄断市场指由少数几家大厂商共同控制行业产品生产和销售的市场情形。这种市场的特点是:①行业内部既不存在众多厂商,也不存在唯一厂商,而是存在少数几家规模较大的厂商,每家厂商的市场占有率都较高,他们都有足够的能力影响整个行业的供求关系和价格水平。②寡头厂商之间存在着高度的相互依赖性,或者互相影响,任何一个厂商的决策变动都会引起其他厂商的极大关注。③在寡头垄断市场上,价格往往不是由供求关系直接决定,而是由寡头垄断者协商操纵,这种价格比较稳定,价格竞争趋于缓和,非价格竞争比较激烈。很多结构特殊、技术专有、不易被模仿的汽车产品,专用汽车、客车、中高端乘用车等流域,都呈现寡头垄断市场情形。

在寡头垄断市场上,价格决定要区分寡头间是否存在联合。在不存在联合的情况下,价格决定的方法有:①价格领先制,行业价格通常由某一寡头率先制定,其余寡头追随其后确定各自的价格;②成本加成法,这是寡头垄断市场上最常用的一种方法,即在估算的平均成本的基础上加一个固定百分率的利润。在存在联合的情况下,即各寡头共同确定一个统一的价格且协调行动,有时还会为了维持统一价格对产量实行限制。但是,由于寡头间的矛盾,有时达成的协议难以兑现,引起联合失败,这表明联合不能完全代替或取消竞争。

4.完全垄断市场(Perfect Monopoly Market)

完全垄断市场是由一家厂商完全控制整个行业的市场情形,这种市场的特点是:①市场只存在着唯一一家厂商,该厂商的产销量就是全行业的产销量。②厂商的生产和产品是独一无二的,市场上没有任何相近的替代品,既无内部竞争,又无外部竞争。③市场进入壁垒极高,新厂商无法加入行业。④在完全垄断条件下,卖方完全控制市场,理论上可以随意定价。完全垄断有两种情况,一种是政府部门垄断,一种是私人垄断(当一个厂商的市场占有率很高时可以近似视为这种情形)。不论是哪种情况,垄断者出于不同的定价目标和对市场占有的长期考虑,或者受到政府管制政策的约束,都不会肆意制定过高的价格,以避免失去消费者,或者诱发政府的政策干预。

六、国家政策法令

任何国家对物价都有适当的管理,所不同的是,各个国家和地区对价格的控制程度、范围、方式等存在着一定的差异,完全放开和完全控制的情况是没有的。在市场经济条件下,政府部门一般不会直接干预诸如企业产品定价等经济行为,但会运用财政、税收、法律、法规等手段对市场进行监管,如果发现企业的定价活动涉嫌操纵市场、暴利经营、破坏市场公平竞争环境、坑害消费者利益等情形时,则会依法对涉嫌企业进行处罚。

总之,汽车产品的定价需要企业做出全面的审查,充分考虑各种因素的综合作用,才能保证定价的成功。

第三节　汽车产品的价格策略

企业在运用适当的定价方法，并认真考虑相关因素影响后所确定的价格，可以被视为是产品的基本价格。实际营销过程中，企业还应针对需求差异、地区差异、消费心理和购买行为差异等，围绕基本定价对价格进行调整，实施灵活的价格策略。

一、产品生命周期定价策略

产品生命周期包括导入期、成长期、成熟期和衰退期四个阶段。处于不同阶段的产品各有不同的特征，就必须采取不同的定价策略。

1. 导入期的定价策略

导入期的定价策略也被称为新产品的定价策略。一种新产品刚刚投放市场，它在技术上或产品特点上具有一定优势，但同时也面临很多问题。新产品面市迎合了一部分消费者求新求异的心理，但大多数潜在消费者对产品还不太熟悉，需要的促销费用较大，而且新产品的产量也较少，销售增长缓慢，需求不稳定，营销成本较高。在这种情况下，企业为达到不同的目的，会采取以下不同的策略。

1）撇脂定价策略

撇脂定价策略又称高价策略，是指在新产品上市之初定出高价，以尽量多赚取利润，争取在尽可短的时间内收回新产品开发的投资。随着产销规模扩大，再逐渐降低产品售价，实现最大的利润回报。

这种策略的优点是可以充分抓住顾客的求新心理和顾客对价格相对不敏感的机会（敢于“吃螃蟹”的顾客通常对价格不敏感），对产品定出高价，企业可以在短期内获取较多利润，尽快收回投资；先定高价，然后再逐步降价，一方面适应了消费者“只能降价，不能提价”的心理，另一方面又可以通过降价吸引更多对价格比较敏感的潜在顾客，扩大顾客基础和产品销售量。企业在提高市场占有率、实现经济规模和获得较多利润后，也可以为日后应对激烈的市场竞争积累实力。

这种定价策略的缺点是新产品刚投入市场，产品声誉尚未建立，实行高定价不利于开拓市场，还会诱发竞争者的加入并刺激代用品的发展，使高定价难以维持太久。

这种策略的适用条件是：①新产品生产能力有限，高价有利于调控市场需求量，遏制市场抢购；②新产品成本较高，短期内难以立即下降，且市场需求的价格弹性不高，存在索取高价的机会；③新产品在本质上与竞争者的产品有明显优势，短期内竞争对手较难模仿，供给弹性不高，或根本没有竞争性产品；④高价不会使用户产生牟取暴利的感觉；⑤产品的用途、质量、性能或款式等产品要素，与高价格相符合；⑥产品的生命周期相对较短。汽车产业（尤其 IT 产业）的新产品上市，常常采用这种定价策略。

2）渗透定价策略

与撇脂定价策略相反，渗透定价策略是在新产品进入市场初期，把价格定得很低以打开产品销路，迅速占领市场，然后随着市场份额的扩大而逐步提高价格。

采用这种价格策略的优点是有利于产品尽快占领市场，而且低价可以有效控制和抵挡潜在的竞争者，延缓了市场竞争。但其缺点是容易引起竞争者之间竞相压价的价格战，不能迅速收回投资，而且会在消费者心目中造成产品定位和档次不高的印象而损害产品声誉，在一定时候企业若想提价常常面临难以被消费者接受的窘境。

这种策略的适用条件是:①新产品的需求价格弹性高;②潜在需求量大,且企业生产能力的潜力大,具有明显的规模效益;③新产品的生命周期较长,企业立足于长期经营。

3)满意价格策略

满意价格策略是撇脂和渗透价格策略之间的中间策略,企业定价时取适中价格,兼顾厂商、中间商及消费者利益,使各方面都顺利接受。这种策略的优点是稳扎稳打,没有风险,但缺点是很难掌握"满意"的价格水平(实际上会呈现价格偏高或偏低情形)。此策略通常适用于那些需求价格弹性适中且销量能稳定增长的产品。

2. 成长期的定价策略

产品在成长期一般适用目标利润价格策略,以期获得自己满意的目标盈利率。因为这个阶段,企业产品成本迅速下降,市场中竞争者还不多,产品销路已打开,销售量呈上升趋势,企业在市场中处于有利地位,这时是有利于实现企业预定目标利润的时期。

这种价格策略的关键是对目标利润水平或目标盈利率的准确掌握。一般而言,这个阶段的价格水平以获得社会平均资金利润率为宜。在导入期采取撇脂策略的产品,可随产量的增加和竞争者的进入适当降价;在导入期采用渗透策略的产品,由于此阶段的成本已大幅度下降,维持或适当提高原来的渗透价格即可获得平均利润;而在导入期实行满意价格策略的产品,可维持原来的价格或随成本的降低适当降价,企业仍能取得平均利润,同时顾客也可以享受降价实惠。

3. 成熟期的定价策略

这个阶段企业一般实行竞争价格策略。产品进入成熟期后,虽然生产量和销售量都达到高峰,但因有较多的竞争者进入市场,企业的产品销售肯定会受一定影响,而这一阶段企业的生产成本也进一步下降了,企业可以根据市场情况对产品作不同程度的降价,同时辅以一些非价格竞争的手段以遏制竞争、扩大销售、获得利润。实行竞争价格时,掌握降价的时机和降价幅度十分重要。降价太多,虽然可扩大销售,但企业可能需要蒙受较多的机会损失,或者伤害品牌形象;降低太少,不足以震撼市场,企业不能达到降价目的。企业在实行竞争价格策略时,必须对企业内外部情况进行综合分析,合理确定产品的竞争价格。通常,产品需求价格弹性大时降价幅度可大,需求弹性小时则降价幅度宜小甚至不宜降价。

4. 衰退期的定价策略

产品进入衰退期之后,市场上的新产品、替代品不断出现,消费者对老产品也逐渐失去兴趣,销量直线下降,而且这个阶段因为生产规模下降,产品成本也会所上升,利润减少,甚至出现亏损。这个时期产品的定价,主要着眼于最大限度地"收割"产品在其市场寿命最后阶段的经济效益,可以发挥产品知名度高的余威,向落后地区(市场梯次位置靠后地区)转移生产,尽量延长产品生命周期。衰退期的产品定价一般采用驱逐价格策略或维持价格策略。

(1)驱逐价格策略。这种策略是以产品的平均可变成本作为价格下限,大幅度降价,以驱逐竞争者,延缓本企业产品销售下降,延长产品寿命。这种定价策略有较强的价格攻击力,但风险也较大,仅限于产品生命周期结束阶段应用,以便清仓出货,迅速转产。

(2)维持价格策略。即企业对老产品继续保持其在市场成熟期的价格水平。这种定价策略可以保持产品在消费者心目中的良好形象,不至于造成"淘汰产品"的印象。但容易使销售量大幅度减少,加快产品退出市场。

二、产品组合定价策略

对多数汽车厂商来说,其产品并不只有一个品种,而是某种产品组合,这就需要企业制定一系列的产品价格,使产品组合取得整体的最大利润。产品组合定价策略有以下几种形式。

1. 产品项目定价策略

在同一产品线中,各个产品项目是有着非常密切的关系和相似性的,企业可以利用这些相似性来制定产品线中不同产品项目的价格,以提高整条产品线的盈利。如企业同一产品线内有 A、B、C 三种产品项目,分别定为 a(高价)、b(中价)、c(低价)三种价格,则用户自然会把这三种价格理解为三个“档次”,并按习惯去购买自己期望的那一档次的产品。

运用这一价格策略,企业能够通过价格差异和价格梯次,使其产品定位鲜明,且能服务于各种消费能力层次的用户,并能使用户确信本企业是按质论“档”定价,给市场一个“公平合理”的定价印象。

企业在运用这一策略时,首先必须对产品线内的各个产品项目特色、顾客对不同特色的评估以及竞争对手同类产品的价格等因素进行全面调查和评估;其次,应以某一产品项目为基点定出基准价;然后,围绕这一基准价定出整个产品项目的价格,使产品项目之间存在的差异能通过价格差别鲜明地体现出来。

2. 汽车精品的定价策略

汽车厂商在提供主机(整车)的同时,往往还通过其经销商销售一些诸如车载电话、车联网产品、行车记录仪、声像加装、内饰改装、靠枕、坐垫、儿童座椅、灭火器等满足消费者个性爱好的产品(通常属于非必需品,俗称汽车精品),以增加企业的盈利能力。一般而言,这些汽车精品应独立计价,且可以适当定高价。这些产品常常陈列在汽车销售展厅内,良好的实体环境对汽车精品能够产生强烈的衬托感染效果(如给人质优、高品位、上档次等印象),使用户着迷,而且用户会在“既已买‘马’,何必吝‘鞍’”心理作用下,失去对汽车精品的价格抵抗力。

3. 维修配件的定价策略

随着汽车使用时间或行驶里程的增长,汽车维修在所难免。对已过质保期或质保期内由于用户原因造成产品损坏的产品维修,用户需要自己承担维修费用。对于这样的汽车配件,企业通常应将价格定得高些,这也是一种在国际汽车市场营销中比较流行的策略。业内引用汽车价格“零整比”这个概念,即全车所有零部件对应的配件价格之总和,与新车整车的销售价格之比。汽车价格“零整比”通常在 3 ~ 12 范围内(个别车型可能更高),高端车价格零整比一般较高。汽车企业应该合理确定配件价格,如果价格过高(零整比太高),不仅容易导致企业丧失维修市场占有率,而且容易招来政府管理部门的反暴利调查。

二、心理定价策略

1. 声望定价策略

声望定价策略指利用用户仰慕名牌产品(名贵产品)或企业声望的心理来定价的策略,往往把价格定得较高。这种方法尤其适用于产品成本、质量不易鉴别的产品,因为用户在不容易区分不同产品的成本、质量的情况下,往往以品牌及价格来决定取舍。此外,一些“炫耀”性产品也适合保持较高的价格水平,如高级豪华轿车或高档精品。

2. 尾数定价策略

尾数定价策略指利用特定社会文化环境下用户对特殊数字偏好(甚至迷信)的心理,在价格的尾数上做文章。如,企业故意将产品的定价定出个尾数,让用户感到企业的定价比较公平合理;又如,将尾数定为"9",以满足人们长长久久的心理;将尾数定为"8",以迎合用户"发发发"的心理等。面向公共权力机关销售的汽车(如公务用车),应特别注意应用尾数定价策略,将价格定在有关管理规定的限价之内。

四、地区定价策略

地区定价策略指企业要决定卖给不同地区的产品,是否要实行不同的价格,实行差别定价。概括地看,地区定价策略有:

(1)统一定价。即对全国各地的客户,实行相同的价格,客户不管去哪家经销商购买,产品的价格都是一样的。执行这种策略,有利于吸引各地的客户,规范市场和规范经销商的营销管理。统一定价可以分为两种情况:一种情况是用户自己去经销商处提车,并自负提车后的有关运输费用,或者收取合理的交付费用后,由厂家或经销商负责将商品车交付到用户家里,即收费送货;另一种情况是厂家或经销商负责免费将商品车交付到用户家里,属免费送货。

(2)基点定价。即企业选定某些城市作为定价基点,在这些基点城市实行统一的价格。厂商负责产地与基点城市间的物流费用。

(3)分区定价。即将全国市场划分为几个市场销售区,各区之间的价格不一,但在区内实行统一定价。这种定价方法的主要缺点是价格不同的两个相邻区域,容易出现"串货"或商品的"倒卖"现象。

(4)产地定价。即按产地的价格销售,经销商或用户负责从产地到目的地的运输,负担相应的运费及相关风险费用。这种定价策略已经不大采用,除非在销售较为旺盛时,部分非合同销售才可能使用这种定价策略。

五、折扣定价策略

折扣定价是应用较为广泛的定价策略,主要的类型有:

(1)功能折扣,又称作贸易折扣。即厂商对功能不同的经销商给予不同折扣的定价策略,以促使他们执行各自的营销功能(推销、储存、服务等)。

(2)现金折扣。即给予立即付清货款的客户或经销商的一种折扣。其折扣直接与客户或经销商的货款支付形式挂钩,立即付清(现金支票)时得到的折扣最多,远期支付(远期承兑支票)得到的折扣次之,而在超过一定付款期后,可能得不到折扣,甚至要交付一定的滞纳金。

(3)数量折扣。即与客户或经销商的购买批量挂钩的一种折扣策略。购买批量越大(一次性批量或累计批量),享受的折扣或奖励越大。我国很多汽车厂商均采取了这种策略。

(4)季节折扣。即与时间季节有关的折扣,这种折扣多发生在销售淡季。客户或经销商在淡季购买时,可以得到额外的季节性优惠。

(5)价格折让。当客户或经销商为厂商带来其他价值时,厂商为回报这种价值而给予客户或经销商的一种利益实惠,即折让。如客户采取"以旧换新"方式购买新车时,客户只要付清新车价格与旧车价格间的差价,就是以旧换新折让。又如,经销商配合厂商进行了促销活动,厂商在与经销商清算货款时则给予一定折扣,这种折扣就是促销折让。

(6)地区折扣。即根据中间商或零售商所处的地理位置,距生产厂商距离的远近,在运费上给予一定比例的折扣,其目的是鼓励远距离的中间商或零售商销售本企业产品,以扩大市场的地区覆盖范围。

六、价格调整策略

产品价格制定之后,由于市场环境的变化,企业需及时对产品的价格进行调整。产品价格的调整一般可分为主动调整和被动调整两种。

1. 价格的主动调整

在市场营销中,企业出于某种营销目的,经常主动地对价格进行调整,包括主动降价和主动提价。

1)主动降价

企业降价的原因很多,有来自企业外部的因素,也有企业内部策略的转变等,主要有:①产品供过于求,积压严重,运用价格策略以外的其他营销手段均难以打开销路;②市场竞争激烈,只有通过降价来保住或提高市场占有率;③企业的产品成本比竞争对手低;④产品的使用价值下降,价值下跌;⑤市场需求进入淡季;⑥政治、法律、环境的影响及经济形势的变化,特别是出现通货紧缩、市场疲软、经济萧条的宏观经济形势,或者出现币值上升,社会物价整体水平下降。

企业降价的具体方式,既可以选择直接降价,也可以选择间接降价。采用直接降价策略,可以刺激用户的购买欲望,增加产品的销售量,但如果降价时机选择不当,降价方式不合适,宣传不够,也会产生不良影响。一般来说,降价时购买者可能理解为:①该产品可能被淘汰;②产品有缺陷;③产品已经停产,零配件供应将会有困难;④降价还会持续,特别是小幅连续降价时,最易引起购买者持币观望;⑤企业遇到了财务困难。因此降价策略必须谨慎使用。

间接降价(又作变相降价),可以缓解价格竞争,是常用的降价方式,竞争者或消费者可能将间接降价视为是促销行为,往往未跟降价联想起来。常见的间接降价方式有:

(1)增加价外服务项目。如对购买者提供低息贷款,赠送车辆保险或一定数量的燃油,免费送货上门,增加质量保修内容,延长保修期限或里程等。汽车厂商大量采用这种方法。

(2)赠送礼品和礼品券。

(3)举办产品展销,展销期间价格优惠。如开展"销售优惠月"活动,优惠月内购车价格优惠,这种短期的降价活动有很强的促销作用。

(4)在不提高价格的前提下,提高产品质量,改进产品性能,提高产品附加值。

(5)给予各种价格折扣。

2)主动提价

企业调高价格的原因也很多,主要有:①产品供不应求;②成本费用增加;③通货膨胀,货币贬值,必须提高价格;④产品进行了改进,质量、性能有提高;⑤政府为了限制某些商品的消费,可能会征收高额税收,导致价格提高。

产品提价通常会抑制需求,但有时会使用户将提价理解为:①此产品为"走俏"产品;②该产品有新功能或特殊价值;③可能还要涨价,迟买不如早买。因此,如果提价时机好、促销广告宣传有力,提价有时反而会激发增强购买欲望,增加产销量。

在需要提价的情况下，企业为了不招致用户反感，往往采用间接提价策略，例如：

(1)在签订大宗合同时，规定价格调整条款，即对价格不作最后限价，规定在一定时期内(一般为交货时)，可以按当时价格与供求行情对价格进行调整。

(2)减少系列产品中利润较少产品的生产，扩大利润较高产品的生产。

(3)减少某些服务项目，以降低生产和服务成本。

(4)开展价值工程研究，节约某些项目成本，以降低生产和产品成本。

2. 价格的被动调整

价格的被动调整是对竞争对手调整价格后做出的反应。如果竞争对手进行了价格调整，为了不让本企业失去太多商机，企业就要仔细研究以下问题：竞争对手为什么要调整价格？是为了夺取市场，还是其生产成本发生了变化？竞争者调价是长期的，还是短期的？是局部调整，还是全线调整？其他企业将会如何反应？如果本企业不予应对，其他企业是否会给予应对？如果本企业进行价格调整，竞争者又会有什么反应？

在对上述问题进行深入研究的基础上，企业还应分析研究本企业的具体情况：该产品市场对价格反应的灵敏程度，竞品的价格调整对本企业销量的影响，进行价格调整的产品所处的生命周期阶段；如果本企业不作价格调整，市场占有率、销量、利润、声誉会怎样变动；替代品的价格变化情况以及本企业产品与替代品的相互关系；如果决定调价，那么调价的幅度应该多大，在什么市场、利用什么时机和条件下，本企业进行价格调整；若企业不调整价格，能否通过调整非价格因素达到与实施价格竞争同样的效果等。

综合考虑以上问题后，企业就可选择相应的价格调整措施，例如降低价格、维持价格或施行非价格竞争手段。

第四节　汽车营销价格战及其规避策略

随着汽车买方市场的形成，我国的汽车市场经常出现带有“恶性”竞争性质的价格战(Price War)现象，这种恶性价格竞争往往偏离了竞争的基本原则，导致产业结构不稳定、资源严重浪费和国家税收减少。

一、价格战的概念与特征分析

企业的降价行为常常会引起同类企业推出与之类似但更加激烈的应对策略，容易导致企业间的反复博弈，当产业内的降价竞争态势超出了很多企业的承受能力时，就是恶性价格竞争——价格战。其通常的表现往往是产品的市场销售价格接近甚至低于行业的平均成本水平。因此，所谓的价格战，就是指通过压低价格来实施的恶性竞争。当然，并不是所有的降价行为都属于恶性价格竞争。

从定义来看，恶性价格竞争必须具备以下四个特征：①整体性。即不是某一个企业或者少数几个企业的降价行为，而是产业内企业整体性的价格竞争行为。②连锁性。由产业内某一个或一些企业的降价行为引发，并迅速蔓延开来，形成“多米诺骨牌效应”，导致产业内大部分企业的价格连锁反应。③长期性。价格战并不是瞬间的价格行为，而是会使产业长期维持较低或负的利润率，以至超过企业承受能力的一种竞争状态。④危害性。这是最重要的特征，价格战不仅会使企业利润丧失殆尽，陷入危机，而且会影响产业的良性发展，并最终影响国家的税收、经济的发展，甚至社会的稳定。

二、价格战的成因

长期以来,学术界和产业界一直在努力探讨价格战的成因。一般来看,造成价格战的主要原因涉及产业特征和政府管理两大方面。

1. 产业特征

导致价格战的产业特征包括这样一些情形:①行业壁垒。几乎所有的产业都存在着进入和退出壁垒,对于具有"低进入壁垒"和"高退出壁垒"的产业,由于大家都希望自己留在产业内,往往极易发生价格战,清理那些没有竞争能力的企业使其出局(这种情况下价格战往往有利于产业走向成熟,并形成行业龙头企业)。②产能利用情况。当产业的生产能力过剩时,企业往往直接采用低价策略,进而导致产业内的价格战。③产业生命周期。产业集中度(通常被认为是衡量产业内竞争程度的标志性指标)过低将会导致价格战,在尚未进入成熟期的产业(往往呈分散格局)容易出现恶性的价格竞争(产业要走向适度集中和成熟,价格战往往是不可逾越的一个过程)。例如,我国汽车产业在很多产品上的生产集中度还较低,竞争格局非常分散,很容易引发价格战。④产业结构。主要是产业内企业战略集团的数量与规模。波特认为,领导型战略集团在产业中的结构和地位相对较为稳定,而数量众多且势均力敌的其他类型战略集团的地位则缺乏稳定性。各企业为了争夺领导地位,必然激烈竞争,从而可能最终陷入价格战的旋涡。

2. 政府管理

如果政府缺乏产业发展政策,对市场缺乏正确的引导和规范,或者管理力度太松懈,就会导致市场体系不完善,使得企业面临的市场条件存在差异性。其结果,要么就是使得企业存在不平等的竞争机会和条件,形成不同的价格竞争承受能力,那些承受能力强的企业往往会挑起价格战;要么就是企业对热门产业大量涌入,形成重复性的建设投资,最终导致产业生产能力过剩、产品或服务同质化、营销手段趋同等,形成价格战。

三、价格战的规避策略

并不是所有的价格竞争都是恶性的,但是价格战一旦形成,就会严重影响产业的稳定和企业的持续发展。因此,企业应不断地从管理的角度,寻找规避价格战的策略。

1. 市场定位创新

国内目前的大多数车型的市场处于相对饱和的状态,主要是因为汽车厂商在进行汽车产品的市场定位时严重趋同,尤其是中低端市场。企业想要摆脱价格战,首先就必须在市场细分的基础上,根据企业资源与能力,选择竞争相对缓和的细分市场,即使在竞争激烈的细分市场中,企业仍可以通过详细的市场细分矩阵,找到合适的市场空隙。

2. 技术创新

在学习和引进先进技术时,大多数企业只是着重于"为我所用",并没有从长远出发确定技术的发展战略,进行技术创新。所以,企业的技术发展战略必须注意三个方面的内容:首先,必须关注行业领先技术,积极引进以缩小自身差距,但引进的重点是核心技术和关键技术;其次,学习和引进先进技术之后,必须结合自身特点进行创新;最后,加大企业对于核心技术和关键技术的自主研发力度。

3. 营销模式创新

营销模式的创新是指对“4Ps”营销组合的持续创新，包括：

(1)产品策略创新。主要包括产品线和产品组合的创新、品牌创新等。在产品线方面，企业可以进行产品线延伸，给产品赋予现代化和特色化等内涵；在品牌方面，创新途径主要包括品牌扩展、品牌延伸等，为品牌赋予文化内涵与生命力，突出品牌文化。

(2)渠道策略创新。分销渠道创新是企业营销模式创新的重要内容之一。分销渠道越通畅，产品占领的市场就越快和越广泛。渠道策略创新首先是分销机构创新，可以建立新型的垂直渠道系统或直销系统(如现在的新造车势力就广泛采取直销模式)；其次是物流系统和网络成员信息化管理的创新，用信息网络技术提高分销网络的运营效率。

(3)价格策略创新。传统的价格策略主要是尽量降低商品成本，从而降低商品价格，以廉价形成竞争优势。随着经济发展、科技进步和市场竞争的日益加剧，价格竞争的内涵也日益丰富。价格策略创新的方法是：立足产品市场创新，将产品价格与品牌战略和整体营销策略有机结合，在服务方式上以顾客为导向，创立更加提升顾客满意度的交易模式。

(4)促销策略创新。促销是营销组合中最灵活、最富于变幻的因素，创新的空间很大。例如在广告创新方面，企业可以创造全新的广告创意和创造性地利用消费者心理动机；当前，汽车厂商要高度重视新媒体营销，将集客效率大大提升。

总之，价格战属于相对低层次的竞争手段，对企业的经营和产业发展具有一定危害，企业应该创新竞争领域，从简单的价格竞争转向内涵更为丰富的非价格竞争领域。

本章小结

价格策略是企业最灵活的营销手段，产品定价通常采取成本导向、需求导向或竞争导向的定价方法。其中成本导向定价法，无论是成本加成定价还是目标利润定价，都是以产品的成本为中心展开定价，其特点是简便实用，但定价过程往往脱离市场实情；需求导向定价法需要反复测算不同价格水平下的产品销量，这一难点使得该方法在现实生活中难以被广泛使用；竞争导向定价法就是参照市场上同类竞争产品的价格进行定价，比较适合市场竞争激烈的产品定价，其特点是定价简便，且确定的价格竞争力较强。

产品定价是个复杂而慎重的经济活动，在运用定价方法初步确定价格后应充分研究有关因素的影响，这些因素包括企业的定价目标、产品的成本、企业的营销组合策略等企业内部因素，也包括市场需求的价格弹性、市场结构类型和国家的政策法规等企业外部因素。企业在考虑这些因素基础上，还应根据自己的产品、市场和竞争特点，制定灵活的价格策略，包括产品生命周期的定价策略、产品组合定价策略、消费心理定价策略、市场区域定价策略、功能折扣定价策略以及提价降价策略等。

在竞争激烈的市场上，企业很容易实施降价促销策略，这种行为往往会引起同类企业更加激烈的降价行为，企业陷于反复降价博弈的过程，当这种竞争超出了产业承受能力时便构成价格战，它易带来不确定性或连带性危害。导致价格战的原因主要受产业特征和政府管理两大要素影响，企业要规避价格战需要从市场定位创新、产品技术与品牌创新、营销模式创新等方面入手，寻找可行的方案。

复习思考题

1. 简述成本导向定价、需求导向定价和竞争导向定价的具体方法和定价过程，并讨论各种定价方法的特点。

2. 企业的成本有哪些类型？讨论企业在不同具体情形下参照各种成本进行定价的过程。

3. 什么是需求价格弹性？试讨论它们的影响因素以及在定价过程中的应用策略。

4. 根据市场竞争程度的差异，市场可以分为哪几种市场形态？

5. 什么是撇脂定价策略、声望定价策略？并讨论它们的应用条件。

6. 讨论主动降价和提价策略的应用条件及其具体的操作方式。

7. 请讨论价格战的概念、成因和应对措施。

第九章　汽车分销策略

分销是企业产品所有权转移、解决生产与消费在时间和空间上差异的唯一有效策略。分销渠道以及与之密切相关的销售物流,是直接关乎产品能否顺利进入目标市场、实现市场覆盖、获取经营效益、赢得市场竞争的重要营销组合,企业的市场营销必须要科学决策和认真做好这些要素的管理。

第一节　分销渠道理论

一、分销渠道的内涵

分销渠道(Distribution Channel)又被称为营销渠道、销售渠道、配销通路等。对有形产品来说,分销渠道的基本含义是指产品从制造厂商向用户转移过程中所经过的一切取得商品所有权(或协助所有权转移)的商业组织或个人,即产品从制造厂商到用户的流通过程中所经过的各个环节连接起来形成的通道;对服务产品而言,分销渠道是指服务品牌依照统一标准建立或遴选的向消费者提供服务和传递服务价值的商业组织或个人,即服务品牌拥有者通过契约形式选择的加盟连锁服务机构(网点)。

厂商或品牌服务商通过分销渠道成员的协同运作,共同为最终消费者创造价值。一般说来,分销渠道具有以下特征:

首先,分销渠道反映某一特定产品(服务)价值实现全过程所经由的整个流通通道。其一端连接生产者,另一端连接消费者,是产品从制造商或品牌服务商到消费者(用户)的完整的流通过程。

其次,分销渠道是一群相互依存的组织和个人的集合。这些组织(个人)因共同事业或利益而合作,结成共生伙伴关系;同时也会因不同的利益和其他原因发生一些矛盾和冲突,需要协调和管理。

第三,分销渠道上的实体是形成购销关系(有形产品)或传递价值(服务产品)的商业组织(或个人)。前者通过购销活动使得产品所有权被转移至消费者,后者则直接为消费者提供服务。这些中间环节包括商人中间商(他们取得商品所有权)和代理中间商(他们协助所有权转移或提供服务)。在一定条件下,制造商可将产品直接销售或租赁给消费者(用户),直接转移产品所有权或使用权。但在多数情况下,制造商或品牌服务商要通过一系列中间商(Intermediaries)才可以实现产品的转卖或服务价值的传递。

二、分销渠道的结构与分类

根据不同的市场环境和条件,制造厂商分销渠道的类型多种多样,为了清楚地表述厂商分销渠道,一般使用渠道长度和渠道宽度来描述渠道的结构。所谓的渠道长度(Channel Length),是指产品(服务)在向消费者(用户)转移过程中所经历的环节(中间商)的多少,即一条渠道所包含的中间商(组织或个人)数目的多寡。中间环节数目多,渠道就长。而渠道宽度(Channel Width)是指产品(服务)向消费者(用户)转移的渠道(通道)数目的多少,每条渠道(通道)都可以实现产品(服务)向消费者(用户)的转移功能。

按照渠道长度与宽度的不同,分销渠道可分为不同的结构类型。

1. 长度结构

分销渠道按其有无中间环节一般分为直接渠道和间接渠道两大类。

直接分销渠道(Direct Distribution Channel),也叫零层渠道,是指厂商根据市场目标和市场条件的实际情况设立自有的销售机构,将产品或服务直接提供给顾客的渠道组织形式。直销渠道是长度最短的分销渠道(渠道层次数为0),适用于用户明确具体、地理空间集中、用户类型单一、用户数量不多等情形下的产品营销。专用汽车和大型客车的营销、面向集团组织客户和工业客户销售、新产品试销等,经常使用直销渠道。现代社会,随着互联网功能的日益强大,越来越多的厂商开始依托互联网选择直销模式,如造车新势力企业。

间接分销渠道(Indirect Distribution Channel),是指厂商对产品和服务的分销是在中间商参与的条件下实现的,按照中间层次的多少又可分为:一级渠道、二级渠道、多级渠道等,如图9-1所示。

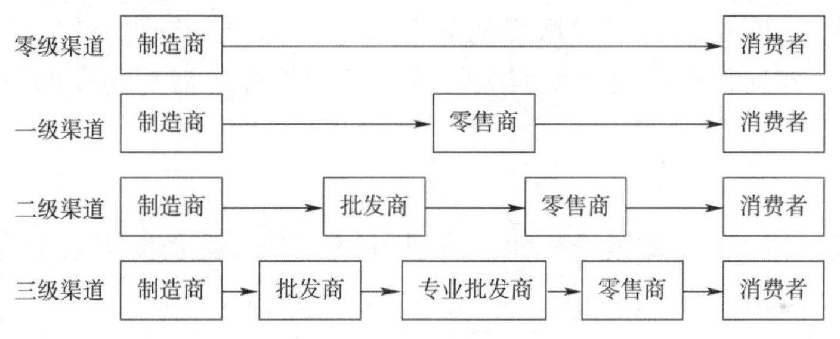

图9-1　分销渠道的长度结构模式

在间接渠道中,根据厂商与中间商权利与义务方式的不同,可以分为独立经营制与代理经营制两种:

(1)独立经营制。独立经营是指中间商,通常是批发商(Wholesaler)和零售商(Retailer),从制造商或上一级批发商那里以一定的优惠价格自主进货,然后再加价转卖给其下游中间商或消费者的独立自主的经营模式。独立经营制的特点是厂商和中间商各自都是独立的市场经营主体,双方可能完全没有产权关系;中间商付清货款并取得商品所有权,加价部分形成其经营利润;产品销售价格和销售流向一般不受制造商或上一级批发商的限制,由中间商自主决定;中间商独立承担商品价格变化和市场畅滞形势转换的销售风险。这种销售模式属于传统的渠道模式,渠道的开放性特点突出,比较适合日常消费品等近似自由市场形态(完全竞争市场)的产品营销。

(2)代理经营制。代理制是制造商通过契约形式把产品销售权让渡给代理商(Agent),制造商与代理商在较长时期内形成稳定代理关系的分销渠道模式。代理制作为产品分销渠道,其形式多种多样。从国内外的营销实践看,按代理商与厂商(被代理人)的权利义务关系,代理制可分为两大类:买断代理和佣金代理,如图9-2所示。代理制比较适合工业性产品和服务型产品的营销。

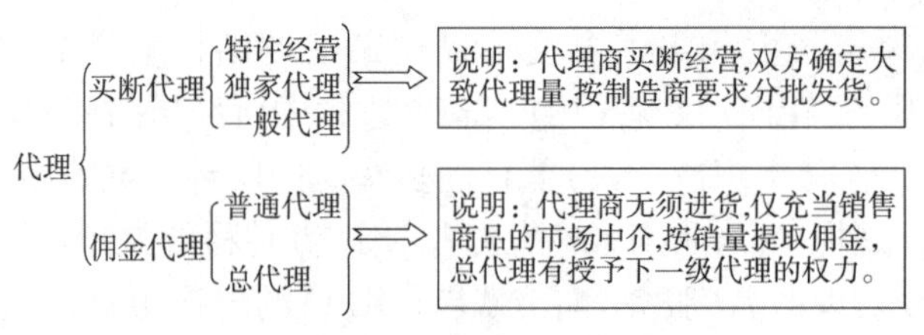

图 9-2　代理制的分类

2. 宽度结构

厂商分销渠道的宽度结构类型,包括以下两种。

1)密集式分销渠道

实施密集式分销策略时,制造商通常对市场销售地区不进行划分,对每个中间商的市场区域范围不作界定,尽可能多地发展中间商。其优点是厂商可以迅速增加渠道宽度(渠道数目),广泛占领市场,方便消费者购买;但缺点是容易造成中间商之间竞争激烈,中间商之间容易产生冲突,也不利于厂商与中间商之间建立持久的合作伙伴关系。

2)独家式分销渠道

实施独家分销策略时,制造商通常在一定的市场地区范围内只选择一家中间商(常常为买断代理制形式)。其优点是厂商对渠道成员能够保持较强的控制力,有利于厂商建立统一的市场营销政策、品牌形象和建立与代理商持久的合作关系;但缺点是如果市场区域划分过大时,则难以实现对市场的充分覆盖,厂商在当地的销售情况受代理商影响较大。因此,厂商对代理商通常要实施目标考核和管理。汽车整车的分销通常采取这种渠道模式。

3. 系统结构

根据渠道成员相互联系的紧密程度,分销渠道还可以分为传统渠道系统和整合渠道系统两大类型。其系统结构如图 9-3 所示。

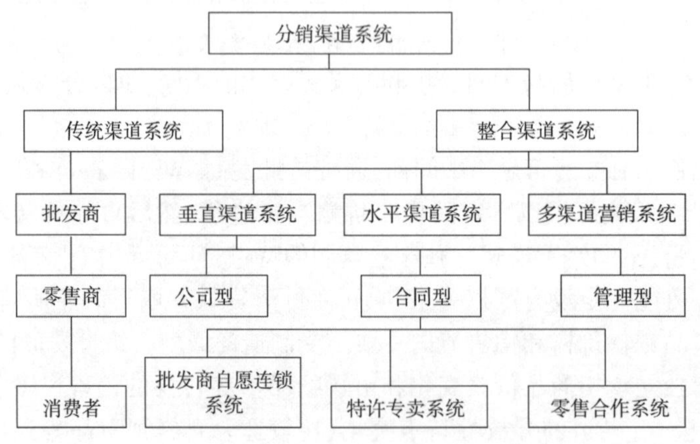

图 9-3　分销渠道系统图

1)传统渠道系统

传统渠道系统是指由制造厂商、独立的批发商和零售商组成的分销渠道系统。由于每一个渠道成员均是独立的,他们往往各自为政,各行其是,都为追求自身利益的最大化而激烈竞争。在传统渠道系统中,渠道成员之间的关系基本就是“一手交钱、一手交货”买卖关系,几乎没有一个成员能够控制其他成员。

2)整合渠道系统

整合渠道系统是指在渠道系统中,渠道成员通过不同程度的一体化方式整合形成的分销渠道。整合渠道系统主要包括:

(1)垂直渠道系统(Vertical Marketing System,VMS)。这是由制造商和具有批发或零售职能的中间商,纵向整合组成的统一渠道系统。这些渠道成员或属于同一家母公司投资(控股或参股)建立,或通过特许经营协议获得产品(服务)专卖权,或服从某一方(具备较强的企业硬实力或软实力)的共同管理。因此,这种渠道系统的成员行为能够得到管控,消除渠道冲突。垂直渠道系统又有三种主要形式:①公司式垂直渠道系统,即由一家公司拥有和管理若干批发机构和零售机构,控制渠道的若干层次,甚至整个分销渠道,综合经营生产、批发或零售业务。公司式垂直渠道系统要么是由厂商拥有和管理,采取工商一体化经营方式;要么是由大型零售公司拥有和管理,采取商工一体化经营方式。②管理式垂直渠道系统,即通过渠道中某个有实力的成员来协调整个渠道系统成员的利益。③合同式垂直渠道系统,即制造商与不同层次独立中间商,以合同为基础建立的渠道系统,如志愿连锁店、零售商合作社、特许专卖机构等。

(2)水平渠道系统(Horizontal Marketing System,HMS)。这是由处于渠道同一层次的两家或两家以上的公司横向联合,共同开拓新的营销机会的分销渠道系统。这些公司或因资本、技术、营销资源不足,无力单独开发市场,或因惧怕承担风险,或因与其他公司联合可实现最佳协同效应,因而组成共生联合的渠道系统。这种联合,可以是暂时的,也可以组成一家新公司,使之永久化。

(3)多渠道营销系统(Multi Marketing System,MMS)。这是对同一或不同的细分市场,采用多条渠道的分销体系,具体形式可能是以上讨论的组织形式或其组合形式。

三、分销渠道的功能

分销渠道是一个多功能系统,作为联结制造商与消费者的分销渠道,中间商除了积极促进产品销售、提供优质服务和完成厂商委托的其他事务外,还应协助实物、信息、资金、所有权、促销五种营销流在厂商和消费者之间实现顺畅的传递(图9-4)。

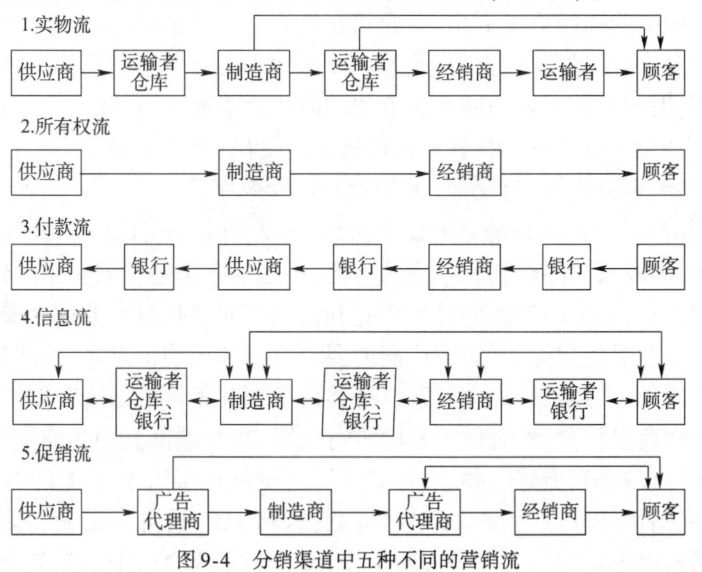

图9-4　分销渠道中五种不同的营销流

四、分销渠道的设计

厂商在进行渠道设计时，也即在选择中间商类型和确定渠道结构（长度和宽度）时，往往会受到厂商自身实力、产品技术特性、目标市场特点和营销环境等因素的影响，因此渠道设计应依次对以下内容进行决策。

1. 分析满足顾客需求的服务水平

分销渠道直接为顾客提供面对面的服务，实现供需在时间和空间上的匹配并提供实时的技术与服务支持。厂商渠道设计的好坏将直接影响消费者所能获得的服务水准，在进行渠道决策时就必须首先了解目标顾客对渠道期望的服务水平，在顾客消费预期、服务感知和渠道营利性三者之间找到平衡点。

2. 建立渠道的目标和结构

渠道设计应反映不同类型的中间商在执行各种任务时的优势和劣势，实现在满足消费者期望的服务水准条件下，使得渠道的成本最小化。

3. 识别主要的渠道选择方案

厂商在确定了目标市场和所期望的定位后，接下来就要确定其渠道方案，包括中间商的类型、数目、对渠道成员的条件及其责任要求等。确定中间商的类型与数目主要指选择何种形式的中间商（即选择独家专营型分销还是密集型分销）和每个渠道中间商的层次数目，涉及渠道的长度和宽度。渠道成员的条件和责任则由厂商和渠道商双方共同确定，主要包含价格政策、销售条件、分销商的地区权力及其他服务与责任。

4. 对渠道方案进行评估

确定了渠道备选方案后，应以经济性、可控性和适应性三种标准，对方案进行评估，从而做出最佳决策。

（1）经济标准。这是最重要的评估标准。经济效益的评估主要是考虑每一渠道的销售额、成本和利润的关系。厂商既要考虑每个渠道的销售量（为厂商带来的销量增长），又要考虑渠道的成本（即对渠道商的返利、奖励和扶植成本）。一般说来，当产品销量不大时，厂商直销可能比利用中间商的成本更小，厂商效益更好。但当销量超过一定水平时，厂商利用中间商则可能比自己直销的获利更大，此时厂商虽然需要给予中间商的价格折扣、利润提成或营销奖励更多，但相对其销量的增长和节约的间接成本而言，厂商依然是划算的。这个间接成本，包括销售网点的建设费用、日常营运的仓储费用、当地促销的广告费用、与顾客的谈判交易费用、跟当地各种势力“打交道”的隐性费用及效率等。

（2）可控性标准。中间商是独立的商业组织，他必须关心自己的经济效益，这本无可厚非。但是，如果中间商只对能获利的产品感兴趣，不愿销售那些厂商希望强化推销但眼前没有利润的战略性产品，只访问他认为对推销有利的顾客而忽视对厂商很重要的顾客，无心研究产品的技术资料和促销目标，不能按厂商的要求收集和反馈信息等，这些现象都表明厂商对渠道的控制力较低。通常，厂商会制定一些奖惩条例和考评办法去控制中间商，对按厂商要求做得好的中间商进行奖励，对做得差的进行惩罚，直至取消其中间商资格。这些办法固然必需，但厂商还可以研究更好的办法。例如，厂商不是直接给予10%的返利，而是以此方式支付：完成目标销售任务，返利5%；用户满意，返利3%；信息反馈做得好，返利2%。这样就可以将经销商以前认为是义务服务的工作，转化为是为自己争取效益的工作，经销商的工作积极性得以提高,厂商对经销商的控制弹性和控制手段也得到加强。

(3)适应性标准。虽然保持渠道的持续稳定,使之具有连续性,培育中间商的忠诚度,是厂商渠道建设的重要目标,但厂商的分销渠道也要与营销业务发展,或者经营环境的变化相适应,即分销渠道要保持一定的柔性,以便能够适时地增加、减少或撤换中间商。这主要是要求厂商与中间商在签订渠道合约时要慎重约定有关条款,保障厂商在做渠道调整和优化时不至于受现有中间商的阻挠。如果合约规定不当,厂商不能调整渠道成员,这会使厂商失去渠道的灵活性和适应性。

第二节　汽车分销渠道的建设与管理

20 世纪 90 年代中期,国家全面进入市场经济体制建设,汽车流通领域的宏观环境发生了巨大变化,汽车及其相关产品(服务)的营销方式彻底告别了原来的统购统销模式,我国汽车行业的各类企业纷纷学习借鉴国际汽车行业的惯例,组建自己的分销渠道体系,并保持对渠道体系的不断创新和完善。

一、我国汽车行业中间商的类型与特征

现阶段,在我国汽车行业不同的细分市场或业务领域,相应企业采取了不同类型和模式特征的分销渠道。总体看,汽车及其相关产品(服务)的分销渠道,具有厂商(或服务品牌商)主导、规划控制、管理有序的基本特征,属于可控的渠道体系,如图 9-5 所示。

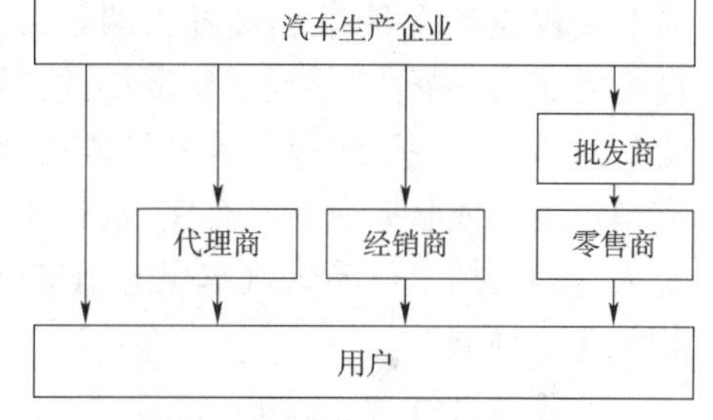

图 9-5　汽车厂商的控制型渠道体系

主要的渠道类型有以下几种。

1. 批发商(Wholesaler)和零售商(Retailer)

批发商,主要是商人批发商,是指从事以进一步转卖为目的、从制造厂商那里批量购进货物,再批发给零售商、最终消费者或用户的商业活动者。零售商是指从制造商或批发商那里将货物批发购进,再零售给最终消费者或用户的商业活动者,主要包括商店零售、无门市零售等类型。

批发商和零售商属于传统的渠道商。在国内外汽车产品的营销实践中,这种形式多见于面向社会的独立汽车维修领域的配件营销,如各地汽配城的商户,他们不属于汽车整车厂商或独立服务品牌商的分销体系。汽车配件批发商和零售商采取买断经营,即“一手交钱、一手提货”模式,其最明显的特征是将商品买进以后再卖出,拥有商品所有权,独立承担商业风险,自己独立制定营销策略,即不受厂商或上一级批发商的约束,自主决定销售区域、销售客户和销售价格等。

2. 特约经销商(Franchised Dealer)

特约经销商是汽车整车销售的主要形式,它属于特许经营(Franchising)范畴,是汽车制造商通过特许合约方式建立的汽车零售商。特约经销商(简称经销商,下同)是具有独立法人资格的商业组织,通过协议获得厂商产品的特许专卖权,在一定时期和在约定市场区域内对制造商的产品进行买断经营(即不得因为滞销而退货),并且只能销售被特许经营的品牌

产品,不能销售其他厂商(或品牌)的产品(即具有经营排他性)。

特约双方每年要在充分协商基础上,确定经销商的年度目标任务(含整车与维修备件的销售量等),并签订年度销售合同或任务书协议。厂商以此作为依据,对经销商进行业绩考核和兑现奖惩。经销商按照厂商规定的出厂价格在订货时买断产品(付清货款),按厂商规定的市场指导价(在允许的价格波动幅度内)向终端用户售出产品,并承担市场风险(不得因为滞销提出退货),但厂商宣布产品降价时,要对经销商手中尚未售出的产品给予降价补贴,即返还进价与降价后售价的差额部分。

汽车厂商往往通过自己的销售服务部门或设置独立的销售服务公司(履行职能部门职责且自负盈亏)主导分销渠道的建设和管理。但由于特定的历史原因,上汽大众则是由中外多方合资的上海上汽大众汽车销售服务有限公司(相当于销售总代理角色),履行上汽大众汽车分销渠道管理的全部职责。

需要说明的是,一些独立的品牌服务商(如途虎养车、天猫养车、车易修等汽车配件或维修养护专业品牌)实施的连锁加盟模式,也属于特许经营范畴。加盟店店主自己负担建店的全部费用,且只能按照统一流程和服务规范从事特定品牌所开展的服务业务,并统一从指定的渠道进货。

3. 销售代理(Sales Agent)

销售代理多为佣金代理形式,是指受厂商(服务商)委托,在一定时期和在指定市场区域及授权业务范围内,以委托人的名义从事经营活动,但未取得商品所有权的中间商。代理商最明显的特征是,寻找交易客户,按照委托方规定的价格向用户推销产品,促成交易,代办交易前后的有关手续等。若交易成功,便可以从委托人那里获得事先约定的佣金;若商品没有销售出去或服务交易没有实现,也不承担风险。这种形式常见于二手车交易领域(如经纪人、掮客、拍卖行等)、汽车保险销售(保险销售代理人)、信息咨询服务或市场推广服务等相关业务领域。

4. 直销渠道(Direct Channel)

直接渠道没有中间商,即汽车厂商(或服务商)直接将汽车产品(或服务)提供给最终C端客户(消费者个人)或B端客户(机构客户)。这类渠道类型在汽车行业广泛存在,例如以专用汽车、大型客车、重型货车等产品为代表的商用汽车分销,以向政府采购、B端客户(如共享汽车营运企业)定制或其他特殊顾客为代表的大客户营销,以向制造厂商供货的汽车零部件的营销,这些领域的汽车产品的分销往往都采取直销渠道。特别值得说明的是,现代社会各类企业借助新媒体和互联网平台直接推销自己产品(或服务)的做法越来越普遍,直销模式正在成为汽车及其服务营销的新趋势,例如造车新势力企业、互联网二手车交易平台企业、汽车保险公司等企业就主要采取了直销模式。

综上所述,汽车及相关业务分销渠道的具体结构形式,跟具体产品与服务的种类、性质和经营惯例密切相关。

二、汽车整车分销渠道的特征

目前,国内外整车汽车厂商特别是传统汽车厂商,除了直销一部分产品外,主要还是通过中间商在销售产品。他们广泛采取特约经销商(4s店)模式建立自己的分销渠道体系,分销渠道的相似性很高,有着很多共性特点,主要包括以下特征。

1. 制造厂商主导汽车分销渠道体系的建设和发展

以制造厂商为主导,按照制造厂商的营销目标,有规划、有控制地建设与管理汽车分销渠道体系。这场变革是我国的轿车合资厂商率先发动的,他们于20世纪90年代,首先对自己的分销体系进行了规划,并建立了以特约经销商为主体的单一层次的销售网络体系。在这些厂商的带动下,其他汽车厂商也纷纷跟进,开始规划分销渠道,削减渠道环节,强化渠道管理。分销渠道建设无论是渠道商的类型选用(基本都是特约经销商类型),还是渠道结构的设计(渠道层级和宽度),均以满足汽车制造厂商的营销需要为中心。汽车经销商的功能发挥及其经营活动,都置于厂商的指导、监督和管理之下。

2. 分销渠道短而宽,呈现扁平型结构

汽车产品因为其结构复杂、技术含量高、服务技术要求高和市场分布广泛等特性,为了提高销售和服务价值创造和价值传递的效率,增强汽车最终用户的满意度,提高汽车厂商对渠道成员的监控和管理力度,汽车分销渠道就不适合"长渠道"策略,只能采取短渠道策略(一层渠道)。另一方面,每个渠道成员的市场覆盖范围总是有限的,为了减少市场盲点,在短渠道策略下就必须增加同类渠道成员的数量,即增加渠道的宽度,使每个渠道商保持一个合理的服务区域范围。这样就形成汽车分销渠道的短而宽特征,渠道结构呈现扁平型。

汽车整车"短而宽"的渠道模式,使得渠道的结构层次清晰,渠道成员各自的责任明确。位于渠道起点的汽车厂商(由其营销部门代表),其职能就是研究市场信息、规划网络发展、确立管理制度、制订销售政策、平衡营销计划、协调产销关系、管理售后服务以及对全网络实施监管、控制和协调等管理职能;而厂商的地区分支机构(其形式有销售子公司、分公司、分销中心或办事处),则起到区域销售管理中心、物流中心、协调服务中心的作用。而汽车经销商,则专门面向所在市场区域的用户从事汽车零售服务、维修服务和配件经营业务,也负责向整车企业反馈有关信息等。

3. 广泛采用区域代理和品牌专卖,实行市场责任区域分工制度

汽车厂商首先把全国市场划分为几个市场大区(可以参考行政区划),在每个大区建立自己的区域营销机构,这个机构一般不直接面向C端用户开展汽车零售业务,而是代表制造厂商对本区域的经销商实施业务指导、监督和管理,协助和支持经销商工作,也是汽车厂商与经销商之间的桥梁纽带。各大区又被进一步划分为若干市场区域,每个区域选择一个经销商,负责零售业务和具体面向广大用户提供各种汽车服务。实行区域销售服务责任制,每个经销商都有明确的市场区域范围,他只能在规定的市场责任区域内开展经营活动。经销商只能服务于一个汽车厂商,甚至只服务于一个品牌,业务经营具有排他性(品牌专卖)。通过这种分工严密的机制维护汽车厂商和经销商的利益和保持长期的合作关系。

4. 经销商"多功能一体化"

经销商主要是4s店模式,向最终用户提供新车销售(sales of new cars)、配件供应(supply of spare parts)、维修服务(service and maintenance)、信息反馈(survey of marketing information)等基本服务(因为服务商这四项职能的英文表述都是字母s打头,因此简称4s店),以满足用户需要为前提,最大限度地方便用户。事实上,以上4s职能只是这类服务商的基本职能,他们通常还提供其他增值服务,例如旧车置换(二手车交易)、物流配送、汽车金融、保险代理、新车上牌、代办年审(车辆和驾驶证审验)、文化传承(车主俱乐部和汽车运动等)、活动促销(接受厂商委托实施临时性的促销或服务活动)等。

5. 金融机构积极参与汽车营销

由于汽车交易涉及的资金金额大,且贷款风险相对不高,因此专业金融机构(如商业银行、保险公司等)对参与汽车营销的积极性较高,还跟汽车厂商一道共同出资组建汽车金融公司,他们自己独立地或者通过共同组建的汽车金融公司为汽车买主提供购车贷款,开展分期销售,代理保险销售,开展汽车租赁,或者向经销商提供资金融通(短期贷款)。

以上是现阶段国内外汽车营销渠道的基本特征,当然这些特征也不是固定不变的。随着现代市场经济法制的完善,特约经销商制度正在面临"挑战",例如这项制度可能涉嫌妨碍汽车流通企业公平竞争(非经销商企业不能平等经营)、影响市场开放(用户不能跨区域购买)、限制经销商经营权(品牌排他和区域限制)、垄断配件和维修技术(不对非经销商提供)、暴利经营(维修配件价格的零整比过高)等,加之互联网营销也在深刻改变着汽车服务的模式和业态,汽车营销正在迎来一场巨大变革。

三、整车厂商分销渠道的规划布局与组织管理

1. 汽车厂商分销渠道的整体规划布局

汽车厂商在确定了分销渠道的结构策略后,在建设过程中应根据实际情况对渠道的总体规模、地区分布等内容进行规划。这个规划的基本过程是:汽车厂商根据其战略发展规划、市场营销计划、目标市场特性(市场规模、厂商份额、占厂商销量的比例)等,将自己的产品销售规划或计划大体按目标市场进行分解,得到各个市场地区的大致销售规模。再根据中间商的平均销售能力,测算各个地区大体需要的经销商数目,得到初始布局。基于这个布局,再分析各个区域市场的具体市场特点、竞争特点、经销商的能力利用程度,对初步布局进行复核和修订,从而确定正式的布局规划,并经厂商主管网点建设的领导审批后执行。

布局规划要保持一定的弹性,汽车厂商应根据事业发展的需要、市场需求的增长、各地市场相对份额的变化以及厂商对经销商经营考核情况实行动态调整,定期修订规划。

2. 经销商的遴选

发展汽车经销商必须依据一定程序和遴选标准,做到科学选建。

1)汽车厂商的分销渠道成员的遴选程序

下面以某品牌轿车经销商的选建为例(图9-6),介绍遴选程序包括的一般步骤。

(1)提交申请。有意加盟成为经销商的独立法人(申请者),向所在地区的汽车厂商设立的区域营销管理机构(如分销中心、大区、子公司等区域管理机构),提交正式的书面申请,并按照要求提交有关附件材料,如营业执照、法人代码、经营资格证明、资信证明、近期的财务决算书、当地市场基本数据或市场调查书、营业场所标定图及公司内外图纸或照片等。

(2)初步审查。厂商的区域管理机构对申请者进行现场考察、评估和初步审查。通过后,将申请书提交至厂商营销总部网点管理部门审查;否则,对申请者发出感谢信,终止申请。

(3)总部审查。厂商营销总部审查,主要审查申请人的资质、销售能力以及是否符合厂商渠道布局规划。通过后,通知申请人投资,按经销商建设规范进行硬件、软件和形象建设;否则,对申请者发出感谢信,终止申请。

(4)复审与签约。申请人按经销商建设规范施工完毕后,向厂商总部申请复审。复审通过,厂商营销网点管理部门则办理审批和签约等手续,将申请人纳入厂商销售服务网点管

理序列,申请者正式成为经销商并开张营业。复审未通过,厂商应对申请人提出建设整改意见,申请人依据意见整改后可再次提出复审。

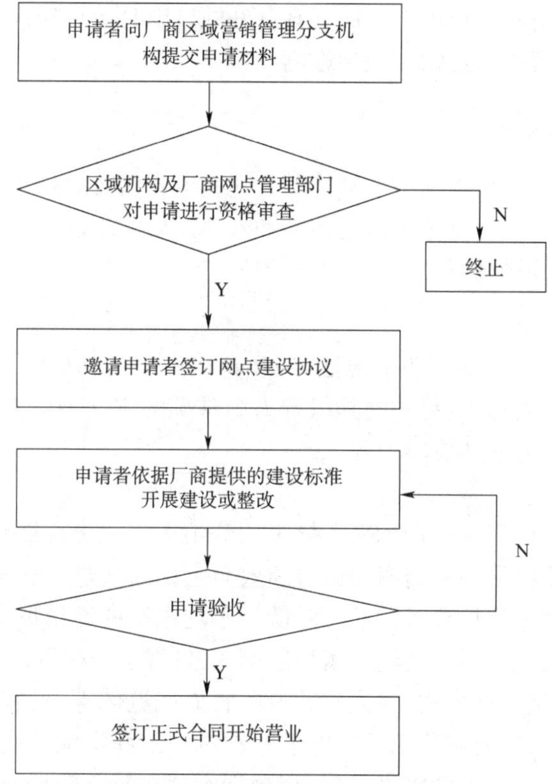

图9-6　汽车特约经销商的一般选建程序

2)汽车厂商分销渠道成员遴选的一般标准

经销商的市场营销能力直接决定了厂商渠道的营销效率,因此厂商必须依据一定的标准从众多申请者中挑选最有能力、最合适的候选人作为自己分销网络的成员。

一般说来,厂商可以从以下方面对申请者进行考察,并根据考察结果择优录取:厂商的产品线和竞争者的产品线对于经销商的重要性,申请者购买本品牌整个产品线的意向度,对当地市场信息的掌握和对市场分析的情况,覆盖所在地域的市场营销能力,对所在区域的市场份额的规划,在市场领域中的道德声誉,维护制造商定价政策的意向度,从事技术服务的人员数量与素质,对产品推荐和服务的技术能力,仓库设施的充分性,维持足够存货的资金能力,市场增长的投资资源能力,综合财务能力等。

3.经销商的培训与激励

现代汽车产品技术含量日益提高,要不断改进对顾客的服务,就要求厂商必须对其分销渠道成员进行不断的、全方位的培训,以提高后者的服务水平和服务质量。培训的对象包括经销商各层次的管理人员和业务人员,培训内容包括管理技巧、运营规范、有关车型的销售与技术服务知识、会计、财务、信息管理、配件等后勤业务知识等。

除培训外,厂商要提高分销网络的运行效率,还必须实施适当的激励措施,如:①报酬激励。是指中间商完成特定活动或达到特定工作目标后,厂商给予附加利益奖励。一般情况下,报酬的力量通常比强制力量效果好。②法律激励。指厂商可以以合同的形式约定经销商的义务,一旦经销商认为如不认真履行义务将会面临法律问题时,法律力量就起了作用。

③技术激励。厂商总是掌控着一些对经销商十分有价值的专有技术，厂商可以通过为经销商提供专有技术培训，帮助经销商提升服务水平和盈利能力的形式施加影响力。④品牌激励。当厂商在品牌、历史和市场声誉方面具有良好的口碑时，经销商往往会看重品牌力量和市场影响，这时厂商就可以对经销商施加影响。

四、分销渠道的改进

厂商分销渠道设立后，应根据市场环境的变化和渠道成员的经营业绩，定期对分销渠道系统进行检查和改进，以保持分销渠道的活力和效率。渠道改进主要涉及两方面的工作：渠道成员的评价和分销渠道的调整。

1. 渠道成员的评价

对分销渠道成员绩效评价有两类方法：一类是以产出为基础的定量测算方法，如销售额、利润、利润率和存货周转等；另一类是以行为为基础的定性测量方法，如服务质量、产品保证、顾客投诉、竞争能力和适应能力等。

1）定量分析法

定量分析法即通过设立一些指标来考核评估分销渠道成员的绩效，主要有两种办法可供使用。第一种方法是将每一经销商的销售绩效与上期绩效进行比较，并以整个经销商群体的平均升降百分比作为评估参考标准。对低于平均水平的经销商，必须加强评估和实施促进措施。如果对后进经销商的环境因素加以调查，发现了一些可以谅解的因素，如当地经济衰退、某些顾客不可避免地失去、主力推销员的丧失或退休等，另有一些因素可以在下一销售周期采取补救措施，这时制造商可以考虑暂不对经销商实施惩戒措施。第二种方法是将各经销商的绩效与该地区的销售潜量（根据分析所设立的定额）相比较，即在一个销售考核期末，根据经销商的实际销售额与潜在销售额（定额）的比率，将各经销商按先后名次进行排列。这样，厂商的调查与促进措施可以集中于那些未达既定目标比率的经销商。

以上两者方法所运用的具体指标见表9-1。

经销商的绩效评价指标体系 表9-1

指　标	数值	与前期比较	同行业比较	指　标	数值	与前期比较	同行业比较
总销售额				进入新市场的费用			
利润总额				新市场销售额在总市场销售额中的份额			
利润率				折扣价商品的比例			
单位商品平均总流通费用				停业成员占总成员的比例			
单位商品平均运输费用				新成员占总成员的比例			
单位商品平均保管费用				破损商品发生率			
单位商品平均生产成本				商品亏损发生率			
防止商品脱销的费用				订货的数量			
商品脱销发生率				新产品上市成功率			
陈旧商品的库存率				非经济订货发生率			
不良债权发生率				顾客抱怨发生率			
销售预测的正确率				顾客投诉率			
订货处理错误发生率							

2）定性分析法

定性分析法即通过设置一些定性问题，借以考核和评估渠道成员，具体问题见表9-2。

经销商评价的定性方法体系

表9-2

问　题	回答	问　题	回答
分销渠道成员间调整的进度		广告关系	
实现分销渠道内部协调的程度		卖点广告（POP）陈列关系	
分销渠道内部冲突的程度		营业推广情况	
分销渠道成员分工认识的建立		宣传与公共关系情况	
全体成员对最终目标的承认		赞助情况	
分销渠道领导者的能力的发展		市场状态	
在机能方面发生重复的情况		提供服务	
分销渠道成员承担义务的程度		公司内部组织变动	
分销渠道凝聚力的发展		与新技术的融合及发展情况	
分销渠道的弹性情况		流通上的技术革新	
利用情报、信息的可能性		同一商标内（商品）的竞争程度	
商品库存情况		各成员应该担负任务的长期化	
商品的特性		最佳库存标准的使用情况	
商品的价格体系		与同行业的接触情况	
促销情况		与消费者团体的接触情况	
推销员及推销情况			

2. 分销渠道的调整

在对分销渠道成员进行客观评估的基础上，根据市场环境的变化，厂商还应适时地对分销渠道成员进行调整。例如，当现有分销渠道体系（或某个成员）营销能力不能满足企业发展要求时，当市场环境发生重大变化或厂商发展战略发生重大改变致使原分销渠道系统变得难以适应新情况时，都需要对分销渠道进行调整。

分销渠道的调整，应遵循合理的步骤。首先，分析分销渠道调整的原因，充分的原因是调整分销渠道的必然要求；其次，认真分析分销渠道选择的影响因素，重新界定分销渠道的目标；第三，应对现有分销渠道进行评估。如果通过加强管理能够达到新的渠道要求，则无须调整；否则，应考虑对现有渠道进行调整，并重新进行成本/收益分析，以保证调整的合理性；最后，对新的分销渠道实施有效管理。

分销渠道调整的最低层次是对渠道成员的调整，内容包括：①功能调整，即重新分配分销渠道成员的功能，使之能最大限度地发挥潜力，从而达到提高整个分销渠道效率的目标；②素质提高，即通过提高分销渠道成员的素质和能力来提高分销渠道的效率，其方法可以采取培训的方式，提高分销渠道成员的素质能力；③数量增减，即增减分销渠道成员的数量以提高分销渠道的效率。

当营销环境发生较大变化造成现有分销渠道系统在满足目标顾客需要和欲望方面与理想系统之间出现越来越大的差距时，厂商就要考虑对原有分销渠道进行调整。厂商可借助损益平衡分析与投资收益率分析，确定增加或减少某些渠道成员或对整个分销渠道系统做出调整。

五、渠道冲突管理

厂商分销渠道无论怎样进行设计和优化，总会存在一些冲突。有些渠道冲突能产生建设性的效果，给冲突各方带来信息沟通和提高对环境变化的适应性，但更多的冲突是负面的，处理不善将会导致整个分销渠道系统效率的降低。

渠道冲突(Conflict in Channel)，是指分销渠道的成员之间，由于目标的不一致或认知上的差异，在行动上表现出的相互对立和斗争。当这种对立和斗争超出一定范围时，会最终影响分销目标和厂商营销战略的实现，甚至造成制造商整个内部渠道管理体系或整个外部分销系统的崩溃。渠道冲突的表现形式主要有：

一是水平冲突。是指渠道系统中处在同一水平的不同中间商之间的冲突，例如整车销售经销商之间的冲突。水平冲突往往发生在划分区域分销的渠道系统，在我国目前的汽车市场上，如果有的经销商越区销售(跨区域销售，俗称“窜货”)，或者有的经销商明显以低于厂商用户指导价销售时，往往会招致临近经销商的不满，并形成渠道成员冲突。

二是垂直冲突。是指渠道中不同层次渠道成员之间的冲突，如厂商与其经销商之间发生冲突。现实生活中，汽车厂商(或其区域机构)与经销商之间，往往因为在年度销售计划目标制订、业绩奖励或费用补偿计算、年度考核结果确认、车源分配(经销商希望得到畅销车源，厂商力压滞销车源)、商务政策执行、工作风格差异(如厂商营销人员利用其强势地位咄咄逼人)或沟通不够时产生工作矛盾，进而形成渠道冲突。

完全消除渠道冲突是不现实的，厂商应致力于有效地管理渠道冲突。有些冲突是结构性的，需要通过调整渠道体系去解决。有些冲突则是功能性的，可以通过管理手段来加以控制，如：

(1)加强渠道成员间的合作和沟通。应确立和强化各个渠道成员的共同目标，如销售增长、服务质量、用户满意等目标，特别是在受到其他品牌竞争威胁时，强化共同目标是十分重要的；渠道成员之间应努力理解对方，多从对方的角度考虑问题；增加交流，邀请对方参加咨询会议，董事会尽可能根据其他成员意见合理修订本方政策等，以减少冲突。

(2)发挥行业协会的协调作用。如在汽车流通行业协会的平台上，共同研讨汽车市场形势和发展态势，加强渠道成员之间的信息沟通，互帮互助调剂资源，讨论克服共同困难的积极对策，增加经验交流和分享等，都可以及时化解有关矛盾。

(3)协商、调节、仲裁或诉讼。当冲突是长期性的或冲突非常尖锐时，冲突各方可以通过协商、调节、仲裁或诉讼的途径予以解决。协商是一方派人员或小组与对方进行沟通，两方各自做出合理让步化解渠道冲突；调解意味着由一位经验丰富的中立方根据双方的利益进行调和；仲裁是双方同意把纠纷交给仲裁机构，并接受仲裁结果；诉讼则是冲突各方依法寻求法律途径解决问题。能够通过协商和调节途径解决问题的，就不要通过仲裁和诉讼途径解决，以免留下积怨。

六、汽车直销模式的营运与管理

人类社会进入21世纪后，特别是最近10余年来，随着能源革命、人工智能、工业互联网和智能制造技术等向着纵深层次发展，传统产业正在面临被变革的挑战，汽车行业也正在被造车新势力“颠覆”。这里主要讨论被造车新势力企业广泛采用的直销渠道的营运机制及其特征特点。

1.汽车直销模式奉行的理念特征

汽车直销模式的理念，本质上反映的还是造车新势力企业的经营理念。这个理念就是更加重视“与顾客保持零距离”，更加重视顾客体验，更加重视顾客对企业经营活动的参与等。其基本特征就是"颠覆"：

(1)产品概念被颠覆。造车新势力企业通过大力推进汽车产品的电动化、智能化和网联化，特别重视操作平台系统、整车及其部件控制系统、计算分析决策系统等软件系统的开发和应用，为汽车的智能化赋能，实现"软件定义汽车"的目标，进而颠覆人们对汽车产品的概念。

(2)制造模式被颠覆。造车新势力企业通过掌控核心关键产品和关键系统的制造，而对汽车的传统零部件系统的制造则通过采购、外包或代工等方式实现，迅速整合全社会的制造资源，形成自己的生产能力。

(3)服务模式被颠覆。造车新势力企业通过将汽车销售服务的各项业务分开、分离的方式，设置了多种类型、多个层次的功能相对简单和单一的网点，以增加产品曝光度、增加顾客关注度、提升企业美誉度，颠覆了传统汽车厂商的特约经销商(4s 店)模式。

(4)营利模式被颠覆。造车新势力企业通过将软件系统升级迭代有偿化，对汽车智能化应用模块实施有偿安装和升级等方式，或者将这些应用产品与补能、保险和车辆服务等产品打包，形成不同价格的产品包供用户选择，从而实现经营收入的可持续化，颠覆了传统汽车依靠新车销售一次获利的模式。

(5)顾客体验被颠覆。造车新势力企业通过直接订购模式，让用户直接参与产品的个性化定制，使用户获得了更强的被尊重感，会让用户觉得自己的意见被厂家重视和采纳了；产品软件的不断迭代升级，也会使用户不停地获得新鲜感，维持对产品的兴趣。用户的这些体验感将使得用户保持对企业的黏性。

(6)产业生态被颠覆。造车新势力企业推出的基于新能源的智能网联汽车，彻底改变了传统汽车行业的"链式"产业结构，产业链条变短、变粗，上下游企业的边界被打破、被模糊，如提供智能产品的企业可能既是上游供应商，同时又是下游服务商，因此产业格局呈现"网状"结构，企业之间的相互关系(即产业生态)被颠覆。

2. 汽车直销模式的渠道特征

造车新势力企业之间，尽管各自的直销运作机制和特点不尽相同，但也有一些共性特征。这些特征包括以下几点。

1)根据职能分离原则，设置不同类型和不同层次的网点

造车新势力企业将汽车销售服务的各项职能分开，将集客、体验、销售、交付和服务等职能分离，从而形成不同功能类型的网点，进而再依照规模、服务面向、服务能力的差异区分为不同层次的网点，不同层次的网点之间不存在上下级关系。例如，蔚来设有蔚来体验中心(NIO House，包括蔚来品牌和产品介绍区、客户休息区、思想灵感碰撞区、会议室与共享工作空间、知识博物馆、咖啡馆和儿童乐园 7 个功能区)，蔚来空间(NIO Space，是连接客户的触点，其职能比较单一，就是品牌和产品介绍以便引导客户下订单)，服务中心(NIO service)，仓储/交付中心等。又例如，特斯拉设有直营体验店(主管售前咨询和试驾活动)、服务中心(主管交付和售后服务)、官网(主管销售，所有车辆都通过官网线上下单)。

2)通过直销，汽车厂商实现零库存和统一零售价目标

造车新势力企业通过互联网推广直营模式，让所有的订单都通过网上下单，企业可以第一时间获得订单汇总信息，并合理安排后续的生产和产品交付活动，整个过程企业都无须提前"排产"而形成库存，因此可以实现很高的精益生产水平(零库存)，并且产品各部分的报价在网上可以公开查阅，使得客户无须找关系寻求价格优惠，这也会让顾客感到交易是公平

公正的。例如,特斯拉的直销模式,其主要的操作流程是"顾客了解车型并意向购买→门店体验与预约试驾→官网预订和支付定金→工厂接单并定制生产→支付尾款和车辆交付",这个流程为统一终端售价创造了极为有利的条件。

3)对部分渠道网点采取"直营+其他模式"的建设营运方式

造车新势力企业为了迅速扩充各类网点数目,加快市场渗透步伐,除自己建设一批直营(自营)网点外,还以多种方式与社会力量合作共同建设一些非直营网点,以便减轻渠道建设的资金压力,实现轻资产营销的目标。例如蔚来空间(NIO Space)就有一批是蔚来汽车与其合伙人共同创建的,合伙人提供场地和建设费用,蔚来派人经营,利润双方分成。又例如,小鹏汽车采取"自建自营+授权经营、2s+2s(整车销售、零配件、售后服务、信息反馈)、线上+线下"的新零售模式,将店面形式销售店和服务店相分离。销售加盟商作为社会资本力量会极大地扩大网络的边界,最大限度地增加用户的触点广度和密度。还有一些企业选择了业务代理模式,如德国大众旗下的纯电动车型ID系列的销售便实施了代理模式,达到"直销不直营"和双方共赢的经营目的。

4)注重顾客体验和大数据为销售终端赋能

造车新势力企业通过建立自营的线下体验店,可以为客户提供标准化、专业化以及不以现场直接成交为目的的体验服务。客户可以在体验店去看、去摸、去感知,充分去体验某款产品,而体验店销售人员不会做任何的推销和说服,这种轻轻松松体验爱车的感觉是顾客从传统4s店里难以获得的。网上下单,购买明码标价,也可以让顾客体验到透明消费的感觉。所订车辆采用定制化生产,让消费者可以体验到差异化、个性化的消费滋味。基于顾客的良好体验,借助大数据技术,可以观察和分析顾客的消费心理,预测其消费行为,从而为销售终端提高营销效率赋能。

5)注重不同类型网点的具体选址

造车新势力企业在建设不同类型、不同功能的网点时,非常注重网点的具体位置,以便取得最大的投入产出比。一般来说,商业网点的选址需要考虑很多因素,如自然环境因素、经营环境因素、基础设施条件等,其中最重要的是人口因素和交通状况因素。例如,零售中心主要需要展示车辆和签订购买合同,其选址就要选择那些人流量大、经济繁荣、目标客户多的地方,这样的门店数量一般需要建设的较多;服务中心主要负责车辆的售后服务,包括汽车质保服务、道路救援服务、车联网服务等,其选址就要选择那些地价低、有效服务能力覆盖范围尽量大且交通相对便利的地方,这样的门店数量一般也较多;而交付中心是车辆到店后,消费者提车的场所,其选址就要选择那些物流便利的交通枢纽附近,辐射范围尽量广,这样的门店数量一般不需要太多。

以上对造车新势力直销渠道的营运方式及其特征进行了分析和概括,但由于这个模式尚处于创新发展的进程中,还没有形成相对成熟的定式,因此汽车营销者要密切关注其发展演进的方向和实践成效。

3. 直销模式与传统营销方式的比较

造车新势力企业所探索并在实践中广泛应用的汽车直销模式,其优势主要有:①服务更完善的城市体验中心,更有利于提高企业与品牌的形象,可以为消费者直接输出便捷、统一的服务;②透明的价格体系,可以最大限度地保障消费者的权益和市场交易的公平;③有利于车企增强对于渠道的把控能力,有利于汽车新零售方式的形成,缩短汽车售前售后的服务流程等。

汽车直销模式弊端也主要有:①自建网点使得车企面临资金压力。对于多数造车新势力来说,资金并不宽裕,重金打造销售和售后服务体系,必然加剧资金的紧张程度。特别是高端体验中心往往建在一、二线城市的黄金地段,而且外观设计前卫,整体造价不菲。而造车新势力现阶段的营收能力却依然有限,很难支撑庞大的营销运营成本,这为这类车企的未来发展埋下隐患。②在直营模式下,车企需要直面消费者,如果产品出现任何问题,消费者都会直接找到整车企业,很多问题的处理都会比较棘手和牵扯企业的精力。

综上,造车新势力企业应该在充分彰显直销模式优势的同时,尽可能限制其劣势,并做到与时俱进,及时创新和探索新的汽车零售形式,也可以借鉴传统渠道系统的一些做法,招募一些合适的经销商伙伴作为自己的战略合作方,共同开辟和做大新能源与智能网联汽车市场,共同抵御未来的经营风险。

第三节　汽车的销售物流策略

汽车及其配件的销售物流,直接关系到产品从制造商到最终用户的实物流动,关系到需求能否被及时满足,还关系到营销环节的成本和费用,是实物分销的重要工作,汽车营销者应高度重视汽车相关商品的物流策略。

一、物流概述

现代物流被得到普遍重视,始于 20 世纪 60 年代,物流被认为是企业的“第三利润源泉”,成为继降低物化劳动消耗、活劳动消耗之后的第三个可以降低成本的领域。广义地讲,物流包括企业物流和社会物流两个部分,前者研究企业内的生产物流,后者研究企业外部整个社会的商品物流。销售物流既是企业生产物流的延续,又是社会物流的重要组成部分。

1. 物流的概念

物流(Logistics),过去长期被称为产品的实体分配(Physical Distribution)。美国物流管理协会对物流的定义是“把产成品从生产线的终点有效地移动到消费者(用户)的广泛活动,也包括将原材料从供给地有效移动到生产线始点的活动”。现代物流被看作是“提高企业对用户的服务水平,提高企业竞争力”的有效手段。由此可见,物流是指通过有效地安排商品的仓储、转移和管理,使商品在需要的时间到达需要的地点的运作活动。运输和储存是物流的两个最基本的活动,是物流领域的核心活动。

2. 物流的职能

物流的职能有二:一是创造地点效用,即完成将产品由生产地到市场消费地的转移;二是创造时间效用,即完成将产品由生产时间保质保量地保管储存至消费时间的活动。销售物流作为市场营销活动的一部分工作,不仅包括产品的订货、配送、包装、分拣、装卸、运输、堆码、存储、养护等作业,而且还包括开展这些活动所伴随的信息传输和作业计划拟订。它以企业的销售订单和需求预测为开端,并以此规划物流的基础设施和服务能力,物流活动直接影响企业的存货水平和成本占用,因此对企业的生产经营活动有着重要影响。

3. 物流管理

物流活动包括运输与配送、储存与保管、包装与解包、装卸与搬运、辅助加工和整理养护、指令与信息传递等内容。这些物流活动往往组合形成一个项目,或者一个工程。所谓的物流管理,就是对广泛的物流活动所开展的计划、组织、指挥、协调和控制等工作,这些工作也是物流管理需要实现的五大职能。

1)物流活动的策划

在物流管理五大职能中最重要的是物流活动的计划(规划)与策划。物流始于对整个物流活动的全面规划和策划,其基本内容就是要明确物流活动的目标,对物流活动的全过程进行安排和布置。特别是数量大、时间长的物流活动,一般要动用较多资源,涉及较多人、车、库和部门单位,所以一定要做好事前的规划和策划,选择和制订最佳的物流方案。物流规划要从各个不同的角度进行考虑、协调,最后确定一个整体最优方案。

从市场营销角度看,物流规划应从市场需要开始,将信息反馈到厂商的相关部门。厂商要考虑购买者对购买提货方便性的要求,制定一个综合的物流策略,包括产成品的运输方式、仓库的存货水平以及仓库的布局分布,进而向目标顾客提供更好的顾客服务。此外,物流策略还要考虑竞争者的服务水平,设法赶上或超过竞争对手。具体地讲,销售物流的目标包括顾客服务水平最佳和物流整体成本最低,兼顾二者的要求,追求二者的协同、统一。

从顾客服务水平看,影响顾客满意的因素有产品的可得性(是否能够及时得到)、订货及送货速度、缺货率、送货频率(两次送货之间的时间间隔)、送货的可靠性(货损货差)、运输方式等。企业通常应根据市场竞争状况或竞争者的服务水平以及成本目标,确定自己的物流服务水平。

从物流成本的角度看,企业的物流成本规划不仅仅要考虑运输费用和仓储费用,还包括运送辅助费用、装卸费用、包装费用、保险费用、货损货差等损失费用以及在整个物流环节滞留期间资金占用的成本。应当注意的是,不同成本之间的关系常常是反向作用的,如减少仓库的存货水平,虽然有利于减少仓储费用,却可能会增加送货成本;为了节约运输费用,就会选择经济廉价的运输方式,但可能会增加货损货差的费用。所以物流策略的决策是一个非常复杂的过程。

2)物流活动的实施

物流规划和方案得以制定后,就要组织实施。这就需要对物流活动进行组织、指挥、协调和控制。物流服务商是物流活动的具体实施者,面对物流市场服务对象的众多需要,甚至面对电子商务环境条件下的复杂物流需要,具体承担运输、配送、储存,保管、包装、装卸、搬运、物流信息传递等各种物流活动,必须对物流整体活动实施综合管理。

4. 物流服务模式

现代社会,除了某些特定情况下由买方或卖方直接完成物流活动外,企业的销售物流广泛采取第三方物流和第四方物流服务模式。

1)第三方物流服务模式(The Third Party Logistics)

这是由买卖双方以外的第三方独立的物流服务企业,使用自己的物流服务设施为买方或卖方提供物流服务的模式,它是现代物流社会化、专业化分工的产物。这种模式中的第三方物流服务企业,需要从货主企业(买方和卖方)的利益和要求出发,代替货主从事物流作业和参与物流管理。这种模式,物流服务商为全社会提供专业化的物流服务,因为其服务对象更加广泛,物流服务业务较多,从而有利于提高物流设施的利用率,可以促进物流服务商投资建设作业效率高的物流设备或设施,其结果使得全社会的物流效率更高,降低了物流服务的收费水平,为物流需求企业节约成本,因此它是一种效率和效益都比较高的现代物流社会化服务模式,也是我国汽车行业目前主要流行的物流服务模式。

第三方物流模式,物流需求者只需要向物流服务商提出物流服务需求,做好货物发送和接收的衔接,而不必再对物流活动实施具体作业。使用这种物流模式,汽车厂商在物流活动方面,只需要管理其车间内部的生产线物流,而将产品销售物流、原材料和配套件的供应物流交由物流服务商完成,从而有利于汽车厂商集中精力做好产品的生产和经营。

2)第四方物流服务模式(The Forth Party Logistics)

第四方物流是在第三方物流基础上,将物流管理和物流作业相分离而产生的一种新型物流服务方式,即物流管理者(第四方)承接物流服务业务,为物流需求者提供物流解决方案,再通过招募和管理具有物流设施或设备的物流作业者具体完成物流作业的模式。第四方物流是一种物流集成管理服务,服务商利用自己物流管理的知识优势,无须自己投资兴建物流设施,同时又可以充分利用社会业已存在的物流资源(常常因为缺乏物流管理能力而不能被充分利用),这样各得其所。由此可见,第四方物流是物流进一步专业化分工的结果。

二、商品车的物流组织与管理

商品车物流主要指将待售或已售的成品车(商品车)从厂商总库,通过火车、轮船、商品车专用运输车等运输工具运往经销商,并最终送到消费者手中的一系列物流储运活动。当厂商设有地区分库时,将成品车从厂商总库运往地区分库的物流储运活动也属于商品车物流范畴。

目前,各大汽车集团都拥有自己的商品车物流储运公司,他们除了为本集团提供商品车、原材料和配套件采购的物流服务外,还为其他汽车厂商提供物流服务。其中,上汽集团下属的上海安吉天地物流公司是目前最大的商品车物流企业。

商品车物流主要包括订货、运送和仓储等具体的物流活动。

1. 订货过程

商品车的销售物流源于经销商(或用户)的订货。厂商的销售部门在接到经销商的订单和核准其货款支付情况后,对需要发送的商品车开出发运单交储运部门和物流企业,由他们完成商品车的发送。

我国传统汽车厂商的整车产品,通常是按特许协议销售给经销商(4s 店),经销商按月(或周)向汽车厂商发出进货订单,对所需要的车型、品种、数量、运送方式、交车地点和交车时间等提出具体要求,并按当时的进货价格(或计价方式),以约定的支付方式和支付时间,将货款汇至汽车厂商的开户银行,汽车厂商在收到银行通知后(或见到经销商开户银行的货款汇出票样),即办理分车计划,满足经销商的订货需要,并通知发运。

需要说明的是,经销商在提交订货数量时,其预订的商品车数量(辆份数)必须跟物流工具的装运能力相适应。例如,当采用一次满载只能装运 14 辆商品车的运输车运送时,订货的数量则必须为 14 辆或其整数倍,以便充分利用商品车运输车的装运能力。否则,就会出现运力浪费,增加单位商品车的物流分摊成本。

2. 运送过程

商品车物流服务商要做好新车的发运工作,必须要对可能利用的各种运送形式进行比较,选择最恰当的运送方式,以保证所选择的运送方式在运送成本和交车时间两方面均得到兼顾。一般来说,整车产品可以选择的运送方式主要有铁路运输、水路运输和公路运输。其中,公路运输又包括利用商品车运输专用车进行运输和雇请驾驶员将商品车直接驶到经销商(或用户)地点两种方式。运送乘用车时通常采用前种方式,而大中型商用汽车(中重型货车、大型客车、公交车及大中型专用车等)的交付往往采取后种方式。

在上述运送方式中,一般以公路运输手续最简单、运送最快捷、转运环节最少、最容易保证交付时间,但其运输成本相对最高。水运虽然成本低廉,但时间慢、周期长,且只能适宜于水路通航的地区。铁路运输的优缺点介于水运与公路运输之间,但铁路运输常常要求商品车发运必须具有较大的批量,不太适合没有区域分库的情况,且交货周期也相对比较长。企业在选择运输方式时,应根据具体订货数量以及商品车运输起讫地点之间具体的交通条件等因素,在保证交付时间的前提下,选择最经济的运输方式。

在新车发运过程中,汽车厂商或其物流服务商要严格管理,建立完善的规章制度,防止商品车运送过程中出现质量损坏和盗窃事故的发生,确保商品车在交付用户之前不被作为交通工具使用,对用户实行“0公里”交付(新车里程表显示里程一般不应超过12km)。

3. 仓储过程

合理的仓储有利于消除商品车供给与用户购买需求在时间、地点和数量上的矛盾。企业为了做到仓储成本最低,并兼顾供货的及时性要求,必须做好:①合理规划好仓储地点布局(特别是商品车中转库的布局);②确定合理的仓储规模;③做好仓储管理;④确立经济订货规模(包括中转库的进货规模)。

对汽车厂商而言,由于市场在地理位置上的分散性,为了保证各地用户或经销商能够及时得到货源,同时又为了保证单位产品分摊的运送成本最少,有些汽车厂商在分销渠道中设立了中转库以储备一定规模的商品汽车。正确地决策好中转库的地理位置和库存规模,以使每个中转库的市场覆盖范围合理化。如果覆盖范围过大,则起不到中转库应有的作用;覆盖范围过小,则要增加仓库数量,增加建立和管理中转库的费用,增加发运批次和运送成本。因而汽车厂商应根据本企业产品的市场地理分布特点及各区域市场的需求数量,做到仓库的地理布局合理。仓库的具体地理位置可以设在目标市场中心且交通便利的城市。

对中转库的管理,通常纳入厂商总库一并管理。中转库(分库)本质上就是总库的区域仓储点,其库存的资源应与总库的资源一并进行分配,一般依据订单需求和就近分配原则决定从总库出车还是从分库出车。当分库的库存资源不足时,可以从总库调配资源,以便充分利用总库和分库的存储能力,并使得物流成本最小化。当然,建设中转库会在一定程度上增加一些库存管理工作量,也要解决由此产生的二次物流问题(从中转库至经销商或用户的物流)。

无论是总库、分库,还是经销商的仓储,都必须注意保持库存商品车的品质,维护好商品车的性能。仓储不等于一储了之,必须根据库存商品的自然磨损特点,有针对性地进行仓储作业,维护库存商品的使用价值。对库存时间较长的车辆,应适当进行维护作业,检查和加注润滑油(脂)等,起动汽车以保持汽车机件的正常运转,使电器系统处于干燥状态等。

三、汽车零配件的分销与物流

汽车在使用过程中不可避免需要修理和维护,需要零配件的供应保障。汽车零配件的分销主要有两个体系,一是整车厂商的销售服务体系,另一个是社会维修零售市场体系。

1. 整车厂商销售服务体系的配件分销与物流

传统整车厂商销售服务体系的配件分销与物流的目标,主要就是满足其特约经销商(4s

店）和特约维修站的配件需求。有些整车品牌厂商将其配件的区域经营业务外包，在一些市场地区选择合适的配件经营企业建立区域配送中心，以解决经销商库存能力不足（通常只储存少量配件）和特约维修站没有库存能力（通常不储存配件）的问题。因此，整车厂商的配件订货方通常就是经销商、特约维修站、区域配送中心等，也可能包括一些特殊的大客户（如设有汽车维修部门的军队或专业运输企业等）。

汽车配件订货的形式一般有以下两种。

（1）正常订货：订货方为满足自己的维修、零售及库存储备的需要，通常定期向制造商提出订货。订货的品种、数量不限，通常需要通过汽车厂商的订货专用系统完成订货，但特殊情况下也可以直接填写汽车厂商配件部门提供的订单表，用传真或特快专递将订单发至整车厂商的配件部门。由于正常订货可以实现批量进货，其发货形式一般为铁路集装箱运输（在运送交收环节采取汽车辅助转运），以便节约运输费用。

（2）紧急订货：订货方为满足用户的紧急需求而发生的订货。原则上，紧急订货的汽车配件只用于特定的事故车上，因此有些汽车厂商对紧急订货提出了订货次数和订货品种的限制，但订货时间不限。紧急订货的发货形式一般为铁路快件、空运、特快专递或自提。

订货过程的流程及要求有：①填写订单（或依照订货专用系统的要求填表）。信息应填写准确、完整，如汽车配件号、订货数量（正常订货数量必须以配件包装单位为依据）、是否可用替换件等。通常车身、发动机、变速器等可以单独（单件）订货，维护件、易损件及玻璃易碎件等必须采用正常订货方式建立库存储备。紧急订货时还应详细载明所修车辆的产品型号及损坏情况等。②订单的寄发。可采用网络、电子邮件、传真、特快专递等方式进行，一式两份，正本发至厂商配件部门，副本留存备查。③订货询价及汇款。订单发出后，应及时询价和付款，否则可能影响发货。④发运及寄发单据。厂商配件仓库人员根据订单配足货物，填写发货清单（装箱单），财务部门则寄出增值税发票、销售清单及有关单据。⑤配件索赔。配件到达订货方后，应根据装箱单验收，当出现盈、亏、错、损等情况时应及时向厂商配件部门或物流商提出索赔。

此外，订货方财务人员应定期与厂商财务部门核对账目，保证双方的账目相符，配件经理应对汽车配件来往账目及其结算负责。

2. 社会维修零售市场体系的配件分销与物流

社会维修配件零售市场是指独立于整车厂商备件经营体系之外的市场体系。由于依照行业惯例，整车厂商对其备件实行专营制度，既要求其零部件供应商不得向社会售卖配件（只能向整车厂商供货），又要求其经销商和特约维修站不得向社会采购配件（只能向整车厂商进货），因此，理论上讲整车厂商配套厂家的零部件（俗称原厂件）是不可能流入社会维修配件零售市场的。

社会维修配件零售市场的配件来源于众多的独立汽车零部件生产企业（不属于整车厂商的原始设备供应商），他们通过仿制或产品逆向工程等方式方法开展汽车配件生产，产品以易耗件、易损件和交通肇事件为主（因为这类配件的市场需求量大），销售渠道主要是各地汽配城的商户，商业模式主要采取传统的批发商或零售商形式（买断经营，商家获得配件所有权，并自主确定销售价格），产品最终流向社会独立维修企业（不属于整车厂商服务体系），服务的对象是整车厂商质量保修范畴之外的事故车辆或故障车辆。总体看，这个市场除了混杂少数不良企业外（呈迅速减少趋势），产品的质量水准不尽相同，但整体进步较快。有些实力强的配件生产企业，其产品经由国家汽车维修行业管理办公室认证，获得“同质件”认证称号，有些企业则主要向海外市场出口配件,这些企业的汽车配件质量是相对安全的。

社会维修配件市场的销售模式多种多样。从渠道功能看,有批发商(含批零兼营),也有零售商,属于传统渠道商范畴;从货物来源看,有配件企业新生产件,也有再制造件和回收利用件;从经营的产品品种看,有专业店(专门经营某一整车厂商、某一品牌、某一车型或某一总成的配件),也有混合店(经营的配件品种范围较宽);从经营方式看,有基于互联网平台的线上网店,也有线下实体门店(大多位于汽配城),还有线上线下相结合的融合店;从经营自主权看,有独立经营店,也有连锁加盟店(形成专营汽车配件与服务的连锁品牌,如途虎养车)。需要说明的是,汽配城一般是当地的大型汽车配件市场,具有规模大、品种全、价格低、知名度高和市场辐射力强等特点。

社会维修配件的物流方式,由汽车配件经营商户根据其进货和发货的具体规模进行选择。例如,当从汽车配件生产企业批量购进时,可以采取铁路集装箱或铁路快件发货;当车主或维修企业通过网络或零售购买单件或少量配件时,可采取快递物流形式派送等。

3. 配件仓储管理

仓储管理工作内容较多,除了保证商品不要在仓储期间不发生品质变化外,还需要合理确定存货水平和订货时间,制定合理的库存方案和出入库制度,尽量减少资金占用等。

决策好存货水平和订货时间是仓储管理十分重要的工作。因为存货过多,会增加企业流动资金占用,导致储存费用上升;而存货过少,又可能导致脱销,增加订货次数和订货费用(订货费用一般与订货次数成正比,而与订货量关系不大)。以上两种情况都可能会造成仓储综合费用上升,增加营销成本。仓库存货水平(即最大库存量)大小决定了每次订货的订货量,因而存货水平决策实质上就是订货量的决策。订货量的确定应综合考虑库存成本(包括占用流动资金的财务支出、物品功能维护费用等)和进货成本(包括进货人员差旅费、手续费、运输计划费、运费、运输保险等),以综合成本最小的库存量作为订货量。以上费用同订货量的关系以及订货量的确定可用图 9-7 表示。仓库管理应根据仓储管理模型,科学地确定订货量 Q_m。

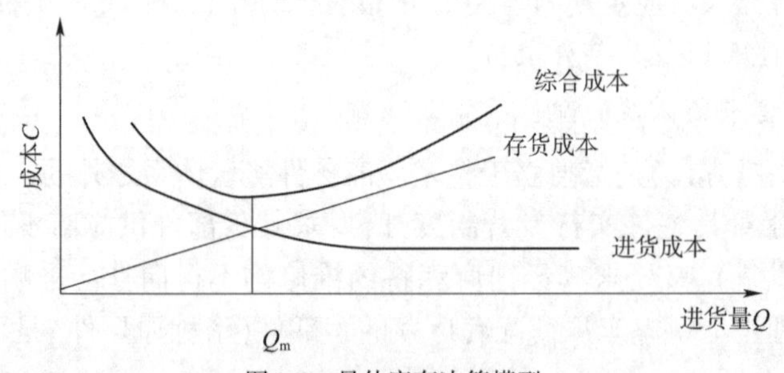

图 9-7　最佳库存决策模型

进货时间的确定通常根据最低库存数量确定,当库存量达到最低库存数量时即要开始订货了。最低库存数量要综合考虑日均销售频率、办理订货手续和运送时间的长短以及其他情况(如意外情况、用户对交货的要求等)。它通常可按下式计算:

最低库存数量(进货点) = 日均销货量 × (进货时间天数 + 安全时间天数)

其中,进货时间天数应从订单发出的当天算起,至货物运达仓库所需要的时间(天),安全时间天数则是为了避免仓库脱销而考虑的保险系数,一般可根据统计经验确定,但应考虑目前的销货频率是否与日均销售量相符合,如果销货频率大于日均销售量,安全时间天数可以取大一些,反之则可取小一些。当仓库物品剩余的数量达到进货点时,仓库就应及时办理订货业务。

仓储管理工作的科学化还包括仓库房屋或停车场地设计的合理化（如房屋应符合物品对密封、通风、防盗、采光等方面的要求）、设施齐全化（如应配备干燥、防盗报警、照明、防火、温控、保修作业及货物架等设施设备）、存放规范化（如库存商品应分类分区存放等）、管理手段现代化（如应用条形码技术、电子数据交换技术、电子自动订货系统、销售时点信息系统等）以及改善软件工作（如加强仓库工作人员职业道德教育、出入物品及时登记、及时盘存、夜班执勤的科学组织、如何处理长期积压的库存商品等）。

四、汽车逆向物流

逆向物流（Reverse Logistics），是指与生产供应链物流方向相反，对业已售出或在用产品所实施的从消费者到生产厂商的实物流动。其工作内容包括与逆向物流有关的计划、管理、控制和操作实施等。随着绿色经济、循环经济、保护消费者权益等社会经济发展理念的纵深推进，逆向物流业务越来越多。

逆向物流主要源于：①消费者权益保护。产品因质量保修、召回、退货（售出的或未售出的）而产生逆向物流。②再制造。在用产品尚未达到报废条件，产品的全部或部分零部件因需要返回到（再）制造商那里进行再制造而产生逆向物流。③资源回收。当产品达到报废条件，且报废产品可作为资源再利用，或者生产供应链的各个环节所使用过的产品包装，因具有回收价值而回收，这种循环经济条件下进行的有目的的产品及其附属物的回收活动，便形成逆向物流。

现实生活中，逆向物流包括：①退货物流和回收物流。退货物流是指不合格物品因为退货或返修而引起的物流；回收物流是指对失去原有价值的物品所进行的收集、分类、加工、包装、搬运、储存等作业，并分送给专门处理场所而形成的物流。②产品逆向物流和包装物逆向物流。产品逆向物流包括对产品的恢复或报废处理等活动，其中产品恢复包括修理、修整、再制造、产品分拆和材料再利用等活动；包装物逆向物流包括整修、回收物料、循环使用、填埋或焚烧等活动。

汽车作为典型的工业产品，其使用量多面广，无论从保护消费者权益，还是再制造或资源循环利用哪个角度，都涉及逆向物流问题，如汽车质量保修或维修更换下来的废旧件需要运回原生产厂商，为消除产品设计或制造存在的质量隐患所实施的产品召回，汽车主要总成的再制造，汽车使用报废后经拆解而回收钢铁、有色金属、橡胶、工程塑料等，这些活动均产生逆向物流。

汽车的逆向物流，仍主要依靠汽车营销的渠道系统负责组织实施，涉及逆向物流货物收集、分类、整理、包装、储存、运输等工作内容，需要制订逆向物流工作方案。

本章小结

分销渠道，对有形产品而言，是指产品从制造商向用户转移的通道；对服务而言，是指向消费者提供服务和传递价值的通道。通常，可用长度和宽度描述分销渠道的结构，渠道长度指产品或服务转移通道中的中间商的多少，中间环节多就表明渠道长，没有中间环节时就是直接渠道，是最短的渠道；否则，存在中间环节时就是间接分销渠道。渠道宽度指产品或服务转移通道的多少，数目多渠道就宽。

分销渠道包括传统渠道系统和整合渠道系统两大类型,前者是由批发商和零售商组成的渠道体系,后者是指通过某种一体化形式整合而成的垂直渠道系统,其中特许经营模式是其主要形式。分销渠道设计应综合研究顾客服务水平、渠道目标、渠道结构(包括长度、宽度和中间商类型)等要素,并从渠道的经济性、可控性和适应性三个维度评估渠道方案。

传统整车销售的主要形式是特约经销商(4s店)模式,其具有:①制造商主导分销渠道建设;②渠道结构短而宽,呈扁平结构;③实行品牌经营和区域分工制;④经销商多功能一体化,金融机构广泛参与汽车营销等特征。

造车新势力企业创立的汽车直销模式,将销售与服务职能分离,设置了不同类型和不同层次的网点,通过直销让车企实现了零库存和统一产品零售价的目标,注重顾客体验和大数据为销售终端赋能,注重不同类型网点的具体选址等。与传统营销方式相比较,直销模式更有利于提高企业与品牌的形象、价格透明、增强车企的渠道控制力,但也面临自建网点资金压力大、车企需要直面消费者处理有些棘手问题等弊端,车企要做到与时俱进,及时创新和探索新的汽车零售形式。

汽车厂商对分销渠道应整体规划和统一布局,并根据厂商发展战略、市场增长变化等情况,对渠道适时进行优化调整。新增渠道成员时应遵循一定的发展程序,对现有的分销渠道成员要组织培训和考核,考核既要以产出绩效为基础进行定量测算,又要以服务行为为基础进行用户满意等定性评价,对考核不合格的经销商应予以调整。由于分销渠道各成员的目标不一致或认知差异,在行动或态度上表现出对立和斗争,从而产生渠道冲突。这种冲突既可能发生在经销商之间,也可能发生在汽车厂商与经销商之间。汽车厂商应强化管理,促进渠道成员的合作,管理好渠道冲突。

物流是指通过仓储、转移和管理,使商品在需要的时间到达需要的地点的广泛活动,其职能是创造地点效用和时间效用。商品车/配件物流是指通过合理的运输工具,将商品车/配件从厂商的销售仓库,运往各地中转库和经销商,最终到达消费者手中的一系列储运活动。这项工作涉及订货、运送和仓储等作业。在订货环节要决策好订货的数量规模和订货时点,使库存成本、订货成本和脱销机会成本等综合成本最小;在运送环节要决策具体的运输方式,使运送时间、运输成本和商品保护实现协同;在仓储环节要科学管理库存规模、技术作业、货物进出作业等。

复习思考题

1. 请解释分销渠道、渠道长度、渠道宽度、特约经销商的概念。
2. 比较传统商业模式和垂直一体化渠道模式的中间商形式及其特征。
3. 分析讨论传统整车企业分销渠道和新势力造车企业分销渠道的特征。
4. 企业分销渠道设计方案的评估标准有哪些?
5. 讨论汽车厂商发展分销渠道成员(经销商)的流程。
6. 试分析讨论渠道成员的考核和评价方法。
7. 什么是渠道冲突?并讨论冲突产生的原因和冲突管理的方法。
8. 什么是物流?讨论第三、第四方物流的联系与区别。
9. 讨论仓储管理订货量和订货点的确定方法。

第十章　汽车促销策略

凡是在买方市场条件下，厂商开展适时而恰当的促销活动，对于传播营销信息、宣传企业产品、建立消费者信念、树立企业和品牌形象都具有积极意义，促销策略与产品策略、价格策略、分销渠道策略配合应用，对提高市场营销绩效会产生显著效果。

第一节　促销与促销策略概念

一、促销的概念及作用

所谓的促销（Marketing Promotion），是指企业营销部门通过一定的方式，将产品及其营销信息传递给目标客户，从而激发客户的购买兴趣，强化购买欲望，乃至创造需求，从而促进企业产品销售的一系列活动。促销的实质是传播信息，其目的是要促进销售、提高企业的市场占有率及增加企业的营业收益。

为了沟通市场信息，企业可以采取两种沟通方式：一是单向沟通，即：由“卖方→买方”的沟通，如广告、陈列、宣传报道等，或者是由“买方→卖方”的沟通，如用户意见书等。二是双向沟通，如人员销售、现场演示促销等方式，即买卖双方相互沟通信息和意见的形式。

现代市场营销将各种促销方式归类为四种经典方式，即人员销售、广告、营业推广和公共关系。但随着工业互联网（工业云）向工商业领域的深入渗透，以及智能手机对人们日常生活、学习和工作信息获取方式的颠覆性变革，新媒体促销正变得越来越普遍，互联网促销已经取代传统广告宣传方式，成为一种最具效能的新兴促销形式。

促销是企业市场营销活动的重要内容，其不仅对不知名产品和新产品的营销意义重大，而且对名牌产品同样重要，那种“好酒不怕巷子深”或“皇帝女儿不愁嫁”的观念（本质上是凭借市场口碑让消费者做信息的自然传播），已经越来越不能适应现代市场竞争的形势，是应当摒弃的落后观念。在现代社会中，促销活动至少有以下重要作用：

（1）提供商业信息，实现信息沟通。通过促销宣传，可以使用户知道企业生产经营什么产品，到什么地方购买，购买的条件是什么等信息，从而引起顾客注意，为实现和扩大产品销售开展信息宣传。

（2）宣传产品特点，提高竞争能力。促销活动通过宣传企业的产品特点，提高产品和企业的知名度和美誉度，加深顾客的了解和喜爱，增强信任感，提高企业和产品的市场竞争力。

（3）树立企业形象，巩固市场地位。恰当的促销活动可以树立良好的企业形象和品牌形象，能使顾客对企业及其产品产生好感，从而培养和提高用户的品牌忠诚度，形成稳定的用户群，可以不断地巩固和扩大市场占有率。

(4)影响购买倾向，刺激用户需求。这种作用尤其在企业新产品推向市场时，效果更为明显一些。企业通过促销活动引导需求，激发并强化购买欲望，有利于新产品打入市场和建立声誉，有利于挖掘潜在需求，有可能为企业赢得持久的市场需求。

总之，促销的作用就是企业"花钱买市场"(因为促销无论哪种形式都是需要企业花费费用的)。企业在进行促销组合决策时，应有针对性地选择好各种促销方式的应用和搭配，兼顾促销效果与促销成本的关系。

二、促销组合决策

促销组合决策就是以实现最佳促销效果为导向，对各种促销方式进行综合运用的决策，所形成的促销方案就是促销组合策略(Marketing Promotion Mix)，其本质就是对促销预算在各种促销方式之间进行合理分配。具体决策内容包括：确定目标受众、确定传播目标、设计传播信息、选择传播渠道、编制传播预算、确定传播组合、衡量传播效果、管理和协调营销传播过程等。

企业在作这些决策时，除了要考虑各种促销方式的特点与效果外，还要考虑以下因素。

(1)产品的种类和市场类型。例如：很多专用汽车因用途比较单一，市场比较集中，因而人员销售对促进这些专用汽车的销售，效果就比较好；而普通汽车由于市场分散，所以广告的促销效果就更好。总之，市场类型比较集中或者客户比较明确时人员销售的效果最好，营业推广和广告效果次之；反之，顾客分布较为离散时广告的效果较好，营业推广和人员销售则次之。

(2)促销的思路。企业促销活动的思路有"推动"与"拉引"的策略之别(图10-1)。所谓"推动策略"就是以经销商为主要促销对象，将产品推向销售渠道，进而推向用户。"拉引策略"则是以最终用户为主要促销对象，引起并强化购买者的兴趣和欲望，吸引用户前往渠道商购买。显然，在"推动"思路指导下，企业会采用人员销售方式向经销商和大客户促销，而"拉引"则会广泛采用广告等策略，以吸引最终用户。

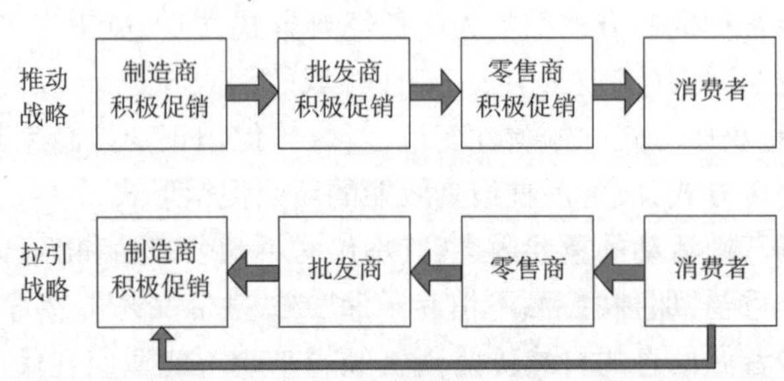

图10-1 促销策略的总思路

(3)产品生命周期的阶段。当产品处于导入期时，需要进行广泛的宣传，以提高知名度，因而广告的效果最佳，营业推广也有良好作用。当产品处于成长期时，广告和公共关系仍需加强，营业推广则可相对减少。产品进入成熟期时，应增加营业推广措施(如折扣)，削弱广告，因为此时大多数用户已经了解了产品，在此阶段可以再尝试人员销售，以便与竞争对手争夺重要大客户。产品进入衰退期时，某些营业推广措施仍可适当使用，广告则可以停止。

总之，企业应充分了解各种促销方式的特点规律和应用场合，研究促销方式应用的影响因素，方能做到促销组合决策的最优化。

第二节 人员销售

人员销售(Personal Selling),是指企业通过派出销售人员寻找潜在客户,并与其联系、接触、交流、介绍、宣传、咨询和达成交易,并指导和协助顾客办理交易手续的促销方式。人员销售是一种与客户接触最为直接、信息沟通最为充分、成交效率最高的促销方式,被汽车整车销售、汽车零部件配套销售、配件经营销售、汽车保险销售、汽车金融和汽车租赁服务等领域广泛采取的促销形式。本节只以汽车整车的人员销售作为讨论范畴。

一、人员销售的类型、岗位职责及工作要求

在汽车整车销售领域,人员销售形式被汽车经销商(4s 店)、传统整车企业和造车新势力企业广泛采用。但不同类别企业人员销售的具体运用方式各有不同。

1.汽车经销商的人员销售

汽车经销商(以 4s 店为主体)是传统汽车企业沿用时间较久、服务功能齐全、运作模式成熟、适合大批量产品营销的一种整车零售模式。从产品销售侧看,汽车经销商企业人员销售涉及的工作岗位主要包括销售顾问和网销专员。

1)销售顾问的岗位职责和工作要求

汽车经销商销售顾问,指为客户提供顾问式的专业汽车消费咨询和导购服务的汽车销售服务人员,可分为销售顾问助理(销售接待)、销售顾问、高级销售顾问、资深销售顾问等,他们虽然在业务能力和业绩上存在差别,但共同的岗位职责通常是:①整车销售。执行营销策略,开拓销售市场,开发潜在客户,完成销售手续(签约)。②客户接待。接待来店客户并与其洽谈,分析客户需求,听取和记录客户信息,向客户介绍商品车的性能、配置、价格及付款方式等购车事宜,执行销售服务流程。③向客户提供试驾试乘服务。④建立与整理客户档案,做好售后客户维系工作,提高顾客满意度,寻找潜在顾客。⑤上报并解决售车过程中出现的问题,完成临时工作任务。⑥整理销售资料,了解企业经营情况,实时掌握商品车库存情况。此外,销售顾问一般还需要协助办理(或交由他人办理)汽车保险、上牌、装潢、交车、理赔、年检等业务。在 4s 店内,其工作范围主要还是定位于销售领域,其他业务则应与相应的业务部门做好衔接。

销售顾问的工作流程见表 10-1。

汽车经销商销售顾问的工作流程表 表 10-1

步骤	环节名称	工作内容
1	销售准备	熟悉公司对所售产品的具体销售政策;了解销售相关各项事务,如付款方式、按揭费用计算、新车购置税、上牌手续、保险项目与费用等,了解竞品与所售车型的差异,准备客户异议对策;销售资料与工具准备,包括产品目录、产品价格表、保险费率表、客户登记簿、名片、计算器、卷尺等;仪容整理,包括统一着装、佩戴工牌、化妆得体、保持良好个人形象,应用标准商务礼仪;展厅环境准备,包括按照品牌统一标准设计和保持展厅环境,保证车辆、展厅区、客户休息区、商务洽谈区、品牌文化区、装饰精品区的干净整洁,物品摆放有序,营造温馨、舒适、亲切的展厅氛围;展厅车辆准备,包括展车合理摆放、车外清洁,车辆状态良好

续上表

步骤	环节名称	工作内容
2	客户开发	根据产品特征锁定客户群,明确开发客户的渠道,确定开发客户的优先等级,了解汽车特点、购买事项、竞争对手、客户需求等信息,做好开发客户的准备工作;在制订客户开发方案时,要明确各个要素,保持耐心和毅力,把握好与客户见面的时间和技巧,进行目标管理
3	客户接待	致以亲切的问候;了解客户来店目的;引导客户适应环境;了解客户的基本信息;探寻客户的基本需求;建议参考车型;确认客户需求;建立客户关系
4	产品介绍	提供客户了解产品的多种方式,如车型资料、视频演示或者实车体验;运用恰当方法介绍产品,如六方位介绍(环绕汽车从6个方位介绍产品特色)、特优利述法FAB(Fuction Action Benefit,介绍产品的功能优势)或与竞争车型比较介绍
5	试乘试驾	试驾车车辆准备;安全规定;陪同指导试驾;填写试驾意见表;询问客户感受
6	异议处理	遵循三个原则(正确对待、避免争论、把握时机),掌握五个技巧(认真地听、重复客户所提问题、认同和回应、提出证据、从容解答)
7	报价签约	介绍厂家指导价;公司是否存在活动价,如存在,优惠的条件和幅度是多少;价格构成(特别是有选装和精品销售时);填写格式合同,重要条款客户确认等
8	新车交车	保持车辆内外干净,清点和让客户验收交车资料(发票、合同和随车技术资料)或物品(钥匙、随车工具和客户选装品等)
9	售后服务	售后客户跟踪、提醒注意事项(如首保规定等)、了解客户满意度和使用意见
10	信息反馈	在销售服务系统填报客户信息,完善客户档案与车辆管理信息等

对销售顾问的工作要求通常包括:工作主动,态度积极,敬业精神和事业心强;具备良好的沟通和谈判能力,了解客户的心理,善于与客户沟通,应变能力和解决问题的能力强,心理素质佳,敢于面对挑战;具有较好的驾驶技术;具有必要的汽车构造和汽车专业理论知识;熟悉一条龙服务规则、销售业务流程、报价构成;了解国家政策法规、整车厂商和公司自己的规章制度;形象良好,谈吐亲和力强;团队协作精神和客户服务意识良好;积极参加业务培训、业务考核,并主动进行服务思想、服务态度及服务作风的自身教育等。

2)网销专员的岗位职责和工作要求

汽车经销商的网销专员,指主要从各种网上渠道(含电话和呼叫中心)发现潜在客户信息,了解客户需求,保持联系联络、推介产品信息(如视频直播)、提供消费建议,最终将潜在客户引入线下实体店(交由销售顾问跟踪)的汽车销售人员。由此可见,网销专员就是从网上集客,并将网上潜在客户向线下成交转化的专业人员。

网销专员的主要工作及其职责有:①整理网络潜在客户信息,负责汽车网站后台日常数据维护。②客户跟进。通过网络及电话进行跟进,与客户进行有效沟通并了解其需求,对潜在用户进行沟通和回访,主动提供及时、专业的咨询服务。③客户邀约和接待。邀约潜在用户到店参观及试驾,接待邀约到店的客户,并将其转介绍给销售顾问,促进潜在用户向现实客户转化。④未邀约到店的失败客户分析,具备优化工作流程和质量的意识,不断改进工作流程和提出改进建议。⑤其他临时性工作。

网销专员的工作流程如图10-2所示。

对网销专员的工作要求主要有:充分利用网络平台的功能(网友留言、新闻发布、适时推送)，提高4s店的社会关注度；向网友强调电话沟通的利益点，提高电话线索量；提升邀约进店率，电话沟通时间不宜过长；电话中不轻易报出底价；具有优秀的沟通表达能力、商业拓展能力和商务谈判能力；对销售数据敏感，具有优秀的数据分析能力和逻辑分析能力；抗压能力强，能够在高速发展环境中开展网销工作；具有良好的自我管理能力及自我学习能力。

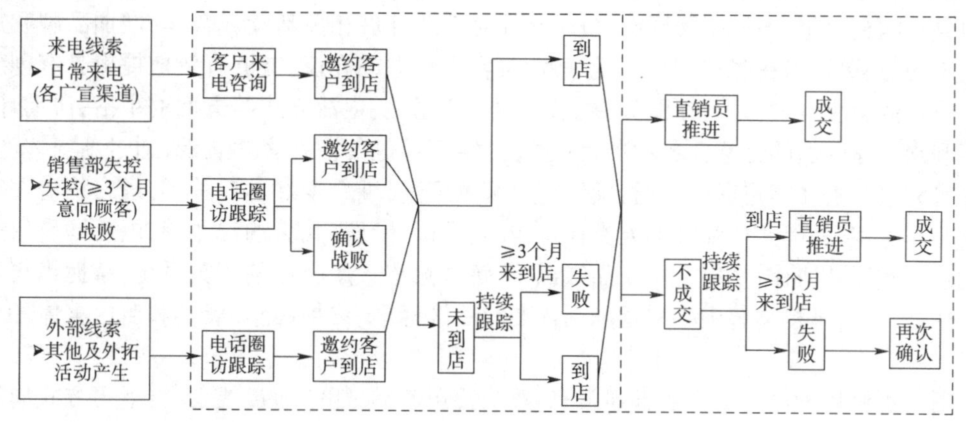

图10-2　网销专员的工作流程

2. 传统汽车厂商的人员销售

传统汽车厂商除了借助经销商销售汽车外，还直接面向公务采购、改装车企业、运输服务型营运企业(如网约车公司、运输公司、物流公司、出租车公司)等大客户开展批量订制业务；而生产大中型客车、中重型货车及专用汽车的厂商，更是采取直销模式，直接接受终端客户的零售订制业务。本节只讨论这两类直接面向终端客户销售产品的业务员，不涉及对4s店作销售支持的营销支持人员的介绍。

汽车厂商的销售业务员，其岗位职责主要有：①负责本企业的业务宣传、广告与营销；②负责市场的调研和开拓，动态把握市场价格，定期向公司提供市场分析报告、预测报告和竞争对手分析报告；③热情接待客户，评审和签订业务合同，并对合同的履行情况进行监督；④负责对合同的履行率、客户的诚信度进行记录、统计分析，建立客户信息档案，与客户保持沟通；⑤负责顾客投诉的受理、处理、善后等工作；⑥负责调查客户的需求，接受车辆维修预约，听取用户的要求，收集征询对本厂服务及质量的反馈意见；⑦跟踪车辆维修作业进展情况，及时向顾客通报车辆维修信息；⑧交车前确认顾客要求已经满足，交车中向顾客解释费用结算依据，交车后进行质量跟踪；⑨维护和开拓新的销售渠道和新客户，自主开发和拓展上下游用户，尤其是终端用户。

销售业务员除了要对企业的产品知识、生产工艺、商务政策和客户的购买模式熟悉外，从个人素质讲，要能够吃苦耐劳，保持良好的工作积极性，有较强的学习、沟通和人际交往能力，有良好的团队合作意识和承压能力等。

3. 新势力造车企业的人员销售

新势力造车企业大多起源于IT或互联网企业(ICT企业)，他们跨界而来，互联网思维、资源整合和资金运作等方面的能力较强，其销售方式普遍采取了直销模式(主要为自营与合伙经营，有的也采取代理模式)。从产品销售侧看，新势力造车企业直销模式的销售人员主要分布在客户体验店(含展厅)和大客户销售支持两类岗位。

1)客户体验店(含展厅)销售人员

这类销售人员的岗位职责通常包括:通过客户服务、产品知识讲解和推广驱动业务发展,最大限度地提升销售成绩;落实运营政策和流程以满足客户需求,帮助店面达到销售目标;建立良好的客户关系,并在试驾过程中提供完美的客户体验,使潜在客户向其亲朋好友传递良好的口碑;通过新媒体等形式介绍并宣传产品功能,发布相关的报告和新闻以便帮助客户做出购买决定;根据不同层次客户,有针对性地开展相关活动或合作,增加品牌和产品曝光率,开拓更多潜在客户和产品爱好者;对客户疑虑或异议,能够有效地提出具有创新性的或可行的解决方案,尤其在财务、技术、充电、实用性、生活方式等方面的举措;协助计划、执行和跟进体验店的运营任务和项目;建立并管理稳健的潜在客户资源,通过新媒体沟通、试驾等方式与潜在客户保持沟通,确保客户满意度高,维系良好客户关系,最终将潜在客户转化为车主;和外部客户和外部人员保持清晰、准确、专业、礼貌的沟通,和内部同事保持良好的沟通和团队协作;掌握公司产品知识,了解并熟练运用公司的相关系统,掌握销售逻辑和销售技巧等;维持零售中心视觉陈列标准和后区标准,维护展车、展具和店内整体环境整洁等。

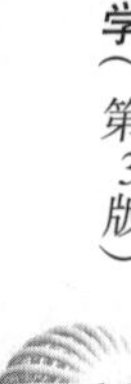

对这类销售人员的工作要求通常有:熟知公司产品,能够通过线上、线下等方式向潜在客户销售产品;服从领导安排,能够配合部门经理完成本部门各项产品销售任务;能够与其他同事共同协作,充分把握客户需求,发掘潜在客户,共同完成部门销售目标;反应敏捷、表达能力强,具有较强的沟通能力及交际技巧,具有良好的亲和力;具备一定的市场分析及判断能力,良好的客户服务意识;有责任心,能承受较大的工作压力,富有挑战精神;对企业文化认可度高,有良好的自我管理能力和自我学习能力。

2)大客户销售人员

新势力造车企业的大客户销售人员,又被称为大客户专员。其主要工作职责有:开发大客户资源,收集客户及其需求信息;根据客户需求定制推荐方案,拟定各类商务文件;组织门店开展试乘试驾活动,开展销售工作,组织商务谈判,争取客户订单,完成销售指标;分析大客户需求信息,建立和完善客户群体,制定针对性强的大客户发展策略;定期拜访客户,及时了解、收集并反馈市场信息,管理大客户关系,维护长期战略合作,降低客户流失率;收集竞品与大客户的合作渠道信息及动向;协调、跟进相关流程及处理异常问题,优化升级大客户营销方案,提高客户满意度等。

对这类大客户直销人员的工作要求有:具有政府、专车、网约车、汽车租赁等行业的直销资源;有大客户渠道资源,能够有较好的客情维护能力,熟悉大客户业务开展方法及流程,快速成单能力强;擅长挖掘重点客户的潜在需求,能为客户提供满意的解决方案;能够快速开展新区域的客户市场开发,积极完成销售指标;具备极强的客户需求分析能力、商务谈判能力,敢于挑战,有强烈的责任感、优秀的团队合作能力与沟通协调能力等。

二、人员销售的组织与管理

为了让以上各种人员销售方式对促销发挥更大更好的作用,企业就必须对其做好组织管理工作,包括对销售人员的选拔、培训、工作机制和考核制度的设计等。

1.销售人员的选拔

从销售人员选拔来讲,不管是从企业内部选拔,还是社会公开招聘,都应进行必要的考察,择优录用。考察通常包括文化与智力水平考察和情商水平的考核。其中,前者可以参考应聘者的学历和所学专业情况，达到招聘要求即可；而后者可以采取笔试与面试相结合的考察方式，重点考核应聘者的身体素质、心理素质、逻辑思维能力、因景应变能力、沟通表达能力、情感状态、职业道德、工作态度、敬业精神、创新精神以及个人气质形象等。

2. 销售人员的培训

各类企业对销售人员的培训，大体应涉及以下知识和技能领域：

(1)产品知识。包括汽车结构、汽车性能、汽车技术、汽车运用知识以及产品在这些领域的先进特色或创新之处，产品的卖点是什么以及对客户的吸引力如何。

(2)制造知识。包括产品制造的关键工艺过程、核心生产设备的技术水平、核心零部件所用的材料材质、产品检验检测的方法手段、制造系统的质量管控体系等。

(3)营销知识。包括营销环境分析、产品市场定位、市场调研方法、市场预测分析、企业营销组合与营销策划方法、企业商务与服务政策、营销管理知识等。

(4)竞争知识。包括产品市场竞争特点、竞争者类型分析、竞争者的营销目标与营销策略分析、价格竞争与非价格竞争手段等。

(5)客户知识。包括产品的客户类型与特点、客户的产品使用条件和使用习惯、消费心理分析、消费者购买决策模式、支付方式、服务要求等。

(6)公司文化。包括公司及其品牌的发展历史、历届负责人和出色员工荣誉史、公司长期奉行的价值观、公司的行业地位及企业形象、公司现行的基本管理制度等。

(7)销售技巧。包括建立和谐气氛的技巧、洽谈的技巧、排除障碍(如客户疑虑、价格异议、客户习惯势力等)的技巧、与客户会面的技巧和抓住成交机会的技巧等。

(8)其他。如行业发展动态、职业道德与敬业精神、相关法律法规、专题培训(如新产品上市培训)等。

从层次来讲，销售人员的培训还可能包括：①基础性培训。主要是针对新职员进行的培训，培训内容就是让销售人员掌握基本的销售技能和有关基础知识，让销售人员了解工作程序、熟悉流程手续等。②完善性培训。对经历过基础性培训，实际从事过一段时间的销售工作的初级销售员的培训。③骨干培训。是针对销售骨干，拟提拔作为带头人或者担任基层销售领导人的培训。

销售人员的培训形式可以采取课堂教学、模拟实验和现场训练(一般安排在工作岗位上并指定有经验的销售员负责指导)等多种方式进行。可以将模范销售员的销售过程，或利用现代教学信息化技术制作的形式生动的虚拟现实/增强现实(VR/AR)视频，播放给学员观摩、研讨和评价。

为了组织好对销售人员的培训，有实力的企业可以建立专门的培训学校(这样的学校既可以作为培训销售人员的基地，也可以作为销售服务部门各种业务培训或研习的场所)，也可以与社会培训机构或有关高校(含职业教育高校)合作开展培训。

销售人员在培训结束时，一般应采取书面与实战演习相结合的考核方式进行结业考核，并将考核成绩与销售人员的岗位安排、待遇发放或职务晋升适当挂钩。

3. 销售人员的组织形式

销售人员的组织结构有三种可供选择的形式：①区域型结构，将企业的目标市场分成若干个区域，让每个/每组销售人员负责一定区域内的全部销售业务，并定出销售指标。采用这种结构有利于考查销售人员的工作绩效，激励其工作积极性，有利于销售人员与客户建立良好的人际关系，有利于节约交通费用。②产品型结构。将企业的产品分成若干类，每一个销售人员（或销售组）负责销售其中的一类或几类产品。这种结构适用于产品类型较多并且技术性较强，产品间缺少关联的情况。③顾客型结构。按照目标客户的不同类型（如所属行业、规模大小、新老客户等）组织销售人员，即每个销售人员（或组）负责某一类客户的销售活动。采用这种结构有利于销售人员更加了解同类客户的需求特点。

4. 工作制度设计

明确的工作制度是提高工作效率的组织保证。除了定岗定责和明确工作流程外，为了激发广大汽车销售人员的工作积极性，还应该做好以下三项制度设计：

(1) 薪酬制度。实践反复证明，销售人员的薪酬宜采取“底薪 + 业绩提成 + 费用补贴”模式。其中，“底薪”不跟销售业绩挂钩，只与岗位和职级挂钩，其水平应保障销售人员的基本生活；“业绩提成”则是根据销售人员实际完成的工作业绩，按照事先约定（如任务书）的比例提取的业绩兑现；“费用补贴”则是对业务员开展业务活动时垫支的一些杂项费用支出的合理补偿以及差旅补助等。

(2) 考核制度。对销售人员的考核，一是要考察业绩情况，包括实际完成的销售情况、目标任务完成率、销售业绩增长情况、资金的回收情况等。对不同特点的市场，企业在制定目标任务和选择考核指标时应有所不同。二是要考核客户对销售人员的满意度。这可以通过用户走访调查、建立用户意见收集制度（如定期对用户抽样，进行问卷函调）、建立用户投诉机制等方法，获取用户对销售人员的满意度情况。

(3) 奖惩制度。企业应根据对销售人员的考核结果，对销售人员进行奖励或惩罚。企业建立必要的惩罚机制是必不可少的手段，尤其是对恶意的、负面的行为必须做到严惩不贷；但企业通常还是要以激励机制为主。实施激励机制对于开创销售工作的生动局面，比惩罚机制更有促进作用。

第三节　广　　告

广告即广而告之，是企业为品牌、产品、服务或创意，建立社会关注度和知名度最有效的工具，广告策略是企业促销组合最重要的组成内容。一条适时得体的广告对企业和产品的宣传具有重要作用，企业要善于利用广告把自己的真诚、敬意和合作传递给目标顾客。

一、广告的概念与作用

相对公益广告而言，本节只讨论商业广告（以下简称广告）。根据《中华人民共和国广告法》，广告被定义为“产品经营者或者服务提供者承担费用，通过一定的媒介和形式直接或间接地介绍自己所销售的产品或所提供服务的活动”。通常来讲，广告是指确定的广告主，按照有偿付费原则，通过适当的传播媒介，针对自己所营销的商品或劳务向特定的目标受众所开展的非人员方式的介绍和推广活动，旨在促进目标顾客实施广告主所期望的行动（如购买）。

如今，广告已发展成为集商业、艺术、美学、摄影、音乐等要素于一体的综合信息传播工具，可以比较广泛地宣传（如企业销售人员到达不了的地方）企业及其产品，传递购买信息。现代广告活动的参与主体包括广告主、广告受众、广告媒体、广告经营者等几种角色，各类主体的功能及其关系如图 10-3 所示。

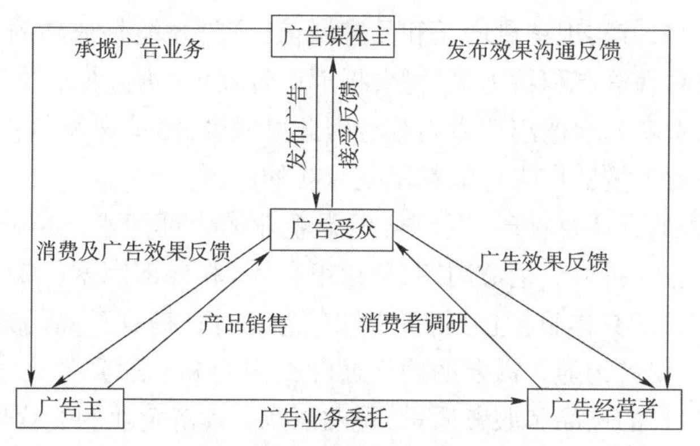

图 10-3　各类广告主体及其关系

随着市场经济的发展和买方市场的形成，广告越来越显示其促销的优势。现实生活中，广告已成为人们了解商品信息不可缺少的重要渠道，广告的繁荣程度被认为是经济发达程度的表征。就汽车营销而言，汽车广告备受厂商重视，其费用不断攀升，如日本的汽车广告每年达数千亿日元，欧洲和美国分别达数十亿欧元或美元，我国的汽车广告也达到数百亿元人民币。广告的商业作用主要有以下几点。

1. 传播信息，引导消费

广告的主要功能就是通过各种媒体形式传播产品和购买信息，吸引消费者关注，让目标受众了解能够满足其需要的理想产品是什么，产品的实际利益是什么，通过什么渠道可以得到产品等，从而引导人们消费，促进经济的繁荣。

2. 刺激需求，扩大销售

广告是一种说服性很强的沟通活动，能激发消费者的潜在购买意识，改变消费偏好，影响消费者的购买行为。广告有利于提醒老顾客继续关注原产品，刺激新的消费者加入购买者行列，说服处于决策徘徊的消费者做出购买决定，促使抱有偏见的消费者改变原有信念等，从而有利于巩固和创造市场需求，增加产品的销售量，提高市场占有率。

3. 增加认同，强化竞争

广告也是企业树立产品形象、品牌形象的有效途径。广告通过大力宣传企业在产品品质、服务质量、技术实力、经营理念、企业责任、商业信誉等方面的形象，强化正确的舆论导向，从而有利于消费者建立对企业及其产品的认同感，提升企业的品牌形象，增强品牌的美誉度和品牌的资产价值，提升和巩固企业的市场竞争地位，为企业的持续发展积蓄力量。

二、汽车产品的广告策略

广告策略是指对广告促销相关活动整体安排的决策，以提高广告促销活动的效果。其主要内容包括确定广告目标、广告定位、广告预算、产品生命周期的广告策略、广告媒体策略等。

1. 广告目标决策

所谓的广告目标，是指企业设定的通过广告活动要完成的特定任务或使命。很多企业认为广告的目标就是要促进企业产品销售的增加，但现在营销理论认为，广告还要服务于企业的品牌资产增值。只有实现销量增长和品牌增值，广告才能是成功的；否则，只顾及眼前的销量增长，没有对品牌资产积蓄力量，将会抵消广告效果，使企业落入广告陷阱，企业一旦减小了广告力度，消费者就会遗忘广告内容。因此可以说，销量增长和品牌增值是广告的两个基本目标，任何顾此失彼的广告可能都不是成功的广告。

企业在决策广告的具体目标时，要综合考虑企业的内部因素（如经营战略、经营方针、营销目标、市场定位、产品特点、生命周期、营销组合等）和外部因素（如目标消费者特性、市场竞争特性等）。广告的具体目标包括：①告知信息。旨在提高产品的知名度，一般适合新产品的上市营销。②促进沟通。需要明确沟通什么内容和沟通到什么程度。③建立偏好。通过宣传企业长期一贯的产品和服务质量，帮助消费者理解企业的经营理念和社会责任，增加美誉度，建立消费者的选择偏好，为企业的品牌资产增值服务。④增加销售。宣传企业新的营销政策，让消费者认识可能获得的新利益，以增加产品的市场销售量。

2. 广告定位决策

所谓的广告定位，就是期望广告在目标用户心目中塑造一种怎样的形象，以服从和服务于广告目标。广告定位包括产品实体定位和用户心理定位两种策略。

1）产品实体定位

产品实体定位又被称为利益定位，指从产品本身的利益属性出发进行定位，主要包括功能定位、质量定位和价格定位，分别突出宣传产品功能、质量、价位的特色和独特价值。这是汽车产品最常采用的一种广告定位策略，汽车厂商借助传播媒介，把其产品在结构技术、质量性能、制造工艺、材料特性、品牌价值、整体利益等方面的特点，以富有感染力的形式传播给消费者，使用户感到物有所值、物超所值。

实体定位以突出产品的功能价值为核心，要求广告在构思、立意、宣传内容和处理方式上都围绕功能价值展开，强化功能特色，并给人以清晰的印象。例如，沃尔沃公司在长达几十年的时间内，都始终突出其产品的安全性，已经深入消费者人心。

对于汽车这样的功能性产品，其广告定位应该突出其使用价值，并切忌：①定位模糊不清。让用户不知广告所云，对广告没有明确印象。②定位不准确。例如，某微型车宣称其产品集“越野车、商务车、休闲车、旅行车”等多功能于一身，用户对这样一款价格不高、尺寸不大的车，是否能做到“集多功能于一体”肯定持怀疑态度。

2）用户心理定位

用户心理定位又被称为情感定位，指从用户的心理特点而不是产品特点出发进行定位，它突出宣传拥有本产品后的美好感觉，或者宣传缺乏产品而引起的各种情感缺失，而让消费者具有鲜明的认同感。心理定位主要包括：①正向定位。主要是宣传拥有本产品后的情感收获。正如美国营销专家韦勒所言“不要卖牛排，要卖烧烤牛排时的滋滋声”，这个“滋滋声”立刻将消费者带入烤牛排的场景中，勾起对牛排的食欲，这就是正向心理定位。②逆向定位。主要是唤起用户的同情和支持，如脑白金广告“今年过年不收礼，收礼只收脑白金”，在长者宣称除脑白金外不收其他礼品时，唤起年轻晚辈对老者的仁孝之心。③是非定位。广告没有明确宣传是非观念，但消费者看了广告后，自然就会产生有利于厂商所期望的价值判断。例如，雪佛兰公司一则获得大奖的电视广告，在 1 分钟时间内全部用来展示美国的国旗、国徽、名山胜水以及美国人生活和工作的情景。显然，这种以爱国主义为主题的联想广告，对于素有美国国民车之称的雪佛兰会起到有利的宣传。

3. 广告费用预算

美国广告学者肯尼斯·朗曼曾经对广告投入成本和销售额的关系进行了实证研究。他认为,任何产品的销售额都有一个最低和最高销售临界点。其中,最低临界点表示企业不做任何广告的最低销售额;最高临界点表示企业增加广告投入,销售已不可能再增长时所对应的销量(或销售额)。如图 10-4 所示。

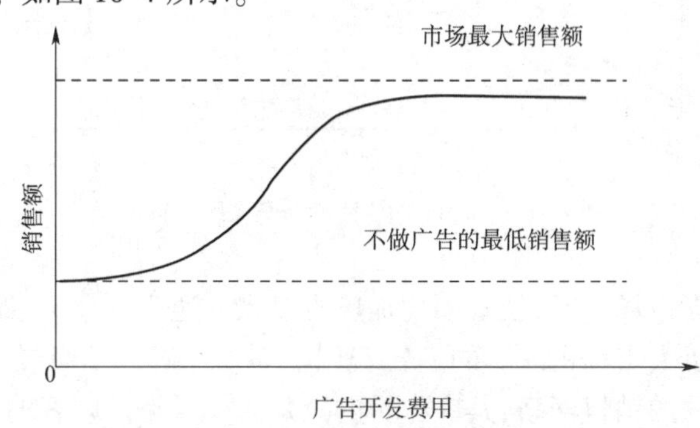

图 10-4 广告效果与广告投入之间的关系

朗曼认为,在最低和最高销售额之间,广告的确可以起到促进销售的作用。这时产品的销售量和广告费用投入大体成正向变化,即广告投入增加,产品销量也增加。但是,由于受到市场因素影响,产品销量在达到一定水平后,便不再显著增长。理想的广告策略应该控制在销量接近最高临界水平时所对应的广告投入为宜,此时可以避免无谓的广告成本增加。因此,那种一味增加广告投入,希望以高额的广告投入保持销量持续增长和建立品牌形象的想法是不切实际的。

广告的投入产出效率可以使用"投入回报率"指标进行评价。广告的投入回报率是指单位广告花费所带来的销量(销售额)增量。其数学表达式为:

广告的投入回报率 = 广告投入后的销量(销售额)增加值/广告投入额

企业在决策广告投入时,需要考虑以下因素。

1)产品所处的生命周期阶段

对处于导入期的产品,由于目标市场上消费者还不了解产品,品牌知名度还没有建立,这就需要较多的广告投入,以提高消费者对产品的认知程度。这时,广告主要是信息型广告,侧重点应放在介绍产品、功能、特色、品牌、售后承诺等方面,灌输企业经营观念,以提高产品知名度和可信度,激发购买欲望。

对处于成长期的产品,由于前期的广告投入较多,市场建立了一定知名度,且企业已经建立销售网络,市场上竞争对手也不多,因此广告活动频率可以适当降低,以节约广告费用。这时,广告的重点应转向"个性诉求",引起目标用户的观念认同,培植品牌美誉度和忠诚度。

对处于成熟期特别是成熟期后期的产品,由于市场上竞争产品和替代产品大量出现,它们都会有较高的广告力度,如果企业的产品有了改进改良,则应适当增加广告投入,以便强化竞争优势,维持其市场地位。

对处于衰退期的产品,由于增加广告投入,市场销量也不会得到明显改善。这时,企业已经开发出新产品,故对原有产品没有必要保持广告投入,反而应该节约广告费用,将广告投入重点转向新产品的推介上。

以上不同生命周期阶段的广告投入,其变化规律如图 10-5 所示。

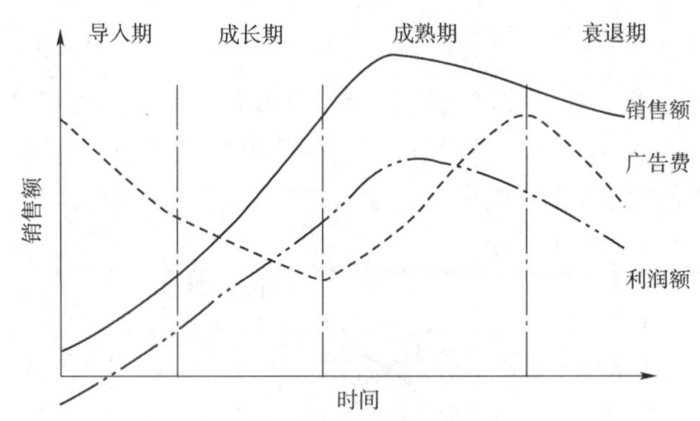

图 10-5　产品生命周期和广告费支出的关系

2)市场份额

企业如果希望扩大市场份额,就必须增加广告投入。通常情况下,保持现在市场占有率的广告费用远远低于扩大市场占有率的广告费用。如果品牌属于领导型品牌,由于它有较高的市场知名度和成熟的销售网络,其广告目的只是为了维持老顾客的重复购买,企业就没有必要大规模增加广告投入。如果品牌处于挑战者地位,希望发起挑战时则需要较大规模的广告投入。

3)竞争情况

市场竞争越激烈越需要增加广告投入,目的是宣传本企业产品的特色和优点,使之在目标顾客心目中与竞争产品区别开来;反之,如果市场上同类竞争产品较少,广告投放则可相对少一些,只需要将产品信息告知顾客即可。

4)企业成本核算

如果企业资金实力强或产品利润率高,其广告投入的力度可以适当增加。但也不是盲目增加广告投入以换取市场份额增长。实力雄厚的企业,更应该将竞争手段转向新产品开发,提高产品质量和服务质量上来,因为汽车是功能性强的产品,片面依靠广告不能像保健产品那样创造销售神话。

4. 广告媒体选择策略

广告媒体(Advertisement Agency)是指广告信息的传播载体。由于现代社会,广告几乎无孔不入,因此广告媒体可谓是不限具体形式,只要能够传达广告信息的任何载体都可能成为广告媒体,除报刊、广播、电视等传统媒体外,还包括互联网平台、电影院线、户外广告(海报、广告牌、霓虹灯、户外大型 LED 显示屏)、楼宇电梯(框架媒体)、卖场终端媒体、公共交通工具与场站设施、流动广告车、广告印刷品、产品包装物,甚至人们所穿的衣服鞋帽和个人物品等都是广告媒体形式。随着广告媒体越来越丰富,各种媒体在广告传播领域的地位也在发生着变化,尤其是网络媒体(可延伸至新媒体)正在成为越来越重要的广告媒体,其地位被不断放大。

不同广告媒体的传播特性不同,广告的效果也就不同。企业在决策利用广告媒体时,除了考虑广告费用外,必须考虑媒体的特性,如媒体的受众人数和类型,信息的可阅读性和可保持性,信息表现形式的直观性和丰富性等,从而获取最好的广告效果。

1)报刊

报刊泛指报纸和刊物(期刊、杂志),属于平面媒体。其中,报纸是历史上影响最大的平面广告媒体,它以视觉传达为手段,具有以下优点:①传播范围广,覆盖率高;②传播及时,信息量大;③说明性强,适合复杂的广告;④制作简单,费用相对较低。但其局限性表现在:①时效短。报纸是一种时效特点明显的传播媒体,一旦过期,其被反复阅读的可能性比较小;②广告的表现能力有限,不能声像并茂地充分展示广告信息所蕴含的内容,不能让用户对抽象内容产生具体的直观感受;③广告关注度不高,读者通常是有选择地阅读报纸的版面,特别是现代报业有增加版面的趋势,如果广告出现在读者不关注的版面(特别是专门登载广告信息的副刊、加页),广告信息很难引起读者的关注,所以企业在报纸上刊载广告,一定要研究目标受众的阅读习惯,选择在恰当的版面上做广告,但媒体营运商对这些版面往往又要求增加广告费用,从而抵消了报纸广告原本具有的低成本优势。

杂志(含期刊)作为广告媒介的优点有:①读者阶层或对象十分明确,广告受众的针对性强;②杂志在读者心目中有较高的威望,说服能力强;③传播时间长,可保存。其局限性有:①传播的范围较小,读者适应性差;②版面受限,通常不能做文字篇幅较长、信息量较大、内容较复杂的广告。

2)广播

广播作为广告媒介的优点有:①传播速度最快,胜于日报,传播及时;②制作简单,费用较低。其局限性有:①传递的信息量有限,只能刺激听觉,缺乏直观性,不适合作内容复杂的说明性广告;②随着电视的普及,广播的听众越来越少,目前其受众在城市主要为汽车驾驶者和锻炼身体的老年人,收听时间上存在随机性,受众往往是碰巧才获得自己感兴趣的广告信息。

3)电视

电视已经成为人们获取信息和休闲娱乐的重要平台,在百姓的日常生活中占有一定地位,因此电视广告具有一些优势。这些优势有:①能够综合利用各种艺术形式,声形并茂,色彩绚丽,动感直观,视觉冲击效果明显,表现力强,传播的信息量大;②覆盖面广,如果选择的广告时间合适,则收视率会比较高;③传播速度快。其局限性也有:①广告费用高,包括广告制作费用和电视广播收费都较高,特别是在主流电视台的黄金时间和品牌节目时间内做广告,费用更高;②广告信息不能保存(尽管很多电视频道提供回看功能,但回看时只播放原节目内容,不播放随原节目播出的广告信息),错过播出时间,观众就没有接触广告的机会,而且观众在收看广告节目时往往心不在焉,因此企业只有大量购买电视的广告时间,反复播出,才能产生较好的广告效果。电视广告尽管存在一定缺陷,但相对报刊和广播而言,它仍然是企业理想的广告媒介。由于电视广播的时间资源有限,随着电视广告的增加,企业通过电视做广告的成本也在与日递增。

4)互联网媒体

互联网媒体,又称网络媒体,是指借助互联网信息传播平台,以电脑和个人信息终端为工具,以文字、声音、图像等形式来传播信息的一种数字化、多媒体的传播媒介,属于新媒体范畴。所谓的新媒体(New Media),是指当今社会"万物皆媒"的环境(新媒体就是一种环境)。新媒体涵盖了所有数字化的媒体形式,包括所有传统媒体数字化形式、网络媒体、移动端媒体、数字电视、数字报纸杂志等,是相对报刊、广播、电视等传统媒体而言的一个概念,被称为"第四媒体"。换言之,新媒体是继传统媒体以后发展起来的新的媒体形态,包括网络媒体、手机媒体、数字电视等。可以说,凡是以数字技术制作内容,以电子显示方式呈现内容的任何信息载体形式,都属于新媒体。

随着百姓手机阅读习惯的养成,传统媒体的受众人数、信息传播影响力和广告地位大大减小,并将继续呈现下降趋势。互联网(尤其是移动互联网)是发展最快、最为活跃、最富有前景的新型广告媒体形式。从广告角度看,可以说互联网具有传统媒体的所有优势,例如:①广告表现力强。具有电视广告的优点,而且其感染力超过电视广告。②网络资源丰富,广告内容可以无限拓展。目标消费者可以查询产品价格、品牌、车型、质量、性能、供应商、购买途径等信息,还可以延伸到消费信贷、维修、养护、美容、配件、保险、使用知识等信息。只要属于用户关心的任何信息,广告主都可以将其放在网上。③广告信息的可保持性好。只要网络运营商不删除广告信息,那么它都存在于网络中,消费者可以再次阅读。④不受时间限制。消费者可以在任意时间阅读广告信息。⑤信息开放。网络广告一般没有目标受众的限制,任何人都可以阅读广告信息,甚至可以发布产品使用体验。⑥交互式和可视化特点突出。在产品定制化的营销模式中,消费者还可以登录企业网站,与厂商讨论定制需求,追踪自己定制产品的生产过程。⑦"一对一"精准营销。通过网络营销,企业可以实现产品对最终用户的直接营销,而不再依靠经销商。⑧广告成本较低。广告制作成本尤其自媒体广告,其制作成本大大低于电视广告,且其信息上网的成本较电视收费更低。

互联网广告的主要缺陷就是消费者的信息选择权太大。在大多数情况下,网络广告对上网民众没有信息传播的强迫性(一些收费栏目或特定收费观看内容绑定的广告除外),广告只有被点击后,广告信息才被呈现出来。当然,不同的互联网平台,其应用人数、服务面向、信息呈现方式等也不尽一致,广告主要选择合适的互联网平台发布广告信息。

除以上媒体外,还有其他形式的广告媒体,也有各自的优缺点,在此不再对其展开讨论。企业应根据各种媒体的特性差异,利用其优势,避免其短板,同时选择多种广告媒体,形成广告媒体的应用组合。组合之间应互相补充和拾遗补阙,要能聚焦形成广告声势,达到良好的广告效果;还要充分评估各种媒体的广告成本,规划好广告总费用在不同媒体间的分配。

5. 广告设计策略

确立了广告的媒体之后,还必须根据不同媒体的特点,设计创作广告信息的内容与形式。广告要做到创意独特、新颖,表现形式生动、具体,广告词易记忆,宣传重点突出,广告富有联想空间,便于消费者树立良好的产品形象和企业形象。切忌消费者看了广告后,却不知道广告要表达什么。广告应达到讨人喜欢、独具特色和令人信服的效果,或者说要达到引起注意、激发兴趣,强化购买欲望并最终导致购买行为,并有利于企业建立品牌形象。

6. 广告时机策略

广告时机也是广告决策很重要的内容,广告在不同时间推出,会产生不同的促销效果。例如广告从什么时候开始做,需要做多久;是集中时间做广告,还是均衡时间做广告;是季节性广告,还是节假日广告等。企业应根据广告目标、广告对象的需求特点、广告费用预算额度、媒体特性等要素,决策广告时间。根据广告具体的投放时间不同,广告时间策略有集中式(在一个小时间段内集中做广告)、连续式(在整个时间段内持续做广告)、间断式(在整个时间段内间歇性做广告);根据广告投放力度(广告频次或费用额度)不同,广告策略包括水平式(广告力度保持持续均衡)、上升式(广告力度逐渐加大)、下降式(广告力度开始大,再逐渐递减)、交替式(广告力度高低变化)等。广告投入力度与广告时间的配合策略,如图 10-6 所示。

确定广告时间后,企业还需要决策广告时机,即决策究竟在哪一时刻做广告,如电视广告是在黄金时间做广告,还是在一般时间内做广告,是否要与某一特色电视栏目相关联等。此类决策几乎在每类媒体利用都会遇到。

三、广告效果评价

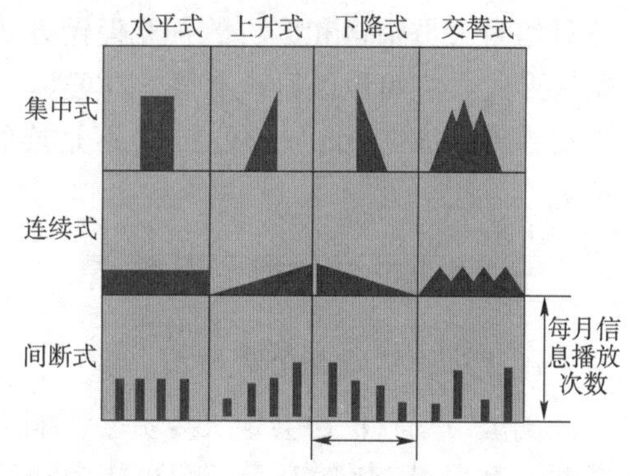

图 10-6　广告时间及广告投放策略

一般来说，做广告对企业的产品营销肯定具有促进作用。但通常不能简单地将做广告前后企业销量的变化看作是广告的效果。因为企业销量的变化不只是受广告因素的作用，它跟产业和产品发展阶段、市场竞争格局、宏观经济形势、需求的时间波动等因素息息相关，而且广告的作用往往是多个方面的，且不一定立竿见影（可能是渐进式发挥作用）。因此，广告效果的评价从评价内容到评价方法都有其特殊性。

从评价内容方面看，广告评价应该包括但不限于：①广告目标：目标是否正确？②广告媒体选择：媒体利用是否合理？③广告时间和频率：安排是否科学、合理？④广告费用：广告费用是否合适？⑤广告主题：主题是否突出、明确？⑥顾客特性：广告是否突出顾客心理？⑦广告成效：广告是否达到预期的效果？

广告效果根本上包括广告沟通效果和广告销售效果两个方面。对广告沟通效果的评价，可以采取事先测试和事后测试（包括回忆测试、识别测试等）的评价方法，即选择一定数量的目标顾客，随机地将其分为 A 组和 B 组两组（两组的特征值认为是一致的），测试广告前 A 组对产品和企业营销商务政策的了解程度，在广告投放一段时间后，再测试 B 组对同样内容的了解程度。两次测试结果的差异，基本可以认为是广告的沟通效果。

对广告销售效果的评价，一是可以使用回归分析法，即企业在决策好广告内容、广告媒体、广告时间等内容后，通过测试广告费用投入额度（自变量）跟产品销售增长（因变量）的变化，建立回归方程，分析研究广告的促销效果。二是试验法，即邀请一定数量的目标顾客，将广告呈现给这些顾客观看，通过行为观察记录设备（如眼动仪）或通过调查问卷等形式，测试广告效果，如表 10-2 即是对某个平面媒体广告效果的测试样表。

广告效果测评　　表 10-2

评分项目	项目最高分	评　分
吸引力：此广告吸引读者的注意力如何？	20	
可读性：促使读者进一步细读的可能性如何？	20	
认知力：广告的中心内容是否交代清楚？	20	
影响力：此特定诉求的有效性如何？	20	
行为力：此广告激起行为的可能性如何？	20	
合计	100	

第四节　营业推广

营业推广可加速新产品进入市场的过程，抵御和击败竞争者，刺激购买者和向购买者灌输对本企业有利的信念。

营业推广（Promotion），是具有短期引导性、强烈刺激性特点的战术性促销方式。它一般只作为人员销售和广告的补充促销方式,包括免费样品、赠券、奖券、展览、陈列、折扣、津贴等形式。它可以鼓励现有顾客重复购买,并争取潜在顾客,还可鼓励经销商增加进货。与人员销售和广告相比,营业推广不是连续进行的活动,只是一些阶段性或临时性的促销努力。

一、营业推广的概念及特点

1. 营业推广的概念及形式

美国市场营销协会定义委员会(AMA)认为,营业推广是指“除了人员销售、广告宣传和公共关系以外,刺激消费者购买行为和经销商效应的各种市场营销活动,如陈列、示范、表演、展览以及销售努力等”。

营业推广的对象主要包括目标顾客和经销商(经销商)两类。对目标顾客的营业推广,目的主要是鼓励顾客试买和试用,争夺其他品牌的顾客。其形式主要有服务促销、价格折扣、质量提升(提质不提价)、展销、卖方信贷(给顾客融资)等。对经销商的营业推广,目的主要是鼓励经销商多买和大量购进,并建立持久的合作关系。其主要形式有批量和现金折扣、展销、业务会议、销售奖励、广告补贴、商业信用(提升财务信用级别)、价格保证、互惠等。

2. 营业推广的目的

营业推广的目的包括引导消费者试用或直接购买新产品,起到消费示范的作用,刺激现有产品销量的增加或减少库存,鼓励经销商采用多种措施扩大产品销售,配合与增强广告与人员销售等。目前,国内外企业营业推广的总费用有赶超广告费的趋势,原因是营业推广具有强烈的刺激作用,对激发需求有立竿见影的效果。同时,由于长期的“广告轰炸”,人们对广告产生了“免疫力”,广告效果相对减弱。在实践中,如果能将销售推广与广告结合使用,效果更佳。

3. 营业推广的特点

(1)促销效果直接性。作为一种促销方式,营业推广见效快,可以在短期内刺激目标市场的需求,使企业销售明显增长,特别是对一些优质名牌或具有特色的产品效果更好。

(2)推广活动非常性。营业推广是一种非经常性的促销活动,具体推广方式灵活多样,规模可大可小,企业往往可以根据销售的实际环境采取创新性的营业推广促销新方法、新方式等。

(3)活动方式刺激性。营业推广是理想的短期或阶段性的促销措施,不会对企业的长期营销政策产生实质性影响,但由于它直接给促销对象带去利益,因此其促销的刺激作用很强。

二、对最终用户营业推广的主要工具

现代市场营销,企业对最终用户的主要促销工具形式有以下几种:

1. 服务促销

通过周到的服务,使客户得到实惠,在相互信任的基础上开展交易。主要的服务形式有:售前服务、订购服务、送货服务、售后服务、维修服务、供应零配件服务、培训服务、咨询信息服务等。以下是一些汽车厂商的服务促销措施:

大众公司在德国有4000多个经销店和服务站,都可接受用户订车。经销商们宽敞明亮的展厅、醒目的指示牌、齐全的产品样本和价目表、布置得体的洽谈室以及考虑周到的停车场,为顾客创造了良好的购车环境。在那里,顾客不仅可以喝上可口的咖啡、热茶,而且顾客的小孩还可到展厅的游戏角去尽情玩耍。经销商给用户提供全方位服务,服务项目包括旧车回收、二手车交易、维修服务、提供备件、附件销售、车辆租赁、代办银行贷款、代办保险、车辆废气测试、顾客紧急营救等。可以说,其服务相当周到。

本田公司为了向用户提供优质服务,十分注重提高销售及技术服务人员的素质,连他们的举止仪表都有具体规定。例如本田设于泰国的一个经销商,规定管理人员每两个月要到五星级宾馆进行一次接待礼仪方面的研修,定期为女职员开设美容及服装搭配方面的讲座。此外,为了提醒用户,该公司在定期车检之前,通常还采取信函方式通知用户前来接受服务,并对用户的合作表示谢意。修配厂设有娱乐设施并免费提供饮料,即使用户开来了其他公司的车,他们也一样服务周到,让用户满意而去。

2. 开展汽车租赁业务

租赁可使用户在资金短缺的情况下,用少部分资金(租金)即可获得汽车的使用权。汽车投入使用后,用户可用其经营收入偿付租金,最终还能以少量投资得到车辆的产权(如果用户愿意)。在国际汽车市场上,对价值高(价格贵)的产品,或者当汽车市场萧条时,或者用户对产品只是临时性使用或阶段性使用等情形时,汽车厂商可以推出租赁或"租借"销售法。虽然各公司在做法的具体细节上有所不同,但基本原则都是一致的。这种方法的租借期一般为2~3年,公司计算出三个基本要素:①租借押金,一般为新车价格的30%;②每月租借费;③租借期满时汽车的价值(以限定里程数为基础计算),即"MGFV"(Minimum Guaranteed Future Value)价。每月租金按新车价格,减去押金、MGFV价后,再加上利息计算出来。用户期满后有三种选择:一是付出MGFV价,买断这辆汽车;二是如用户认为汽车价值超过MGFV价,亦可卖掉,归还租借商MGFV价;三是归还汽车。这种销售方法,对暂时无力或不想买车的用户来说,比从银行贷款一次性买断新车划算,也可以省去办理新车购买、上牌、购置保险和二手车专卖等手续,节约时间和精力成本。例如戴姆勒-奔驰在欧洲就成立了货车租车公司,长期出租货车。

近年来,随着电动汽车的市场推广,电动汽车的分时租赁模式得以诞生和发展。这种商业模式以小时计时收费方式,把电动汽车租赁给不同用户使用,满足用户短时用车需求,鼓励用户衔接式用车、共享式用车。现阶段,分时租赁模式的好处体现在:①提高了车辆利用率,使得车辆在城市中的使用效率最大化;②不必像私家车一样购买,减少了社会车辆保有率,缓解了道路交通压力,减少了对停车位的需求;③用户节省了购车成本、保险及养车费用,且由于政府对新能源汽车营运有各种补贴,所以综合来看大幅降低了用户的出行成本;④可以绕开部分城市的车辆限购,方便了无车百姓的出行。分时租赁这种新兴的模式,顺应了现阶段电动汽车出行范围小、车辆初置成本高、用户购买意愿不强等技术经济特点,自诞生之初就备受青睐,成为各国在新能源汽车上最流行的发展模式。整体上看,随着车辆成本下降和电动汽车租赁市场的发展,网点将由少到多,服务将更周到,系统将更可靠,这个模式非常具有生命力。

3. 分期付款

分期付款是汽车促销的重要方式,在汽车销售领域十分盛行,可有效缓解用户的购车资金压力。分期付款是用户先去汽车金融公司或其他金融机构办理低息贷款手续（具体手续可由经销商代办），用户利用贷款购车，并按月向贷款机构归还所贷款及其利息（还款期限通常为36~48个月）。

4. 鼓励职工购买本企业产品

汽车厂商普遍对自己的职员优惠售车，并以此唤起职工对本公司的热爱，激发职工的责任感和荣誉感，较好地将汽车销售与企业文化建设结合起来。例如，大众公司规定本公司职工每隔九个月可以享受优惠购买一辆本公司的轿车。

5. 订货会与展销促销

订货会是促销的一种有效形式，可以由一家企业举办，也可以由多家企业联办，或者由行业及其他组织者举办。订货会的主要交易方式有：现货交易（含远期交易）和样品订购交易等，在进出口交易中有易货交易、以进代出贸易、补偿贸易等。

展销也是营业推广的有效形式，通过展销可起到“以新带旧”“以畅带滞”的作用。企业在展销期间，一般可以组织消费者团购，给予价格优惠，短期促销效果很明显。

6. 价格保证促销

价格保证则是在销售不畅或市场价格有下跌趋势时，针对购买者持币待购，处于观望心理而推行的促销方法。公司对购买者给予价格保证承诺，如果公司的产品在承诺期限内出现了降价，那么公司将向购买者返还购车价格与降价后产品价格的差额部分。这样就可以消除顾客持币待购的心理（“不买落”心理），打破销售的沉闷局面。推行此种销售方法，由于增加了即期需求，销量增长，价格可能不会下降。

7. 产品试用

这种促销方法是公司先将汽车产品交付用户使用，使用一段时间后，用户满意则付款购买，如不满意则退回公司。

8. 以旧换新

“以旧换新”销售方法在汽车行业比较流行，我国汽车经销商往往将其称为旧车置换。这种方法是汽车厂商销售网点（经销商）收购用户手中的旧车（不管何种品牌），然后将公司的新车再卖给用户，两笔业务分别结算，车主可以只补差价。公司将收来的旧车经整修后，再售给（或通过代理人售卖）那些买二手车的顾客。

9. 竞赛与演示促销

企业对潜在用户采取知识竞赛、驾驶技能竞赛等形式，对竞赛成绩优秀者给予购车优惠。演示促销通过现场使用演示，增强客户的信任感，激发购买欲望。汽车产品还可通过举办汽车拉力赛将竞赛与演示结合起来。企业可以利用这些比赛充分展示企业的产品性能、质量和企业实力，以建立和保持产品形象和企业形象。

总之，汽车厂商可以结合具体市场的具体特点，不断创新对最终用户的营业推广形式。

三、对经销商的营业推广方式

上述对最终用户的促销方式，有些方式也可用于对经销商的促销，如会议、展销、激励、奖励和价格保证等促销方式。总体上讲，生产企业对经销商的促销一般应围绕给予经销商长远的和现实的利益展开，具体方式可以在贸易折扣、建立良好的合作机制、资金融通、广告补贴、商业信用等方面展开促销。从贸易折扣方面看,生产企业可以从多个方面给予经销商贸易折扣。

1. 现金折扣

这种促销方式根据经销商付款的及时程度,分别给予不同的折扣。例如,如果经销商下订单时即期付款,则给予3%的价格折扣;如果在1个月内付款,则给予2%的折扣;如果在3个月内付清款项,则只给予1%的折扣;如超过3个月(但不能超过最长付款期限),则不再给予折扣。显然,这种促销方式有利于企业尽快回收资金。

2. 数量折扣

数量折扣是根据经销商的进货数量的差异给予不同的折扣优惠,购买量越大,折扣率越高。数量折扣可按每次购买量计算,也可按一定时间内的累计购买量计算。

3. 功能折扣

这种折扣形式是企业根据经销商的不同类型和层次、不同分销渠道所提供的不同服务(不同功能),给予不同的折扣。如有的整车企业对其特约经销商、特定代理人和直接终端客户购车给予的价格折扣就各不相同。

有些汽车厂商还根据经销商的合作程度给予不同折扣,如我国某汽车厂商曾与经销商建立了一种利润共享、风险均担的机制。其具体内容是:①凡在市场疲软时,保持或增加对本公司汽车订货额的经销商,在市场畅销时,有优先得到和增加汽车畅销资源的权利。②在市场疲软时不要求增加价格折扣的经销商,则在市场畅销时相应地增加其价格折扣。③在市场疲软时,合同外增购的汽车将享受较大的价格折扣。④对市场疲软时减少订货的经销企业,在畅销时也将减少资源供应量。

从建立稳固的合作机制方面看,企业还可以同经销商就服务、广告补贴、送货、运费、资金融通等方面达成长期协议。

第五节　公共关系

在现代社会化大生产中,任何组织在其业务活动和营销活动中都必须与其有关的公众打交道,发生各种社会关系、物质关系、经济关系和利益关系。对企业来说,在日常营销活动中,要和企业外部的原材料供应商、产品经销商、代理商、顾客、政府管理部门、各种公众团体打交道,要和企业内部的合伙人、股东、董事、职工等内部公众打交道,因而存在错综复杂的公共关系。

一、公共关系的概念及职能

1. 公共关系的概念

公共关系(Public Relation),就是要统筹企业与内、外部有关公众的关系,是企业实施的说服公众理解企业的经营活动,有计划开展的与公众建立联系和营造和谐公众关系、树立企业良好声誉的各类活动。企业公共关系的首要目标不在于眼前的促销效果,更看重的是通过公共关系使公众对企业及其产品产生好感,树立良好企业形象和品牌形象,为企业营造良好的内外部发展环境。

公共关系,首先是企业领导者为企业的发展而确定的一系列旨在营造良好发展氛围和调整企业与公众关系的指导思想、路线和政策；其次，作为一种管理职能，要指挥和依靠专门既定的人员为贯彻既定的公共关系政策去进行一系列有计划的活动，其目的在于不断调整本单位和公众的关系，在公众中树立本单位的良好形象，在为社会和企业自身谋利益的基础上，建立企业内外部双向或多向沟通的、有利于相互了解和支持的良性交往关系。

2. 公共关系的职能

公共关系与广告、营业推广的基本功能都在于传递信息，都要利用传播媒介和传播技术进行信息沟通。但是，公共关系又与其他促销手段有所不同，并且其功能也不仅局限于促销。一般来说，公共关系的职能有：

(1) 宣传企业。利用大众传播媒介，如报刊、广播、电视、互联网等，为企业进行宣传，以建立企业良好的形象。宣传报道的内容针对性强，但切入点或报道的角度不像广告那样直接关注销量增长，通常以较为婉转的方式或软广告形式展开，因此公众感觉它比广告更可信。

(2) 加强与社会各方面的沟通和联系。企业通过与当地政府、经销商、社会团体、消费者开展沟通联系，以增进相互了解和理解，加深感情。

(3) 意见反馈。建立与公众之间的联系制度，答复他们的各种询问，提供本企业的有关情况，对来访、来电、来信的人，迅速有礼、准确、友好地接待和处理。有的公司提出并坚持"24 小时接待服务"和定期访问顾客制度，在社会公众中产生了良好的影响，效果较佳。

(4) 应付危机，消除不利影响。当企业在生产经营活动中出现重大突发事件时，可以利用公共关系渠道给予补救；对不利于本企业发展的社会舆论，要运用公共关系进行纠正。

需要说明的是，在社会发生突发事件后，或者全社会都在高度关注某项公益事业时，如果企业的反应不敏捷，或者反应不恰当，往往会诱发企业的公共关系危机。例如，2008 年四川汶川发生地震后，一些汽车厂商迟迟没有捐赠行动，也没有派出志愿服务者，引起网民在互联网上的强烈指责，网民指责这些企业没有社会责任心，与企业实力或企业形象不相称等。目前，国内外企业都在探讨社会责任问题，从企业经营理念上考虑，在非常情况下不能适用市场原则，当社会需要企业付出时，企业应该勇于回报社会。为此，有些企业设立了专门的非营利事业管理部门，负责管理此类事务，将非营利事业作为企业的一项战略，纳入日常管理，给予经费预算，明确企业非营利事业的发展方向。如将非营利事业的重点是放在关爱孤寡老人方面，还是放在关心残疾人保障方面；是在拯救自然灾害方面做贡献，还是在化解公共事件矛盾方面做贡献；回报社会的具体方式是捐款捐物，还是投入人力组建工作队等。无疑，这些企业对待非营利事业管理的理念及其实施措施，都值得肯定，可以避免企业在非常时期成为社会舆论指责和议论的焦点，损害企业形象。

各个企业要根据不同时期不同市场的情况，确定公共关系的具体内容、任务和方法。公共关系的作用虽然很大，但它不能弥补产品和企业本身的缺陷，更不能取代人员销售、广告、营业推广的作用。

二、公共关系的理论基础

现代企业纷纷将公共关系看作是跟企业营销活动密切相关的活动领域，甚至直接将公共关系纳入营销管理，其背后的理论基础就是关系营销理论。

关系营销的思维就是将建立与发展同企业各种利益相关者之间的良性关系作为企业营销的关键变量，把正确处理这些关系作为企业营销的核心工作。它把营销活动看成是企业与其消费者、供应商、分销商、竞争者、政府机构和其他公众发生互动作用的过程,企业营销活动的核心在于建立并发展与这些公众的良好关系。因而企业经营管理的对象也就不仅仅是内部可控因素,其范围扩展到外部环境的相关成员。企业和这些相关成员包括竞争者的关系并不是完全对立的,其所追求的目标存在相当多的一致性,关系营销的目标也就在于建立和发展企业和相关个人及组织的积极关系,消除对立,使各种关系成员成为一个相互依赖的事业共同体。

企业各种关系中最重要的当然是顾客关系,因此关系营销十分注重维系跟现有顾客的关系,认为丧失现有顾客无异于失去市场和失去利润来源。有的企业推行“零顾客背离”(Zero Defection)计划,目标是让顾客没有离去的机会。这就要求企业要及时掌握顾客的信息,随时与顾客保持联系,建立顾客沟通机制,并在方法论上诞生了客户关系管理(Customer Relationship Management,CRM)。

客户关系管理认为客户是企业最重要的资源,在越来越激烈的市场竞争中,高质量的客户关系正在成为企业唯一重要的竞争优势,所以它比关系营销更注重企业与客户的关系。它借助现代数据库、管理信息系统和互联网等信息技术手段,以客户让渡价值为核心,通过完善的客户服务和深入的客户分析(特别是大数据分析),充分满足客户的需求,在使客户让渡价值最大化的同时,实现企业的价值。它要求企业以“客户为中心”来构架企业,追求信息共享,完善对客户需求的快速响应机制,优化以客户服务为核心的工作流程,重构企业价值链体系,搭建新型管理系统。客户关系管理还借助现代网络技术、工业互联/物联技术、现代通信技术和大数据技术,相对传统营销方式而言,它可以为企业准确地甄别和寻找客户,与顾客实现在线信息适时交互,从而可以大大发展“一对一营销”等新型营销形式,创新营销业务模式,大大降低精准营销的运作成本,提高营销的针对性和有效性,为企业实现大批量定制和大批量推销等先进业务形态提供支撑,这与智能制造新一代工业革命的趋势是吻合的。

三、汽车厂商公共关系活动的对象

公共关系工作的对象是公众,是一些群体,这些群体的共同利益可能被某一个机构的行动和政策所影响,反过来这些群体的行动和意见也影响着这个机构。一般来说,公众可以分为内部公众和外部公众;现在公众、潜在公众和将来公众;重要公众、次要公众和边缘公众等。

汽车厂商面临的公众数量多,类型较为复杂,需要企业认真对待。首先,汽车厂商上游要面临众多的原材料、零部件和协作件供应商,下游要面临经销商和广大用户,产业链公众数量规模较大;其次,汽车企业往往投资规模大,中外合资或股份制企业多,这些企业会面临较多的投资方(股东方)、政府部门或相关组织等公众;第三,汽车厂商经常需要企业宣传、法律事务等方面的支持,需要面临掌握话语权和强力机构的公众;第四,汽车企业的员工及其家属人数往往较多,需要面临规模较大的内部公众。

四、企业公共关系活动的主要方法

汽车厂商公共关系活动的方法主要有:

(1)创造和利用新闻。企业公共关系部门可发布有关新闻,或举办活动,创造机会以吸引新闻界和公众的注意,利用这些机会邀请企业的领导人参加活动,发表演讲,宣传企业的发展理念、发展成绩和社会责任,提高企业的知名度和美誉度。

(2)参与公益活动。通过参与公益活动,如赞助文化体育活动、捐资助学、扶贫、救灾等,企业可以树立良好的公众形象,表明自己的社会责任态度,赢得公众的信任,培养与公众的友好感情,从而提高企业的美誉度。

(3)策划特殊活动。企业可以安排一些特殊的事件来吸引公众的注意,例如召开新闻发布会、展览会、研讨会,或组织学术论坛、举行庆典活动,主办有奖竞赛、演讲比赛等,通过丰富多彩的活动展示企业的实力和形象。

(4)编写和制作各种宣传资料。包括组织从正面宣传企业的报告文学、影视剧、工作通讯、期刊、软文等作品,通过适当的媒体登载,往往能够潜移默化地感染观众或读者,获得他们的认同,比广告能够更好地起到推进公共关系建设的效果。

(5)导入企业形象识别系统(Corporation Identify System,CIS)。导入 CIS,即综合运用现代设计和企业管理的理论、方法,将企业的经营理念、行为方式及个性特征等信息加以系统化、规范化和视觉化,塑造具体的企业形象。企业将这种视觉的企业形象印制在企业的标志性建筑物、商务车辆、员工制服、业务名片、办公用品、文件、招牌等载体上,强化企业视觉形象。

(6)设立公共关系热线电话。通过热线电话,在社会公众与企业之间建立一条方便、快捷和便宜的信息沟通渠道。这些热线电话,主要不是处理用户投诉,而是服务于企业的公共关系。

需要说明的是,现代社会大家比较关注企业的社会责任,聪明的企业家都会重视和适时向全社会发布企业的社会责任履行情况,将其视为打造企业公共关系的重要平台。为此,企业必须要以完整、正确、准确地理解企业社会责任的内涵为前提。事实上,企业社会责任的内涵包括经济责任(即让企业保持良好的经营状态,企业能够保障员工薪酬待遇及时发放、按章纳税、吸纳就业等)、安全责任(企业安全生产状态正常,能够消除事故隐患,产品质量安全可靠等)、环境责任(企业要注重环保,绿色发展理念深入人心等)、文化责任(企业要传承优秀的传统文化,塑造先进的企业文化,尊重企业伦理,依法手法经营,教育企业员工遵纪守法等)、公益责任(积极参与社会公益事业,为和谐社会建设贡献力量等)。

总之,企业要善于运用公共关系手段,做好公共关系的目标设计,建设公共关系的平台和载体,选择和决策恰当的公共关系方法,定期审视和评估公共关系的实施效果,为企业的生产经营营造良好的内外部发展环境。

本章小结

促销是企业营销组合的重要内容,其目的是促进销售、提高市场占有率及增加营业收益,基本手段是传播与沟通信息。促销组合就是对各种促销形式进行搭配运用的策略安排,本质上是使促销预算在各种促销方式之间实现合理分配,具体决策内容包括确定目标受众、确定传播目标、设计传播信息、选择传播渠道、编制传播预算、确定传播组合、衡量传播效果、管理和协调营销传播过程等。

人员销售是销售人员直接跟顾客接触,进行宣传介绍和促成交易的促销方式。就汽车整车营销而言,人员销售的类型在经销商端涉及销售顾问和网销专员,传统整车厂商端涉及大客户批发订制销售业务员和大中型商用车领域的零售直销业务员,在新势力造车企业则涉及面向C端消费者服务的体验店(含展厅)销售代表和面向B端大客户订制服务的销售支持代表。无论哪种企业,都要对人员销售模式做好岗位职责、工作流程和工作要求的设计,对销售人员要注重选材、培训、考核和激励管理。

广告是厂商或服务商承担费用,通过公共媒介和一定形式向目标顾客宣传介绍自己产品或服务的活动,适合消费者点多面广或市场分散的产品促销,其主体涉及广告主、广告受众、广告媒体和广告经营者等。广告决策主要包括广告目标决策、广告定位决策、广告费用预算、广告媒体选择策略和广告设计策略。广告对企业营销的作用和影响往往比较深远,通常不能简单用市场销量的变化评价广告效果,而要专门研究广告沟通效果和促销效果的评价方法。

营业推广是鼓励顾客购买和经销商增加销售的短期或临时性的刺激措施,其特点是推广活动具有非规则性、非周期性、灵活性和形式多样性,具有强刺激性,短期促销效果比较明显。营业推广的对象一是目标顾客,主要推广形式有服务促销、租赁销售、分期付款、价格保证、以旧换新、竞赛奖励等;二是经销商,具体方式可以在贸易折扣、建立良好合作机制、资金融通、广告补贴、商业信用等方面展开促销。

公共关系即企业与公众的关系,目的是通过适当的手段和形式,营造企业在公众心目中的良好形象,建立企业与内外部公众双向或多向沟通的、有利于增进了解互信的良性交往关系。公共关系的理论基础是关系营销理论,其推进策略首先要体现企业领导者对处理公众关系的指导思想、路线和政策,为贯彻既定公共关系政策实施一系列的有计划的公关活动,具体方式包括创造和利用新闻、参与公益活动、策划特殊活动、编写和制作各种宣传资料、导入企业形象识别系统和设立公共关系热线电话等举措。企业要在准确理解企业社会责任内涵基础上,将企业社会责任的履行机制打造成企业公共关系建设的平台。

复习思考题

1. 请解释促销、促销组合的概念,讨论促销组合决策的内容。
2. 什么是人员销售?请讨论汽车整车人员销售的类型及其工作要求。
3. 什么是商业广告?请讨论广告定位策略和广告媒体的利用策略。
4. 请讨论汽车租赁销售、分期付款、价格保证和以旧换新销售等促销形式的内涵。
5. 公共关系有怎样的概念内涵和特点?试讨论公共关系和广告之间的联系和区别。

第十一章　汽车服务策略

现代机电产品日益复杂,技术含量日益提高,关键技术和软件都掌控在制造商手中,制造商必须为用户提供包括产品安装、调试、应用、维护和修理,直至产品报废回收的全程服务,提供优质服务并让用户感到满意已经成为厂商市场竞争的利器。汽车服务,本质上属于企业的产品组合要素,因为质量保修本身就属于延伸产品层次的内容,而收费服务更是服务型企业经营收入的来源。

第一节　服务概述

服务作为一种无形产品,相对有形产品而言,它具有自己的特点和规律。认识服务的特点和规律是做好服务营销的基础。

一、服务的概念、分类与特征

1. 服务的概念

现代市场营销在界定产品概念时,将产品定义为“活动过程的结果”或“活动过程本身”。前者是指实物产品(即有形产品),后者就是指服务(即无形产品)。

关于服务(Service)的概念,菲利普·科特勒(Philip Kotler)认为:“服务是一方能够向另一方提供的基本上是无形的任何活动或利益,并且不会导致任何所有权的产生。它的生产可能与某种有形产品联系在一起,也可能无关联。”另一位学者弗雷德里克认为,服务是“为满足购买者某些需要而暂时提供的产品或从事的活动”。而A·佩恩则认为:“服务是一种涉及某些无形因素的活动,它包括与顾客或他们拥有财产的相互活动,它不会造成所有权的变更。条件可能发生变化,服务产出可能或不可能与物质产品紧密相连。”

由此可见,服务的含义应当包含以下要点:①服务提供的基本上是一种活动,活动的结果可能是无形的,但这种活动有时也与有形产品相关;②服务提供的是产品的使用价值,并不涉及所有权的产生和转移,如提供了汽车维修服务,并不改变汽车的所有权;③服务对其需求者的重要性,并不亚于实物产品。很多情况下,如果没有服务支持,有形产品就不能被正常使用。

2. 服务的分类

根据服务活动是有形的还是无形的,以及服务对象是人还是物,可将服务分为以下4类:

(1)服务对象是人的有形活动,如理发、外科手术等,服务的作用对象是人,而且服务过程是有形的;

(2)服务对象是物的有形活动，如货运、汽车装潢服务等，服务的作业对象是物，服务过程是有形的；

(3)服务对象是人的无形活动，如教育培训、汽车金融服务等，服务对象是人，而且服务过程基本是无形的；

(4)服务对象是物的无形活动，如汽车保险服务、财产评估服务等，服务对象是物，而且服务过程基本是无形的。

3.服务的特征

服务通常具有以下特征：

(1)无形性。也称不可触知性。顾客在购买服务之前，通常不能看到、听到、嗅到、尝到或感觉到服务。因此，服务宣传不宜过多介绍服务本体，而应集中介绍服务所能提供的利益，让消费者对接受服务展开想象，使无形服务变得可感知。实际上，完全无形的服务极少，很多服务需要借助有形的实物或实体环境才可以开展。

(2)同一性。也称同步性。服务的供应者往往是以其劳动直接为购买者提供使用价值，生产过程与消费过程属于同一个过程，两个过程不可分离，如理发，对顾客而言是消费过程，对理发师而言就是生产过程。这一特征表明，顾客往往只有参与到服务的生产过程中，才能获得服务；而且一个出售劳务的人，在同一时间只能身临其境在一个地点为一个顾客提供直接服务。

(3)异质性。服务需要借助人(服务提供者)来进行，这与实行自动化生产的制造业不同。由于人的性格、脾气、修养、文化与技术水平存在差异，不同的人操作同一服务，服务质量就很难达到完全相同；即使是同一人做同样的服务，因时间、地点、环境、体力、精神与心态的不同，服务效果也难以完全一致。

(4)即时性。由于服务的生产与消费是同时进行的，因此服务不能运输和储存，也不能"退货"或"换货"，一般不能对服务实施"售后服务"。面对服务失败，服务经营者只能与被服务者商谈损失的赔偿，或者在某些特定情况下实施服务补救措施(如对未能修好的汽车再次进行维修)。服务的即时性，也使服务资源如不及时加以利用，就会"过期作废"，如汽车维修出现业务不足，那么所闲置的设备或服务能力就构成服务商的损失。因此，服务业的规模、定价与推广，应尽量力求达到人力、物力的充分利用。

(5)计量的复杂性。服务因为以上特点，使得服务作业成果的度量不能采取单一指标，而必须使用复合指标，如"人次""辆次""工时"等。服务的价格也必须使用复合指标，如"元/辆次""元/工时"等。由于不同服务者的实际技能不一样，实施同一服务作业，也许花费的实际服务时间不一样，因此服务作业收费时，一般也不能以实际作业时长收费，而必须以定额作业时间收费。其中，定额作业时间是行业公会组织统一确定的作业时间(代表社会平均作业时间)。

服务产品的上述特性特点，使得服务产出不可能也不涉及所有权的产生、转移或变更。

二、先进服务理念

服务理念的先进或进步与否，直接关系到服务作业者的工作态度和服务活动完成的工作质量，进而影响到顾客的满意度。

1.服务理念的概念

服务理念(Service Concept)就是服务提供者对待服务工作的态度，是服务工作的指导思想,是服务提供者的经营观念或营销观念在服务工作上的具体化。服务提供者有什么样的服务理念,就会有什么样的服务态度和行为。先进的服务理念就是要顺应时代发展的需要,与时俱进,不断创新服务的内容和服务的形式,其根本目标就是要让被服务者充分满意,能够为服务提供者赢得市场竞争的主动地位,并将这种思想贯彻到各项服务工作中去。

结合国内外汽车市场竞争发展的态势,汽车服务商在服务理念方面,一是要牢固树立"以人为本""全面满足客户需要"等先进服务理念,以顾客满意作为工作导向,将顾客的满意度作为评价服务工作好坏的根本依据。二是要在具体的服务工作中真正持续地贯彻先进的服务理念,无论是管理人员,还是服务作业员工,在工作的每一细节都要以实际行动体现先进理念。先进的服务理念绝不只是响亮的口号,它必须转化到各种具体的服务工作之中。现实生活中,不少厂商虽然打出"用户是上帝""用户第一""顾客至上"等口号,但是在具体工作中,缺乏具体的操作细则,没有研究服务规范和服务标准,没有对服务实施严格考核;或者对服务不能做到长期坚持高标准、高水准,而是时好时坏;或者在服务上不能给予必要的投入,而是过度考虑服务成本的节约。这些现象导致服务质量总是不尽如人意,令消费者不能感到充分满意。

现代汽车营销表明,由于汽车厂商的实力差距缩小,围绕成本价格因素或者品种、质量、交货期限以及广告宣传等非价格因素竞争的空间日益狭小,市场竞争的焦点越来越向服务领域转移,各厂商纷纷以给用户实实在在的利益来维持和开拓市场,而这些利益大多都是从服务中提供的。所以国际上有人称,是否具备服务能力并切实履行相应责任是现代汽车厂商是否真心对待顾客的试金石。

由此可见,企业不应将服务视为法律和市场竞争压力下的被动行为,而应将其视作克敌制胜,争取市场竞争有利地位的主动行为。以先进服务理念,全面规划和指导具体的服务实践活动。

2. 先进服务理念的表现

面对迅速发展和竞争越来越激烈的汽车消费市场,汽车厂商应始终以顾客需要为导向,突出顾客满意、追求先进的服务理念。

1)深度营销理念

深度营销是指在满足消费者表层需求之后,再以深层次的服务去巩固、保留原有顾客并拓展新市场的过程。对汽车营销者而言,深度营销有两层含义:一是以优质的服务质量巩固和维持与现有顾客的关系;二是在满足消费者目前对服务需要的基础上,不断创新服务内容和服务形式,拓展新的深层次服务市场。如同产品具有生命周期一样,服务也有生命周期,因为一个企业率先创新一个服务项目并取得较好的营销效果后,其他的企业也会效仿,使得本企业原有的服务优势减小。因此,适时推出新的服务举措,保持服务竞争的一定优势,是汽车厂商赢得服务竞争的法宝。

深度营销就是通过在服务项目和服务内容的深度与广度上扩展,赢得客户的长期信赖和支持,培养客户的忠诚度(主要表现为品牌忠诚度)。所以,市场营销不能仅仅只看企业的市场份额,还要考察顾客的忠诚度。因为眼前的市场份额只能反映当下的市场竞争地位,不能预示企业未来的发展和竞争态势。这表明,从深层面来看,应以顾客的忠诚度来衡量市场份额的稳定性和质量。拥有足够稳定的、客户转移度小、保留度高,且能够主动接近企业的消费者群体,才是企业核心竞争力的基石。因此,拓展和创新服务的内容与形式,构筑个性化、多层面和全方位的深度服务,便成为汽车厂商做好市场营销的必然选择。

2)双赢营销理念

双赢服务理念强调在商品(服务)的交换过程中,卖方收获的合理利润必须与买方获得的物质或精神利益相称,双方对自己的"获得"均感到满意。针对汽车营销而言,汽车服务的根本目标就是在买卖双方之间建立亲善、和谐和长期的相互依存又相互信赖的互惠伙伴关系。在这种关系中,厂商和经销商需要一种全新的理念,一种对价值和利益的新的判断。

双赢理念不再将产品的销售价格视为买卖双方利益的分割点,克服了传统营销将双方视为"既依靠、又对立"的理念。从这一理念出发,企业的竞争战略应该是谋长远发展之大略,其行为目标不再盯在简单的、一次性的产品价格上,而是把价格视为整个经营战略中的一个步骤。企业营销策略的重心不再是考虑对产品价值余额的分割,而是考虑如何将"蛋糕"做多、做大,让消费者在消费过程中也能够品尝到"蛋糕"的滋味,并由此产生消费偏好和增加对服务的黏性。

当然,在供需关系中,由于资源和信息占有的不对称,尤其像汽车这类结构复杂、技术含量较高的产品,使卖方在价格上总处于优势,而买方总处于劣势的地位。因此,消费者在心理上对卖方的报价总是心存戒备,并总认为厂商会尽可能赚更多的钱,未必认同卖方的价格让利。所以,沟通就成为这一理念产生效果的关键,企业要将维护客户利益的经营理念传递出去,并以强化服务等实际行动让客户感觉到厂商的诚意,让客户感觉到厂商在赚取适度利润的同时,也在充分维护自己的利益,从而能够理解和接受营销者的各种努力。消费者在心理上的平衡,是汽车营销者建立客户信任和维系良好关系的开始。汽车营销者应在双赢理念指导下,构建企业竞争与发展的战略,并据此调整企业的产品策略、价格策略及促销策略。

3)超值营销理念

一般而言,消费者对产品的选择建立在对商品的外观接受、性能的满足和品牌的信任基础之上,其所获得的商品(或服务)价值应与其所支付的成本相适应,这是一般等值的、可以接受的心理预期。顾客的心理预期与顾客的消费经验直接相关,当消费者感觉自己获得的综合价值超过心理预期时,就会感觉到超值的存在。消费者的超值感受主要有三种来源:一种是产品利益的折让,如消费者以较低的价格获得了产品(服务);二是超越常规的服务,如获得比其他品牌更高的服务标准或更多的服务内容;三是消费者对产品或服务的认知和感知超越了原有的预期。其中,前两种形式在一般的产品营销中作为一种营销策略屡见不鲜,如汽车厂商延长了质量保修里程或时间等。而第三种形式在高价值、高科技的产品营销上表现尤为突出,如汽车经销商对售卖汽车的高科技特色进行充分展示,就有可能让顾客感到物超所值,增加成交概率。

超值服务就是营销者用爱心、诚心和耐心,向消费者提供超越其心理期待(期望值)的、超越常规的全方位服务。汽车营销人员往往要像设计师一样给顾客讲出产品的技术特点,又要像一名艺术鉴赏家一样,讲出产品的美学特色和超值价值,还要像一名朋友一样,做消费者的贴心人,使消费者从感知上超越原有预期。

三、服务质量管理

1.服务质量的内涵

服务质量(Service Quality)取决于顾客感受的结果,是一个主观评价范畴。当顾客实际感受的服务水平或体验质量达到或超过其预期质量时,顾客就会有较好的感受质量。当感受质量好的顾客人数多、比例高时,服务质量就是高的;反之,服务质量就不高。

顾客感受质量取决于体验质量与预期质量的对比,其中体验质量又取决于技术质量和职能质量。技术质量指服务过程的产出,即顾客从服务过程中所得到的东西,即感知利得;职能质量则指服务推广的过程质量,如顾客同服务人员打交道的过程中,顾客通过服务人员的言语、行为、态度、穿戴等要素对企业文化、敬业精神和责任心的综合感知等,这是顾客对服务商建立信任感(放心)和产生美誉度(好感)的基础。

顾客对服务的预期质量,通常受到四个因素的影响,即市场营销沟通、顾客口碑、顾客需求和企业形象。因此,企业要注重与顾客做好信息沟通,打造良好的顾客口碑和企业形象,关注顾客的利益诉求,以便调控顾客的预期质量。特别需要说明的是,顾客对服务质量的认知和体验受企业形象影响很大。当顾客认为企业形象较好时,面对企业的某些服务失误就会选择谅解;反之,如果原有形象不佳,企业任何的服务失误都会强化顾客更坏的印象。某种意义上说,企业形象可以被认为是顾客感知服务质量的过滤器或放大器。

2. 服务质量的评价

通常,可以从以下五个方面去评价服务质量:

(1)感知性。指提供服务的有形部分,如服务过程涉及的服务设施设备和服务人员妆容等。顾客可以借助这些有形的、可见的部分,去感知服务质量。这些有形资源提供了有关服务质量本身的展示途径,同时也直接影响到顾客对服务质量的感知。

(2)可靠性。指服务商应准确无误地完成所承诺的服务。可靠性要求避免服务过程中的失误,顾客认可的可靠性是最重要的质量指标,它与核心服务密切相关。许多以优质服务著称的服务企业,正是通过强化可靠性建立了企业的声誉。

(3)适应性。主要指响应能力,即随时准确为顾客提供优质、快捷、方便服务的能力。对顾客的各项服务要求,能否及时予以满足,反映了企业的服务理念,即是否把顾客利益放在首位。

(4)保证性。主要指服务人员的友好态度与胜任能力。服务人员较高的知识技能和良好的服务态度,能增强顾客对服务质量的可信度和安全感。在服务产品不断推陈出新的今天,顾客同友好和善的服务人员打交道,无疑会产生信任感。

(5)移情性。指企业和服务人员能设身处地为顾客着想,努力满足顾客的要求。这便要求服务人员有一种投入的精神,想顾客之所想,急顾客之所需,了解顾客的实际需要,并千方百计地予以满足,给予顾客充分的关心和相应的体贴,使服务过程充满人情味,增加服务的温度,这便是移情性。

按上述评价标准,可通过问卷调查或其他方式对服务质量进行测量。调查应包括顾客的预期质量和体验质量两个方面,以便进行分析研究。营销者每年花费一定的费用进行服务质量的调查和评估,是完全必要的。

3. 服务质量管理

如上所述,顾客期望在顾客对服务的认知中起着至关重要的作用,期望与体验是否一致已成为服务质量的决定性因素。因此,服务质量管理首要的就是能够对顾客期望进行正确的管理,并在实际服务过程中做到超出顾客期望,而不是低于顾客期望。为了达到这一目的,企业可以通过以下几方面进行工作。

1)确保承诺的实现性

明确的服务承诺(如广告宣称的承诺)和暗示的服务承诺(如高服务价格所暗示的承

诺),都是企业可以控制的,对之进行管理是管理顾客服务期望的直接可靠的方法。企业应集中精力于基本服务项目,通过切实可行的努力和措施,确保对顾客所作的承诺能够反映真实的服务水平,保证承诺圆满兑现。过分的承诺难以兑现,将会失去顾客的信任,破坏顾客的容忍度,对企业是不利的。

2)重视服务的可靠性

在顾客对服务质量进行评估的多项标准中,可靠性无疑是最为重要的。提高服务可靠性能带来较高的现有顾客保持率,增加积极的顾客口碑,减少招揽新顾客的压力和再次服务的开支。

3)坚持沟通的经常性

经常与顾客进行沟通,理解他们的期望,对服务加以说明,或是对顾客光临表示感激,可以更多地获得顾客对服务的理解。通过与顾客经常对话,加强与顾客的联系,可以在问题发生时处于相对主动的地位。企业积极地发起顾客沟通,传达和谐合作的愿望,这是顾客经常希望获得的关怀。有效的沟通有助于在出现服务失误时,减少或消除顾客的失望,从而帮助顾客对企业树立信心和增进对企业的理解。

4)做好服务的传递性

在服务过程中,营销者要让顾客亲身体验所提供的服务技能和服务态度,这非常有利于让顾客保持更切合实际的服务期望,增强顾客对服务的了解。每一次与顾客的接触,其实都是一次让顾客感受服务的潜在机会,而对顾客冷淡的员工则是浪费了这种机会。

5)强化服务的补救性

对完美服务的追求是优秀服务企业的特征,但一旦出现服务失误,营销者就要尽快组织一流服务的重现,实施服务补救,这是十分重要的。服务重现往往会再一次让顾客意想不到,从而为企业重新赢得顾客信任。为此,企业必须加强力量组织好服务重现,使服务中的问题得到解决且令顾客满意。虽然在服务重现期间,顾客对服务过程和服务结果的期望,往往都会比平时更高,但这时顾客常常会比以往更加注意服务的过程,这正好为营销者提供了服务传递的机会,只要营销者全身心投入,认真对待服务的有效重现,将能使顾客顺心惬意,并为企业精心组织的服务重现而感到超出期望和感到惊喜。

四、服务的有形展示

物质产品可以自我展示,服务则不能,顾客往往看不到服务。但是,顾客可以看到服务工具、服务设备、服务员工、服务信息资料、服务价目表等,这些有形物都是了解无形服务的方式。由此,在服务营销管理中,一切可以传递服务特色与优点的有形组成部分,均可称作服务的有形展示。从构成要素的角度,有形展示主要包括三种类型,即实体环境、信息沟通和服务价格。

1. 实体环境

实体环境包括三大因素:周围因素、设计因素和社会因素。其中周围因素是指服务现场及周围的空气质量、噪声、气氛、整洁度等综合要素。这类要素通常被顾客视为构成服务产品内涵的必要组成部分,其存在虽不致使顾客格外地激动,但如缺少这些或是达不到顾客的期望,就会破坏顾客的印象。也就是说,顾客注意到周围因素,更多的是引发否定行为而不会因之有意接近。

设计因素是指服务处所的建筑、结构、颜色、造型、风格等美学因素和陈设、标识等功能因素。这类要素被用以改善服务产品的包装，显示服务产品的功能，建立有形的、赏心悦目的服务产品形象。设计性因素的主动刺激比周围环境更易引起顾客的积极情绪，引导其采取接近行为，有较强的竞争潜力。

社会因素是指在服务场所内一切参与及影响服务产品生产的人，包括服务员工和其他出现于服务场所的人员，他们的人数、仪表、行为、言语、态度和工作面貌等，都有可能影响顾客对服务质量的期望与认识。

2. 信息沟通

信息沟通所使用的方法有：①服务有形化。在信息交流中强调与服务相联系的有形物，让服务显得实实在在。有形因素能使服务容易被感知，而不那么抽象。②信息有形化。通过鼓励积极的口头传播、服务保证和广告中应用容易被感知的展示，使信息更加有形化。很多顾客都特别容易接受其他顾客提供的口头信息，据此做出购买服务的决定。

3. 服务价格

服务价格是营销组合因素中决定收入的主要因素；而顾客之所以关注价格，是因价格可以提高或降低人们的期望。由于服务是无形的，价格是对服务水平和质量的可见性展示。价格能展示一般的服务，也能展示特殊的服务；价格的高低对顾客而言就代表着服务价值和服务质量的高低。因此，制定正确的价格，传送适当的信息，是一种有效的服务有形展示。

总之，良好的服务有形展示可以加强顾客对服务的认识，让顾客在被服务前能具体地把握服务的特征和功能，从而对服务产生较为合理的期望，避免因期望过高或不切实际而使得期望难以被满足而造成负面影响。

第二节　汽车的服务营销

汽车的服务，无论是直接作业于汽车产品的技术服务，还是与汽车相关的衍生服务，其服务主体（汽车厂商、经销商及其他服务商）都需要研究服务策略，对服务进行科学策划。

一、服务营销组合策略

一般地，有形产品的营销理论和原则也适用于服务营销。但由于服务的特殊性，服务营销组合也有自己特定的内容和形式，其组成要素除包括跟有形产品类似的产品、定价、分销和促销组合策略外，还包括服务人员（People）、服务过程（Process）和服务有形展示（Physical Evidence）等策略，服务的这些营销组合策略被称为7Ps策略，且每个策略都有自己特定的具体内涵。

1. 服务产品

服务产品必须考虑的要素是提供服务的范围、质量、品牌、保证以及服务跟踪等。服务产品包括核心服务、便利服务和辅助服务。核心服务体现了企业为顾客提供的最基本效用，如汽车故障的维修服务，其核心利益就是恢复产品的使用价值；便利服务是为配合、推广核心服务而提供的便利，如汽车维修服务商前往用户故障地点提供拖车服务和赠送洗车服务等；辅助服务是用以增加服务的价值或区别于竞争者，有助于服务商实施差异化营销战略的服务，如汽车维修服务后，维修商对汽车进行的全面技术检测等。

需要说明的是，服务产品也有生命周期和新的服务产品开发问题。一个服务企业率先创新或开发出一个富有特色的服务项目并取得较好的营销效果后,其他的服务企业也会效仿,使得本企业原有的服务优势逐渐减小和丧失;同时竞争对手也可能会不断实施服务创新,使得本企业的服务失去特色,甚至形成服务落后,不能满足顾客的服务期望。

2. 服务分销

同实物产品一样,建立服务的分销体系是扩大服务营销规模、增加服务市场覆盖的有效且唯一的手段,因为服务商依靠自身的力量开展服务的直销(服务自营)对服务市场的占有总是十分有限的。服务分销就是利用服务营销的中介机构(网点)组成分销网络,中介服务机构主要有代理、代销、经纪等业务形式。对于作用于有形实物的服务,或者具有明确操作作业过程的服务,其分销模式主要是建立服务品牌专营的服务连锁机构。如汽车维修服务通常就是汽车厂商或专业服务品牌经营者通过在全社会广泛建立特约维修服务网络开展服务的分销;独立品牌的汽车服务商如博世、3M、“小黄帽”等,都是以在各地设立服务连锁机构的形式在全社会实施品牌经营的。类似的品牌连锁形式在餐饮、酒店、美容、商业零售、房地产交易、旅游等服务业被广泛应用。在服务分销因素中,服务网点的地点选择(交通的便利性)至关重要,服务网点要尽量贴近服务需求者,要有利于被服务者能够方便地得到服务,节约被服务者前往或寻找服务网点的时间、体力和精力成本。

3. 服务定价

一般而言,服务资源如不利用就会“过期作废”,特别是服务网点业已建立的情况下,服务商的成本结构往往是固定成本比例较高,可变成本占比较低,服务资源应尽量被充分利用,才能获得尽可能多的营业收入,因此服务定价必须有较大的灵活性,特别是对消费频次多的客户、签有服务协议的关系客户或者在服务低峰时段前来接受服务的顾客,服务价格都会给予优惠。

服务定价还要体现服务内容和服务质量的差别,如区别一项服务与另一项服务,或者区别不同的服务提供主体时,价格是一种重要的识别标志,顾客往往从服务价格感受到服务价值的高低。但有时,对作用于物的服务,为了体现对顾客的客观公平,也可以尽量制定服务作业和价格的量化标准,如汽车维修服务,服务商都有各种故障的维修工时定额和相应的服务价目表等。

4. 服务促销

服务的促销方式也包括广告宣传、人员推销、营业推广、公共关系等营销沟通方式。可以说,适合有形产品促销的方式、方法,原则上也都适合对服务产品的促销。为增进消费者对无形服务的直接印象,企业在促销活动中要尽量以适当方式使服务产品有形化。

5. 服务人员

由于服务生产与消费过程的同一性,服务需要服务商的服务人员去实施才能向顾客传递服务的使用价值,因此不同的员工、甚至同一员工在不同情绪下,提供的服务水准可能不尽一致。为了提高服务质量,规范服务标准,统一服务水准,服务商有必要提供一致的服务环境,制定统一的服务操作流程、服务评价标准和服务行为规范,对服务人员开展服务技能培训,加强内部员工沟通与教育,促使员工围绕组织目标而努力,力求将服务质量因服务人员不同而形成的差异降到最低程度。特别是连锁的服务网点较多的服务商,由于全网络的服务人员人数多,不同网点的企业文化不尽相同,员工流动性强,所以服务品牌商不仅要强化服务业务的培训,还要加强对各网点服务质量的监管,设立全国统一的服务热线和服务质量投诉专用电话,或者施行服务跟踪调查。

对于有些服务,特别是作用于人的有形服务(顾客必须参与服务作业过程),为了体现服务质量差异,可以按照服务技能高低对服务技师施行分级管理,实行差别价格,由顾客在接受服务时挑选服务人员,例如医院就根据医师的职称或技能差异,实施不同的挂号费制度。

6.服务过程

为了提高服务质量,除了强化服务人员管理外,还要强化服务过程的管理,使顾客无论在哪个网点接受服务,其得到的服务质量和服务体验应该是大体相同的。为此,服务商必须建立整个服务体系的运作政策、服务程序和服务方法,统一服务供应中的机械化装备水平和装备程度,界定或限定服务员工裁断权(即赋予员工一定的灵活处置权)的适用范围,明确顾客参与服务操作过程的程度,规范咨询与服务的流动、定约与待候制度等。

为了加强服务过程管理,服务品牌商必须推行精细化管理,使服务系统的每一个要素和服务环节都应与企业的核心价值理念相一致,为此必须做到:①服务系统对于用户必须是友好的。如明确的标志、可理解的服务展示形式、逻辑化的服务过程以及能够解答顾客疑问的接待/服务人员。②服务系统具有稳定性。整个服务系统应具有一定的可用资源的调配能力,以有效地应付服务需求的波动。③系统具有结构化特点。服务作业项目、服务操作过程、服务人员行为等必须规范有序,固化成一种结构性安排,保证服务人员和服务系统提供一致性的服务。④系统具有良好的衔接性。系统的后台和前台之间,应确保服务作业或流程没有被遗漏的机会。⑤系统应加强对服务质量证据的管理,以使顾客了解服务的价值。⑥系统所耗费的应都是有效成本。在交付服务的时候,系统对时间和资源的浪费应达到最小。

7.服务有形展示

服务的非直观特性或不可触及性,难以使消费者从心理上把握服务内涵,为克服因此产生的营销难题,服务商必须使服务尽可能地附着于某种有形实物上。有形展示的最终目的,是将无形服务有形化。服务的有形化就是研究使服务转化为更易为顾客所把握的有形展示的方法方式。因此,有形展示应选择那些被顾客视为重要的有形实物,这些实物最好是顾客在接受服务过程中所寻求的有形物。

值得强调的是,服务人员要务必取得顾客的好感。服务产品的顾客,初期常常被服务企业中的某一个人或某一集群所吸引,而不一定是认同服务本身。服务人员直接同顾客打交道,不仅其衣着打扮、言谈举止影响着顾客对服务质量的认知和评价,而且服务人员同顾客之间的关系直接决定了顾客与企业关系的融洽程度。为此,企业必须确切了解目标顾客的需要,明确有形展示的预期效果,并确定独特的推销重点,并将其作为该服务产品营销的重要组成部分。

二、汽车服务营销策划

服务营销必须做到科学策划,内容包括服务形象策划、服务项目策划、服务承诺策划、服务规范策划、服务模式策划、服务满意策划等。

1.服务形象策划

如何在众多服务中形成自己的特色,树立自己的服务形象,形成自己的服务优势,这是

服务策划首先要明确并解决的问题。对于服务形象的策划,企业应做好以下工作:

(1)首先要明晰企业的服务理念和品牌形象。企业要建立符合时代发展要求的服务理念,以先进理念全面指导企业的服务工作。服务形象与品牌形象密不可分,服务形象是品牌形象的具体化、生动化,服务形象策划应有利于贡献品牌形象,而不能背离品牌形象。

(2)服务形象的策划需要确定一个寓意良好的服务名称。服务名称的选择要符合企业理念、企业形象,符合用户的心理期待,具有产品与行业特征,使人们会产生美好与广阔的联想,有利于传播服务形象。

(3)服务形象的策划还要营造一个区别于竞争者的鲜明特色,如塑造服务亲切周到的形象、服务作业规范的形象等。服务特色形象的策划如同企业形象策划中的行为识别,对于规范组织行为和员工行为具有重要意义,也是服务规范策划的蓝本和依据。

(4)服务形象的策划有必要运用一些视觉元素,如服务标志、标识、服务形象代言人、服务吉祥物、服务专用品等。服务视觉形象的运用犹如企业形象策划中的形象识别,对于识别和传播企业服务形象具有重要意义。

2.服务项目策划

企业究竟应该向用户提供哪些服务项目,必须服从企业的经营目标,是打造品牌,还是赢得竞争,抑或是增加收益,必须考虑服务效益和服务成本问题。为此,在策划服务项目时,企业可按以下程序进行决策。

(1)对目标用户进行服务需求调查,了解用户期望获得哪些服务,并按用户需求普遍性、强烈性、迫切性的顺序对服务项目进行重要程度排序。

(2)对竞争对手进行服务竞争调查,了解目前竞争对手提供了哪些服务项目,做出了哪些服务承诺,达到何种服务质量水平,分析每种服务项目对用户的吸引力度,对企业品牌形象的贡献力度有多大等。

(3)根据用户对服务项目的重视程度、竞争对手提供的服务项目和本企业服务目标、服务形象、服务资源、服务成本等要求,提出适合本企业的服务项目策划。理想的情况是:企业所提供的服务项目,不仅是用户需要的,并且是超越其心理期望的;不仅是超越竞争对手的,并且是符合企业品牌形象的;不仅是企业的资源和成本所能够承受的,并且是使企业可以盈利的。

(4)对于非理想状况的服务项目,企业就需要对其做出取舍,舍弃一些用户需求并不迫切但成本却很高的项目,或舍弃一些成本高而又难以形成服务竞争特色与优势的项目。服务项目要有利于企业形成服务特色和竞争优势,要兼顾服务成本和服务收益的平衡。

3.服务承诺策划

企业不仅要对服务项目进行选择,还必须对服务内容和水平做出决策,并以服务承诺的形式公布于众,让消费者知晓,以增强其接受本企业服务的信心。在进行服务承诺的策划时,要考虑以下因素:

(1)服务承诺要富有特色,富有鼓舞性,甚至富有挑战性,对用户要富有吸引力。否则,不痛不痒的服务承诺不能引起消费者的兴趣,不能达到服务经营的目标。

(2)服务承诺要与企业的服务资源、服务能力和企业的经济实力相适应,并不是脱离企业实际而一味地强调承诺的市场吸引力。否则,承诺过多,企业可能会因此背上包袱,当承诺不能实现时,反而有损企业形象。

(3)服务承诺的确定,必须参考行业惯例和竞争对手的承诺项目和承诺的服务水平,有的时候不能过于刺激竞争对手,也不能陷入恶性的服务竞争中去。

(4)服务承诺也要考虑服务产品的生命周期。对处于不同阶段的服务产品,可以实施不同的服务承诺。当服务产品处于导入期时,响亮的承诺有利于打开营销局面。当产品处于成长期时,服务质量开始成为市场竞争的重要利器,企业应该提高服务水平。当服务产品处于成熟期时,服务成为争夺市场份额的重要手段,此时,服务的重点在于如何兑现服务承诺,保证服务质量,挖掘服务增值空间,而不在于增加新的承诺或使承诺升级。当服务产品处于衰退期时,企业可以采取维持承诺或削减承诺的策略。

目前,很多企业提出提供"全过程、全方位、全天候、全参与"服务的承诺,并将其作为服务商重要的经营策略。其内涵有:①"全过程服务",是指服务从卖车、办牌照、上保险开始,到使用过程中的汽车维修、美容、装饰、年检、救援、汽车文化和俱乐部服务,直到旧车置换和汽车报废后的绿色回收等,实施汽车从"生"到"死"的全过程服务。②"全方位服务",是指服务不是单一项目,而是力所能及地提供尽可能多的服务项目,如汽车经销商在提供"4s"服务模式基础上,还提供金融服务、保险服务、手续代办、救援、俱乐部、旧车置换等服务,以减少消费者搜寻服务商的时间成本和精力成本。③"全天候服务",是指服务商随时、随地准备为消费者提供服务,如汽车厂商及其经销商开通 24 小时服务热线电话,随时接受服务请求或服务呼叫。④"全参与服务",是指服务商内部各部门和全体员工都要参与服务用户的活动,各司其职,保持对用户服务的高效率,尽可能为用户提供方便,特别是服务商的财务、后勤部门不能让用户服从自己的固定作息时间,而应该反过来,让自己的工作时间根据用户的服务需要而调整。

4. 服务规范策划

由于服务是无形的,具有不可存储性,不同的服务企业和服务人员往往存在服务水平的差异,服务的操作也存在分散性和独立性,而且服务质量又在很大程度上取决于用户的主观感受,因此,服务的标准化、规范化和服务质量的评价一直是个难题,这对企业的服务管理增加了难度。然而服务又直接作业于顾客,顾客对不同企业的服务差异仍然是可以感知的,服务水平的优劣会直接给顾客留下不同的印象。

以上情况表明,企业对服务仍然需要制定服务规范与服务标准,并力求服务执行过程达到统一、规范。否则,企业就真的对服务不能实施有效管理,不能检查和评估服务绩效。服务规范或标准的制定,要有利于建立统一的服务形象,保证一定的服务质量水平,同时要具有可衡量性,保障服务考核的可操作性。

服务规范的内容,通常包括:①服务态度和服务语言规范。主要针对服务界面与客户直接"打交道"的部门和人员,要求基本用语统一、服务姿态统一、接待流程统一、着装仪容统一,服务态度要友善、和蔼、可亲,不得流露个人情绪。②服务技术标准。对于可以从技术角度进行量化的服务项目,要制定相应的标准,如维修服务就可以实施一系列的量化标准,包括工时、配件消耗、用料、汽车检验检测方法等。③服务行为或过程规范。主要包括服务流程、服务记录、服务档案、服务环境、操作过程等环节的规范性。

服务规范一旦确立,就要得到贯彻实施。企业可以根据服务规范,强化服务考核。具体考核可以通过员工评议、平时现场检查或抽查、面向顾客开展抽样调查等方式进行。

5. 服务模式策划

服务模式系指开展服务工作的组织方式。一般来说,汽车的服务模式有三种:

(1)汽车厂商自己组建服务网点开展直营服务。这种服务模式,汽车厂商对服务网点的控制力最好,能够较好贯彻企业政策,保持服务质量水准和服务形象统一,也能够及时发现问题和解决问题,但其缺点是成本费用较高,需要派往外地工作的人员较多,缺乏其他伙伴分担经营风险。目前,新势力造车企业比较愿意采用这一服务模式。

(2)汽车厂商通过特许经营方式建立特许经销商或特许服务商开展服务。这种服务模式被国内外传统汽车厂商广泛采用。它十分有利于汽车厂商根据市场需求,广泛拓展服务网点,充分发挥经销商或特约服务商在当地的经营优势,节约网点建设和市场开发费用。汽车厂商通过其驻外营销部门(如子公司、分公司或大区办事处等)对服务商进行管理。

(3)社会上的自营服务机构独立开展服务。这类服务机构既不属于汽车厂商,也不是特约经销商或特约服务商,而是独立自主开展汽车服务业务的经营主体。他们往往拥有贴近用户、收费便宜、服务方式和服务时间更为灵活等优势,但也面临配件供货乱、技术支持不足、服务环境和服务形象较差等问题。目前这类服务机构的龙头企业,也在开始实施品牌经营,推行服务标准战略,发展和招募加盟网点,成为独立于汽车制造厂商的服务体系。

6.服务满意策划

汽车厂商在建立和管理其服务体系时,应始终将提升顾客满意水平放在突出位置。根据菲利普·科特勒提出的顾客满意理论,顾客满意程度跟顾客获得的让渡价值成正比。

顾客让渡价值是指顾客在与企业交往的过程中,顾客从企业那里获得的总价值与顾客支付的总成本的差额。顾客获得的总价值指顾客购买企业的产品或服务所期望获得的一组利益,包括产品价值(产品的功效价值)、服务价值(产品的附加服务)、人员价值(营销和服务人员的高素质和工作质量带给顾客的价值)、形象价值(产品的心理精神价值)等。顾客支付的总成本指顾客为购买企业的产品或服务所支付的货币资金,耗费的时间、精力、心力以及体力等成本的总和。

提高顾客让渡价值的策略主要有四种:①缩短服务半径。增设服务站点、缩短服务半径,是降低用户时间成本、精力成本和体力成本的重要途径。②缩短服务时间。缩短服务时间是借助降低用户的服务时间成本来提高用户让渡价值的措施。③美化服务环境。美化服务环境是借助提高形象价值来提高用户让渡价值的措施。服务环境可以对消费者产生潜移默化、润物细无声的影响,市场营销学有“场景销售”之说,即通过营造特定的环境氛围,展示服务商的实力,取得消费者的信任,为消费者创造友好的服务气氛。如有的服务商不仅在建筑物、标志标识方面做到环境干净、整齐,还在客户休息室配备了许多齐全的娱乐设施,如无线上网、电视机、乒乓球台、扑克、象棋、报刊和杂志等。④提高服务档次。提高服务档次是借助提高服务价值来提高用户让渡价值的措施。如某公司推出了“推进四项工程、抓住三件大事”的销售服务措施,即围绕优质服务工程、能力建设工程、形象塑造工程、服务管理工程,从优质服务深入化、服务站点系统化、服务活动标准化三个方面狠抓落实,从而全面提升了服务的档次,获得用户的认可。

企业为了争取顾客,巩固和提高自己的市场占有率,战胜竞争对手,应尽量使得顾客的让渡价值最大化,但这样做又会增加企业的经营成本,减少利润。因此,企业在决策顾客让渡价值时,应以企业和顾客实现“双赢”为原则,应特别注重在不过多增加企业财务成本的基础上,尽量增加顾客获得的服务价值、人员价值和形象价值,减少顾客在时间、精力、心力以及体力上的耗费。

第三节 汽车售后服务理论与实务

一、汽车售后服务的概念及其功能

1.汽车售后服务的概念

关于售后服务(Service After Marketing)的概念,现实生活中人们常常有多种理解,很多人将其视为"三包"服务(质量保修)。其实"三包"服务只是售后服务的一部分工作。

售后服务泛指销售部门为客户提供的所有技术性服务以及相应的服务管理等工作。就技术性服务工作而言,它可能在售前进行(如车辆技术测试、整修),也可能在售中进行(如车辆美容、按客户要求安装和检修附件、对客户进行培训、技术资料发放等),但更多的是在车辆售出后进行的质量保修、维护、技术咨询及备件供应等一系列技术性工作。由此可见,售后服务并不是字面意义上的"销售以后的服务",它并不只局限于汽车销售以后的用户使用环节,也可能是在售前环节或售中环节。换句话说,所有的技术性服务都属于售后服务的范畴,技术服务是售后服务的主要工作。通常情况下,可以将技术服务和售后服务二者视同一致,不加区别。

我国汽车企业开展售后服务始于20世纪80年代初期。当时,部分骨干企业顺应改革开放的形势需要,首先从争取汽车配件的自销权和建立早期的特约技术服务站着手,开始了按自己的营销意图建立售后服务机构的新征程。伴随我国全面走向市场经济,售后服务也逐步向服务观念现代化、服务内容丰富化、服务站点网络化、服务工作标准化、服务水平高级化的方向发展,尤其合资轿车企业更是率先按高起点、高标准要求,直接向国际惯例靠拢,积极推进售后服务工作,并建立了具有一定规模的售后服务网络。

今天,售后服务已经成为汽车厂商了解其产品质量信息、提高产品性能质量、巩固和开拓市场、促进产品销售、推销企业形象的有力法宝。售后服务在理论上和实践上都已成为汽车厂商整体营销策略和市场竞争策略的重要组成部分。

2.汽车售后服务的功能

售后服务的内容虽然丰富多彩,但均意味着为用户提供实实在在的"好处",真正为用户解除后顾之忧。也就是说,售后服务的职能应当覆盖到用户需要的一切技术性服务内容。通过服务,使用户用好汽车产品,并创造最好的使用效益,这正是售后服务的工作目标。

纵观全局,售后服务应具备两大基本功能:一是对外功能,即不仅要求能够安抚用户,解除用户后顾之忧,还要创造客户满意,利用售后服务树立和宣传企业形象。二是对内功能,即能够及时而准确地反馈产品的使用信息、质量信息以及其他重要信息,为企业在生产制造、技术改进和产品开发等方面及时做出正确的决策提供可靠依据。

售后服务的功能表明它同企业的产品设计、制造生产、质量管理等工作一样,是不可缺少的重要工作环节,因此不少企业已经明确提出,售后服务是企业产品生产的最后一道"工序",并从质量概念上将售后服务质量看作是企业质量保证体系在企业外的延伸,从而要求售后服务必须做到指导和帮助用户用好产品,使产品始终保持良好的技术状况,帮助用户取得最佳的产品使用效益,以顾客满意作为企业售后服务的根本目标。

二、汽车的技术服务

汽车的售后服务大体包括技术培训、质量保修、备件(配件)供应、组织和管理售后服务网络和企业形象建设等工作内容,应按照"技术培训是先导,质量保修是核心,备品供应是关键,网点建设是基础、管理机制是核心"的要求,不断创造售后服务工作的新高度。

(一)技术培训

由于汽车结构及其技术特点,汽车的售后服务必然包含着经销商对用户的技术咨询,也包含着厂商对售后服务网络的技术培训。凡是需要向经销商、售后服务网络和用户宣传和交代的技术要领,均需要厂商的售后服务部门去完成或发起技术培训。任何一个汽车厂商的售后服务都必须从技术培训开始,所谓"技术培训是先导"就是这个道理。

1. 用户培训

用户培训主要集中于销售环节。对于社会已经熟悉的汽车产品,由于用户已经具有汽车使用知识,因而用户培训一般较为简单。通常情况下,用户提车时经销商会进行交车前的全面检查,此时可以根据用户的具体情况进行一些有针对性的简单培训,如:帮助用户检查技术资料和随车附件是否交付完整(通常包括产品使用说明书、维修手册、服务指南等技术材料和备胎、充气泵、交通警示三脚架等随车附件,还可以向用户介绍儿童座椅、灭火器、坐垫、脚垫、贴膜等需要用户额外购买的汽车精品)、讲解售后服务相关政策、合理科学使用汽车的注意事项、简易故障及其排除方法等。

对于汽车新产品,在局部范围试销时,一般要对用户进行集中性培训,要按照统一的口径、统一的内容、统一的教材,进行标准化的培训。

2. 服务网络的培训

服务网络(网点)的培训,是汽车厂商售后服务部门所要培训的主要对象,通常是以经销商(服务站)的技术骨干为主。对他们的培训,内容上通常要深一些、广一些,以帮助他们能够排除各种技术故障。

对经销商(服务站)的培训,主要内容有:①汽车结构及其技术内容;②常见故障、典型故障和突发故障的故障现象、形成机理及其诊断排除方法;③新产品的技术培训,做到"先培训、后投放";④汽车厂商售后服务尤其质量保修的管理政策和业务流程;⑤其他内容,如服务站的经营管理、大型促销(服务)活动的策划与实施等。

3. 技术培训的组织

要做好技术培训,首先要组织好培训教材。教材的标准形式有两种:一种是完全按讲稿(义)的内容印出的教材,这种教材内容完整、齐全,可以适合学员自学;另一种是只印出需要讲解的提纲要点和必要的工程图、结构图,教材中留出足够的空白,让学员在听课时,自行按听讲内容记录和填写要点,通常采用活页形式。

教材除了文字形式外,还应包括教学挂图、视频、动画、投影等音像教材甚至实物教材等多种形式,以增强教材的示范性、针对性和直观性。技术培训的教材大部分需要培训部门组织编写,也可以借用其他教材,或委托其他力量(如汽车专业院校、社会培训机构等)编写。

汽车厂商的所有产品,都必须要有相应的标准教材。教材可以按车型分类编写,也可以按总成系统分类编写。既要讲出本企业的技术特点,又要按车型交代清楚产品的技术特征。

新产品的使用技术文件和培训教材必须在产品试制试验阶段就同步编写，以保证售后服务网络能够超前得到，更好地服务于新产品的市场投放。

其次要选好一批培训教师。培训部门可以自己承担一部分教学任务，也可以在企业内外选聘一些专业人员担任教员。总的来讲，培训教师应具备必要的理论知识和较强的实践操作经验，并有一定的培训经历，培训师资既要能够根据培训要求挑选更换，又要保持队伍大体稳定。

三是要注重培训能力的建设。培训部门的能力包括：①培训基地接纳学员学习的能力，如必要的普通培训教室、专业培训教室、实习车间、样品陈列室等；②现代教学能力，如电化教学能力、多媒体教学能力、远程教育或网上教学能力等；③标准、规范和技术政策的研究能力，如新产品维修工艺方法、最佳工艺设施（装备）配置、维修工时制订等，均需要培训部门与产品设计部门共同研究。

（二）质量保修

质量保修是售后服务工作的核心，是售后服务的意义所在。质量保修工作的好坏，对企业形象、企业声誉具有举足轻重的影响。

1. 质量保修的概念

质量保修（Warrant），又称作质量保证、质量担保、质量赔偿等，我国俗称“三包”（包赔、包修、包换），其基本含义是指处理用户的质量索赔要求，并向厂商反馈产品质量信息。在我国汽车行业内，质量保修工作的过程通常是由第一线的售后服务网点（经销商或特约服务站）受理用户的质量索赔要求，决定是否赔偿，厂商售后服务总部对服务站的赔偿决定进行鉴定，复核赔偿决定的准确性，并进行产品质量动态的综合分析，向企业的制造、采购、技术和质量部门反馈产品的使用质量信息。

2. 质量保修的特点

质量保修具有极强的政策性和技术性。所谓的政策性强，指的是国家保护用户权益的法律法规越来越多，保护力度越来越大，厂商的生产经营活动必须遵守这些政策和法律法规的规定，切实履行自己的义务。另外，社会舆论对保护用户权益的关注度也越来越高，厂商必须顾及自己的社会声誉。为了适应这种形势需要，国际上普遍建立了车辆召回制度，对存在质量隐患的已售出车辆，汽车厂商无条件召回至服务网点进行零部件更换，消除质量隐患，并承担全部费用。

所谓的技术性强，指的是汽车产品由于结构复杂、零部件数量极多、生产配套厂家多、用户的使用条件千差万别，导致汽车故障千奇百怪。而汽车故障究竟是属于产品质量故障，还是用户使用不当故障，一般需要进行较为复杂的调查和鉴定，这些工作并不是简单依靠某个法律条文就能够解决的。通常情况下，汽车厂商负责产品质量故障的调查和鉴定，只在重大故障鉴定意见不能与用户达成共识时，才请第三方机构进行调查和鉴定。目前，国内汽车厂商都宣称保留最终技术仲裁权，并只对产品本身质量原因的直接损坏零件赔偿，不负担相关误工等间接损失的赔偿（这些做法属于行业惯例，但从未来眼光看可能缺乏足够的法律支持）。

3. 质量保修的工作要求

质量保修工作的要点有三：一是“准确”，是指准确地做出质量故障鉴定，明确是否属于质量保修范畴，这个过程既要维护企业的利益，又要维护用户的利益；二是“快速”，是指对用户的求助要迅速处理,快速服务,国际上各大汽车公司都保证24h(部分西部地区48h)之内,把质量保修零件送到用户手中,并向全社会公布其服务热线电话;三是"友善",是指售后服务人员要善待用户,对用户的愤慨、抱怨、不满,应始终保持一种平和的心态,认真解决产品的质量故障,而不要去跟用户吵架。因为质量保修工作面对的是企业的产品质量缺陷,如果售后服务人员用愧疚的心情面对用户,则可以缓解用户的不满,维护企业的形象。

4. 质量保修的工作内容

质量保修的工作内容主要有三:一是制订质量保修规范,二是受理质量保修业务,三是分析处理质量信息。

1)质量保修规范的制定

质量保修规范主要包括整车(或零部件)的保修里程和保修时间。表11-1简明列出了某汽车公司关于整车主要系统部件质量保修的规定(表中的特别补偿只针对动力部分)。

某汽车厂商质量保修简表 表11-1

按汽车载质量分类	一般补偿	特别补偿
小型车:1~3t	不超过60000km或3年	不超过100000km或4年
中型车:4~8t	不超过20000km或2年	不超过50000km或2年
大型车:8~12t	不超过20000km或2年	

汽车的易损易耗零部件通常需要单独做出保修规定,其保修里程或保修时间相对发动机和底盘总成系统零件的保修规定要低一些(视零部件具体品种而定)。属于主机(整车)企业采购的配套零部件,零部件供应商也会做出相应的质量保修规定。

质量保修规范由汽车(零部件)厂商依据其生产质量控制水平、产品使用故障规律、法律法规或技术标准规定,并参照行业内同类产品的质量保修平均水准等因素综合加以确定。

2)质量保修业务受理

汽车产品质量赔偿的工作流程通常是:用户在质量保修期限内出现产品故障时,首先向当地的经销商(或特约服务站)提出质量故障鉴定或赔偿要求,经销商(或特约服务站)无条件地受理用户的请求,然后进行质量故障鉴定,确定故障责任和是否进行赔偿,并处理与用户的意见分歧。如果属于产品质量故障,则进行免费换件维修,也不收取工时费用(劳务费用);否则如果不属于产品质量故障,而是用户使用故障导致的零部件损坏,只进行有偿的维修服务。服务网点负责回收质量保修更换下来的旧件,填写质量保修有关表格,建立车辆质量保修档案,并将旧件和有关证明材料寄送给汽车厂商售后服务的理赔部门。理赔部门依据旧件和有关证明材料,对质量故障进行再鉴定,确定服务站赔偿鉴定结论的准确性,对服务站的正确赔付,则转入结算程序,将配件金额及工时劳务费用打入服务网点的账户;对服务站的错误赔付,则不予结算,其损失由服务网点自理。如果发生质量故障的零部件属于配套件(采购件),那么理赔部门再向供应商进行二次索赔,由供应商承担质量故障的全部损失。上述质量保修的工作流程如图11-1所示。

在上述流程中,汽车厂商对经销商(或特约服务站)正确的质量保修(含厂商委托他们进行的其他活动服务)所付出的工时、人力和配件成本进行补偿,整个补偿过程的操作、监督称为质量保修费用结算。

质量保修费用结算过程,一般包括以下几个步骤:

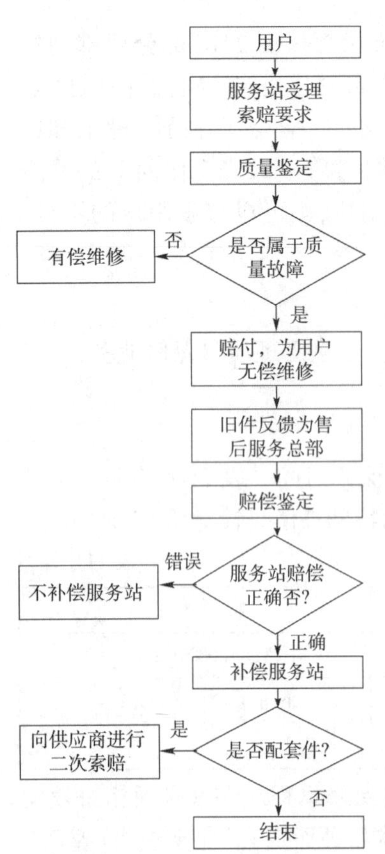

图 11-1　质量保修的工作流程

(1)经销商(或特约服务站)定期(通常每月一次)将质量保修结算单据,包括用户签字的保修结算单、首保单或二保单、旧件标签(用以记载更换旧件信息的小卡片)以及将更换下来的旧件,一并寄回给汽车厂商售后服务部的理赔部门(旧件仓库)。

(2)汽车厂商售后服务部的旧件验收人员,验收寄回的旧件是否正宗、故障原因是否属于质量保修范围,如验收正常,则将单据及验收结果交给结算组,由结算人员予以结算,如发现旧件不属于本公司出品或旧件故障不属于质量保修范围,则该旧件的工时费、零件费不予结算。

(3)结算组根据标准工时及零件费用进行结算,并由财务人员审核结算结果。

(4)审核无误后,由结算人员通知经销商(或特约服务站)开出发票(既是服务商的收据,又是厂商的支付凭证),财务人员收到发票后,将费用划拨到经销商(或特约服务站)的账户。

经销商(或特约服务站)的售后服务作业,除了质量保修外,还包括对用户的有偿服务和开展受厂商委托的其他服务活动。有偿服务是指为用户提供的质量保修范围以外的修理、维护等服务,这类服务要向用户收取相关的材料、零部件和工时服务费用。

3)质量保修信息的分析处理

质量保修为汽车厂商收集、分析和研究自己的产品质量状况,了解质量变化动态提供了最有说服力的素材。当今的汽车厂商都十分注重通过质量保修收集、整理其产品质量信息,并使用管理信息系统对质量保修信息进行处理、加工和分析,以便掌握产品的生产质量动态。

汽车厂商要想获得高质量的信息,必须要有规范的信息载体和收集完整的信息内容。通常可以以质量赔偿鉴定单、重要质量信息反馈单或者专门的信息处理系统作为信息载体。而信息内容一般应包括汽车车型号、底盘号、发动机号、生产日期、销售日期、用户使用性质(专业运输还是私人自用)、驾驶员的年龄与文化程度、故障发生时的行驶里程和工作状况(载荷、车速等)、故障发生的地点及地形(道路)特征、故障发生的日期、故障总成及其生产序号、故障零部件的生产厂家、故障现象和故障状态描述、故障编码、造成故障的原因(机加工、热处理、铸造、设计、装机等)、使用责任单位、质量故障赔偿金额及故障排除费用(含总成或零部件的价值金额、工时劳务费、辅料费、救急费、差旅费等)、经销商(特约服务站)鉴定员对故障的判断分析和处理方法、用户对故障的意见等。这些信息要作为车辆质量保修档案进行管理,通常应保存数年的时间,并存入计算机管理系统。

在对信息内容规范的基础上,还需要在信息的收集、分析和处理等环节予以规范,设计合理的信息流程。图 11-2 给出了汽车产品质量信息的收集、分析和处理的一般流程。汽车厂商售后服务的质量保修部门在收到质量保修信息后,要及时输入计算机质量保修管理系统,建立车辆质量保修档案,对质量故障信息进行分类统计,形成初步的质量分析报告,将这些信息及时反馈给生产厂商的质量管理部门和质量责任部门，并由他们具体研究改进质量工作的办法。

通过质量保修信息管理系统，质量信息的分析处理可作如下常规项目的统计分析：

(1)汽车厂商历年单车平均赔偿金额(元)；

(2)汽车厂商历年百车赔偿金额(元)；

(3)主要质量故障发生频次历年对比；

(4)历年各质量责任单位质量赔偿发生频次和金额；

(5)各大总成发生的质量赔偿频次占总频次比例；

(6)某种质量故障按生产月份发生的频次分布；

(7)某种质量故障按生产序号发生的频次分布；

(8)某种质量故障按汽车行驶里程发生的频次分布；

(9)按故障原因发生的赔偿车次；

(10)按区域分布统计的赔偿车次；

(11)故障总频次与汽车行驶里程的分布关系；

(12)3000km 范围内故障频次与汽车行驶里程的关系。

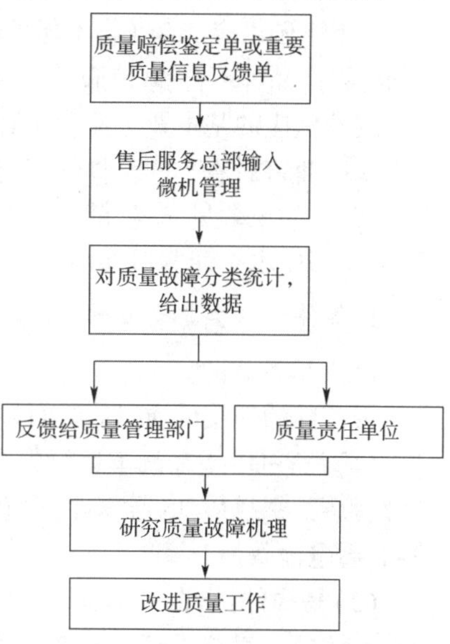

图 11-2　产品质量信息处理流程图

(三)备件供应

备件在我国被广泛地称作汽车配件。备件供应就是配件营销，它是售后服务工作的关键。备件供应具有两大职能：一是为维持本企业汽车正常运转提供"粮草"，是维持汽车处于良好技术状况的保障条件；二是汽车厂商要求服务网点开展备件经营，取得经营效益，以促进售后服务网络的运转和发展。备件供应的科学管理包括：确立合适的备件经营机制，做好备件的仓储作业，基于备件需求的科学预测、现代仓储管理技术，推进备件供应管理的现代化等。

1. 备件供应的经营机制

长期以来，国内外的汽车厂商一直实行备件专营制度。在这种制度下，汽车厂商及其零部件供应商不直接面向最终汽车用户供应备件，也不向售后服务网络以外的社会维修机构和普通配件经营商供货，只向汽车厂商的售后服务网络供应备件。推行这一制度的优势是：①有利于汽车厂商及其零部件供应商防止技术扩散，保护零部件生产技术和相关工业产权；②有利于规范备件的市场流通渠道，把握备件质量关，提高正宗备件在维修市场上的占有率；③有利于汽车厂商、零部件供应商和售后服务网络维持备件的市场价格，维护汽车厂商上下游供应链企业的经营利益。在备件专营制度下，零部件厂商的供货都采取价格的双轨制，备件的价格通常高于主机厂装车的零部件价格。因为相对主机厂装车的零部件而言，备件的包装、存储和防锈要求更高，需求批量更小，需求频次更多，备件的物流成本更高，所以备件的价格也会更高。

但是，备件专营制度正在被打破，因为这个行业惯例涉嫌：①技术封锁，不利于汽车配件行业的技术进步；②垄断市场，形成备件的暴利经营，现实生活中确实发现很多汽车品牌存在售后服务体系中备件价格零整比过高的问题，成为暴利经营的证据，广大汽车消费者也普遍感到厂商售后服务网点的服务费用偏高；③妨碍汽车配件和维修市场的公平竞争，也限制了零部件供应商的经营自主权。随着社会进步和国家市场经济法治建设走向深入,以上弊端使得备件专营制度将难以为继。可以预计,汽车备件专营制度将被新型的开放经营体系所取代,汽车备件(原厂件)与同质配件(经汽车维修行业管理部门认证认可)将展开公平竞争,汽车厂商上下游供应链企业将不能再依托专营体制获取高额利润,经营模式必须实现创新,竞争空间将转向品牌声誉、诚信服务、质量可靠、价格公道、便捷高效和成本控制等领域。

配件供应的基本业务流程是:汽车厂商的经销商(特约服务站)通过网络、电话及传真向汽车厂商售后服务的备件部门订购备件,备件部门收到需求信息后,马上查询所需备件的库存情况,如果数量充足,就立即办理备件交易手续并及时出库发货。如果某些备件库存不足,便立即向本企业制造部门发出需求信息或向零部件供应商发出采购订单。

2. 备件的分类与仓储作业

1)汽车备件的分类

按备件的使用性质,通常可以把备件分成以下几类。

(1)消耗件:指在汽车运行中会出现自然老化、失效和到期必须更换的零部件,如各种皮带、胶管、密封垫、电器零件(火花塞、传感器、继电器、铂、分火头、分电器盖)、各种滤芯、轮胎、蓄电池等。

(2)易损件:指在汽车运行中因为自然磨损而失效的零部件,如轴瓦、活塞环、活塞、凸轮轴瓦、缸套、气阀、导管、主销、主销衬套、轮毂、制动鼓、油封、钢板销、套类零件等。

(3)维修零件:指汽车运行一定的周期后必须更换的零部件,如各种轴、齿、运动件、紧固件及在一定使用寿命后必须更换的零件(如一些保安紧固件、转向节、半轴套管等)。

(4)基础件:指组成汽车的一些主要总成的基础性结构件。此类零部件的价值较高,原则上应当是全寿命零件,但可能会因典型使用条件而造成损坏,通常应予修复,但也可以更换新件。如曲轴、缸体、缸盖、凸轮轴、车架、桥壳、变速器壳等。

(5)肇事件:指通常是因为交通肇事而损坏的零部件,如前后保险杠、车身覆盖件、水箱等。

2)汽车备件的仓储作业

备件仓储中心的主要任务是储存备件。备件仓储中心通常依据备件物流进行合理布局,并划分为若干区域,各区域的作业任务分别为:

(1)接受检查区。这是备件仓储中心的第一个区域,在备件入库时将进行备件的检查,包括数量清查、配套协作件的质量抽检(通常按10%的比例抽样)或普检等。

(2)仓储区。通常按不同车型、不同总成、不同用途或按备件的周转速度分区存放,以优化备件物流。目前,备件仓储多采用立体化仓库,甚至自动化仓库(由机械手完成货物堆码),并实行计算机控制和进行库存管理。备件进出库一般应遵循“先进、先出”的原则,即进库时间早的备件,应当优先出库。

(3)取货区。主要是仓库的通道,应保证通道畅通、干净。通常根据需要,在这一区域要合理布置一些自动小车(轨道或电脑导行),或者人力取货小车(铲车)等。

(4)防锈包装区。防锈处理通常指对备件的加工表面进行涂敷处理,而包装包括收货包装和发货包装,收货包装是对外协配套件更换原标记、更换材料的作业,发货包装是在收到发货指令后,根据发货数量进行的运输包装。包装是一项专业性较强的工作,既要满足保护备件不受损坏的要求,又要能够起到防伪和标识品种数量的作用。在备件专控条件下,汽车厂商发出的备件,无论其原产地是否为汽车厂商本身,一律视作汽车厂商的原厂出品,汽车厂商向用户承担产品质量责任,因而对配套采购件、协作件,必须要拆除供应商的原包装,进行统一的再包装。

(5)发货区。应有一定的装卸作业场地,发货方式通常有铁路运输、公路运输、水上运输等方式,集装箱运输形式被广泛使用。发货区的发货台、搬运设备等设施,必须与运输工具相适应,要有利于备件货物的装运,尽量减少中转和节约装运劳动。

以上是备件仓储中心的基本作业。目前,一些较大型的汽车厂商因其产品市场范围较广,为了保证各地的服务站及时得到备件,他们通常在企业本部以外的适当地区建立备件分库。分库的各种业务受总库管理,其出入库及库内作业与总库是一样的。

现在还有一种趋势,即汽车主机厂商自己不设备件仓库,将仓储任务交给第三方物流商,汽车厂商备件部门在汇总经销商(特约服务店)的订单后,将需求信息发送给物流商,由其完成备件配送任务。

3. 备件营销的现代化管理

备件营销现代化管理涉及较多内容,最重要内容有二。

1)备件数量的合理储存

汽车厂商及其售后服务商储存充足的备件,对于提高服务响应速度,保障服务的及时性无疑具有积极作用。但备件的储存数量也不是越大越好,储存过多会导致备件的仓储养护成本增加,流动资金占用和存储费用增加,不利于节约营销成本。因而企业应当追求合理的经济储备,做到既满足社会对备件的需要,又节约仓储费用。这就不能离开备件的科学预测,为此企业要积累各地区在用汽车的车辆数、汽车行驶平均里程、各种备件的历史消耗数量等资料,采用科学的预测方法,认真测算各种备件的合理存储规模(包括根据消耗规律测算和确定业已停产车辆的零配件存储规模)。

通常,厂商可以依据某种车型的某种零件百车的年消耗量,根据其车型的社会保有量和平均车况,采用趋势外推法进行简单的数学测算,也可以按备件部门历年的某种备件实际供应量,采取移动平均法进行测算,这些简单的数学方法一般可以满足备件预测的要求。这些预测数据,既是汽车厂商制定备件年度供应计划的依据,又是售后服务网点开展备件经营的依据。

2)备件仓储手段的现代化

备件仓储要广泛引入数据管理技术、信息识别技术、无线通信技术及互联网技术等现代信息技术手段,实现仓储业务作业和管理的现代化。

抓好备件的经营管理及分析研究相应的营销策略,理顺从备件计划、订货、采购、接货、入库、质检、仓储、定价、合同、发货、运送、交付等环节的关系,力求提高效率、降低成本、促进周转、方便用户,提高用户对售后服务的满意度是备件经营的工作目标。但由于备件品种极其复杂,需求差异较大,信息处理量大,不采用现代科技手段几乎难以完成。当代汽车厂商备件营销已全部采用计算机管理,管理覆盖范围包括计划、合同、采购,进货、出库、发票、结算、市场分析、用户管理,总库与分库全部联网管理等。与此同时,现代通信如程控电话、传真、网络传输等技术,信息识别如条形码技术、防伪技术等,都可以为做好备件经营服务提供支持。

备件营销的现代化管理还包括备件订货方式的规范化。订货通常实行正常储存订货和紧急订货两种方式。正常储存订货方式,指按商定的供货价格供货(汽车厂商通常每年公布1~2次备件价格),供货周期相对长一些(通常为2~3个月),适合符合正常消耗规律的备件供应。紧急订货方式,指按商定供货价格的2~3倍供货,供货周期通常为1~2天,适合紧急需求的备件供应。

关于备件的定价,也有多种策略。一种策略是执行统一的备件价格,其好处是定价简单,便于公开,但其缺点是不利于激励规模大的服务站经营备件的积极性。另一种策略是执行有差别的备件价格,汽车厂商对不同地区、不同车型、不同特征的服务商,给予不同的折扣率(属于商业机密),但一般都是按备件营业额的多少,执行不同的折扣百分点,或者是针对合同基数以上的销售额加大折扣率(基数内执行统一价格),这种定价方法的优缺点与统一定价正好相反。总之,备件定价要有利于保护售后服务网点取得效益,也要给用户以实惠。

三、售后服务网络的建设与管理

售后服务网络是执行售后服务的平台。汽车厂商通常采取特许经营方式,在全社会组建自己的服务网络,并由这个网络代表制造商完成各种售后服务工作。从事售后服务的基层网络组织通常包括经销商(4s 店)或特约服务站(只单纯承接汽车维修业务的维修企业)。其中,特约服务站是对经销商的补充形式,它更加贴近用户,提高了服务网络的市场覆盖能力。

(一)售后服务网络的规划与布局

售后服务网络是伴随汽车厂商生产经营的发展而不断发展的。其建设与发展首先就是要合理确立整个服务网络的网点规模(数量)和区域布局。

售后服务网络的规模,主要是指网点的数目,即平均服务能力下的网点数量。这个规模应与全社会对汽车厂商售后服务的需要相适应。售后服务网络规模的大小,取决于以下因素:①本企业产品的社会保有量;②每车每年平均所需的服务次数及每次服务的平均工时;③本企业售后服务网络(点)对本企业产品的服务占有率,即对本企业产品而言,售后服务网络每年完成的服务频次数与服务总频次数之比;④服务站的平均设计服务能力,即服务站每年能够提供的服务工时数,它取决于服务站的设计工位数及工作时间制度;⑤服务站的平均服务能力利用系数。汽车厂商要依据以上因素对自己的服务站数目进行测算,大体确定自己服务网络的规模,并通过市场调查或用户调查,了解其服务网点的数量是否能够充分满足用户对售后服务的需要。规模过小,产品就不能得到良好的售后服务,就会增加用户等待服务的时间,降低用户对售后服务的满意水平;反之,规模过大,又形成服务站的业务不足,导致服务站的经营效益下降。

售后服务网络网点的布局,是指汽车厂商根据全社会对本企业售后服务需求的地理分布,并兼顾企业未来市场开拓的需要,而对服务站进行的地理布置和确立组建顺序的工作过程。布局必须坚持以下原则:

(1)统一规划与分别建设相统一的原则。首先,汽车厂商必须根据自己市场营销的战略需要,对全售后服务网络做出总体上的战略安排,对未来一定时期内全售后服务网络的规模、功能进行统一规划。其次,由于建立健全的、完善的服务网络需要投入必要的人力、财力和时间,建网工作不能一蹴而就。这时,汽车厂商就必须对需要建网的地区、网点排出顺序,分别建设。

(2)现实需要与市场开拓相统一的原则。售后服务网络既要充分满足现有用户的需要,又要兼顾企业开发潜在市场的需要。尤其是汽车厂商准备开拓一个新的目标市场时,就必须考虑在新的市场地区建立必要的服务网点,售后服务必须率先到位,以解除用户的后顾之忧。

(3)服务能力与服务地域范围相统一的原则。服务站的服务能力必须与其服务地域的范围相适应。服务站的服务地域不可过大,范围过大可能会导致:①用户前往服务站的时间过长，给用户造成不便，可能导致服务业务流失，服务市场占有率（服务频次占有率）下降；②服务站的服务能力不足，用户服务等待时间延长；③增加了服务站对用户上门服务的费用和服务成本。

相反，服务地域范围也不可过小，范围过小又会导致：①服务站服务业务不足，服务能力闲置，服务收入和经济效益下降；②服务站服务规模偏小，不能获得服务规模效益；③所需服务站数目增多，增加了服务网点建设的社会成本。因而，汽车厂商必须对服务站的合理密度、服务地域范围、服务站规模做出合理设计。

汽车厂商还要确定不同规模（服务能力）服务网点的数量及其比例关系。对于传统目标市场，由于企业的汽车保有数量较多，因而服务网点的数量要多一些，且要考虑不同规模网点的搭配，以便各司其职，相互协作，相互补充，而不是相互恶意竞争。随着汽车维修"立等修理""快修""零修""小修""换件修理""总成更换"等修理方式的普及，售后服务网点有平均规模缩小、网点数目增加的趋势，以便使售后服务网点尽量贴近市场、贴近用户、贴近居民小区。

（二）售后服务网点的建设与管理

汽车厂商对其售后服务网络体系进行规划之后，就要具体发展网点成员（特约维修站）了，并对网点实施规范管理。售后服务网点的建设与管理，是指汽车厂商根据其营销战略和具体服务需要，对其售后服务网点进行选建、考评、撤并和优化的过程。

1. 建点依据

规模较大的汽车厂商往往需要数千个服务网点，且服务网点的数目多于经销商的数目。服务站选点主要考虑的是目标市场保有量、辐射周边市场的能力，同时对发展中的目标市场和主要竞争对手的重点市场加以倾斜。

2. 建站条件

服务站必须具备以下的资质条件：

（1）一定的组织机构条件。一般要求财务独立、维修场地独立，最好组织机构也独立。

（2）硬件条件。要求具有足够的场地和专业的维修设备，表11-2是某汽车厂商对其服务站的设备要求清单（示例）。

某汽车公司对其服务站的设备要求清单 表11-2

设备类别	包括的设备
通用设备	车床、砂轮机、座式台钻、气（电）焊、起吊设备（单臂吊、卧式千斤顶等）、技术服务车
专用设备	镗缸机、珩磨机、气阀研磨机、制动鼓镗机、制动摩擦片光磨机、车架车身整形设备★、车轮拆装机★、车身维修用点焊机★、调（喷、烤）漆设备★、清洗槽（轿车用高压热水清洗机）★、压床半轴套管拆装机、U形螺栓拆装机、车轮螺栓拆装机、双立柱举升器★、车身维修用点焊机★
检测设备类	曲轴动平衡机、传动轴动平衡机、万能电器试验台、前轮定位仪、弹簧压力检测仪、探伤仪、废气分析仪、灯光检测仪、高压油泵试验台、喷油嘴试验器、硬度计、车轮动平衡仪、柴油机烟度仪、发动机测试仪
台架类	发动机冷/热磨试验台、制动摩擦片钻铆作业台、发动机装配作业台、减速器拆装台、小车减速器检修台、变速器吊架、变速器检修台、发动机吊架、离合器作业台、"三泵"（油泵、水泵、气泵）试验台、传动轴作业台
电教、通信设备类	程控电话、复印机、电视机、打字机、录像机、传真机、照相机、投影仪、计算机、标准屏幕

注：标★为轿车专用设备。

(3)服务人员条件。特别是维修技术人员(技工、技师)、质量故障鉴定人员及必要的经营管理人员等,在人员数量和资质条件上必须符合汽车厂商的要求。

3. 建站程序

服务商要进入汽车厂商的售后服务体系,通常要遵照以下程序(与汽车厂商选建经销商的程序大体类似,只是所要求的具体硬件、软件条件不同):

(1)申请。社会独立维修企业(维修店)向汽车厂商的地区管理机构提交建站申请书,并接受地区管理机构对其硬件设施的考察。同时,申请者还需提交一些相关材料,如公司结构、经营规模、股本比例、经营项目、经营历史和业绩、公司内外照片等。

(2)初审。汽车厂商的网点管理部门根据申请者申报的材料和地区管理机构的考察报告,结合服务网络规划方案,审查其是否符合自己的售后服务网络体系布局发展规划,对符合条件(资质条件满足,且申请区域尚可增加网点)的申请者通知进行服务站的建设。

(3)建设。通过初审的申请者应根据汽车厂商的统一标准委托建筑设计单位进行设计,经厂商的网点管理部门认可后,进行服务场所建筑主体的建设,包括:①工程规划。服务站的规模与功能、场地规划、业务大厅、修理车间、配件仓库、照明等。②标记与标识。标识、灯箱、标记牌、色谱、宣传画等。工程规划竣工后,再进行设备条件和信息系统的建设,组织与配备服务站人员。

(4)审批和签约。建设完毕后,汽车厂商的服务管理部门将再次按照验收规范,对申请者进行全面考察、考评和验收。通过验收后,由汽车厂商的网点管理部门与申请者签订特约服务站协议书。正式签订协议后,申请者就成为汽车厂商服务网络的一员(特约服务站),享受相应的权利,履行相应的义务。

以上程序如图11-3所示。

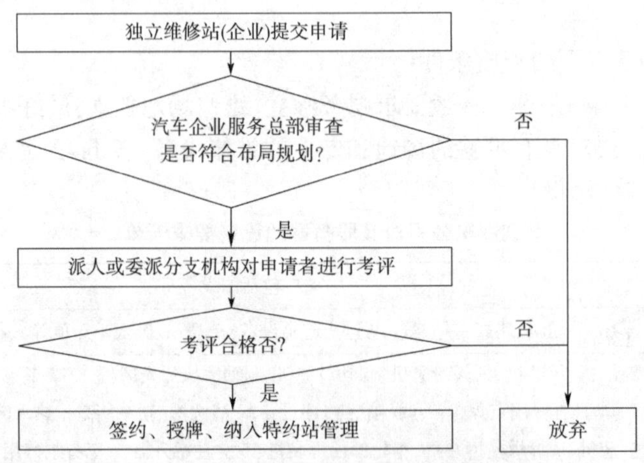

图11-3 汽车企业特约维修站选建程序

4. 汽车厂商对网点的管理

汽车厂商不仅注重服务网络的建设,也注重对服务网络的管理,包括对网点进行业务培训、日常管理、定期考核与优化调整等,实施网点的动态管理。

(1)培训。由于服务站的功能比较复杂,培训内容应该较宽,可以是产品技术的或某一专业技术的,也可以是经营管理的,还可以是服务站专业人员的(质量保修鉴定、财务、备件或配件经营等)。

(2)日常管理。汽车厂商的地区营销服务管理机构负责协助和管理服务网点，支持和监督服务网点做好以下工作：①执行维护、修理的指导价格，杜绝服务网点的乱收费行为；②热情周到地为用户服务，提高顾客的满意度；③按时按量完成各种报表、信息收集与传送工作；④积极配合和实施汽车厂商的服务宣传和促销活动；⑤保证服务站经营的配件货源正宗。

(3)考核。不同汽车厂商对服务站的考核项目大同小异，基本考核项目主要有：①服务站的组织结构。主要考核服务站是否有独立的财务权、人员编制和作业场地，人员配置是否达到厂商的要求。②人员培训和服务站形象建设。主要考核服务站的培训工作是否符合要求，服务站是否有统一的企业形象、标识、灯箱、宣传画等。③服务站工作环境。主要考核服务站整体布局是否符合汽车厂商要求，出入口设计是否合理，维修车间、工具设备是否标准等。④优质服务。主要考核服务站是否按照业务流程规定的要求服务用户。这一项目通常采用实地观察或秘密采购(神秘顾客)的方式完成。⑤服务站内部管理。主要考核服务站员工着装、文具、文档是否符合规范，从业人员是否接受了符合厂商要求的培训和是否具有专业资质证明(证书)等。⑥信息反馈与广告宣传。主要考核服务站对质量信息、当地市场信息等反馈是否及时、准确，各类信息报表完成质量如何。服务站的广告、宣传工作是否符合要求，对统一安排的宣传促销活动的配合度等。⑦配件管理和索赔工作。主要考核服务站配件经营管理水平，服务站索赔工作是否符合规定，数据传递、索赔质量以及旧件的回收保管工作等。⑧档案资料。主要考核服务站档案是否齐全，是否准时上报给厂商。⑨用户调查和访问。主要考核服务站的服务态度、服务水平以及整个服务体系在用户心目中的形象等，通常采用市场调查法进行考核。⑩环境保护。主要考核服务站的消防设施、绿化、废气排放、废油废液处理等是否符合要求。表11-3列出了某汽车厂商售后服务考评的基本项目。

某汽车厂商特约维修站年度考评内容 表11-3

序号	项目内容	序号	项目内容	序号	项目内容
1	维修站组织机构	7	企业内部管理	9	配件管理
2	外观/厂房/场地	7.1	业务接待	9.1	物料管理
3	工作环境	7.2	车间管理	9.2	配件经营管理
3.1	业务接待室	7.3	数据管理	9.3	仓库管理
3.2	修理车间	7.4	领导者管理水平	10	广告宣传
3.3	用户休息室	8	索赔工作	11	信息反馈
4	用户调查和访问	8.1	索赔处理	12	档案资料
5	优质服务	8.2	索赔件回收	13	环境保护
6	人员培训	8.3	信息反馈	14	其他

汽车厂商对其服务网点通常实施年审制度，即对全部售后服务网络成员进行年度考评，将年审的结果或等次作为对网点成员进行奖惩、撤并的依据，以保证全售后服务网络体系不断优化。

对于年度检查评比的先进服务网点通常要进行表彰奖励，汽车厂商既可以给予现金奖励，也可以给予物质奖励，如奖励交通工具、照相机、电视机、录像机、复印机、打字机、传真机、计算机等物品，以实物方式奖励有助于帮助服务站改善工作条件。

(三)特约服务站的建设与管理

除上述服务网点(经销商服务能力)建设与管理外，有些汽车企业或品牌还建有特约服务站作为企业服务能力的有益补充。特约服务站建设与管理主要有以下内容。

1. 制定服务站的建设规范

汽车厂商对服务站具有业务规划、指导与管理职能。很多汽车厂商还要求其特约维修站实行排他性经营，对其特约维修站从外观建筑、布置，到室内设计、设备配置和经营管理等软件，都有非常具体的规定和统一的要求。表 11-4 列出了某品牌轿车为其特约维修站制定的《建站模式规划手册》的主要内容。

某轿车特约维修站《建站模式规划手册》主要内容 表 11-4

序号	项目内容	序号	项目内容	序号	项目内容
1	工程规划	2.4	标记牌	6	人员培训规划
1.1	总则	2.5	指路牌	6.1	培训须知
1.2	维修站规模功能	2.6	全国分布图	6.2	管理人员入学条件
1.3	工位定义	2.7	色谱	6.3	基础培训入学条件
1.4	场地选择	3	工程规划审批与验收	6.4	人员培训计划
1.5	总平面规划	3.1	厂房建设程序	6.5	课程日程安排
1.6	建筑设计要素	3.2	竣工验收	7	工具与设备规划
1.7	业务大厅	4	计算机系统管理规划	7.1	订货流程
1.8	二楼的设置	4.1	人员准备	7.2	必备工具与设备
1.9	修理车间	4.2	计算机硬件准备	7.3	选配与选购件
1.10	配件仓库	4.3	计算机软件准备	7.4	常用工具清单
1.11	拓展	4.4	其他准备	7.5	发动机专用工具
1.12	照明	4.5	培训	7.6	变速器专用工具
2	标记与标识	5	组织与人员规划	7.7	底盘专用工具
2.1	标识	5.1	人员与组织机构	7.8	本品牌专用工具
2.2	灯箱	5.2	组织机构	8	其他
2.3	蓝带墙	5.3	职位		附录

在每一项建设内容上，汽车厂商均提出了非常具体的规定，如对建筑物提供了立体彩色效果图、平面施工图等，对各种标识和箱牌提供了具体尺寸、图案，对组织、人员及其培训也提供了具体的机构设计、素质要求、培训日程及学习内容。总之，特约维修站只需要筹措资金，按照规划手册的要求组织实施即可，规划手册既是特约服务站建设的技术规范，也是检查验收的技术依据。

2. 服务站的能力建设

服务能力多指服务站单位时间内完成的技术服务工作量(工时)。其建设的主要内容包括服务站的场地面积、设备配置及经营管理能力等。

(1)服务站的占地面积。占地面积包括服务作业面积、辅助建筑面积(即车间通道、仓

库、办公室、接待室、会议室等)和停车场面积等。

(2)服务站的设备配置。这些设备包括五种类型:①通用设备类,如车床;②专用设备类,如烤漆设备;③检测设备类,如动平衡机;④台架设备类,如各总成检修台;⑤电教、通信和办公设备类,如投影仪、传真机等。

(3)服务站的经营管理。特约服务站的经营收入主要有:备件经营收入、质量保修劳务补偿、服务促销活动补偿、质量保修范畴以外的各种服务收入等。

3.服务站的业务流程

(1)招揽用户。由于市场竞争日益激烈,特约服务站需要主动出击寻找客户,不能完全坐等客户上门。招揽客户可以从获取用户购车档案信息开始(从汽车厂商或其经销商处获取),在制定用户定期维护清单后,就邀请用户前来接受服务。

(2)预约用户。涉及的内容有:①电话邀请。根据用户车辆档案,当临近维护日期时,打电话提醒和邀请用户。②受理预约。当用户主动预约来站进行维修服务时,要及时受理。③确定预约来站日期。④制作维修服务卡。

(3)接待用户。对来店接受服务的用户,要做好:①顾客接待。应迅速出迎,问候顾客,引导顾客停车,引导用户前往接待前台。②确认来意。记录用户陈述,明确用户需求。③受理车辆。协助车辆停到指定位置,接过车钥匙,安装脚垫、转向盘套、座位套等,检查车辆外观(如损伤痕迹、凹陷等),检查车内有无贵重物品,起动发动机检查有无异响等。④诊断。询问故障现象,故障再现确认,推测故障原因。⑤费用估计。确定作业项目,列出作业所需配件和油脂产品、计算工时,概算费用金额。⑥确定完工时间。估算作业时间,了解用户对取车时间的要求。⑦用户确认。说明作业内容,估计交车日期/时间,预报服务费用及其构成,询问用户意见,用户签字。⑧说明交车程序。说明交车时支付费用的方法(支票/现金/其他),确定用户是等候还是离店,引导等候用户进入顾客休息区。

(4)配件管理。配件管理要求做到:①对无库存的零部件必须向零部件部门及时确认到货日期;②对在库待修车辆应根据预定到货日期安排作业;③在零部件无库存而用户需要用车时,应请用户按预定到货日期预约来店;④零部件到货日期不能保证交车日期时,必须事先与用户联系,征求用户同意;⑤必须每日检查,及时掌握零部件到货情况。

(5)维修作业管理。此项管理的内容涉及:①作业指示。选派合适的技术工人,安排作业内容及作业时间。②作业进度。每日早中晚三次,调整维修管理看板,必要时调整完工时间。③控制完工时间。当某些项目变化时要及时与用户联系重新确认交车时间、作业内容、维修金额等。④完工时间延迟,作业内容追加时要及时与用户沟通,并征得用户的同意。在进行作业过程中,要注意对车身做好保护,安装车身保护件(如翼子板保护罩)。

修理作业一般要遵循以下步骤:①故障及车辆情况核实;②明确作业内容;③领取零部件;④实施维修作业;⑤记录故障原因和维修作业内容;⑥签名确认。

对于新产品上市以后首次发生、频繁发生、涉及安全、招致用户很大意见或修理费用很高的故障要填写质量信息报告。

作业项目完工检查:检验人员根据问诊表、接车修理单等,逐项核实确认。必要时试车,检查有无遗留物品,如工具、资料等。如果检验发现有问题,应立即进行返修。

(6)清洗车辆。包括外观清洗和内部清洗。前者即把车外清洗干净,包括玻璃、轮毂、车窗;后者包括仪表台、座椅、地板、烟灰罐的清洗,对地毯应进行吸尘处理。

(7)结账。接待人员把接车修理单交财务人员制作结账单,并再次与用户确认付款方式。

(8)交车。向用户说明此次的作业内容及有关注意事项,并请用户对服务结果做出确认。收取费用时要向用户说明零件费、工时费构成情况。送别用户时要陪同用户到停车场,取下车内护罩,道别并欢迎下次光临,目送用户离店。

(9)跟踪服务。维修完毕后,服务站应对用户进行跟踪服务。通常要制作跟踪管理表,交车一段时间(一般是一周)后打电话给用户,询问车辆情况以及对维修质量和费用的满意度,记录用户的评价。跟踪服务发现问题时,必须及时反馈给有关人员。

4. 服务站的形象建设

良好的企业形象是企业重要的无形财富,售后服务如同销售一样,它是汽车厂商生产经营活动与用户使用消费的联系纽带,售后服务工作属于"窗口"性工作,对企业形象建设肩负重要使命。为推进企业形象建设,售后服务必须实行"标准化",它包括:特约服务站的建筑物设计、布置的标准化(如服务站大门、厂房外墙等按标准色彩、图案建设);厂标、厂徽、标牌、悬挂物及色彩搭配的标准化(如树立灯光的或荧光的标准厂徽、标准路牌、标准图案,标准统一的字体、字样及颜色等);服务程序的标准化;工作人员着装的标准化,服务态度好、精神面貌佳、服务素质高等内容。总之,同一汽车厂商各服务站的外观形象和内部管理要求都必须标准化和统一化。

四、售后服务的管理

良好的售后服务管理是做好售后服务工作的核心要素。售后服务管理,除了前文所述的网点管理外,还涉及售后服务的物流管理、信息管理、风险管理(控制)与服务活动策划等。

1. 售后服务"旧件"的物流管理

售后服务的旧件物流特指从特约服务站向汽车厂商,进而向零部件供应商(限配套采购件)的逆向流动。汽车厂商一般都规定,质量保修更换下来的旧件必须全部保存,进行严格的编号、挂标签,以便能很方便地查找和与赔偿单核对。除非经过售后服务总部定期巡视人员的同意,批准销毁和指定寄回部分重要样品外,特约维修站不得随意将旧件进行处理和遗弃。对属于协作、配套性质的旧件必须100%返回汽车厂商的售后服务总部,以保证这些旧件能全部返还给供应商进行"二次索赔",并为他们改进产品质量提供样品。

汽车厂商之所以对旧件的保管做出以上规定,主要是因为旧件的缺陷部位,客观地记录着零部件损坏的原因,是质量保修中故障责任鉴定的重要物证。汽车厂商作为质量赔偿的承担者,自然有权要求特约维修站保管好旧件,并进行必要的旧件样品审查。

当然,旧件样品的搜集和陈列,还具有其他作用,如旧件样品可以充当质量保修专业人员技术培训的实物教材,同时它们也以实物的形式记录着企业产品改进、质量进步的发展历程。

对于重要部件或保安件的损坏件、典型损坏件、首发或偶发损坏件,必须采用快递、铁路或公路物流托运等较快速的运送方式,及时寄回汽车厂家的售后服务总部,以便研究故障的形成机理和质量改进方案。

2. 售后服务的信息管理

售后服务的各个工作环节都凝聚着大量信息,这些信息是企业的宝贵资源。售后服务的信息管理，除了前述的质量保修信息、备件经营的信息外，还应包含更广泛的含义。例如，各种信息载体形式的规范问题、信息的收集机制问题、信息传递的畅通性问题、信息去伪存真的处理问题、信息价值的分析挖掘问题等，都需要科学管理。这里着重强调以下几个问题。

1）信息处理分析

对搜集到的信息必须加以分析，信息才能被正确利用。一般采用定性分析、定量分析和定时分析相结合的方法来分析相关信息。定性分析多用来分析市场宏观环境、管理体制、市场组织、分销渠道等；定量分析多用来分析成本、利润、购销数量、市场占有率等；定时分析则对同一时间内的市场情况及变化趋势进行分析，它通常和定性分析、定量分析相结合使用，分析某一特定时间内市场的变化。

信息处理的步骤包括：①筛选。通过不同渠道收集的信息有一个"去粗存细、去伪存真"的过程，企业需要根据信息的重要性和真实程度，去掉不重要或欠真实的信息。既可以根据需要按时间先后对信息弃旧取新，也可以按产品、售后服务、质量信息、市场信息等分类对比，决定取舍，还可以利用专业知识和经验对信息进行选择。②分类。筛选过的信息需要确定为某一类别，如用户信息、配件信息、质量信息、经销商信息等，分类的方法根据企业实际情况而定，各企业分类方法各不相同。③分析处理。即对信息进行人为加工，以进一步找出信息间的联系和变化趋势。

2）车辆用户信息管理

车辆用户信息管理系统，应当包括车辆用户档案系统、车辆用户服务跟踪系统、车辆用户分析研究系统等。档案系统是基础，为其他系统提供原始翔实的数据；服务跟踪系统记录着在用车辆及用户的服务信息，是企业推行"主动服务"不可或缺的基础；分析研究系统可以帮助企业研究自己的客户群体是谁，客户使用产品和购买产品的特点如何，客户何时将产生新的需求等，它是企业充分挖掘客户价值，不断发现新商机的秘密武器。

3. 售后服务的风险管理

汽车厂商售后服务的风险主要来自以下两个领域：一是备件储备不够科学合理，要么导致备件缺货不能满足服务需求，降低服务质量；要么导致备件储备过多，长期积压，占用企业的流动资金，增加售后服务成本。二是质量赔偿过程中，不能对售后服务商（特约维修站）进行有效监控，不能杜绝服务商的费用欺诈行为。这里着重对后一类风险进行讨论。

质量赔偿风险主要是，尽管汽车厂商对所有的质量赔偿要进行鉴定，但是有的质量故障是不容易进行事后鉴定的，服务商将一些非质量保修范畴的故障（如因用户使用原因导致的故障），描述为质量保修范围内的故障，既向用户收取维修费用，又向厂家办理质量索赔，获取双重收益。

汽车厂商可以通过一些有效措施加强对服务商的监管，尽量减少上述风险造成的损失。这些措施包括：①汽车厂商根据内部生产质量的变化水平，研究判断各类质量故障赔偿动态是否与生产质量变动的趋势相矛盾，重点研究逆势变化的故障赔偿，例如内部生产质量在提高，而赔偿却在增加的情况；②利用计算机和现代信息处理技术，对各个服务商的各类质量赔偿进行对比研究，对高于平均赔偿水平的服务商要进行重点监控；③建立稽查机制，汽车厂商可以从质量保修用户中抽取一些赔偿样本，进行用户抽样调查，调查质量保修的真实性和是否收取有关费用；④建立严厉的欺诈处罚制度，对经查实的欺诈行为，给予服务商一定（或较高）的经济处罚，直至停止其特约服务商的资格。

4. 售后服务的活动管理

汽车厂商经常需要通过其售后服务网络开展各式各样的服务活动,例如为新产品投放市场进行的保驾护航活动;应对激烈竞争,争取竞争主动地位的服务让利活动(质量保修范围外的额外优惠活动);支持社会公益事业,树立企业良好形象的活动;开展车辆召回活动等。汽车厂商通常要为这些活动承担费用,对服务网点给予工作补偿经费(记入服务商账户)。

要做好售后服务的活动管理,关键是要合理确定和明确活动的目的、选择开展活动的方式、策划活动的方案、概算和保障活动的费用、全面评估(预评估)活动的效果等,具体内容还涉及活动开始的时间和持续的时间、活动的组织领导、活动的应急预案、活动的宣传报道等。

本章小结

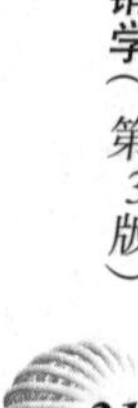

汽车产品的技术含量日益提高,提供优质服务已经成为厂商市场竞争的利器。服务提供的基本上是一种活动,不改变产品所有权,但其重要性丝毫不亚于实物产品。服务要么直接给顾客带去利益,要么让有形产品发挥使用价值。服务活动的作用对象要么是人、要么是物,服务形态要么是有形活动、要么是无形活动,所有的服务都具有无形性、同一性、异质性、即时性和计量单位复杂性等特征。

企业的服务理念决定其服务行为,以人为本已经成为现代服务理念的根本出发点,在此基础上形成的深度营销、双赢营销和超值营销理念,对指导现代汽车企业做好服务工作发挥了重要作用。服务活动也必须以提高服务质量为导向,而服务质量取决于顾客对服务的预期同其实际感受的服务水平之间的差距,因此它属于主观范畴,通常可以从服务的可感知性、可靠性、适应性、保证性和移情性等维度评价服务质量,并从确保承诺的实现性、重视服务的可靠性、坚持沟通的经常性、做好服务的传递性和强化服务的补救性等方面做好服务质量管理。

服务产品的营销组合除包括服务产品、服务定价、服务分销和服务促销等4Ps组合策略外,还包括服务人员、服务过程和服务有形展示,它们共同组成服务营销的7Ps组合策略,这些组合策略有不同于有形产品的特定内涵。结合国内外的汽车服务实践,企业要注重服务营销策划,包括服务形象策划、服务项目策划、服务承诺策划、服务规范策划、服务模式策划和服务满意策划。

售后服务泛指销售服务部门为客户提供的所有技术性服务工作,内容上包括技术培训、质量保修、备件供应、形象建设和服务管理等工作。对外它有解除用户后顾之忧和创造客户价值的功能,对内具有反馈企业质量信息的功能。技术培训是售后服务的先导性工作,重点是要做好对全服务网络的培训,往往要求在新产品投放市场前先要完成技术培训;质量保修是售后服务的核心工作,具有政策性强和技术性强的特点,工作时要求做到准确、快速和友善对待客户,工作内容包括做好质量保修规范的制定、质量保修的实施和质量信息的分析处理;备件供应是售后服务的关键工作,要探索备件经营的合理机制,要利用现代化手段做好备件的计划、订货、发运、仓储和库存的科学管理。售后服务网络的建设包括合理确定售后服务网络(点)规模、科学布局售后服务网络网点、建设售后服务网点(经销商和特约服务站)。除了对服务网点进行管理外,还应做好售后服务物流管理、信息管理、服务风险管理(控制)与服务活动策划等。

复习思考题

1. 请解释服务、服务质量的含义。

2. 试讨论服务产品的特征。

3. 怎样理解和评价服务质量？做好服务质量管理的途径有哪些？

4. 试比较服务营销组合与有形产品营销组合的异同点。

5. 试讨论汽车售后服务的概念及其工作内容。

6. 试讨论汽车质量保修的内涵、工作特点、工作要求和工作流程。

7. 请前往一家汽车经销商或特约维修站，调查：①质量保修信息涉及的信息内容及其利用方式；②备件管理的内容、流程和现代化手段应用方式；③主机企业对其开展的考核项目及考核方式。

第十二章　汽车互联网营销

现代社会，互联网已经深刻改变了人们的学习、工作、消费和生活方式，也深刻影响了现代企业的生产经营活动。汽车的互联网营销是当今汽车营销领域最富有创新活力的阵地，汽车厂商必须高度重视和推进自己的互联网营销，以便开创生动的汽车营销局面。

第一节　互联网营销概述

一、互联网营销的概念、特点与功能

1. 互联网营销的概念

互联网营销是相对于传统营销而提出的概念，是借助互联网、计算机通信和数字交互式媒体，运用新的营销理念、新的营销模式、新的营销渠道和新的营销策略，为达到一定的营销目标所进行的营销活动，是企业整体营销活动的一个越来越重要的组成部分。

互联网营销基于网络及社会关系网络，连接企业、客户及公众，向客户及公众传递有价值的信息与服务，为实现消费者价值及企业营销目标，进行规划、实施及运营管理等营销活动。互联网营销贯穿于网络经营的全过程，从市场调查、信息发布、客户关系管理，到产品开发、制定互联网营销策略、进行网上采购、销售及售后服务等，都属于互联网营销的范畴，不要简单将其理解为网上销售或开设网店。

互联网营销属于“互联网+”的概念范畴，可以简单概括为“互联网+营销”。“互联网+”就是“互联网+各个传统行业”，是利用互联网平台和信息通信技术，让互联网与传统行业深度融合，创造出新的富有发展活力的生态。“互联网+”代表一种新的社会经济形态，即充分发挥互联网优势，使其在社会资源配置中发挥优化和集成作用，将互联网的创新成果深度融合于经济、社会的各个领域，提升全社会的创新力和生产力，形成更广泛的以互联网为基础设施和实现工具的经济发展新形态。

“互联网+”促进了互联网与工业、商业、金融业等各行各业的全面融合，其关键就是应用创新（只有创新才能让“+”富有价值和意义）。因此，“互联网+”形成了六大特征：①跨界融合。“+”就是跨界，就是开放，就是变革，就是重塑和融合。跨界会带来更广的创新平台，融合协同会更好地实现群体智能，更好地推进从研发到产业化的路径等。②创新驱动。互联网思维求变求新和自我革命，更能发挥创新的力量，促进经济社会从资源驱动型增长方式转变到创新驱动型发展方式上来。③重塑结构。信息革命、全球化、互联网打破了原有的经济结构、地缘结构、文化结构等，权力、议事规则、话语权不断在发生新的变化。④尊重人性。人性是推动科技进步、经济增长、社会进步、文化繁荣的最根本的力量，“互联网+”强大的力量根源也是对人的体验的尊重、对人性的敬畏和对人创造性的重视。例如客户原创

内容(User Generated Content,UGC)、卷入式营销、分享经济等新型互联网业务形态,无不是对人尊重的结果。⑤开放生态。推进“互联网+”,其中一个重要的方向就是清除制约创新的藩篱,把孤岛式创新连接起来,让研发由更为广泛的市场驱动,让创业者有机会实现价值。⑥连接一切。尽管连接是有层次和有差异的,但是连接一切是“互联网+”的目标。

2. 互联网营销的特点

互联网营销有别于实体营销,具有其独特的优势。目前,互联网营销的特点可以归纳为以下若干方面。

1)时间空间的多维性

互联网技术的发展已完全突破了时间和空间的束缚,使互联网营销突破了传统营销中消费者群体、市场范围、地理位置等的限制。在互联网中,企业可以方便地建立网站、虚拟公司和虚拟商场等虚拟实体,还可完成商务谈判、签订电子合同、实施电子支付等营销活动。企业进入互联网就等于进入全球性的虚拟市场,既可以消费者身份实施全球采购,也可以销售者身份向全世界的企业与个人销售自己的产品及服务。

2)传播媒介的丰富性

拥有丰富传播媒介资源的互联网可以对文字、声音、图片和视频信息等多种信息进行传递,还可利用虚拟现实技术,对商品及服务信息进行身临其境般的展示。这些传播媒介和技术能够让产品更加形象立体地呈现出来,使消费者对商品的了解更加深刻详尽。同时,还能够让企业的营销人员充分发挥其能动性和创造性,让营销活动变得更加富有趣味性。

3)营销沟通的交互性

“现代营销学之父”菲利普·科特勒(Philip Kolter)提出“营销4.0”的变革时代已经到来,他认为“西方发达国家以及部分东亚国家已经进入了丰饶社会。在丰饶社会的情况下,马斯洛需求论中的生理、安全、归属、尊重这四层需求相对容易被满足,于是自我实现对于客户就变成了一个很大的诉求,营销4.0正是要解决这一问题”。互联网营销的交互传播方式突破了传统营销单向传播的局限性,从以销售为导向转变为以客户体验为导向,通过对客户行为的分析能够迅速建立客户画像,实现产品信息的精准触达,从而让客户更多地参与到营销价值的创造中来,并获得“自我实现”的感觉。

4)营销目标的精准性

采用大数据分析技术,可以抓取互联网营销过程中产生的海量客户数据并进行深度挖掘。企业在获取客户的性别、年龄、偏好及个性特征等宝贵信息后,可以向目标客户推广其需求范围内的产品,从而实现目标客户的精准定位和客户需求的精准把握,有利于实现最大化的营销效果。

5)交易氛围的独特性

互联网营销是一种以消费者为主导的交易方式,与传统营销模式相比,具有独特的交易氛围。在互联网营销中,消费者对消费决策过程有较大的主动权,既可与不同供应商及时沟通,充分了解相关商品信息,又可自主理性选择所需商品,避免强迫性推销,并享受到互联网营销所带来的好处,如透明的价格、便捷的服务等。这是传统营销方式所无法比拟的。

6)全程服务的整合性

营销活动往往经历多个环节,如消费者会进行商品信息搜集、价格比较、技术咨询、签订合同、发送订单、货款支付等各项活动;企业会进行原料采购、制订生产计划、库存管理、售后服务等活动。互联网营销是一种包括售前商品介绍、售中交易交割、售后服务的全流程的营销模式，营销的全程环节都可以在网络上进行，实现一体化运作。

7）营销活动的高效性

互联网营销中，信息的传输速度非常快，传播范围也非常广。消费者可以即刻获得企业反馈，企业也可以很快了解消费者的需求，并对消费者的需求做出迅速反应，既提高了消费者的购物效率，也提高了企业的经营效率。

8）运营成本的经济性

互联网营销具有明显的经济性优势。传统营销方式需要一定的店面租金、人工成本、水电费用等支出，而互联网营销具有明显的经济优势，其运营成本低廉，受众规模大，传播效率高，能够为企业提升竞争力、拓展销售渠道、增加客户规模直接赋能。

总之，互联网营销是一种极具开发潜力的营销方式，演变至今已不单单是一种营销手段，逐渐成了一种信息时代的新营销文化。

3. 互联网营销的基本功能

一个完整的互联网营销系统可以实现以下功能：

1）市场调研

通过网络搜集市场情报，收集企业竞争对手的信息，了解企业合作伙伴的相关业务情况，向消费者征求对企业经营商品及服务的认知程度、评价与意见，为新产品开发做准备，为调整企业生产决策或营销策略提供依据。

2）信息发布与咨询

进行广告宣传，发布商品与服务信息，设立经常问到的问题（Frequently Asked Questions，FAQ）回答消费者经常提出的问题，设立留言板与电子邮件信箱让消费者留下建议与提问，并及时回答相关问题。

3）网上销售或网上采购招标

销售型网上站点通过建立购物区及相关网络销售数据库，设立购物车，可以方便消费者选购，并发送商品订单；招标型网上站点通过公布招标办法及要求，设计投标书，制定公正合理的招标评标程序，完成网上招标流程。

4）网上支付与结算

厂商通过与各个银行及金融机构合作，确定认证和结算办法，可以实现网上支付，支持多种支付方式，如支付宝、微信、手机银行、电子钱包、电子支票、电子转账等。

5）订单处理

通过电子数据交换系统或网络数据库可以进行订单的自动处理与传输，再通过营销管理信息系统将订单任务分解到各个营销环节及业务部门。

6）物流配送

根据订单要求，物流企业可以在最短的时间内按照客户指定的时间及地点，将商品运送和交付给客户。

7）客户关系管理

可以建立客户档案，加强与客户的联系，整理客户留下的订购资料，解决客户提出的问题，研究消费者提供的评价、意见及建议，为改善产品及服务质量提供参考。

8）提供售后服务

通过网络，可以解决产品使用中出现的各种问题，如退货、维修、技术支持和软件产品的升级等。

二、互联网营销的发展趋势

面对2020年突如其来的新冠肺炎疫情给汽车营销带来的严峻挑战，广大汽车厂商纷纷在数字端集中发力，依托互联网推进VR展厅、线上发布会、云车展、电商直播带货等新兴营销形式，促进了汽车行业的数字化营销转型，并形成如下四大发展趋势。

1. 场景化营销得以强化

场景化营销是针对消费者在特定情境下，通过环境、氛围的烘托，提供相应的产品和服务，以激发消费者产生情感共鸣来激发消费者的购买欲望，产生消费行为。短视频和直播平台可以帮助汽车品牌搭建营销场景，可以对消费者开展一对一针对性的消费辅导，经销商开展线上直播活动，或者通过明星代言、内容营销、跨界营销等形式，可以促进汽车营销，并提升汽车品牌的影响力。这种场景化营销的方式契合了年轻一代的消费偏好，打通了车企与年轻消费群体的交流通道，为车企发展数字化营销带来了更大的空间。

2. 私域流量池得以关注

在汽车市场进入存量竞争（需求趋于饱和）时代，在市场环境低迷、获客成本增加的背景下，公域平台流量（主要指垂类平台）越来越贵，因此汽车营销更加关注私域流量池的引流，着重打造了官网、App、微信公众号、小程序以及电商旗舰店等自有线上平台，通过有效的运营与互动，使客户加深对品牌的了解，培养客户的忠诚度。通过线上线下的融合，车企还可以打破数据碎片化的壁垒，实现数据的追踪分析和精准触达，为客户提供更加流畅的体验，进一步实现社交裂变。

3. 企业运营模式被改变

传统汽车营销的销售模式多以产品为中心，无法及时响应客户的新需求，因此车企纷纷向以客户为中心转型，通过数据集成、平台赋能来实现对客户需求信息的采集。同时车企可以在各类数字化转型方案供应商的协助下，建立自己的数据中台，对原有的销售、售后、客户运营、二手车销售等多个系统的数据进行高效整合管理，实现快速、连贯的客户沟通服务。

4. 数据驱动营销得以凸显

通过整合数据，并将数据中台和第三方大数据应用进行融合，能够成倍地提升企业运营效率和精准营销能力。同时，标准化方式采集的数据与人工智能（Artificial Intelligence，AI）的结合能够使车企对客户有更加深入的了解。例如，汽车营销者通过汇总分析各渠道的获客数据，可为经销商提供客户分析依据和管理优化方向；通过邀请试驾、维修等小程序，结合特定场景可为线下经销商引导客流，并根据客流数据反馈进行针对性的引流改进。

第二节　互联网客户全生命周期管理

如何高效挖掘潜在客户并将其转化为成交客户，关系到互联网营销的成败。本节基于客户全生命周期概念，围绕客户线索管理主线，讨论客户全生命周期管理的流程和方法。

一、客户全生命周期模型

互联网营销是以客户为中心进行的营销活动，因此它必须以客户全生命周期为基础。所谓客户全生命周期，是指自客户接触企业寻求需求满足开始，直到客户离开企业所历经的时间;或者自企业有效获取客户信息,直到客户消失(流失)其间所经历的时间。在使用产品的时候,可以根据客户进入的时间、使用频率等,对其生命周期划分为不同阶段。常用的生命周期理论模型包括 AARRR 模型和漏斗营销模型。

1. AARRR 模型

AARRR 模型又被称为海盗模型,由硅谷著名风险投资人 Dave McClure 在 2007 年提出。AARRR 模型将客户生命周期分为五个阶段:获取阶段(Acquisition)、激活阶段(Activation)、留存阶段(Retention)、收益阶段(Revenue)、自传播阶段(Referral)。在这五个阶段里,企业首先应建立明确的客户画像(客户是谁)和客户定位(客户在哪),在获取客户后,使他们感受到产品的价值,并经常开展互动,让客户养成使用习惯,使客户保持黏性,提高购买可能性,从而帮助企业获益;出于对品牌的信赖和对服务的满意,客户购买产品后会推荐给身边的朋友,这些客户的朋友如果觉得产品符合其预期,也会再推荐给他身边的朋友,这样企业就获得了持续的客流增长,并可能不断实现潜在客户向成交客户转化。如果把产品看作一个蓄水池的话,这五个阶段的关系如图 12-1 所示。在这个过程中,客户会一步步流失,最后剩下的那部分客户即是实现了最终转化的客户。

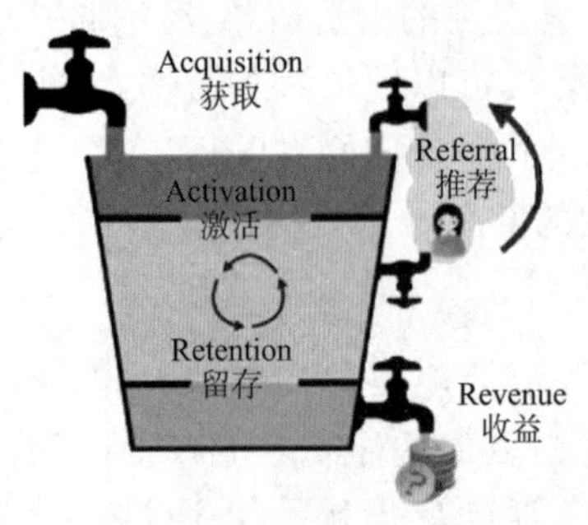

图 12-1 AARRR 模型

1)客户获取(Acquisition)

客户获取是汽车互联网营销中的起步阶段。只有获取了客户,企业才有可能获取后续的收益。在获取客户(俗称"拉新")之前,营销者必须首先明确产品目标群体的客户画像,然后才可以根据目标客户画像来寻找匹配的获客渠道。

2)客户激活(Activation)

继获取客户之后,客户激活就是要让客户第一次购买并体验到产品或服务的价值。完成了这一关键的转化,才有可能让客户保留下来。客户激活需做好以下工作:①明确客户激活目标;②简化注册过程;③引导客户下第一单;④引导客户多次下单;⑤针对客户流失原因制订解决方案。新客户流失的常见原因及解决方案见表 12-1。

新客户流失的常见原因及解决方案 表 12-1

流失原因	具体说明	解决方案
产品功能问题	产品无法满足客户需求或客户需求不强烈	产品改进
产品价值发现问题	产品对客户有价值,但没做好引导,客户未发现价值就流失了	新客户激活
渠道客户匹配问题	拉新渠道有问题,引入的客户不是目标客户	拉新渠道精准化

3)客户留存(Retention)

通常维护一个老客户的成本要远远低于获取一个新客户的成本。客户留存就是通过营销活动保持客户黏性,尽可能使客户对企业产生信赖与依赖。面对客户流失,企业要查找客户流失的环节,分析流失的原因,并有的放矢地制订解决问题的方案。

4)客户收益(Revenue)

客户收益就是基于双赢原则让企业能够从客户身上合理地赚到更多的钱。企业获得收益的过程就是客户变现的过程。互联网不仅仅是一个 App 或者一个网站,靠网络流量来赚取收益;它还是一个工具,通过与汽车产业的融合,可以创造出一个全新的产业链。

图 12-2 所示为某企业“互联网 +”商业模式的影响因素及实现过程。理论上来说,只要能分析出外部影响因素对自己有利的部分以及自身可以最大化产生价值的部分,并且足够大的客户流量可以帮助企业获取利益,那么在这个产业链中的各个环节都可以找到变现的机会。

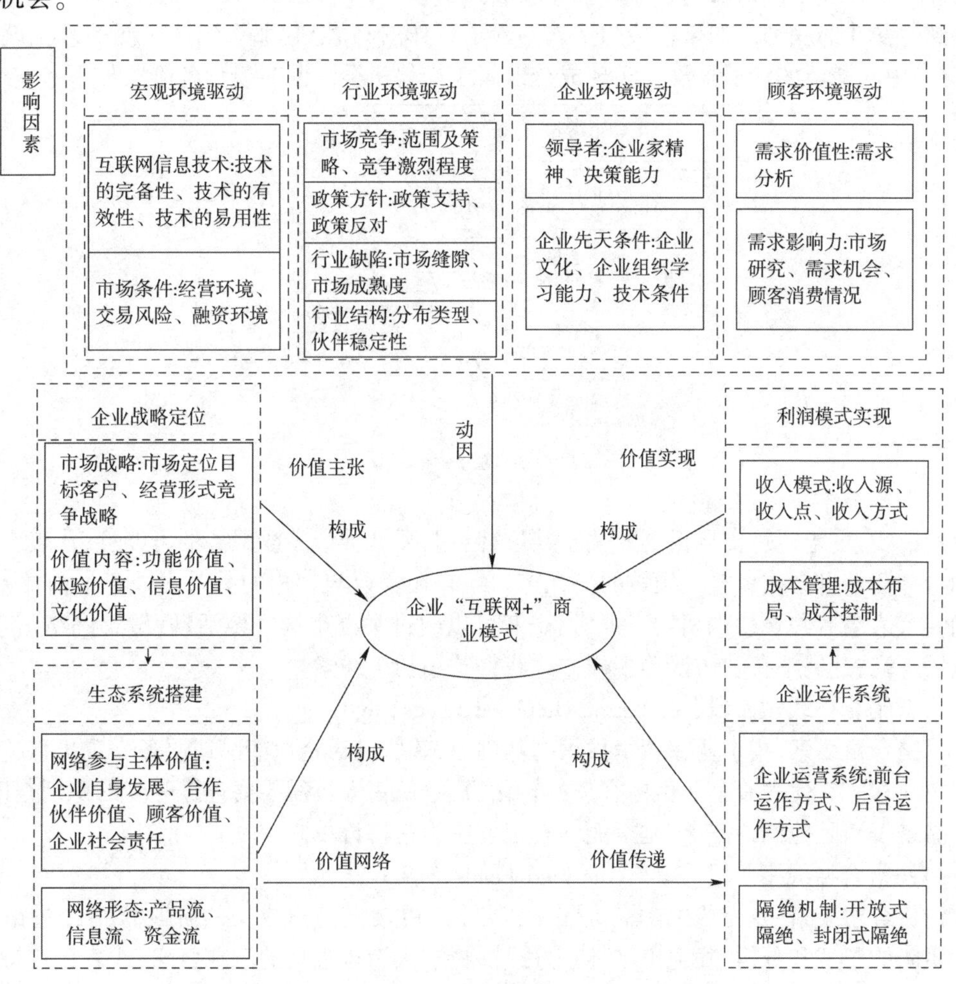

图 12-2　企业“互联网 +”商业模式的影响因素及实现

5)客户自传播(Referral)

自传播也称作口碑传播,指无须借助外力推进,良好的产品体验就可以激发客户的自发传播行为,具有指数级增长、获客成本低、客户获取质量高、易形成口碑效应等优势。它是在产品值得信赖,能够真正满足客户需求,帮助客户解决问题的前提下,通过便捷的个人分享等途径实现传播的。

自传播可以引入“K 因子”这个指标,衡量其推荐的效果。K = (每个客户向他的朋友发出的邀请数量) × (接收到邀请的人转化为新客户的转化率)。假设平均每个客户会向 40 个朋友发出邀请,而平均有 10% 的受邀者会成为企业的客户,即平均转化率为 10%,则 $K = 40 \times 10\% = 4$。显然,当 $K > 1$ 时,企业的客户群会不断增大;反之,当 $K < 1$ 时,企业的客户群在达到某个规模后就会停止自传播增长。

2. 漏斗营销模型

漏斗营销(Pipeline Marketing)模型按照销售机会,将潜在客户(Lead)转化为最终成交客户的周期分为了五个阶段：营销线索（Lead）→营销合格线索（MQL）→销售合格线索（SQL）→销售机会（Opportunity）→达成交易（Deal）。大多数情况下，处于前一阶段的客户数量会超过后一阶段，这样就形成了一个上宽下窄的漏斗状图形，如图12-3所示。这五个阶段好比一把沙子倒入漏斗并沿着漏斗缓缓向下移动，中间层层过滤，最后只有一部分沙子能够到达漏斗的底部。如果将最初倒入的沙子看作潜在客户，那么到达底部的沙子就是成交客户，中间滞留的沙子虽没有实现成交但属于销售机会。漏斗模型各阶段如下。

图12-3　漏斗营销模型

1）营销线索阶段（Lead）

营销线索，指通过交流得到的关于某位客户购买某种产品或服务的可能性，代表广泛存在的所有营销机会或者整个领域的潜在客户。它在企业与客户的关系中处于最前端（最初时期），代表着客户产生的机会。通常，企业可以通过举办市场宣传活动、搜集网络信息、接受电话咨询、开展消费者访谈等多样方式获得营销初级线索。

2）营销合格线索阶段（Marketing-Qualified Leads，MQL）

营销合格线索，指企业在营销投入的基础上，获取的对企业产品或服务表现出兴趣的潜在客户线索。它代表着企业目标客户的转化机会，销售人员需要通过进一步的识别查证，确认产品是否满足他们的需求，是否能够真正发展为销售订单。

3）销售合格线索阶段（Sales-Qualified Leads，SQL）

销售合格线索（这里将“销售”看作比“营销”更接近客户成交的阶段），指经过市场和销售团队的了解和分析，确定出已准备好或即将进入销售过程的潜在客户，代表正在持续跟踪的销售目标。这些销售目标客户已表现出购买意向，并且符合企业所确定的适合产品或服务的潜在客户标准。销售人员需要把握机会抓住这类客户，减少客户流失，不断提高交易成功的可能性。

4）销售机会阶段（Opportunity）

销售机会（商机），指已经与销售人员建立联系，确认有购买意向，或正在进行完整交易的客户。他们会要求提供报价、询问产品详细情况，并索要相应的价格折扣。

5）交易达成阶段（Deal）

交易达成，指已经完成本次订单，实现潜在客户向成交客户的转化。

按上述五个阶段划分的销售过程称为销售管道（Sales Pipeline），通过销售过程的可视化展现，可以显示潜在客户所处的阶段，并实施合适的销售活动，推动潜在客户顺利进入下一阶段。潜在客户通过销售管道各个阶段中的数量和转化率称为销售漏斗（Sales Funnel）。销售管道反映了企业与客户的接触深度，也代表着销售人员应该实施怎样的销售努力或工作行为，而销售漏斗则反映了各个阶段客户转化的效率。

根据以上理论模型,互联网营销者在实践中往往按照触客期、培育期、转化期和留存期四个阶段来开展客户全生命周期管理,如图 12-4 所示。互联网营销就是运用数字化技术手段管理客户生命周期的各个阶段,实现客户全生命周期价值的最大化,其基本运作逻辑是:企业通过线上线下的触点,最大限度地获得客户信息数据和行为数据,对客户进行 360°全方位画像,并依靠数据分析不断完善客户标签;针对客户的不同偏好进行个性化推送,完成与客户的触达和沟通,发现和挖掘潜在消费者,进而借助智能营销系统,实时跟踪客户轨迹,并依靠相应的转化技巧和服务能力,通过多元化、个性化的营销活动和消费体验打动消费者,促使潜在客户转化为实际购买客户;在完成购买转化后,汽车互联网营销者还应进一步向服务环节延伸,通过消费者用车、养车、服务等场景和其他社交互动来增强客户黏性,持续提升客户满意度和品牌忠诚度,一方面促进消费者通过社群裂变、口碑传播等方式进行扩散传播,增加企业的客户源,实现"社交增量";另一方面企业在未来的推荐、换购、增购行为中,可以进一步挖掘现有客户的更大价值,实现品效转化。通过客户全生命周期开展互联网营销,企业还可以清晰地掌握各个阶段客户的生命周期数据并自动沉淀在后台,形成客户资源库,同时不断迭代和优化的营销话术以及方法经验也可以获得积累和沉淀。

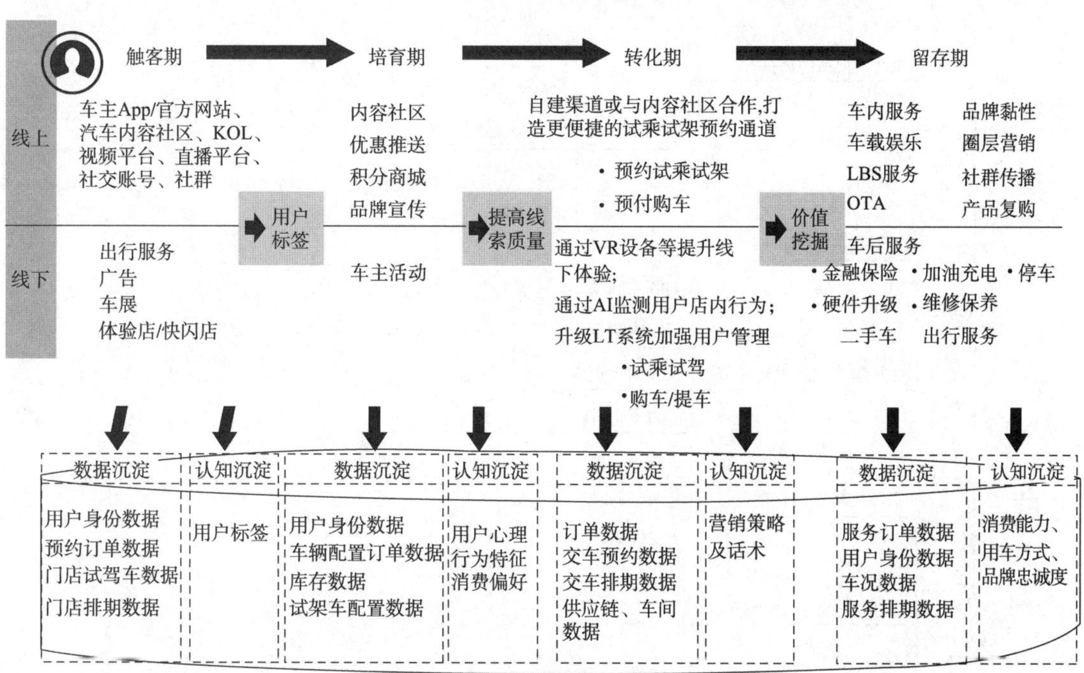

图 12-4 客户全生命周期应用模型

二、客户全生命周期管理流程和策略

基于客户全生命周期的互联网营销,本质上就是要做好客户的线索管理和转化,即销售人员需要持续获取和跟进线索,推动线索的继续延伸,直至转化为销售机会,并最终达成交易。在这个过程中,为了提高客户转化效率,企业应将资源放在更有可能成交的线索上。依据线索管理思路,客户全生命周期管理通常包括线索收集、归集清洗、转化培育、获取与转化能力评价等阶段,如图 12-5 所示。

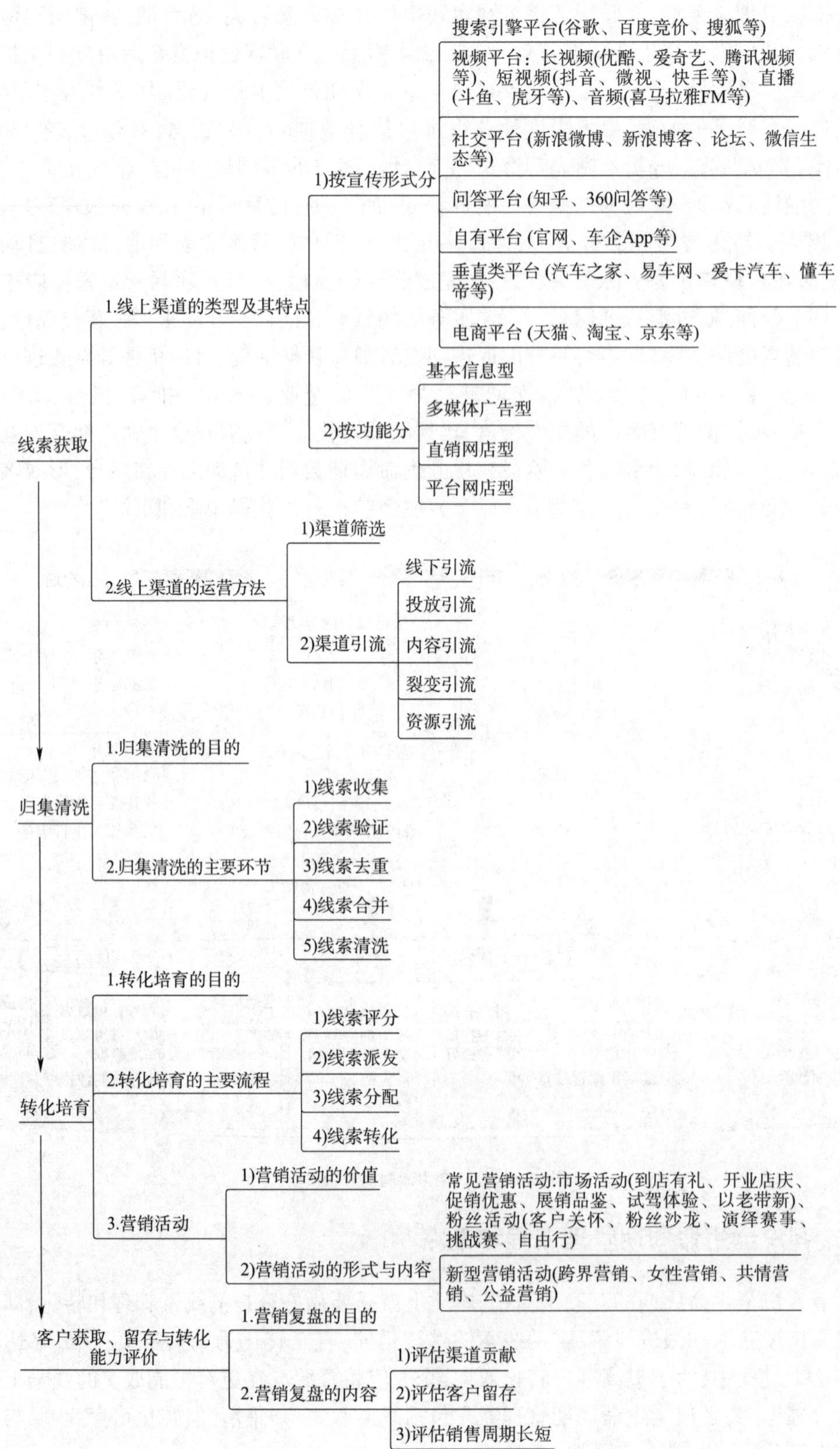

图 12-5　客户全生命周期管理流程

(一)线索获取

线索作为获客来源,在互联网营销中处于基础性地位,线索的数量与质量成为销售过程业绩的重要指标。在互联网时代,车企获得线索的渠道已不只局限于传统的线下网点,互联网拉近了企业与客户的距离,为销售人员获取客户线索提供了便利。

1. 线上渠道的类型及其特点

1)按宣传形式分类

按宣传形式线上渠道分为搜索引擎平台、视频平台、社交平台、问答平台、自有平台、垂直类平台和电商平台七大类,各类渠道的内容及其特点如下。

(1)搜索引擎平台,主要有谷歌、百度、搜狐等。其应用方法是,在搜索引擎平台内建立网站,录入品牌的相关产品与服务,再使用有效的搜索引擎优化(SEO)或竞价进行推广,利用搜索引擎的排序规则,采用关键词优化、页面结构、文章标题、内容长度、外链和竞价排名的方法,影响搜索权重,增加特定关键字的曝光率,以使网站在目标搜索引擎中获得更高的排名和流量。这是一种直接的"用金钱换流量"的网络广告推广方法,其最大的特点是见效快,但其营销思维固化比较严重。

(2)视频平台。视频平台又可以分为长视频平台、短视频平台、直播平台和音频平台。①长视频平台,主要有优酷、爱奇艺、腾讯视频、土豆等。车企通常采用贴片广告的形式进行广告的投放。贴片广告是指伴随热播电影或电视片一起播放的广告,它可以分为视频贴片和"创可贴",前者将5~60s不等的视频广告插入视频中,根据插入的位置又可分为前贴、中贴、后贴,后者则将大图、弹幕、动图等元素放在正在播放或暂停播放的视频中,多以动态图形式弹出呈现,占据区域较小。贴片广告主要特点是针对性强、目标精确,播放次数高、触达率高,但是相比其他形式的移动广告,贴片广告价格相对较贵,并且客户是被动接收广告,所以投放效果难以把控。②短视频平台,主要有抖音、微视、快手等。主要特点是形式和内容丰富、娱乐性较强,客户年轻化、活跃度高,流量大且流量裂变能力强,传播迅速,支持横/竖版视频展示和评论/点赞功能,同时支持从视频广告点击跳转至详情页,但对广告的质量要求较高,属于单调直接的广告推广,转化率较低。③直播平台,主要有斗鱼、虎牙等。主要特点是实时性、互动性强,不受地域限制,客户边看边买直接从关注实现转化。由于直播营销需要客户在特定时间进入直播页面,因此观看直播的客户往往已经具有一定的忠诚度,广告商能锁定忠诚客户并且看到客户的覆盖面和粉丝增长等数据,但是直播也存在容易冲动消费、假货频发、维权难、无法真实体验产品等缺陷。④音频平台,主要有喜马拉雅FM等。主要特点是相比文字和视频广宣,客户可以解放双手和眼睛,仅用耳朵接受信息,能满足全场景的碎片化需求。

(3)社交平台,主要有新浪微博、新浪博客、论坛、微信生态等,是属于客户黏性比较高的平台,具有广泛的客户覆盖与流量裂变传播能力,适合作为品牌私域流量的运营。以微信为例,其流量大且客户活跃度高,应用场景复杂,具有强大的社交势能,在朋友圈发布的广告能够根据客户标签精准触达,内容形式效果与原创朋友圈类似,可以直接留言互动,为客户提供良好体验,同时可以完成公众号关注等推广目的。

(4)问答平台,主要有知乎、360问答等,是指将具有信息需求的人与能提供帮助的人联系起来的一种服务平台。它以客户为中心,关注客户体验,易于搜索,能够精准定位相关回答,从而帮助客户解决问题。问答平台多为开放式平台,无须登录就可以提问,提问审核速度快,同时可以在正文中带链接,使得营销推广极为便利。商流转化率高,一般购买产品时,网友会提出相关疑问,一旦疑问获得解答,将会有效促成销售。

(5)自有平台,主要指企业官网、App 等。作为企业与客户沟通的桥梁,可以通过精美的页面和导航栏展示企业文化,能够为客户提供全天 24h 售前、售中、售后阶段的服务,同时自有平台与品牌线下服务高度融合,形成了客户社区私域流量,通过互动保持较强的客户黏性,能够有效提升销售转化率。

(6)垂直类平台,主要有汽车之家、易车网、爱卡汽车、懂车帝等。这类平台多为商业化的经营模式,并拥有专业化的制作团队,因此具有一定的公信力和权威。通过发布有针对性、应用性、知识性和专业性的内容吸引精准的客户群体,内容形式多元且板块清晰。此外,作为开放性的交流平台,网站能实时监测热点数据,通过策划专项活动,引导和强化客户的购买意愿,可有效提高销售转化效率,扩大产品的成交量,从而实现看车、选车、购车全链路覆盖。

(7)电商平台,主要有天猫、淘宝、京东等。主要特点是客户群体庞大、平台资源丰富、支付体系完善、价格公开透明,同时能及时响应节日大促活动,具备精准的客户洞察能力,但是目前整车厂在电商平台开启旗舰店目的不是做销售,更多是为了品牌的展示和宣传。

2)按功能分类

按功能可以将线上渠道分为基本信息型、多媒体广告型、直销网店型和平台网店型等渠道。

(1)基本信息型。这类营销网站主要面向企业客户、业界人士、消费者或普通浏览者。网站主要介绍企业及其产品的基本信息,也适当介绍企业的发展动态及行业发展动态,致力于树立企业形象。有些汽车零部件企业的官方网站就属于这种类型,其广告宣传内容的目录结构与产品的目录分类一致。

(2)多媒体广告型。这类网站主要面向企业消费群体,以宣传企业的核心形象或者主要产品/服务为主。无论从目的还是实际表现手法上,相对于普通网站而言,这类网站更像一个平面广告或者电视广告,因此用"多媒体广告"来指称这种类型的网站。几乎所有汽车企业的官方网站都属于这种类型,在网页的主要界面都会以轮番播图的形式展现其产品,很多都带有动画效果。

(3)直销网店型。网店能够让人在浏览信息的同时进行购买,且通过各种在线支付手段进行支付完成交易。随着互联网技术的发展和网购的普及,很多汽车企业的网站已从简单的基本信息和多媒体广告升级为具有网购能力的网站,一些厂家还开发了自己的直销网店。在汽车"新四化"转型的冲击下,车企的销售理念开始转向"以客户为中心",关注客户全生命周期价值。以特斯拉为首的新势力车企借助互联网和新兴科技的敏锐嗅觉,首先意识到直销模式(DTC)更有助于洞察客户诉求,提升客户体验和培养客户品牌忠诚度,这些企业开始实行"线上销售 + 线下体验"的直销模式,并对传统车企以经销商为主的销售模式构成挑战。

(4)平台网店型。还有一些企业没有自建商城,而是选择在第三方平台开设自己的官方旗舰店,从而实现汽车网购。例如,在上汽荣威官方网站中单击"商城",会直接跳转到其天猫官方旗舰店;在京东买车的主页上也可以直接进行各大汽车品牌新车、二手车、品牌进口车等的交易,消费者可自主选择全款购车或是定金购车,也可直达 51 车、蔚车、宜买车等平台;在天猫平台,已经形成了从整车购买、汽车后市场到线下新零售服务等的完整生态,能够满足消费者看车、购车、养车的全周期消费需求。

2. 线上渠道的运营方法

渠道运营,主要涉及渠道筛选和渠道引流,前者注重拓展新的推广渠道和机会,后者注重制定科学合理的运营策略,促进客户数量的增长。

1)渠道筛选

企业在投放线上渠道时,除了考虑投放的线上渠道的数量,更重要的是从各个渠道中筛选出能够匹配自己客户属性的平台,进而再进行深度开发。可以根据品牌、产品、服务和客户的定位对渠道进行分析,考察渠道的合作能力,包括:①渠道受众群体分析。判断渠道的客户群体是否为本企业的目标客户。②客户获取成本分析。获客成本的高低直接影响产品推广的成本。③渠道投放难度分析。可从渠道的广告投放要求和同行业竞争分析两方面展开。

2)渠道引流

在渠道运营的过程中需要最大限度地挖掘潜在客户,提高原始线索量,引流的目的就是让更多的人对企业的产品或服务感兴趣。常见的引流方式有五种。

(1)线下引流。常规方法是通过品牌线下门店或线下营销活动,以一元试驾、试驾抢好礼、购车享红包、线下分享会等形式,吸引客户主动关注企业在各个平台上的官方账号、下载车企 App 或者加群等,积极寻求与企业的接触。

(2)投放引流。企业通过投入一定的资金,在平台上投放广告,或是与同一社群的"红人"、专家建立联系,请他们在自己的朋友圈、公众号上进行推广,也可以让行业相关的自媒体账号做推广。这属于付费引流,所有的线上渠道基本上都适用该引流方法。

(3)内容引流。内容通常不会短期过期,优质的话题和内容能够不断被激活。长期坚持分享对客户有用的内容,用内容吸引客户,能够培养客户的浏览习惯。为此,需要做到:①注重关注印象,特别是社交、视频和车企 App 等平台,比如,客户在关注微信公众号时,企业可以设置关注自动回复,给关注者留下比较专业、有趣,能够积极互动的形象。②尽可能塑造一些比较有趣味性、话题性,能让客户参与的话题和投票活动,养成评论、互动的氛围。通过评论信息,吸引客户私信或者关注。③借助热点涨粉,企业通过监测机制对近期热点进行判断,快速制作和发布与品牌相关的文章吸引客户。④H5 加粉,比如回答品牌相关问题即可获得免费到店试驾机会等。⑤建立会员和积分体系,后台获取和记录客户相关数据,包括基本信息和与后台互动的次数,并将其转化为相应的积分,客户利用积分兑换礼品或赢得产品体验机会,从而有效地促进潜在客户的转化。

(4)裂变引流。裂变是目前市场上最有效的推广方法之一。裂变常见于微博、微信等社交平台,可激发传播,带来连锁反应。如免费送资料的裂变活动,营销人员可以首先制作一张裂变海报发到朋友圈,然后吸引目标客户添加微信并进群、引导关注公众号、发朋友圈邀请一定数量好友,完成任务最后获得免费资料(可以是电子版的报告、语音直播课程、甚至是纸质书籍等);或是在一些热门内容下面留下评论,通过评论信息,吸引客户私信或者关注。这样的内容,不仅局限在文章,还有短视频、甚至微信群里。只要用心写出专业的回答,就能够吸引别人的关注。这种裂变引流的方式启动工作量大,对裂变素材社群管理工具和运营团队有较高的要求。

(5)资源引流。资源引流通常是利用拥有大量客户的平台社交关系,借助平台的关系链,形成客户的快速增长。比如微信早期是利用 QQ 导流和手机通讯录导流,带来大量的客户;拼多多也是利用微信的社交关系链,通过发起和亲朋好友低价拼团的社交电商定位,飞速成长为国内第三大电商平台的。

(二)归集清洗

从各个渠道获取原始线索只是第一步,当企业获取了海量线索后,就会面临区分高低质量线索的难题。大量无效的线索容易导致线索的后续转化率低,因此在转化过程中,对线索的归集清洗就尤为重要。

1. 归集清洗的目的

对收集到的来自外部渠道的原始信息进行自动化去重,生成唯一线索,通过清洗提高线索质量。线索清洗不仅能减少销售人员的无效投入,降低营销成本,还能保证线索的转化率和成交率。

2. 归集清洗的主要环节

1)线索收集

线索收集是通过接口、导入、App 录入等方式,将来自各外部渠道的线索数据尽可能详细地进行整合,以 Word、Excel 或是内部 OA 系统(Office Automation,办公自动化)进行直观地展示,创建原始线索池的过程。

2)线索验证

线索验证一般通过短信验证的方式对手机号进行验证,以此来排查和确认线索的有效性和真实性,对不符合验证要求的线索不纳入线索池。

3)线索去重

线索去重是为了排除人为操作或客户重复留置资料产生的重复信息,可保证新增线索信息唯一且有效。常见的需要去重的场景如:①客户在渠道上多次重复提交数据;②线下活动时人为重复导入数据;③业务员为满足考核绩效要求有意导入重复数据。

4)线索合并

线索合并和线索去重是有所区别的,对于留置资料这种交互行为而言,不是同一天提交的数据都是具有价值的,因此线索合并主要包括两种情形:一是在线索去重的基础上,收集客户在不同时间点购买意愿的差异;二是及时整理和更新线索,停止长期跟进的无效线索和过时线索,避免出现跨业务部门资源重复,改善对新老客户销售资源的分配不均。

5)线索清洗

经过上述四道流程,基本能保证线索的唯一性,而线索清洗作为归集清洗的最后一步,是防止无效线索和低质量线索流入终端的最后屏障。线索清洗分为两种方式:①智能清洗。主要针对重复手机号、错误手机号、停机号、空号、传真号、竞品工作人员身份识别、定点活动与手机号所属地判断等方式进行筛选。②人工清洗。主要针对无人接听、长期关机、呼入限制、无手机号但有固定电话、无经销商但指定必须人工清洗的线索等进行筛选。

(三)转化培育

线索的转化培育是一个有目的的过程,需要销售顾问和现阶段尚未进行产品购买的客户构建良好关系。常常通过邀约到店、试驾体验、商城促销等营销活动进行线索的跟进,最终将高质量的线索转化为成交客户。

1. 转化培育的目的

对唯一线索进行客户全生命周期管理,在每一阶段为潜在客户提供相关信息和营销活动,从而促进线索的高效转化。

2. 转化培育的主要流程

1）线索评分

线索评分是使线索排序从严重依靠营销人员主观判断的过程，变成能够依靠科学方法进行分析确定的过程，主要对潜在客户信息进行统计分析并对其购买意向进行客观的排名定级，确保最优质的线索能够得到及时跟进，促成最终交易。比如，若某条线索有较高的分数，但缺乏购买动机，则列为重点培育对象；若某条线索购买动机足够高，则不需要培育，直接跟进即可。

线索评分规则通常根据企业业务平台的建设情况来定。以致趣百川（企业社会化客户关系管理营销自动化服务商）为例，其认为线索打分的目的在于帮助理解线索是否包含正确的人（显性打分）以及这些人是否表现出正确的兴趣度（隐性打分）。有效的线索评分是将潜在客户的基础数据和行为数据相结合来确定最优线索。一般常用的线索打分方法有以下两种。

（1）潜在客户身份的匹配度（fit）。基于潜在客户的基础数据开展显性打分，其过程是：①企业先确定 4～5 个显性数据类型，这些显性数据类型用来综合判断潜在客户是否具备转化的可能性，主要来源于在线表格、活动和交流，如行业、职务、收入、工作年限等；②根据重要性赋予显性数据权重，再确定每一显性数据类型的标准分值，如图 12-6 所示；③用 A、B、C、D 四个字母表示潜在客户身份与标准分值的匹配程度，代表线索转化可能性的程度，其中 A 代表最匹配，D 代表最不匹配，如图 12-7 所示；④将潜在客户线索最后的总分值与 A、B、C、D 对应，从而得到线索是否具有转化的可能性。

类　型	评分1	评分2
痛点/需求/解决方案兴趣度	35%	35分
职务	30%	30分
公司收入	25%	25分
线索来源	10%	10分
合计	100%	100分

图 12-6　身份评分示例

分　数	评　级
超过75%	A
51%~75%	B
25%~50%	C
低于25%	D

图 12-7　等级匹配示例

（2）潜在客户行为的参与度。基于潜在客户的行为数据开展隐性打分，其过程是：①企业先确定 4～5 个隐性数据类型，这些隐性数据类型用来综合判断潜在客户是否具备转化的可能性，主要包括在线行为，如电邮、点击量、表格提交、营销下载、参加在线研讨会等；②确定隐性数据类型的相对重要性，并根据行为分配分值，不同行为的赋值应有所差别，比如访问公司官网和下载白皮书的分值不同，用 1～4 四个数字表示线索符合参与度评分标准的程度，代表潜在客户的兴趣度，其中 1 代表最高参与度。

需要注意的是，一般以潜在客户行为的参与度这一角度出发的线索评分仅能判断潜在客户对品牌的兴趣度，对于实现最终的转化而言，这是远远不够的，还需要确定潜在客户的身份显示他是否具备转化的可能性，因此需要通过结合匹配度和参与度，创建一个表格来呈现对线索的整体评分。如图 12-8 所示匹配度范围为 A～D，参与度范围为 1～4，A1 最合格，D4 最不合格。评分完成后，就能够对后续的线索跟进措施有更深的认识，如图 12-9 所示。

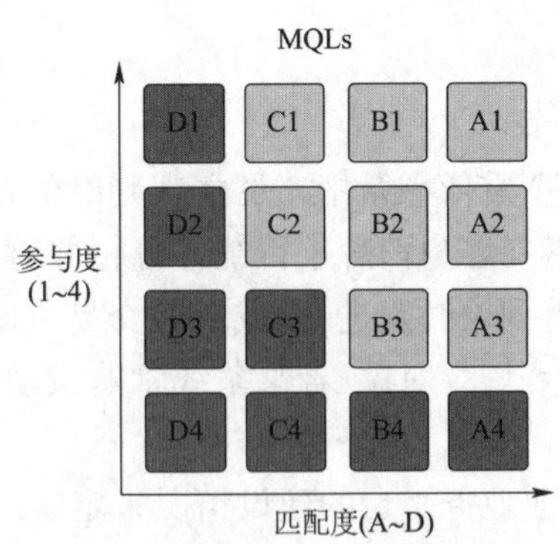

图 12-8 线索整体评分模型

分数	描　述	跟进措施
A4	没有兴趣的合适潜客	优先项，但可能需要特定的"为什么现在需要购买"的信息提示
B1	匹配度高,兴趣感强	转交销售等待及时跟进
C1	不是非常匹配的潜客但很感兴趣	他们会变成匹配潜客吗?继续孵化并关注近况
D4	不匹配,无兴趣	完成要求并排除

图 12-9 致趣百川的等级匹配示例

2)线索派发

线索经清洗、评分以后,就可以派发给经销商或营销网点。线索派发可以分为:①自动派发。自动派发的前提是有明确的经销商、派发时间在经销商工作时间内、属于唯一线索且达到了设定的线索评分阀值。②人工派发。主要处理经销商退还线索后对线索的转派。人工派发的核心原则是线索的唯一性,即保证线索转派前被转派的经销商无同一线索。

3)线索分配

线索分配是将有效线索(来自主机厂商派发或经销商自己获取)分配给具体销售人员跟进,或未跟进线索回收后再分配给其他销售人员进行跟进的过程。线索分配可以按照渠道来源、时间段、地区等灵活设置分配规则,自动分配线索。通常要设置线索回收时间,在回收前自动提醒销售顾问进行线索跟进,对达到回收时间且跟进无成效的线索要进行回收,并重新分配。

4)线索转化

线索转化就是要让潜在客户转化为成交客户,达成交易。当前就汽车互联网营销而言,仍然高度依赖线下 4s 店或客户体验店来完成潜在客户线索的转化。经销商或客户体验店可以通过利益合伙人、增值服务、客户活动等途径具体实现转化。

(1)利益合伙人。利益合伙人是指汽车厂商或经销商将部分业务与客户共享,引导客户体验车辆的研发、生产、销售和售后环节,了解该车辆的品牌历史和最新科技,提供车辆的个性化服务,更好地满足客户即将要实现的需要,提高客户黏性。

(2)增值服务。增值服务可以分为无偿增值服务和有偿增值服务。无偿增值服务是给客户承诺提供如免费检测、免费维修、免费系统升级、质保故障期内免费提供代步车、上门安装充电桩等免费服务;有偿增值服务是企业通过增量业务和交叉销售向客户提供如保险、金融、延保、精品附件、二手车置换等增值和配套的产品或服务，拓展客户需求，提高销售线索转化率。

(3)客户活动。车企可以通过爱车讲堂、车友会等联谊活动和情感交流活动增强客户黏性，促进潜在客户线索的转化。同时车企可以将客户尽快变为会员，结合车辆销售，提前将客户纳入会员体系享受服务优惠。特别是对于年长客户，应当加强促销产品的推荐和会员积分的宣传，增加抵用券的促销活动，从而最大化实现销售线索的转化率。

需要说明的是，线下网点的服务态度和服务能力是影响互联网营销客户线索转化最大的影响因素，处理不当就容易导致客户流失，如：①经销商对低质量线索态度冷淡。经销商遵循"营销漏斗"模型，对来自各渠道的潜在客户进行跟进转化。由于不同渠道的线索具有不同强度的购买倾向和不同的转化周期，经销商如果未经认真分析任凭主观感觉就认为某些潜在客户的线索质量低下，面对巨大的销售指标压力，往往会对这些"低质量线索"采取不积极邀约到店、不积极跟进转化的敷衍态度，导致转化率降低。②经销商缺乏营销经验且转化能力低下。由于前些年国内汽车市场高速发展，车企授权的经销商网络急速扩张，经销商服务能力也随之发生分化，部分线下经销商服务能力的短板也显现出来，例如线下网点销售人员流动大、更迭频繁，使得销售能力迟迟无法提升；或者销售人员存在营销经验不足、营销话术良莠不齐等问题，都会导致潜在客户线索转化率低下。

3. 营销活动

原始线索经过归集清洗后以唯一线索的形态进入有效线索池，此时原始线索被标记首触，互联网营销者就可以通过合理排期设置合适的营销活动，促使客户向下一步转化，直到完成成交。

1)营销活动的价值

营销活动可以以拉新、促活、留存、付费转化为目标。其中，留存分为避免现有客户流失和使流失客户回归，付费转化包括促进客户充值和促进客户消费。因此，在客户全生命周期中适时地实施多样化、个性化的营销活动，对客户和厂商均具有重要意义。

对客户而言，通过参与活动能够获得赠品、奖励等收益，或者获得免费的车辆检测活动、服务赠送活动等，感受增值服务。同时，客户还能在活动中认识志同道合的朋友，扩大社交圈，丰富自己的生活。

对厂商而言，成功的营销活动不仅能帮助自己有效地获客，还能促进不同阶段潜在客户的转化。同时，通过营销活动传递品牌的核心价值，能够提升客户的忠诚度，维持粉丝黏性，提高活跃客户数量。

2)营销活动的形式与内容

互联网营销活动多种多样，比较常见的有市场推广活动和粉丝活动两种，市场推广活动主要包括到店有礼、开业店庆、促销优惠、展销品鉴、试驾体验、以老带新等；粉丝活动有客户关怀、粉丝沙龙、赛事参与、自由行活动等。

近年来，互联网营销者为增强品牌力，提高销售转化率，也探索出了许多新型营销活动方式，有研究资料将其分为跨界营销、女性营销、共情营销和公益营销等类别。

(1)跨界营销。互联网营销者为了节约营销费用，或者为了最大化营销费用的效果，推出了跨界营销活动。厂商不断尝试联系新的合作对象去辐射此前很难触及的市场领域，在反差感与CP感（指匹配度、契合度高）、破圈（指突破当前的圈层，被更多的人接纳和认可）与入圈之间寻找连接点，使得消费者在其中获得良好的体验，从而促进消费，实现 $1+1>2$、品牌双赢、客户共享等目标。例如,一汽红旗与故宫、李宁的联合,推出了故宫纪念车型和李宁联名款服装,响应了国潮(国货消费潮)正当时的风潮,广受客户欢迎。跨界营销创新了传统的市场营销方式,在提升品牌知名度的同时,进一步促进了潜在客户的转化,是提升销售转化率的重要手段。

(2)女性营销。在现代流动更为自由的社会,女性价值比男性价值的变化更为显著和多元,女性价值成为品牌非常敏锐的一个市场切入口。因此,有营销者便抓住这一机遇,推出了女性营销方式。它从女性视角和立场进行产品的价值表达,是开辟增量市场,挖掘市场潜能的一个营销创新手段。汽车品牌常见的女性营销场景有邀请女性代言、赞助女性议题的影视/综艺节目、以女性沟通方式命名车型、拍摄女性主题广告片、举办女性专属车展、开发女性专属车型、打造女性专享服务平台、组建女性车友联盟、举行女性运动赛事等。

(3)共情营销。一般以品牌微电影广告的形式出现,主要分为两类:①借节日势能、社会热点和名导加持,切入当下大众情绪,唤起消费者与品牌的情感共鸣。例如,某汽车厂商携手某知名导演发布贺岁微电影,演绎春夏秋冬家人温情的惦念,内心永不放弃的信念,身边人守望相助的善意等。②以明星为主角,以采访、纪录片、演讲等形式,传达品牌理念,树立车主形象。例如,某厂商推出一个时代话题短片,去展现一个理想奋斗者的风范。

(4)公益营销。“公益如同一涓甘露,在恩施于他人的同时,也在惠泽于企业”,因此,通过公益营销展现企业的社会责任、创造社会价值、引发社会共鸣,便成了互联网营销者的一个目标。车企大多围绕关爱未来社会群体、保护生态环境、治理社会问题等主题开展公益营销。例如,蔚来“共创汽车循环时尚”项目将汽车寿命周期中的剩余材料(安全气囊、安全带、超级纤维和真皮的余料等)再利用,打造汽车循环时尚系列;几何汽车在植树节发起阿克苏苹果树计划,车主在几何汽车 App,通过“云植树”H5 页面,参加线上“云植树”活动,唤起消费者纯电出行对环境保护效果的遐想。

(四)客户获取、留存与转化能力评价

数据作为汽车行业数字化转型的关键要素,渗透在汽车企业互联网营销的各个环节。通过营销复盘对客户获取、留存与转化能力进行评价,是建立闭环管理很关键的一步。

1. 营销复盘的目的

营销复盘是最有效的积累营销经验的方式之一。通过复盘,可以多维度分析营销效果,让营销人员清晰地了解每条线索的成本,衡量渠道的优劣,同时清楚地掌握客户的行为数据,支撑营销策略的调整和优化,最终实现完整的营销管理闭环。

2. 营销复盘的内容

判定企业在客户获取、留存和转化等方面的工作能力,以及在下一次策划活动中进行工作改进,都需要借助复盘时的相关数据和结果进行分析与评价。营销复盘要着重关注以下方面。

1)评估渠道贡献

线索的获取能力很大程度上取决于渠道的贡献度,评估渠道贡献可以通过渠道提供的线索数量、首触率、合并率、有效率和转化率五个指标进行评价。

(1)线索数量。线索数量指评估周期内通过某个渠道获取的原始线索的数量。其中,原始线索指客户提出询价、咨询、试驾、参加活动意愿并通过渠道流入的第一手信息。

(2)首触率。首触率指评估周期内某渠道的首触线索量与全渠道原始线索总量的比

值。其中,某渠道的首触线索是指客户首次接入企业客户线索管理系统的线索,全渠道原始线索总量不考虑“去重”后的线索。

(3)合并率。合并率指评估周期内某渠道的合并线索量与全渠道原始线索总量的比值。其中,某渠道产生的合并线索是指客户非首次接入企业客户线索管理系统的线索,全渠道原始线索总量不考虑“去重”后的线索。

(4)有效率。有效率分原始线索有效率和全链路线索有效率。原始线索有效率是指评估周期内某渠道产生的有效线索量与本渠道产生的所有线索量的比值。其中,某渠道产生的有效线索是指首触线索和合并线索。全链路线索有效率是指评估周期内某渠道产生的有效线索与本渠道产生的所有原始线索总量的比值。其中,某渠道产生的有效线索是指经归集清洗后产生的唯一线索。

(5)转化率。转化率指评估周期内某渠道的转化线索量与本渠道原始线索总量的比值。其中,某渠道的转化线索是指产生购买行为的线索。线索的转化主要依赖渠道的活动和内容,因此车企可以将相同的活动投放到不同的渠道,对比各渠道获取的有效线索量和转化率来评估渠道的优劣。

2)评估客户留存率

(1)客户留存分析。

客户留存是指客户在留存期内对企业或其产品保持着有效接触的状态。其中,留存期由企业根据产品或服务的消费周期特点确定,如 1 天、1 周、1 月或其他时长等,企业通常可以设置多个留存期,用以研究不同留存期的客户变化情况;有效接触是指客户对企业的产品或服务重复购买和消费,或者带有明确购买意愿、高度关注企业或产品信息,存在关键行为的现象。对关键行为的认定,一是看客户是否存在重复购买,二是看客户是否有受强烈意愿驱使的行为,例如某汽车视频网站定义客户观看一次视频广告才被认为是关键行为,如果客户只是登录上网而没有观看视频,就不算留存行为。一般来讲,处于留存状态的客户在留存期内,其消费行为、消费意愿或兴趣状态是保持稳定的。

客户留存率是指留存期满后仍然处于留存状态的客户人数的比例。例如,某企业在某日邀请到 100 个对企业产品感兴趣的客户前往线下实体店体验产品,这批客户 1 天后有 40 人、1 周后有 20 人、15 天后有 12 人还继续保持兴趣(具有去实体店体验的关键行为),那么该企业的客户留存率就是 1 日留存率为 40%,1 周留存率为 20%,15 日留存率为 12%。

企业可以计算留存率并绘制产品的留存率曲线。如果留存率曲线后期趋于平稳,例如稳定在 30%,那么说明产品的长期留存率就是 30%,这类产品就具有比较好的价值,能够保持一定的客户留存率;如果留存率曲线一路下滑,一段时间后接近于 0,则说明产品对客户的价值不够,产品需要改进。

(2)客户流失分析。

与客户留存相对的概念就是客户流失,因此流失客户就是在企业设置的留存期满后,不再处于留存状态的客户,也就是企业损失、失去的客户。

对流失客户的管理,企业通常会在流失节点对流失客户进行召回。其中,对流失节点的设置,通常是在客户留存期基础上加上召回准备工作时间。研究数据表明,开发一个新客户的成本是维护一个老客户成本的 3 ~ 8 倍,而一个老客户对企业利润的贡献度是一个新客户的 10 倍以上,所以说流失客户召回是很有价值的管理活动。

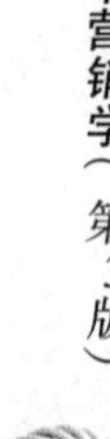

3）评估销售周期长短

线索的转化能力离不开销售管道的长度和销售漏斗的转化速度。销售管道越长，潜在客户就越容易改变主意或寻找其他产品解决方案。因此，为了保持销售管道的高效，互联网营销者应注重收集每个阶段的销售数据，分析潜在客户容易流失的阶段及流失原因，对该阶段的工作进行优化；营销管理者要根据潜在客户所处的阶段，及时提示销售人员跟进，对线索实施实时追踪，分析每一阶段的转化契机，推动潜在客户转入下一阶段，提高每层漏斗的转化率，从而缩短销售周期，使销售过程高效化。

第三节　汽车互联网营销实务

互联网营销总体上是实践性很强的活动，涉及的业务范围除前述客户全生命周期管理外，还包括网上推广、客户订单处理和客户价值管理等关键核心业务。

一、网上推广

1. 推广渠道

在推广前，需做好产品定位、品牌定位、竞争定位和目标客户定位，在完成这些市场定位工作之后，就可在网上选择合适的推广渠道来进行营业推广。可供选择的推广渠道可以分为付费推广渠道、自媒体推广渠道和口碑推广渠道三种类型。

1）付费推广渠道

可供选择的付费推广线上渠道见表12-2。汽车互联网营销者可以根据自己的产品特点和用户类型，选择合适的线上渠道加以利用。

付费推广线上渠道　　表12-2

渠道类型	渠道名称	具体渠道举例
线上广告	搜索渠道	关键词、百度品牌专区、百度知心等
	联盟广告	百度网盟、搜狗网盟、360网盟、谷歌网盟等
	导航广告	Hao123、360导航、搜狗导航、2345导航、UC导航等
	超级广告平台	广点通、新浪扶翼、今日头条、网易有道等
	T类展示平台	腾讯网、新浪、网易、凤凰网等
媒体广告	电视广告	央视、卫视（硬广、访谈、独家赞助、公益植入等）
	报纸广告（线上）	人民日报、南方周末、南方都市报等
	杂志广告（线上）	汽车、旅游、财经类等杂志
	电台广告	城市FM/音乐FM等
户外广告	分众广告	公众传媒、巴士在线等
	地铁广告	品牌列车、品牌冠名直达号、地铁滚动广告等
	公交广告	公交站牌广告等
	其他	火车站、飞机场、电影院、广场液晶屏等
社会化广告	微信	公众号、朋友圈、微信深度合作等
	微博	微博号、粉丝通、话题排行榜等
	社群（线上）	各类社群组织

续上表

渠道类型	渠道名称	具体渠道举例
App 广告	应用市场	360、百度、小米、华为、VIVO、OPPO、应用宝等
	联盟广告	积分墙、返利联盟、移动广告平台等
	预装广告	手机厂商、分销厂商、芯片厂商等
	超级 App	滴滴、uber、美团、WIFI 万能、美图秀秀、锁屏等
BD 联盟	各类联盟	校园联盟、商业联盟、异业联盟、媒体联盟等

2)自媒体推广渠道

可供选择的自媒体推广渠道见表 12-3。

自媒体推广渠道 表 12-3

渠道类型	渠道名称	具体渠道举例
官方渠道	站内	自身网站与 App 广告位、短信通道、站内信、弹窗等
	SEO	官网排名、百科、知道、贴吧、新闻源等
	官方媒体	服务号、订阅号、微博官号、官方博客、官方社区等
	新闻自媒体	虎嗅、36kr、百度百家、今日头条号等
	视频自媒体	bilibili、优酷、土豆、爱奇艺、美拍、新浪视频等
	其他	客服、销售、门店、代理商等
社群渠道	综合	QQ 空间、人人网、豆瓣、知乎、天涯等
	垂直	汽车之家、易车网、携程旅游、蚂蜂窝旅游、辣妈帮等
	社交	微信群、QQ 群、豆瓣小组

3)口碑推广渠道

可供选择的口碑推广渠道见表 12-4。

口碑推广渠道 表 12-4

渠道类型	渠道名称	具体渠道
名人渠道	明星代言	演艺明星和体育明星等
	名人	社会知名人士
	网络大咖	网络红人、草根博主、作家、律师、学者等
媒体渠道	独立记者	各人媒体的知名记者
粉丝渠道	官方	官方贴吧、社区、博客、公众号、官微
	社群	豆瓣小组、QQ 群、微信群、综合论坛、垂直论坛等
	个人	朋友圈、微信、微博

2. 图文设计

图文设计是指通过计算机技术,将图形(图形、图像)与文字(文字、字体)等设计元素相结合而形成的凝结设计。在互联网营销中,图文设计无处不在。

1)图文设计流程

一般来说,图文设计包括以下几步:①确定设计主题;②确定主题的氛围感觉(例如时尚、动感、简约等);③根据主题氛围,确定配色方案;④寻找素材,也就是图片和文字,图片也可用图形来代替；⑤确定版式，即确定图文如何编排，打造一个有视觉美感的作品。

2）图文设计基本形式

（1）文字为主、图片为辅。采用这种布置形式的典型渠道就是微信公众号，其广宣文章以文字为主体，图片则只是对文字的注解和说明。一些简化风格的海报也采用这种布置形式，此时文字不仅仅是传达信息的元素，更是一种艺术表现形式。图片作为辅助元素，衬托文字设计元素的主要内容，如图12-10所示。

（2）图片为主、文字为辅。即以图片为主的版式设计，文字作为一个辅助元素存在于版面中。图片的放置空间较大，文字设计较小，图片作为版面中吸引视觉的主打元素，其所在的位置及摆放的形式决定了视觉感，要能吸引读者阅读。这种形式常见于产品海报类广告，如图12-11所示。

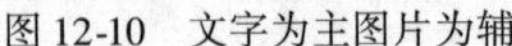
图12-10　文字为主图片为辅

图12-11　图片为主文字为辅

3）版式设计方法

受互联网的影响，人们的阅读习惯和审美方式已经发生了改变，倾向于接受更快、更直接、更形象的信息表达方式，更加看重视觉体验。在图文设计时，为了打造图文并茂、视觉美感更强、信息传递更明确的作品，既要考虑图文之间怎么结合才能兼具美感，又要考虑符合人们的视觉规律。有以下版式设计工具可供运用。

（1）三分法。三分法构图就是常说的拍照中的九宫格构图，是指把画面横分三份，每一分中心都可放置主体形态，这种构图适宜多形态平行焦点的主体。如图12-12所示，划分画面的四条线形成的四个交点位置，可以用于放置设计中想要突出或者主导画面的重要设计元素。三分法可以找到视觉兴趣点及平衡画面。

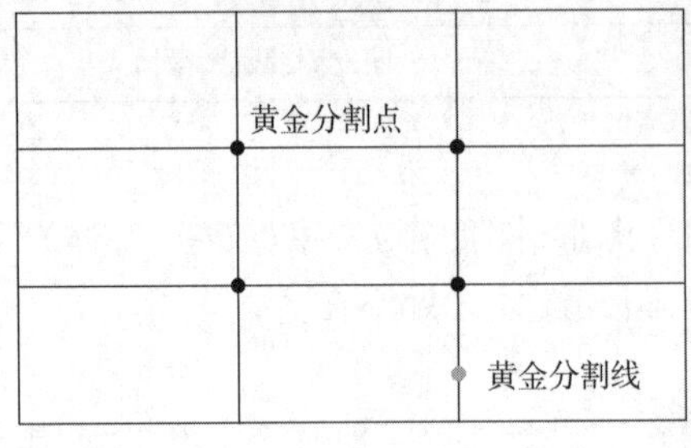

图12-12　三分法

(2)黄金比例法。平面设计的排版运用中,1∶1.618 的黄金分割原理是世界范围内公认的构图原则,由这个比例设计出来的空间赏心悦目,可以将其应用到图文位置和数量关系的处理上,其分割的页面关系容易引起人们视觉上的美感。无论是以图文为主还是以文字为主,图文间的大小比例、图片间的大小比例、图文和空白之间的大小比例、甚至标题和正文字体的大小关系等,都可采用黄金分割原理。例如正文字体字号为 12 号,则 12 ×1.618 = 19.416,标题大小选择 19 号或 20 号就是比较合适的字体。采用"黄金分割"原理,可以避免凌乱,营造画面的秩序感,如图 12-13 所示。

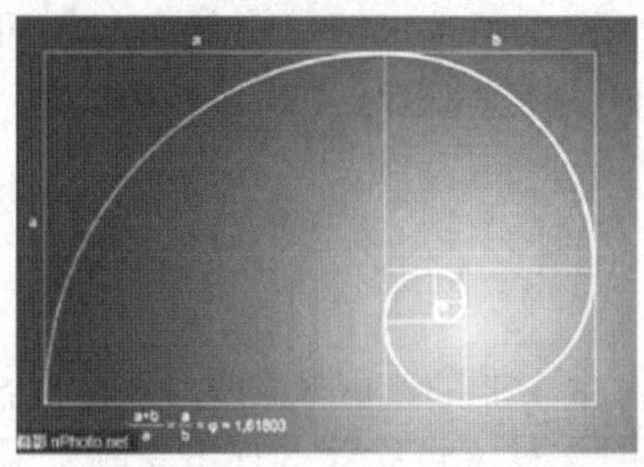

图 12-13　黄金比例

(3)网格工具。网格是平面设计的重要工具,它可以提高设计速度,帮助确立视觉层级关系,加强设计的秩序感。网格工具广泛应用于报纸、杂志、书籍、宣传册、传单和企业标识等各类设计项目,网络的结构由内容决定,不同的内容可选择不同的网格。如图 12-14 所示。

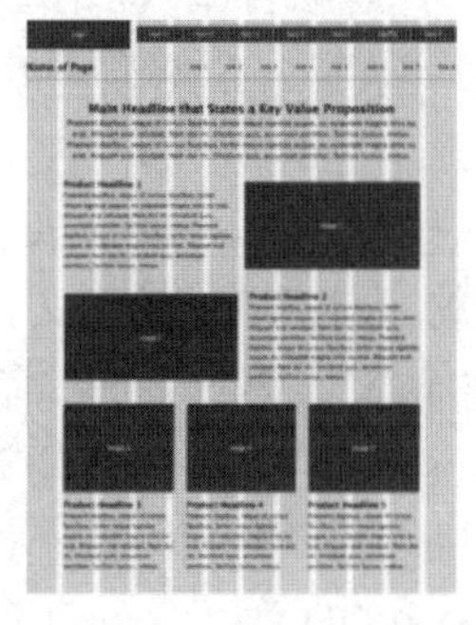

图 12-14　网格工具

4)图文运用

(1)文字运用。文字的编排、创意设计和大小形式影响着人们的整个视觉感受。要考虑受众群体、媒体媒介、字体风格和特征等因素,选择文字特征和文字内容相一致的字体;一个版式设计中字体的样式不宜过多,一般以不超过 4 种为宜,最好是一种字体用于标题或主题文字以吸引眼球,其他字体简洁、整齐、方便阅读;字体设计还要讲求平衡度,可采用变换字体大小、颜色、位置、方向的方法进行字体的加工变形和排列,通过改变字体大小、加粗、倾斜、加下划线、加底色等方法对主题文字进行强调,也可通过对局部文字添加线框、底色或符号等方法使其显得尤为突出和醒目,起到装饰和活跃版面的作用。

(2)图片运用。图片处理和图文设计都要借助软件。图片处理软件有 PS、美图秀秀、Snapseed 等;图文设计软件有 PS、AI 等电脑软件和黄油相机、Canva 等手机软件。在图片运用时要注意以下三点:

①要注意图片颜色。色相是颜色的基本属性,有类别和深浅之分,如蓝色、红色;饱和度是指色彩的鲜艳程度,也称色彩的纯度;明度就是色彩的明暗差别,如深红、大红以及粉红等。图片运用时要强调色调,或以色相为主,或以明度为主,或以饱和度为主,抓住某一重

图 12-15 “补形”方法运用

点，使其占主要地位。

②要注意图片的大小关系和距离关系。图片之间面积对比大则画面效果强烈，跳跃性强；面积对比小则画面效果平衡稳定。图片之间无间隙整齐排列，信息丰富；图片之间间隙越大，则视觉效果越平稳。

③要注意图片外观的影响效果。方形外观的图形较为严谨稳定，自由形外观的图片活泼有朝气，艺术性强，但处理不好效果容易凌乱。有时版面中图片较少，为了追求统一秩序的美感，可以用和图片外观一致的色块进行补形，增强版面的艺术性和趣味性，如图 12-15 所示。

3. 软文营销

1）软文的定义

软文（Advertorial）是相对于硬性广告而言，指由企业的市场策划人员或广告公司的文案人员来负责撰写的“文字广告”。与硬性广告相比，软文可以让客户不受制于强制广告的宣传，通过软文内容与广告的完美结合，达到广告宣传的效果。

2）软文的类型

软文有三种基本类型：①新闻型软文，指新闻通稿、新闻报道、媒体访谈等；②行业型软文，指权威论证、观点交流、人物访谈、实录等；③客户型软文，指综合型、促销型、争议型、经验型、知识型、故事型、恐吓型、悬念型、娱乐型、总结归纳型、爆料型、情感型等软文。

3）软文营销的实施步骤

软文营销是网络时代最重要的营销方式之一，软文营销可以按以下步骤实施：①市场背景分析，要面对客户特点，准确地策划软文话题，选择正确的媒体策略；②软文话题策划，要准确把握客户群的特点，根据营销的导向性来策划话题；③软文媒体选择，目前有一些专业服务商通过分析企业发稿需求，为企业量身定制新闻营销发布方案，提供新闻源套餐、外链套餐、新闻门户套餐、行业套餐等多样化发稿服务；④软文写作，需要一位有行业知识背景的文案人员按照软文策划案编撰软文文案；⑤软文发布，将编撰好的文稿发布到策划好的目标媒体上；⑥软文效果评估，可综合品牌销售、网站流量和咨询情况后进行评价。

4）软文的写作

软文写作首先要熟悉产品、收集资料、读懂材料，弄清阅读对象的层次，提炼宣传内容的主旨；其次，要能灵活运用文化历史、生活故事去分析和解决问题，增强软文的时代感和亲和力；最后，要用精简、生动的语句来浓缩产品精华，拉近产品和读者之间的心理距离，通过情感交流来增加读者的购买欲望。

软文写作有几个要点：①实在，软文内容必须实事求是，尊重现实，真实准确，所提供的信息对读者有一定的价值，能够影响一定数量的客户群体；②新颖，要让读者“眼前一亮”，引起读者强烈的好奇心，这要求软文要有很强的时效性，例如企业成立、品牌上市、限时优惠，甚至明星事件产生的“网红”“同款”等；③易懂，软文内容应通俗易懂、言简意赅、生动形象，可图文并茂，让观众一目了然，写作时要注意适当描述，不要过于张扬。

4. H5 制作

1）H5 的定义

H5 是指第 5 代 HTML（超文本标记语言），也指用 H5 语言制作的一切数字产品。大家上网所看到的网页，多数都是由 HTML 写成的。“超文本”是指页面内可以包含图片、链接，甚至音乐、程序等非文字元素。而“标记”指的是这些超文本必须由包含属性的开头与结尾标志来标记。浏览器通过解码 HTML，就可以把网页内容显示出来，它为互联网的兴起提供了支撑基础。

2）H5 的功能

H5 的功能多样，被称为移动端的 PPT。主要功能包括语义、离线和存储、设备访问、链接、多媒体、3D 以及动画、互动行为等，可以用于网页端与移动端的连接，让客户在互联网上也能轻松体验各种类似桌面的行为，微信小程序就是符合 HTML5 标准的页面。

3）H5 的类型

H5 按功能可以分为以下几种类型：

（1）展示型。静态展示级的 H5 页面主要用来展示各种信息，效果与 PPT 类似。制作好每一个静态画面，选定每一个元素的显示效果，添加页面与页面之间的切换效果，也可添加视频等，常用于优惠促销活动等场合。

（2）交互型。交互型的 H5 能够通过各种视频、动画元素来加强画面的交互性，具有传播速度快的特点。具体的交互方式有选择、输入文字、擦除屏幕、滑动屏幕、游戏、购物等，使顾客也参与到营销过程中，提升了活动的参与性和趣味性。

（3）游戏型。游戏类 H5 具有很强的互动性，通过休闲有趣的方式，让品牌与客户实现互动。

（4）技术型。技术型的 H5 主要运用各种炫酷的技术作为卖点，吸引人们的关注和使用。这种类型的 H5 除了需要美工参与设计外，还需掌握专业技术的人员来开发。

（5）模拟型。场景模拟型 H5 主要通过真实营造某种特定场景，如来电、朋友圈及微信信息等，让客户置身于这些场景中，给他们带来亲临现场的感觉。

4）H5 的设计

（1）内容设计。H5 的内容设计应遵循以下要求：①明确营销目的。H5 的营销目标一般包括品牌引流，打造流行品牌；品牌推广，全面传达品牌属性；品牌认同，加强顾客品牌认知；品牌维护，巩固品牌市场地位。②要满足客户需求。客户需求往往可分为硬性需求和情感需求两方面。硬性需求是指在营销过程中客户的实际需求，如客户要求降价或优惠等；情感需求就是要使客户产生情感共鸣，调动客户情绪，走进客户内心。③有正确的信息触点。H5 具有时效性，在设计 H5 时应尽量结合当下的社会热点尽快上线，把握正确的信息触点，善于利用话题，提高 H5 的点击率。④要有内容价值。H5 的内容要有用，客户可从中学到知识，感觉到内容的趣味。总之，要力争让客户在获取到 H5 信息后，能够主动进行分享。

（2）视觉设计。应尽量利用智能手机的多媒体性能，如声音、动画、视频、全景长页面、无级滑动、VR、AR 及大数据图解等展示形式，充分调动客户的兴趣。

5）H5 的制作工具

H5 制作的模块类工具有人人秀、易企秀、MAKA 等，没有编程基础的人在手机和个人电脑（PC）上都可完成，但只能修改文字和图片，很难实现动画及交互上的多样性；专业类工具有如意派、iH5、Mugeda 等，一般在 PC 上操作，适合有编程基础的人，做出的效果往往很惊艳。

5. 视频及音频制作

1）视频营销

视频营销是以视频网站为基础的网络平台，以内容为核心，以创意为导向，利用精细策划的视频内容实现产品营销与品牌传播的目的。它是视频和互联网相结合的产物,兼具二者的优点,既具有电视短片感染力强、内容形式多样、创意新颖的优点,又具有互联网营销的互动性强、可主动传播、传播速度快、成本低廉等优势。

成功的视频营销不仅要有高水准的视频制作,更要发掘营销内容的亮点。视频营销最重要的是创意、制作和传播三大要素,其中创意是视频营销的基石。

从视频类型看,目前互联网汽车视频的类型大致有:①广告营销类,被广泛用于新车、二手车、汽车用品、车展等广告领域;②实用技能类,介绍汽车知识、用车知识、消费陷阱等;③导购评测类,进行车型解说、性能评测等;④人文类,如介绍企业功臣人物、品牌历史、企业文化等;⑤职业类,如通过赛车手等特定职业人员代言;⑥访谈类,即车主采访等。

视频营销往往需要以高质量的视频脚本为基础,脚本是指拍摄视频使用的大纲底本。脚本为视频的拍摄、剪辑提供了精细的流程指导,主要由镜头运用、音乐运用、影调运用、故事信索、框架搭建、主题定位、人物设置和场景设置八个因素构成。对于广告类视频,要想提高转化率,可以按"找到痛点、解决痛点、提出产品卖点"这个思路设计脚本。

视频脚本主要有三种类型:

(1)提纲脚本。提纲脚本指为拍摄视频制定的拍摄内容要点,主要应用在纪实拍摄中。纪实拍摄是以记录生活现实为主的摄影方式,素材来源于生活,如实反映现实情况。例如,车主街头采访类视频采用的很多是纪实的拍摄手法。由于在拍摄之前对将要拍摄的现场和事件情况并没有太可靠的把握,因此需要根据将要拍摄的现场或可能发生的事件,把必须拍摄的要点写成拍摄过程,以保证视频的质量。拍摄提纲一般遵循主题确定、情境预估、信息整理和方案确定四个步骤。其中,确定主题指拍摄视频之前要明确视频的选题和创作方向;情境预估指罗列拍摄现场是什么样或拍摄事件将有什么事情发生;信息整理指提前准备和学习拍摄现场或事件相关的知识,使得拍摄时不至于毫无逻辑;确定方案指确定拍摄方案,方案主要包括时间线、拍摄场景、话术等内容。

(2)分镜头脚本。分镜头脚本主要由景别的选择、拍摄的方法与技巧、镜头的时长、镜头的画面内容、背景音乐等元素组成。其不仅包括完整的故事,还要把故事的情节点翻译成镜头。每一个镜头里面要包含许多拍摄和制作上的细节,例如画面、光线、镜头运动、声音和字幕等。分镜头脚本对拍摄者要求相对较高,一般短视频拍摄者难以驾驭。但是喜欢拍摄故事性强或者具有一定文艺素养的视频作者可以借鉴这种脚本。

(3)文学脚本。文学脚本是各种小说或者故事改编以后方便以镜头语言来完成的一种台本方式。其不像分镜头脚本那么细致,适用于不需要剧情的视频创作。例如,教学视频、测评视频,快递拆解视频等。文学脚本中只需要规定人、物需要做的任务、说的台词、选用的镜头和节目时长即可。

视频营销最关键的工作就是视频拍摄。为了拍摄出高质量的视频,通常要求:①要注意画面构图,常用的构图法包括九宫格构图法、引导线构图法、对象线构图法和水平线构图法等。②要注意景别的运用,景别是指由于摄像机与被摄体之间的距离不同,而造成被摄体在摄像机中所呈现的范围大小的区别,景别一般分为远景、全景、中景、近景及特写等。③要注意各类镜头语言的运用,如定场境头是视频一开始用于交代故事发生时间和地点的镜头;空镜头是指视频中不出现主角的镜头,常用来介绍故事的环境背景,推进故事情节,在汽车广告中较为常见;分镜头可以理解为视频的一小段镜头,分镜头可以通过不同视角、不同方面展现拍摄主题,汽车类视频也多采用分镜头的拍摄方式;流动的镜头能让观众感受到时间和节奏等的变化，镜头流动性可从两个方面获得，一是运动的被摄体，二是镜头的运动，电视上的汽车广告一般采用动静结合的拍摄方式，即“动态画面静着拍、静态画面动着拍”。

视频拍摄完毕，最后就是视频剪辑。手机上常用的视频剪辑软件有 VUE、剪映、剪影、一闪等，PC 端常用的视频剪辑软件有 Premiere、EDIUS、会声会影、爱剪辑等。剪辑视频时要认真理解脚本，准确把握核心和重点，素材和音乐使用要符合视频主题，并要注意版权问题，制作过程中还要注意随时保存源文件。

2）音频营销

音频营销始于音频录制。音频录制分为现场收音和后期配音。无论是前期录音还是后期配音，都可以用专业的录音设备，也可用手机录音，手机录制时可以加一个微型传声器。将画面和声音分开录制，最后合成的时候用计算机把原声去掉，加上单独录制的声音即可。

录制完毕后的音频处理一般可用 Au 软件剪辑，通常在 PC 端使用。在音频录制成功后，需要采用软件对音频进行降噪处理。

6. 虚拟展厅及网上直播

1）虚拟展示

虽然虚拟现实（VR）体验在某些细节不能完全取代实际体验，汽车虚拟展厅仍是汽车销售中一项受人关注的创新举措，各大汽车品牌纷纷在网上开设虚拟展厅。相对线下实体展厅，虚拟展厅可以大幅节约营销成本。因为线下展厅为了培育更多的潜在客户，往往会追求扩大场地、增加展示车型，这就导致成本增加，而虚拟展厅在扩大展示资源方面，几乎对成本不构成增加。

从呈现效果看，汽车虚拟展厅可以 360°观察汽车外观，无死角了解内部构造，甚至可以展示汽车各零部件的结构及其运动关系，能实时切换室内和室外等不同场景，刺激客户视觉体验。

2）网上直播

2020 年被称为中国汽车的直播元年。是年，突如其来的一场新冠肺炎疫情使得汽车直播站上风口，2021 年汽车直播继续获得爆发式增长，并形成常态化运营。品牌经销商、二手车商以及汽车达人均纷纷开展汽车直播，而且品牌经销商的直播开播量占据直播总数一半以上，直播已成为品牌推广和营销转化的主流阵地。

直播营销模式在品牌宣传、“集客”方面拥有明显的优势。在主播的热情讲解下，关于品牌和车辆的信息能够更快、更广地触达消费者，使得广宣效果倍增；同时，感兴趣的观众可以在直播间的链接中留下姓名、电话等个人资料，或直接付出定金下单，有助于商家获取销售线索，提升其“集客”能力。

汽车直播生态圈主要由直播平台、商家、客户或消费者组成。其中，直播平台包括淘宝、京东、拼多多等电商平台，也包括抖音、快手、Bilibili 等视频平台，还包括汽车之家、易车、懂车帝等汽车垂直类内容平台。商家中，除整车厂商纷纷开设新媒体账号进行营销外，品牌经销商（4s 店、特约店等）作为卖车先锋才是开播主力；二手车商由于同样处于直面消费者的销售一线，而且这个市场的交易信息更为庞杂，直播互动就能够更加彰显其效率优势，所以二手车商开播的比例也较高；汽车达人即 KOL 或 KOC，凭借其专业优势，则会通过评测讲车、探店体验、剧情演绎等方式，发布短视频或进行直播，“带货”的效果也非常好。

在整车厂商端，由于其拥有定价权，可以实施大力度的优惠促销活动，此时通过网上直播就可以直接促成客户下单，客户转化的效率极高。但更主要的是，整车厂商凭借其常态下的合理价格和良好的产品口碑或企业形象，通过直播可以做到吸引大量客户留置资料即“集客”的效果，在完成线索清洗后，再一步步引流至线下门店，直到完成交易。现阶段，厂商直播模式还需要围绕提升全链路效率，建立和完善直面消费者，且能够统筹人员营销、物流服务、产品改进、数据共享等业务的一套新的运作体系。

在特约经销商端，直播模式实现了“车找人”（经销商主动接触客户），打破了传统营销“人找车”（客户主动接近经销商）模式。其线上直播间是一个能直接触达消费者的渠道，而且不受时间地域限制。与厂商自播不同，经销商开直播是为了获取本地客流量，核心是降低获客成本，提高线索量。经销商直播的主播往往由销售顾问担当，他要么对着镜头介绍车型、配置、性能等基本信息，要么拿着手机拍摄内饰，以第一视角带观众看车和用“心”体验汽车，同时回答客户的各类问题。通过直播讲车的高密度信息交互，主播能帮助消费者“近距离”看车、选车，高效完成购车环节中最重要的决策过程。随着越来越多的经销商开始汽车直播的常态化、精细化运营，直播的效果也从线索收集拓展到了直接带动成交。

二、汽车互联网营销订单处理流程

订单（Purchase-Order）是指订购货物的合同、单据。对于汽车行业来说，根据下单客户所处地理位置的不同，可以分为国内订单与跨境订单；而根据下单客户需求的不同，又可以分为一般订单与个性化定制订单。因此，如何高效地对客户订单进行处理显得尤为重要。

1. 汽车互联网营销处理流程

随着数字化技术的高速发展，从客户下单到企业交付订单，订单的处理流程更加依托于以数字化技术为基础的订单履行系统。因此构建订单履行系统，对于缩短订单交付周期、提高订单交付效率具有极其重要的作用。如图12-16所示，这个系统涵盖了在数字化背景下，从客户下单到企业交付订单的全部流程。

2. 下单方式与订单支付方式

传统的下单方式一般指书面下单、电话下单等。而随着电子商务的兴起，极大地推动了线上下单这一新兴形式的发展，线上下单量猛增。也正因为如此，人们的支付偏好开始由传统的现金支付向着更为便捷的电子支付转变。对于汽车行业来说，客户下单前需要同意企业所提供的有关购车协议。

1）线上下单

线上下单又被称为在线下单。根据所选的下单渠道不同，可以分为汽车企业自有App下单、官方网站下单与第三方平台下单。

目前，大部分车企都构建了企业的官方网站并且开发了其自有App，二者虽然具有不同的功能，但其中一个非常重要的模块就是线上下单，是卖家直接向买家提供服务的平台。买方下单需要接受卖方的协议与规则。

对于采取直销模式的新兴车企，其官方网站更多地承担起了宣传、推广、展示的作用，弱化了“官方商城”这一模块的作用。线上下单的主要渠道为自有App下单。车企自有App功能与官方网站功能类似。但是，与官方网站相比，安装在手机上的App具有界面简洁、可操作性强、使用便捷等优点。以蔚来汽车App为例，线上下单流程为：线下体验店看车→通过App进行个性化定制→支付定金→下单完成。

对于采取传统4s店销售模式的车企来说，其官方网站是客户主要的线上下单渠道。以奔驰汽车官方网站官方商城功能为例,线上下单流程为:在线选车→支付意向金→去经销商签约→点击"确认已签约"→车辆开票。

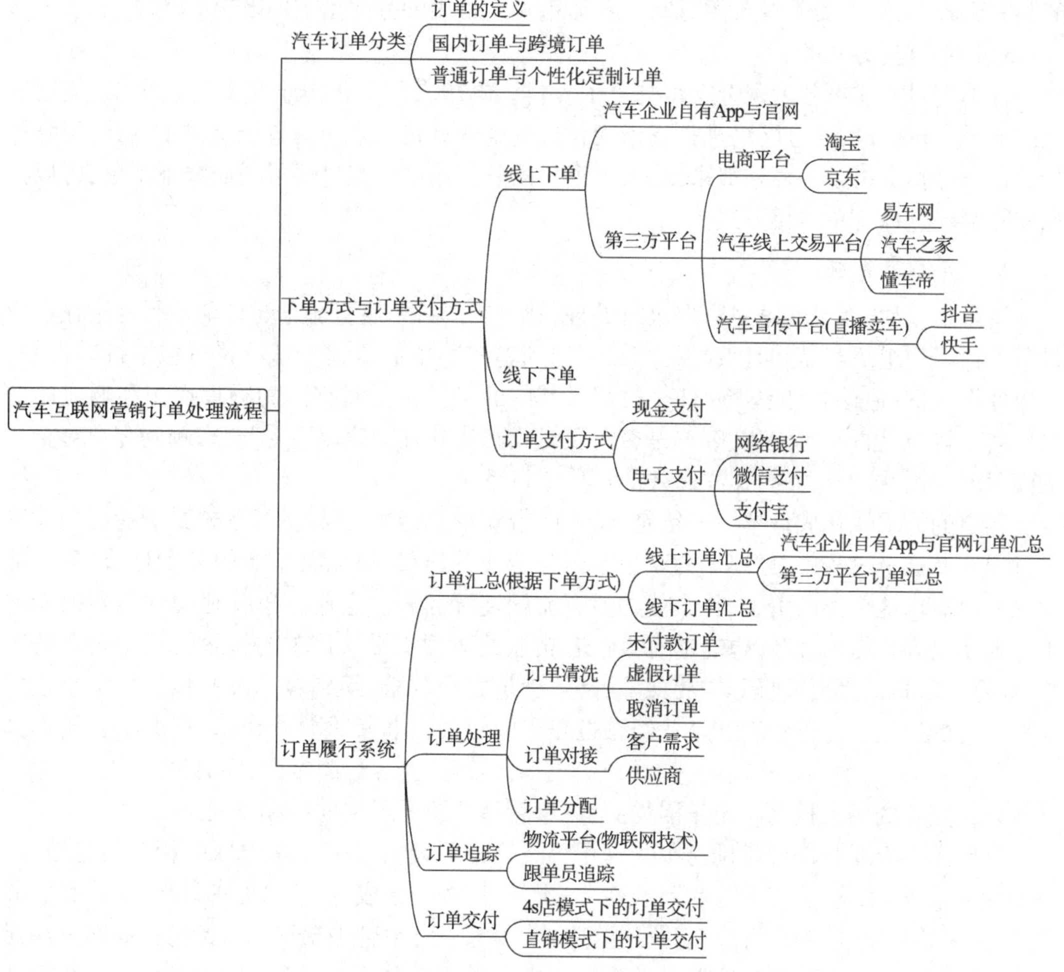

图 12-16　汽车互联网营销订单处理流程图

线上下单的另一个主要方式是通过第三方平台下单。第三方平台不同于车企官方网站与自有 App。第三方平台是为买卖双方提供工具与服务的。买方通过第三方平台下单需要遵守第三方平台的协议与规则。卖方通过第三方平台提供服务也需要遵守第三方平台的协议与规则。第三方平台根据功能侧重点的不同可以分为电商平台、汽车线上交易平台与汽车宣传平台等。

电商平台全称电子商务平台。对于汽车行业来说,电商平台侧重于搭建由汽车配件到整车的销售平台。此平台卖家众多且商品种类繁多,在此平台下单,尤其是汽车配件方面,可供选择的卖家较多。代表平台有淘宝、京东等。

汽车线上交易平台是指以整车(新车和二手车)销售业务为重心的平台。此平台卖家中包含企业卖家、经销商和私人卖家等。在此平台下单,商品价格浮动较大。代表平台有易车网、汽车之家和懂车帝等。

汽车宣传平台侧重于通过视频、软文、直播等形式宣传企业,吸引买家。在此平台下单,一般具有较大的优惠力度。代表平台有抖音、快手等。

2)线下下单

线下下单作为传统的下单方式,是指买方直接到实体店下单。线下下单受时间和空间的影响比较大,买方需要投入的时间与精力更多。常用的方式是书面下单。

3)订单支付方式

订单支付方式可分为现金支付与电子支付。电子支付是指电子交易的当事人,使用安全的电子支付手段,通过网络进行货币支付或资金的流转。常用的电子支付工具有:网络银行,微信支付,支付宝等。一般来说,线上下单需要使用电子支付手段。而线下下单,可以根据实际情况选择订单支付方式。

3. 订单履行系统

买家下单后,需要卖家对订单进行处理,即进入了订单履行流程。订单履行是指在客户订单下达以后组织产品并且按时将产品配送到客户手中的过程。订单履行包括订单汇总、订单处理、订单追踪和订单交付四个过程。其中的工作包括对物品的物理操作和响应的信息处理。订单是否及时发货、客户是否能及时收到货并且正确使用,都会影响到客户对企业的满意度。因此,企业需要建立高效的订单履行系统。

客户的需求转化成订单下发给企业,才能带动企业运转,这样的过程也是企业的经营管理过程。在这个过程中,订单作为联系客户与企业的纽带,可以将企业的各个环节、各个部门往客户需求这个方向引领,将企业的所有流程连接起来。企业订单管理的优化不但能够更好地满足客户需求,同时也能够有效提升企业的运营水平。订单的有效管理是企业持续发展、赢得客户的必要前提和重要保障,高效满足客户需求、得到客户进一步认可是企业提高竞争力的措施。订单管理在企业经营过程中能够产生非常重要的作用,有助于公司提高生产及运营效率,缩短订货周期,降低企业成本,继而提升客户满意度,同时带来健全的组织结构以及完善的用人机制。也正因如此,订单管理系统才得到催生和发展。

订单的有效履行需要借助订单管理系统。这个系统可以将企业内部的相关信息数据,例如订单录入、采购、生产、物料管理、财务、出货等,统一集成,也可以处理订单、生成物料需求、形成采购订单、物料库存管理以及生成出货单等。订单管理系统的目标是提高客户满意度,业务或销售人员可以随时查看系统以掌握订单生产状况,并且及时给客户反馈履行情况。借助订单管理系统,可以分析客户需求的规律,给企业迅速应对市场变化带来一定的帮助,可以对订单完成情况进行统计分析,有助于提高订单准时出货的达成率,也可以对客户付款状况进行追踪。

1)订单汇总

对于企业来说,需要将来自不同渠道的订单进行集中处理。这个将订单集中的过程就叫作订单汇总。因此根据下单形式的不同,分为线上订单汇总和线下订单汇总。线上订单汇总是对来自于企业官网或App的订单和来自于第三方平台的订单进行汇总。订单汇总对于企业明确分工、提高生产效率具有非常重要的作用。

订单汇总一般是通过订单管理软件填写预先制作好的订单汇总表进行的。对于线下订单来说,每个门店都有独立的订单汇总表。门店相关负责人需要根据客户下单内容填写汇总表,然后录入企业的订单管理系统。对于来自企业官网和App的订单,在客户在线下单的过程中,后台订单管理系统便已经开始记录客户下单内容,进行订单汇总。对于来自第三方平台的订单,可以使用第三方平台的订单汇总工具进行汇总,然后将第三方平台的订单汇总信息导入企业的订单管理系统。

2)订单处理

订单汇总之后,需要根据订单种类的不同对订单进行不同的处理,以便合理安排时间组织生产。订单处理过程包括订单清洗、订单对接与订单分配。

(1)订单清洗。订单清洗是指在订单中筛选出存在"问题"的订单,然后根据其"问题"的不同采取不同的处理方式。存在"问题"的订单一般包括未付款订单、虚假订单与被取消的订单等。

①未付款订单。目前,汽车企业普遍采用线上付定金,线下付尾款的支付方式。因此,对于未付定金的订单,企业则根据自己的规定,一般会将订单保留数日;数日之后,若客户仍未付定金,则订单将被自动取消。若客户已经支付定金,订单则进入履行流程。对于未付尾款的订单,若订单内容未开始进行生产,则可以取消订单,定金则根据协议决定是否退还;若订单内容已经生产完毕,则不进行订单交付,且定金一般不予以退还。

②虚假订单。虚假订单是指与现实情况严重不符的订单,同时也指被伪造的订单。一方面,企业应当诚实守信,杜绝"刷单"行为,不能伪造虚假订单、夸大销量进行宣传和诱导客户下单;另一方面,企业也要防止竞争对手的恶意刷单行为。对于超出买方购买能力的订单,企业需要进行仔细检查。对于采取线上下单的买方,必要时要对其进行电话确认,甚至上门拜访,避免企业被竞争对手恶意"刷单"造成信誉度损失或产品被积压。同时,企业还要做好订单系统的安全防护,避免不法分子入侵伪造订单,从而使企业蒙受损失。

③被取消的订单。客户下单后,根据所签协议的不同,赋予了客户不同程度的取消订单的权利。因此后台订单管理系统需要实时监测客户的选择,若客户在被赋予的权利范围之内取消订单,则需要及时清除这类订单,避免生产浪费;对于客户不合理的取消订单的要求,则需要根据协议与客户进行沟通,之后决定是否取消订单。

(2)订单对接。对订单清洗完成后,需要对保留下来的订单组织生产。这时,既需要联系客户,再次确认客户需求;又要与供应商做好对接,组织物料采购等工作,这就是订单对接。在订单对接过程中协调各方关系的工作人员,通常称为跟单员。因此,跟单员是指在订单履行过程中,以客户订单为依据,跟踪产品或服务运作流向的专职人员。跟单员可以分为业务跟单员、生产跟单员、外贸跟单员等。跟单员需要对客户所下订单的数量及质量进行相关的监督。同时,跟单员也是联系客户及生产现场的桥梁及纽带,需要及时地将客户的意见或投诉反馈到生产车间,确保产品在交付前,对生产进度进行跟进。

(3)订单分配。随着人们的需求日益多样化、个性化,传统的大批量按库存生产的运作方式已经不能适应现代企业的市场竞争,按订单生产(Build-To-Order,BTO)的模式就成为企业运作方式转变的新方向,即由"推"式生产向"拉"式生产转变。所以在订单对接完毕之后,企业在组织生产前需要根据订单内容以及工厂的生产能力,将订单分配给不同的工厂进行生产,这就是订单分配。

随着科技的发展,在BTO模式中,如何缩短订单交付(Order To Delivery,OTD)时间成为目前面临的共性问题。由于汽车零配件较多,供应商能否准时、低成本地供货成为有效实施BTO模式、缩短OTD时间的关键要素。为了满足整车厂商的生产要求并尽可能降低成本,零部件供应商开始与第三方物流企业合作,采用MilkRun(物流行业专用术语,即循环取货,是指一辆货车按照既定的路线和时间,依次到不同的供应商处收取货物,同时卸下上一次装运货物的空容器,并最终将所有货物送到整车生产企业仓库或生产线的一种公路运输方式)的方式,进行零部件的配送。

3)订单追踪

订单追踪是指对订单的生产进度进行追踪。对企业来说,对订单生产进度进行追踪,便于企业确定订单交付日期;同时,也能根据订单生产进度调整生产或运输过程及其生产效率。通过追踪,主动告知客户订单生产进度,有利于提高企业的信誉,同时也是进行客户关系管理的有效手段。一般企业的订单管理系统都会有专门的订单进度追踪表。通过物流平台以及跟单员所填报的进度信息,可以对订单的生产进度和所处的地理位置进行追踪。对于生产进度严重滞后的订单要及时进行进度处理,必要时对订单进行重新对接与分配。对于客户,可以通过物流平台查询物流单号,进而确定商品所在位置,也可以通过与企业的跟单员或者有关工作人员交流获取订单生产进度信息。

4)订单交付

订单交付(Order-To-Delivery)从客户角度上可以被定义为从客户决定购车开始一直到最终拿到爱车之间所经历的流程和步骤。对于采取传统4s店销售模式的企业来说,它包含了"客户—经销商—汽车生产企业—经销商—客户"的整条供应链。在交付过程中需要考虑是否有库存的情形,若存在库存,则供应链被缩短为"客户—经销商—客户",此时订单的交付时间被大大缩短。而对于采取直销模式的企业来说,由于不存在经销商,因此供应链为"客户—汽车生产企业—客户"。因为采取直销模式的企业都是按订单在组织生产,因此不存在库存问题,但订单的交付时间通常比较长。客户订单通常认为是零售订单。从经销商的角度来说,订单指的是经销商订单,经销商需要对客户订单进行汇总,包含了"经销商—汽车生产企业—经销商",所以通常认为是批售订单。

对于汽车生产企业来说,客户提车就是订单交付的最终流程。汽车生产出来后运送到4s店或者交付中心,之后联系客户告知提车日期。客户到店验车,确认与本人所下订单内容相同之后,办理好相关提车手续,客户支付尾款。至此,订单履行流程结束。

三、客户价值管理

客户价值是企业从与其具有稳定关系的客户(愿意为企业的产品和服务承担合适价格)那里获得的利润,也即顾客对企业的利润贡献。企业可以利用大数据分析技术对客户价值进行全生命周期的管理。

1.客户数据管理

1)大数据分析的概念和特点

大数据分析是指对规模巨大的数据进行分析。大数据的特征可以概括为5个V,即数据量大(Volume)、速度快(Velocity)、类型多(Variety)、价值高(Value)和真实度高(Veracity)。

大数据分析有六个维度:①可视化分析(Analytic Visualizations),可视化可以直观地展示数据,让数据自己说话;②数据挖掘算法(Data Mining Algorithms),深入数据内部,挖掘数据价值;③预测性分析能力(Predictive Analytic Capabilities),预测性分析可以让分析员根据可视化分析和数据挖掘的结果做出一些预测性的判断;④语义引擎(Semantic Engines),由于非结构化数据的多样性带来了数据分析的挑战,需要一系列的工具去解析、提取、分析数据;⑤数据质量和数据管理(Data Quality and Master Data Management),通过标准化的流程和工具对数据进行处理,可以保证一个预先定义好的高质量的分析结果;⑥数据存储(Data Deposit),数据仓库是为了便于多维分析和多角度展示数据而按特定模式进行存储所建立起来的关系型数据库,是商业智能系统的基础,承担对业务系统数据整合的任务,为联机数据分析和数据挖掘提供数据平台。

2)数据挖掘的步骤及常用算法

数据挖掘是指从大量的数据中通过算法搜索隐藏于其中有用信息的过程。数据挖掘通常与计算机科学有关,并通过统计、在线分析处理、情报检索、机器学习、专家系统(依靠过去的经验法则)和模式识别等诸多方法来实现挖掘目标。

数据挖掘过程主要包括以下几步。

(1)定义问题。在开始数据挖掘(知识发现)之前,首先就是要明确清晰地定义工作目标,即决定到底想干什么。

(2)建立数据库。通常采取以下措施建立数据库:①数据收集。根据数据的特征,以一种合适的数据存储和管理的数据仓库类型,将所收集到的信息存入数据仓库。②数据集成。把不同来源、格式的数据进行分类、集成。③数据规约。当数据量和数据的值比较大的时候,可以用规约技术将数据进行规约,规约的目的就是要让数据变小,但不能破坏原数据的完整性,不能影响数据挖掘的结果。④数据清理。使用清理工具对有缺失值(值不存在)、含噪声(错误,孤立点)和不一致的(如单位不同等)信息进行数据清理,以得到完整、正确、一致的数据。⑤数据变换。通过平滑聚集、数据概化、规范化等方式,将数据转换成适用于数据挖掘的数据集。

(3)分析数据。数据分析的目的就是要找到对输出影响最大的数据字段,决定是否需要定义导出字段。

(4)准备数据。这是建立模型之前的最后一个步骤,通常包括选择变量、选择记录、创建新变量和转换变量工作。

(5)建立模型。建立模型是一个反复试验的过程,需要仔细考察不同的模型以判断哪个模型对面对的商业问题最有用。建模过程通常是:先将一部分数据用于模型训练,建立模型;然后再用剩下的数据来测试和验证这个模型。有时需要将测试与验证过程分开,这时就需要第三个数据集——验证集,因为测试集可能受模型特性的影响,这时需要一个独立的数据集来验证模型的准确性。

(6)评价模型。模型建立好之后,必须评价通过模型得到的结果、解释模型的价值。从测试集中得到的准确率只对用于建立模型的数据有意义。在实际应用中,需要进一步了解错误的类型和由此带来的相关费用的多少。经验证明,有效的模型并不一定是正确的模型。造成这一点的直接原因就是模型建立中隐含的各种假定,因此,直接在现实世界中测试模型很重要。先在小范围内应用,取得测试数据,觉得满意之后再向大范围推广。

(7)实施。模型建立并经验证之后,可以提供给分析人员做参考,也可以把此模型应用到不同的数据集上。

数据挖掘算法主要分为三类:分类算法、聚类算法和关联规则。这三类算法被广泛应用于商业市场中,如关联规则就可以帮助超市发现一些具有相关联的商品购买行为,此时只需要适当调整商品的存放位置,就可显著改进顾客的购物体验,或者提升销售额。例如,将口香糖摆放在收银排队通道上就最有利于增加其销售,因为顾客通常不会刻意去超市购买口香糖,但在结算排队时看到口香糖后,便会“信手拈来”将其放入购物车。

3)常用数据分析方法

以下是几种常用的数据分析方法。

(1)漏斗分析法。漏斗模型是一种流程式数据分析方法,它能够反映客户的行为状态,以及从起点到终点各阶段的转化率情况。以电商网站为例,客户从首页进入直到最终完成支付,其行为可能就涵盖"商品浏览—查看商品详情—加入购物车—生成订单—支付—商品回购"等环节。这其中的每个环节都有一定的转化率(其相对的概念就是流失率),漏斗分析工具可以帮助商家梳理整个业务流程,提示商家监控客户在流程上各个层次的行为路径,寻找每个层级的可优化点,明确最重要的转化节点,提高客户在每个层级之间的转化率。

(2)对比分析法。对比分析法是将两个或两个以上相互联系的指标数据进行比较,分析其变化情况,了解事物的本质特征和发展规律。数据分析中,常用到的方法有:①时间对比,最常用的就是同比和环比,通过时间周期的数据对比,了解目前的数据水平;②空间对比,即在相同时间范围内与不同空间指标数据进行对比,例如不同部门、不同业务人员、不同地区的对比;③标准对比,即事先设定一个目标计划,标准对比就是将目前数据与设定的目标计划进行对比,以了解进度进程即目标完成情况,了解差距并及时调整策略。

(3)客户分析法。客户分析是互联网运营的核心,常用的分析方法包括客户活跃度分析、留存分析、客户分群、客户画像等。例如,通过对"日活""月活"等客户活跃数据的日常监控,可以了解新增的活跃客户数据,了解产品或网页是否得到了更多人的关注等。

(4)细分分析法。在数据分析概念被广泛重视的今天,精细化数据分析成为真正有效的方法,可以通过以下两种方式,将整体数据和细分数据都进行分析:一是多层钻取,通过多层钻取,直接在图表中点击查看细分数据,每层数据均可选择适合的图表类型进行展示;二是聚焦下钻,在整体分析中,想要查看特别关注的部分数据详情,可以使用聚焦及下钻的功能,进行自由分析。

(5)指标分析法。指标分析法指运用统计学中的一些基础指标来做数据分析,如平均数、中位数、最大值、最小值、方差等。这种方法在实际工作中应用最为广泛,与其他方法配合使用,往往能找出问题的关键点。

2.客户识别管理

借助网上强大的数据资源,通过传媒、银联、平台网站等数据,可以得到客户的上网习惯和客户特征,获得客户在商业、金融和社交圈等层面的价值标签,包括:①人口属性。性别、年龄、学历、职业、子女、子女年龄等。②经济水平。收入、车产情况、居住地房价等。③车辆属性。品牌、型号、价位、车龄、车况等。④地理属性。常驻地、工作地、居住地、位置变更、位置状态、移动轨迹等。⑤兴趣爱好。社交、美图、亲子、视频、资讯、阅读、电商。⑥更多垂直。游戏娱乐、教育培训、运动健身等。⑦旅游出行。出行时段、交通方式、酒店偏好、消费水平、景点类型等。⑧餐饮美食。菜系偏好、口味偏好、外卖频次、堂食时段、连锁品牌等。⑨金融理财。产品关注度、线上理财活跃度、异常客户判定等。

获得了客户的上述特征数据后,就可以进行客户画像。客户画像简单地说就是刻画客户的一组标签的集合,包括客户的基本属性标签、兴趣偏好标签、活动区域标签、网络接触渠道标签等。这些标签集合可以抽象出一个客户的大致轮廓,这对于后续的精准营销和客户分析,是非常具有帮助意义的。

在获得了客户画像后,就可将该客户的画像与本企业产品的客户画像进行对比,判断客户成为本企业目标客户的可能性。同时,也能够在潜在客户中发现具有相似行为的客户,有利于扩大企业的客户群基数。基于精准的客户画像,企业就可以做出很高效的客户转化方案。

3. 客户声音管理

1)客户声音的概念和作用

留住客户的秘诀不是价格或产品,而是客户体验。客户体验又高度取决于客户期望,而收集客户反馈可以帮助企业理解客户的期望,帮助公司制定满足客户期望的策略。客户之声(Voice of the Customer,VOC)是客户体验时代企业不可或缺的营销管理工具。根据国际知名研究机构 Forrester 的定义,VOC 是指收集、分析客户反馈数据,挖掘数据价值并用于指导商业决策的一整套方案。

客户声音管理实践已经证明重视客户反馈与企业实现业务增长之间具有高的相关性。客户声音管理通常具有两个作用:①帮助企业发现客户对企业的业务、产品或服务的看法,促使企业改善业务、产品或客户服务;②帮助企业提高客户忠诚度、满意度,并使企业获得有形结果,如销售额增加、客户推荐概率增长和客户保留比例提升等。

2)客户声音管理的阶段

客户声音管理是个系统工程,包括三个阶段:①客户声音收集阶段,这一阶段主要使用问卷调查、业务沟通等方法从客户那里收集信息;②客户声音分析阶段,这一阶段旨在发现客户共性和客户期望的企业响应;③执行阶段,这一阶段要根据客户声音分析的结果改进企业的业务和服务。

3)客户声音采集的方法

互联网特别是移动互联网的发展给客户声音的采集带来了更多选择。以下是几个常见的声音采集方法:①问卷调查。调查问卷提供了具有伸缩性的方式来收集结构化的客户反馈。②社交平台倾听。社交媒体是收集在线 VOC 数据的重要资源。客户的帖子描述了积极的互动,或分享、或抱怨,为企业提供了一个很好的洞察窗口,企业可以借此了解客户的期望,以及发现如何做可以得到客户的赞赏。③客户沟通。直接和客户交流可以帮助企业发现他们的特殊要求,使企业可以听到更深入的评论。④圆桌会议。召集一小群人讨论一个特定的问题。⑤净推荐值(NPS)调查。NPS 调查注重客户对企业的产品或服务的总体体验,而不仅仅是最近一次的感受。

4)客户声音数据的使用

企业在使用客户声音数据的时候,首先需要分析 VOC 数据质量,然后对其进行分类,弄清常见的客户问题、痛点和改进建议。一般来说,以下三个关键领域必须重视 VOC 数据的使用:

(1)产品开发。在 VOC 数据收集过程中,如果企业注意了解客户对企业产品的使用意见,请客户识别本企业产品区别于竞争对手的特点,让客户提出互补产品或服务的建议,那么这些注重倾听客户意见的做法,就可以帮助企业发现产品开发或改进的广泛机会,否则企业就可能错过改进产品的黄金时机。

(2)营销复用。VOC 分析可以帮助企业发现客户描述企业产品的话语,并在营销活动中复用客户的话语,提高对客户的亲和力,从而达到跟目标客户拉近距离的效果。企业在进行这项分析时,应注意收集客户在表述其产品使用原因、产品带给他们的利益或价值时所使用的原始话语话术。

(3)客户体验。拥有积极品牌体验的客户越多,企业的成长速度就越快。如果企业不开展客户体验管理,那么客户很容易在网上讲述其对本企业和产品糟糕的消费经历,发布负面体验信息,宣泄不满情绪,并形成网络放大效应。利用 VOC 数据,企业就可以及时发现客户体验隐患,加强客户沟通,减少在线和离线的客户投诉,避免产生危机事件。

4. 客户价值挖掘

客户都具有全生命周期价值(Customer Lifecycle Value,CLV),CLV 是指客户在其生命周期内可能为企业带来的收益总和。它由客户、生命周期和价值三要素构成。对车企而言,客户既包括本品牌的所有车主、用车人群,也包括本品牌的关注者与粉丝;全生命周期是指客户在某一品牌的留存时长。有调查显示,我国车主购车 4 ~6 年后换车的概率最大,且在二次购车时仍选购原品牌的比例不到 20%。

在客户的留存期,企业要做好客户的价值挖掘,尽可能获得最大的客户价值,包括客户的现实价值和潜在价值。汽车行业的客户价值覆盖整个汽车消费历程,见表 12-5。

汽车客户全生命周期的环节及价值点　　表 12-5

客户旅程	环节描述	环节相应价值点
品牌传播	通过市场活动、大众口碑、车主推荐、公众及粉丝传播等多种渠道进行品牌传播,对客户前期关注可节约获客成本	社交活动、品牌文化、口碑传播、介绍推荐、公众舆情、粉丝经济
产品体验	定制化试乘试驾等产品体验服务、收集客户线索和潜客信息	品牌体验、试乘试驾、业务现场比赛、销售潜客增长
新车销售	新车销售环节涉及的相关业务	车辆购买、精品附件、代办服务、个性化配置、定制化交付
售后维修	售后维修环节涉及的相关业务	常规维护、车辆维修、事故处置、车辆保修、快修服务、车况检测、加装改装、配件销售、专属服务
二手车	二手车交易环节涉及的相关业务	残值评估、车辆置换、二手车购买、精品附件、代办服务、定制化交付、车辆处置
汽车金融	与汽车相关的金融服务	车辆贷款、车辆保险、车辆续保、延长保修、融资租赁、衍生业务
数字化消费	汽车行业基于数字化技术手段实现新型消费服务	车辆状况、道路状况、行驶辅助、出行信息、社交娱乐、数据服务
移动出行	移动出行相关的服务内容	共享出行、自动驾驶、充电服务、道路救援、停车服务
车生活	品牌周边产品及车企易触及的生活服务	品牌消费、客户活动、车友俱乐部、驾驶培训、车主服务、生活服务、渠道服务

由此可见,汽车行业的客户价值涉及客户全生命周期各个环节,价值点较多,营销者应密切关注客户的各项数据,在不同的客户阶段和用车环节,有针对性地向客户推送相关增值服务。通过不断向客户推送针对性强的信息,与客户保持高频次、高质量的互动,实现客户全生命周期价值的最大化。

本 章 小 结

互联网营销是借助互联网平台和数字交互媒体实现营销的一种新型模式,也是当今汽车营销创新的重要方向,具有不受时空限制、内容展现丰富、沟通交互高效、目标锁定精准、运营成本经济等特点,可以完成市场调研、信息发布、交易达成、支付结算、订单处理、物流配送、客户管理和售后服务等几乎所有的营销职能。目前,互联网营销正在向场景化营销、关注私域流量、运营模式创新和依靠数据驱动营销等方向发展。

互联网营销是以客户为中心的营销活动,它以客户全生命周期为基础,针对不同阶段客户特征的差异实施相应的营销策略。所谓的客户全生命周期,是指企业从获得客户信息,直到客户流失所历经的时间周期。AARRR 模型将这个周期分为获取、激活、留存、收益和传播等阶段;而漏斗营销模型根据客户状态也将其分为营销线索、营销合格线索、销售合格线索、销售机会、交易等阶段。可见,客户全生命周期涵盖了触客、培育、转化和留存等基本过程。通常,互联网营销者可以依照线索收集、归集清洗、转化培育和能力评价这个流程,在各个阶段实施正确的营销策略去实现客户的转化,从而达到高质量管理客户全生命周期的目的。

互联网营销是实践性很强的活动,除客户转化外,营销者还必须做好网上推广、订单管理和客户价值管理等核心业务。网上推广是互联网营销的基础,工作内容包括推广渠道选择、广宣图文设计、软文营销运用、H5 和视频音频制作、虚拟展厅及网上直播营运等;订单管理涉及从客户下单到订单交付的全过程,工作内容包括客户下单、订单汇总、订单处理、订单追踪和订单交付等;客户价值管理的目标就是要让企业能够从客户那里获取合理的最大利益,具体工作涉及客户的大数据分析、客户身份识别和画像匹配、倾听客户声音和客户价值挖掘等。

复习思考题

1. 什么是互联网营销?它具有怎样的特点?
2. 什么是客户全生命周期?它通常包括哪些阶段?
3. 简述 AARRR 模型和漏斗营销模型的内容。
4. 常见的客户引流方式有哪些?比较各种方式的引流特点。
5. 如何进行客户线索的归集清洗和客户的转化培育?
6. 互联网营销者应该怎样进行网上推广?
7. 订单管理包括哪些工作内容?
8. 简述客户识别管理和客户声音管理的内容与意义。

第十三章　我国汽车产业(市场)发展

汽车营销者要善于从宏观上把握汽车产业及其细分市场的发展现状与发展趋势,把握汽车市场未来中长期的发展规律与特点,以便正确制定自己的营销战略和发展规划,提前谋划自己的营销策略。

第一节　我国汽车产业(市场)发展现状与趋势

一、整车产业(市场)发展现状与趋势

1. 整车市场或已趋于饱和,产业增长方式发生转换

进入21世纪后,尤其是加入世界贸易组织后,我国汽车产业持续保持快速增长态势(部分年份出现市场“井喷”行情)。继2009年我国整车总产销量超过美国成为世界新车产销规模最大的国家以来,一直稳居汽车第一产销大国地位。2017年新车整车产销分别实现2901万辆和2888万辆,达到历史高峰;之后三年产销数量连续下降,至2021年产销量企稳回升,如图13-1所示。

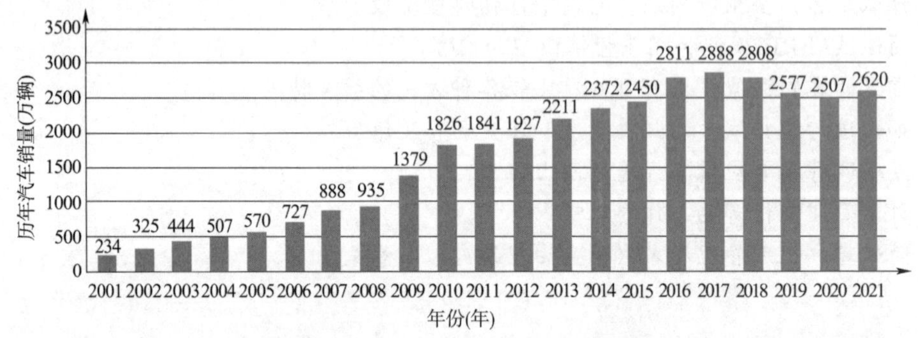

图13-1　2000—2019年我国汽车产量(万辆)

根据产业增长遵从“S-曲线”规律看(图13-2),汽车产业在经历几十年的快速增长后,城市家庭基本实现了汽车消费的普及,汽车市场较大可能已经进入“S-曲线”普及后期的“平稳-波动”阶段,市场增长形态将在一个“厢型”区间内波动。当整体经济形势较好时,市场需求趋近区间上限;反之,当整体经济形势较差时,市场需求趋近区间下限。

在市场“饱和”形态下,汽车产业的增长方式必将发生转换,即由过去注重规模扩张转向依靠内涵发展。在要素的运用上,将从过去注重土地、设备、资金、劳动力等要素的投入,转向注重汽车科技、品牌、管理和人才等要素的打造;汽车企业的市场竞争程度相较于以往将更加激烈,在一个总量基本稳定的市场(即存量市场)上,富有竞争力的企业市场份额的增长,必然意味着缺乏竞争力的企业市场份额的下降。汽车企业的竞争手段将从资源型要

素运用转为创新驱动，汽车产业整体将实现提质增效。

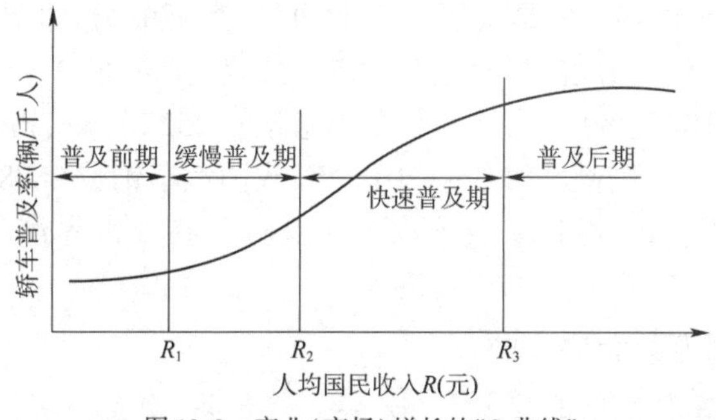

图 13-2 产业（市场）增长的“S-曲线”

2. 相对较低的人均保有量将在一定时期内为汽车市场提供稳定力量

2021 年末，我国的千人汽车保有量（指平均每千人拥有的可以上路行驶的汽车数量）大约只有 210 辆/千人，略高于世界平均水平。而发达国家的千人汽车保有量，美国达到 837 余辆/千人，日、欧等国家和地区则在 600 辆/千人左右，韩国等新型工业化国家则在 370 余辆/千人，如图 13-3 所示。

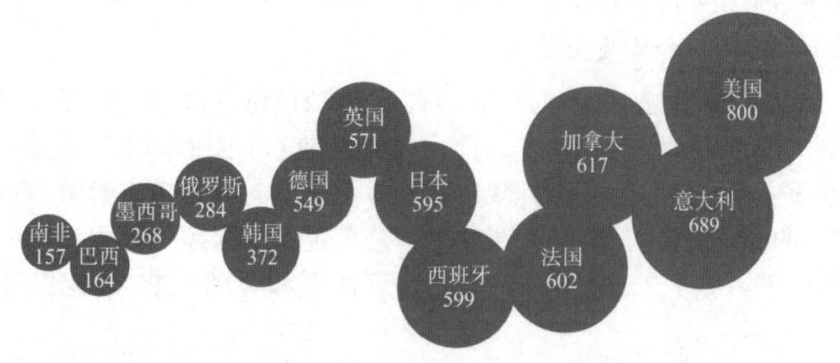

图 13-3 部分国家和地区的汽车保有量水平（单位：辆/千人）

较低的人均汽车保有量，一方面意味着我国汽车市场还将面临较大的增长空间；但另一方面，我国土地资源、自然资源、地理气候、人口数量及其空间分布等特定国情，决定了我国的人均汽车保有量不可能达到美国的水准，甚至也达不到欧、日等国家和地区的水平。参照韩国等新型工业化国家的人均保有量水准，我国的千人汽车保有量达到 350 辆/千人左右，总量从 2021 年末的约 3 亿辆再增加 1 亿多辆，即市场充分饱和后全社会的汽车保有量最终稳定在 4 亿 ~5 亿辆，应该是可以预期的。参照发达国家年销售新车约占其社会保有量 6% ~7% 的比例测算，我国的汽车市场在充分饱和后的销量大概率会长期维持在 2500 万 ~3000 万辆之间，这个规模大约是美国市场的两倍。

上述情况表明，尽管我国现阶段的人均汽车保有水平还不高，但因为存在地区差距、城乡差距和贫富差距，且这些差距不可能在短期内立即消失，这就使得汽车市场的需求潜力将呈现缓慢释放态势。进一步的研究分析，可以发现我国现阶段汽车需求的增长动力主要源自三种力量：一是以农村、小城镇和低收入阶层为代表的普及性刚性消费；二是城市家庭的第二辆汽车消费（或许以小型电动汽车为主）；三是城市家庭的更新换代需求（或许以中高级车型为主）。这些需求将使得我国汽车市场在一个较长时期内保持大体稳定。

3. 我国汽车产业在全世界的地位突出

2000 年，我国汽车销量 209 万辆，占世界汽车销量的比例为 3.6%；2009 年实现汽车销售 1365 万辆,超越美国,首次成为世界汽车产销第一大国。随后,这个领先优势进一步扩大,到现阶段我国的新车市场大约是美国市场的两倍,汽车市场"世界第一"的地位估计再难有其他国家撼动。2021 年,我国具有整车生产资质企业所在的 27 个省(自治区、直辖市)共有汽车整车企业(集团)近 300 家,汽车整车销量达到 2527 万辆,占当年全球汽车销量的比例约为 28%。事实上,产销高峰时期的 2017 年,我国汽车销量 2888 万辆,占当年世界汽车总销量的比例近 30%。由此可见,我国汽车产业(市场)在世界汽车产业(市场)中占据重要地位。

4. 汽车产业的空间布局相对集中

目前,我国汽车整车制造基地基本分布在一个"十字"交叉经济带上,其中纵向主要分布在长春、沈阳、北京、天津、保定、郑州、武汉、长沙、广州、深圳等城市组成的南北经济带上,横向主要分布在上海、苏州、南京、芜湖、武汉、西安、重庆、成都等城市组成的东西经济带上。

依托上述"十字"交叉经济带,我国的汽车产业形成了长江三角洲、珠江三角洲、环渤海地区、东北地区、华中地区和西南地区为主的六大汽车产业区域集群。这六大集群,既是汽车整车的主要生产基地,也是我国汽车零部件产业的主要聚集地。2021 年,这六大集群生产的汽车数量和汽车零部件价值占全国总产量和零部件总值的 85% 以上。

5. 中国汽车企业的综合素质全面提高

中国汽车企业从 20 世纪 90 年代开始("九五"计划期间),持续推进经营机制转换,通过剥离辅业,集中精力经营主业的方式,消除了企业包袱;通过改革产权、人事和分配三项制度,激发了企业活力;通过建立法人治理结构,使得企业成为具有自主经营、自负盈亏、自我发展和自我约束的经济实体。加之,大部分汽车整车企业与国际上各大汽车公司纷纷开展合资合作,大量引进国际上先进的管理理念、管理体系和管理标准,迅速提升了企业的软实力。

这些措施极大提高了我国汽车企业的综合素质,企业在产品质量、生产成本和产品交付等方面的控制能力极大提高,企业应对市场竞争的能力也获得较大提升。根据 2021 年的产销数量,我国整车企业集团大体可以分为三个层次:第一层次包括上汽、东风和一汽;第二层次包括长安、北汽、广汽、吉利等;其他企业集团则为第三层次。

6. 汽车产业基本实现与国际接轨

我国汽车产业在规模数量获得大发展的同时,在市场需求结构、购买主体分布结构等方面也实现与国际汽车产业接轨。数据显示,我国汽车市场乘用车的占比达到 85% 左右,私人购买的比例超过 88%,表明汽车整车产品的车型结构和用户购买结构均已经实现与国际接轨。

从产品价格情况看,我国汽车产品在经济型轿车和绝大部分商用车方面,价格低于国际市场;在中档车型方面,产品的价格与国际市场基本一致;但在高档轿车方面,价格明显高于国际市场,这或许与我国对高档轿车实行的限制性消费政策有关,国家不鼓励高档轿车在我国的过度消费,因此高级轿车在国内没有实施大规模生产,产品主要依靠进口。这些情况表明,我国汽车产品的价格也基本实现与国际接轨。

7. 自主品牌建设取得积极进展

随着我国科技、经济的发展壮大,自主汽车品牌依托多年的工业基础、技术创新和人力资源积累,初步形成了一定规模。总体来看,在商用车和交叉型乘用车领域,自主品牌具有良好的性价比，已经占据了绝对市场主导地位，市场份额稳定在95%以上。

在以轿车为代表的狭义乘用车领域，自主品牌也取得重要进展，但总体上还存在一定差距。这种差距一是表现在产品车型上，自主品牌主要集中在中低档车型领域，在中高级车型上建树不明显，个别自主品牌中高级轿车的市场竞争能力也不尽如人意；二是市场占有率有待稳步提高，例如2017年自主品牌乘用车的市场占有率还能达到45%左右，而2019年市场占有率却下降到39%，主要原因就是2019年的市场竞争形势要比2017年更为严峻。2021年由于大部分合资车型受芯片供货影响以及新能源汽车市场的爆发，自主品牌乘用车市场占有率又恢复至45%。市场份额的波动，表明自主品牌乘用车的市场竞争力还不稳定。但欣慰的是，在当今新一轮科技革命中，我国在新材料、新技术、智能化、网联化及5G通信技术等领域的发展势头非常好，有可能使得我国自主品牌汽车逐步在产品、技术和品质上缩小与发达国家的距离，甚至实现超越。

8. 汽车产业国际化取得重大进展

汽车产业国际化体现在三个方面：一是开放国内汽车生产资质和汽车市场，在国内建立合资或外资企业；二是我国汽车企业“走出去”，通过KD方式在海外建立汽车生产基地，并实现产品在当地销售；三是汽车有形商品的进出口贸易。

在开放国内市场方面，我国自2018年在专用车、新能源汽车领域，2020年在商用车领域，2022年在乘用车领域都完全取消外资股比限制，同时取消外资在中国设立合资企业不超过两家的数量限制。这意味着政策全面放开，市场全面开放，我国汽车产业将迎来一个真正自由、充分竞争的市场。

在“走出去”方面，我国汽车企业充分发挥了商用汽车性价比高的优势，纷纷在海外建立组装工厂，积极构建营销服务网络。中国汽车企业海外建厂和建立研发基地逐渐增多，已经在海外建立了数十家生产基地，覆盖了广阔的发展中国家市场。另一方面，一些汽车企业积极开展海外并购，为公司未来发展提供了更先进和更广阔的国际平台。

在有形商品国际贸易方面，2008年以前，我国的汽车出口多年持续保持年均高增长态势，但受当年美国金融危机影响，2009年汽车出口大幅下降；自2010年开始实现恢复性增长，至2018达到汽车出口历史最高水平(121.6万辆)。近些年，我国汽车整车出口大体保持在100万辆以上，且呈稳步增长趋势。

总之，我国汽车市场持续保持对外越来越开放的发展态势，展现了中国汽车人的自信和情怀，汽车企业也在不断地走向国际市场，且在商用车领域和在发展中国家(地区)的市场上，还取得了不错的经营成绩。

二、专用汽车的发展现状与趋势

1. 专用汽车行业现状

专用汽车是指具有特定车身结构或专门作业机构、具备专门用途的汽车。根据专用汽车市场需求的规模，专用汽车各品类从大到小的排序依次是厢式专用车、普通/专用自卸车、仓栅式汽车、罐式汽车、特种汽车和举升作业型汽车等六类。

专用汽车是我国汽车产业和汽车市场的重要组成部分，我国也是世界上最大的专用汽车生产国和需求国。同时，我国专用汽车市场需求总量已经趋于饱和状态，且其需求呈现剧烈波动的特点，需求规模受国家基本建设领域的投资力度影响较大，与国民经济总体发展形势高度相关。

专用汽车生产企业主要集中在我国京广铁路沿线及中、东部经济较发达地区，并形成山东梁山、湖北随州等专用汽车产业聚集地（产业集群）。从产业布局来看，在产企业数位居前5的省份（企业数量从多到少依次是山东、湖北、河北、江苏和河南）占据全国专用汽车生产企业总数近60%，但近些年中西部地区新增专用汽车企业数量开始出现明显加快的趋势。

截至2021年底，我国公告内具有专用汽车生产资质的企业1800余家，生产的车型覆盖6大类别的近万个品种。现阶段，我国专用汽车总产量占载货汽车总产量的比例接近60%，大约比发达国家低10个百分点，说明我国专用汽车行业还有较大的发展空间。但在重型商用车领域中，专用汽车占载货车比例超过70%，已接近发达国家水准，说明我国重型专用汽车细分领域的发展较为充分。

2. 专用汽车行业发展趋势

从市场需求端看，专用汽车行业的主要发展趋势包括：①随着固定资产投资重点向公共基础设施领域转变，工程建设类车辆在客户对象、车辆适应性、空间格局等方面将发生变化；②在电子商务的快速发展下，大物流成为发展趋势，物流公司将向规模化企业转变，物流类集团客户将增多，适合物流企业需求的新材料、轻量化、车联网、新能源等运输类专用车辆需求增加；③产业链的发展，会带动专用汽车企业向产业链价值的共同分享方向转变，专用汽车企业需要开发针对产业链系统解决方案的产品；④社会化分工的精细化和专业化，将推动产品的个性化需求和个性化服务。

从产业结构端看，专用汽车行业的主要发展趋势包括：①各大主机厂、大型企业集团、规模化生产企业所属的专用汽车板块，将在整体市场上影响规模化产品的发展方向，推动集团客户向其集聚；②以传统产品为主的中小型专用汽车生产企业，将更加受到规模化企业的市场挤压，面临更加残酷的市场竞争；③众多地方专用汽车集聚区中，传统集聚区面临转型升级压力，新兴集聚区面临市场考验（因为产品多以低附加值产品为主）；④以追求产品特色及产品边际贡献、以细分市场经营为主的个性化企业，仍将成为专用汽车行业的亮点。

从运作手段端看，专用汽车行业的主要发展趋势包括：①互联网新思维趋势比较明显，并借此实现一体化定制能力的提升和经营创新。制造板块将会通过大数据，利用互联网工具，把客户需求信息、底盘信息、上装配套件信息、制造信息、后市场信息等融为一体。②制造系统向着智能化、自动化，甚至无人化方向发展。③互联网销售模式呈现扩大化和普及化。利用互联网思维，整合行业后市场资源，改变传统后市场运营模式，企业管理向数据化管理转变。④在统一的互联网平台上，传统技术和公共应用技术将不再是秘密，创新性技术可通过互联网平台虚拟完成，极大降低企业的产品开发成本，企业竞争将更多体现在产品的综合性价比上。

从产业链价值导向看，企业竞争将向产业链闭环和提供系统解决方案或提供综合服务方向转变。例如，以BT/BOT/PPP等模式进行的环卫车系统解决方案，高速公路的养护、抢险救援系统解决方案，集高级商务车、旅居车产品开发、零部件配套、市场营销、后市场服务体系（如租赁、房车营地等）等于一体的综合服务业务，针对影视传媒行业开发功能更为齐全的专用车辆或系统产品（涉及众多各类专用车辆）等。

3. 专用汽车的产品发展重点

我国专用汽车应发展的重点产品有：①以轻量化、车联网技术、新材料为特征的现代物流专用车辆，如适合城际运输、城内运输、甩挂运输、冷链运输、危化品运输等领域需求的厢式汽车、轻微型纯电动厢式车、半挂厢式汽车、半挂车、冷藏保温车、危化品运输车等;②以短轴距、环保化、密封式、新能源等为特征的新型工程建设车辆,如短轴距密封环保自卸车、小方量混凝土搅拌运输车、随车起重运输车等;③具备系统解决方案的整体产品/服务(部分产品具备新能源特性),如各种形式的高空作业车、抢险救援车、道路清障车、工程车、排涝车、抑尘车、园林养护车、清扫车、垃圾车、管道疏通车等;④具备作业单元的系统性、匹配性等产品特性,适合高等级公路养护、抢险、救援体系的各种专用车辆等;⑤具备人性化、合理化、环保化特征,后市场服务系统性和保障性好的休闲服务类专用车辆,涵盖商务车、旅居车、福祉车、残障车等客厢改装类系统集成的车辆等;⑥适合现代影视传媒行业需求的各种专业车辆,如影视外景、婚纱拍摄、广告拍摄的专用车辆,视频宣传播放的广告车辆,商业活动、大型秀场、宣传推广需要的舞台车辆等。

三、汽车零部件产业的发展现状与趋势

1.汽车零部件的产品现状

1992 年,国家明确提出汽车工业的重心由货车工业向轿车工业和零部件工业转变,极大地促进了汽车零部件产业的企业转制、经营转型、产品转换和零部件行业的整体发展。截至 2018 年,根据对 13019 家规模以上汽车零部件企业的统计,全年累计实现主营业务收入 3.37 万亿元;同时,根据《美国汽车新闻》(Automotive News)发布的“2019 年度全球汽车零部件配套供应商百强榜”(Top100 global OEM parts suppliers),中国(含中国香港地区)有七家企业入围百强名单,表明我国部分汽车零部件企业具备了国际竞争能力。

目前,我国汽车零部件产品的基本面貌呈现出三个层次:①第一层次具备国际竞争能力。由于多年来国家整体制造水平的提高和汽车材料品质的改善,我国在传统机械类零部件产品方面能够实现充分的自主开发,且产品在国际市场上具有较强的竞争能力,这类零部件产品主要集中在劳动密集型产品上。②第二层次国际竞争能力不足。这类产品主要是一些制造要求高、工艺复杂或对材质有特定要求的总成或部件系统。③第三层次缺乏国际竞争能力。主要涉及一些技术含量高、生产工艺要求高或材料特性特殊的产品,如汽车传感、机器识别、信号采集等感知类电子元器件,电子控制、智能控制等计算类(汽车电脑)软硬件,微电机等执行系统的核心部件等,以及高端润滑油(脂)、液压密封、高档内饰等特定材质产品。

值得一提的是,我国由于在新能源汽车领域具有先发优势,不仅产业规模和产品销量位居世界第一,而且在一些核心零部件上形成一定优势。例如以宁德时代、比亚迪为代表的动力电池,其关键指标达到或超过国际先进水平。2019 年,我国三元电池单体能量密度已达 315W · h/kg,系统能量密度达 220W · h/kg,正负极材料和电解液(质)均实现自产,动力电池整体进入国际领先水平行列。在动力链上,形成从驱动电机、电机控制器、变速器、电驱动总成,到主要关键零部件材料和制造的全产业链。在电动汽车的分布式、高容错和强实时控制系统,高效、智能和低噪声的电动化控制系统(电动空调、电动转向、制动能量回馈控制系统)、车载信息、智能充电及其远程监控系统等领域,形成较为完整的产品体系,并实现批量生产。

2.汽车零部件的产业组织现状

从汽车零部件产业与整车产业的组织关系看,主要有围绕整车企业的多层次协作模式和自主独立运作模式两种。

多层次协作模式呈现靶环状层次结构形态,中心是整车厂商,向外围依次是集成部件厂

商、组合部件厂商、零件厂商等。依次构成一级供应商、二级供应商等。这种组织形式的运作机制是:①整车企业以图纸方式招标或者经历特定程序选择确定一级供应商,一级供应商再组建自己的二级供应商,依次层层发展对外协作;②零部件物流由外围协作企业,汇至一级供应商,形成集成部件后向整车企业供货,以满足整车企业生产需要或向售后服务网络配送配件需要;③零部件企业不仅负责生产,也要承担一定的零部件研发任务;④零部件企业除向整车厂商供货外,一般不对社会销售产品;⑤整车企业与这类部分零部件企业存在资本纽带或特定资源共享关系。

独立运作模式,这类零部件企业跟整车企业保持相互独立的关系,自行开展产品生产和销售。他们往往从整车企业那里获得零部件生产图纸或技术资料,或者自己通过逆向工程完成零部件的生产图纸和根据自己的技术积累确定生产工艺要求;所生产的产品往往被称为"汽车配件",产品主要向全社会销售或自主出口;国内销售时主要通过各地汽配城渠道面向社会上的独立维修企业(不属于整车企业的4s店或特约维修点体系)供货,服务的车辆以超过整车企业质量保修期的车辆为主。这类产品相对整车企业的服务体系供应的产品而言,往往具有价格便宜的优势;产品质量虽然参差不齐,但大部分产品也能够满足使用要求,有些企业还获得汽车维修行业管理办公室依据行业标准进行的"同质件"产品认证。由于受需求规律的影响,这类汽车配件大多以生产交通肇事件(如车身前后保险杠、翼子板、车身覆盖件、散热器、车灯、车门、悬架、车轮、轮胎等)、易耗件[如刮水器、"三滤"(空气/机油/燃油滤清器)、油封、制动片、火花塞、点火线圈、活塞、活塞环、排气管、蓄电池、线路或管路等]为主。这类企业的数量众多,素质差异较大,其中一些具有技术开发实力和产品质量控制能力的企业,也会发展成为整车企业的零部件供应商和国际供应商。

3. 汽车零部件产业的发展展望

国家将着力夯实零部件配套体系,基本思路是依托工业强基工程,集中优势资源优先发展自动变速器、发动机电控系统等核心关键零部件,重点突破通用化、模块化等瓶颈问题。具体举措包括:

(1)发展先进车用材料及制造装备。依托国家科技计划(专项、基金等),引导汽车行业加强与原材料等相关行业合作,协同开展研究。鼓励企业开展轻量化研究以及先进制造装备的集成创新和工程应用。推进安全可控的智能制造支撑技术在汽车制造装备的深化应用。

(2)推进全产业链协同高效发展。构建新型"整车-零部件"合作关系,建立安全可控的关键零部件配套体系。推动完善国家科技计划(专项、基金等)项目遴选取向,建立关键零部件产业化及"整车-零部件"配套项目考核指标,鼓励整车和零部件企业协同发展。开展关键零部件和"四基"薄弱环节联合攻关,促进全产业链协同发展。

(3)加强核心技术攻关。引导创新主体协同攻关整车及零部件系统集成、动力总成、轻量化、先进汽车电子、自动驾驶系统、关键零部件模块化开发制造、核心芯片及车载操作系统等关键核心技术,增加基础、共性技术的有效供给。加强燃料电池电动汽车、智能网联汽车技术的研发,支持汽车共享、智能交通等关联技术的融合和应用。

四、我国汽车服务产业的现状与发展趋势

1. 汽车服务产业的界定

现实生活中,人们对汽车服务的理解见仁见智。但概括起来,汽车服务的概念有狭义和

广义之分。狭义的汽车服务，泛指新车出厂进入销售流通领域，直至其使用后回收报废各个环节所涉及的所有技术的和非技术的各类服务和支持，如汽车的检测维修、新车销售、分销物流、质量保修、美容装饰、配件经营、金融保险、汽车租赁、二手车交易、回收解体等。

广义的汽车服务，除包括狭义内容外，还包括汽车生产领域的有关服务，如市场调研、原料供应、生产物流、工厂保洁、产品外包设计、新产品认证等，甚至还包括产业政策、技术法规、供应链信息服务、信息咨询和研究培训等行业顶层和全产业链的相关服务工作，如图 13-4 所示。

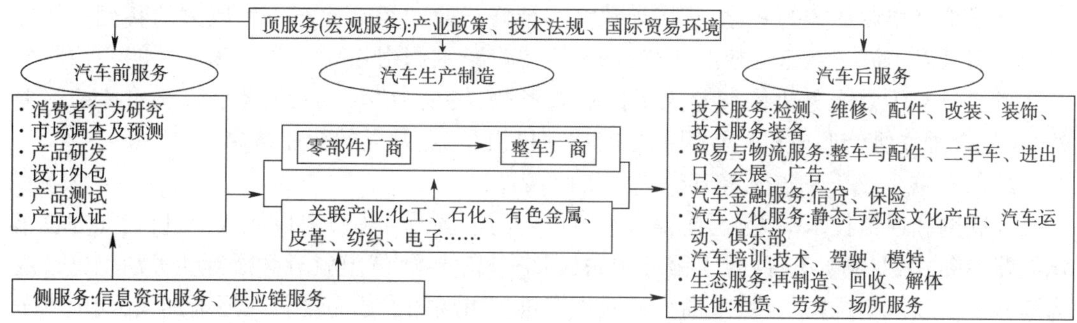

图 13-4　广义汽车服务包含的工作内容

汽车服务的各项工作内容，始终围绕满足汽车用户、生产厂商和社会公众的需要而展开，它们组成一个有机协作的工程服务系统，并形成汽车服务产业。所以汽车服务产业，是指各类与汽车相关的服务，特别是汽车从出厂直到报废回收全过程所涉及的技术服务和非技术服务业务组成的经济部门。

需要指出的是，现实生活中人们经常使用的“汽车后市场”概念，主要是指汽车维修服务体系，即由汽车检测、维护与修理服务、汽车配件及汽车用品营销、汽车保修设备及机具的开发和经营等业务组成的体系。由此可见，汽车后市场的概念要比汽车服务产业的概念狭窄。

2. 汽车维修行业的发展现状与趋势

汽车维修市场包括汽车维护（保养）、修理、美容及配件营销等业务，是汽车后市场的主要业务领域。改革开放以来，汽车维修市场大致经历了定点维修（用户根据地理位置选择片区内相对固定的维修企业）、特约维修（用户就近到 4s 店或汽车厂商的特约维修点）、多方式并存（特约维修与社会独立维修并存）和品牌连锁服务等四个阶段。现阶段，基于互联网平台的连锁服务（包括 4s 多功能连锁与专营连锁服务等）模式正处于快速发展过程中。

据不完全统计，截至 2021 年底，全国拥有约 2.8 万家 4s 店，近 50 万家社会维修店（含连锁服务门店），400 余万名从业人员。汽车保有量的增加，直接导致汽车维修市场规模的扩大，全国汽车维修市场规模（年度营业额）持续超过 2 万亿，汽车维修领域是汽车产业链中服务环节较为稳定的利润来源。随着平均车龄的增长和保有量的增加，我国汽车维修市场还将处于扩张状态。

汽车维修行业正在并将继续向以下趋势发展。

1）汽车维修的业务模式将发生改变

随着汽车新材料的出现、制造工艺的进步以及汽车智能化的发展，汽车质量较之前有了很大的提升。这导致现在的汽车维修模式相较于传统方式发生了很大变化，具体表现为：①修理变为维护。数据统计，现在车辆在正常行驶 10 万公里以内，只要按照要求完成常规维护和更换易损零件,90% 甚至更高比例的车辆基本不会出现故障,所以汽车维修中的维护业务变得更为重要。②修理变为换件。由于用户经济承受能力的提高和汽车配件价格的不断下降,且部件的集成化程度越来越高,传统的元器件修理价值变得越来越小,所以汽车修理作业就被部件或总成更换予以替代。③经验诊断变为仪器测量。传统维修方式多靠维修技师的“望闻听切”技能进行经验诊断,现在随着车用电脑和检测仪器的发展,汽车故障基本都可以由车辆内部的感知器件检测出来,通过故障解码仪就可以直接读出故障,这大大降低了维修技师对汽车故障诊断的难度。

上述维修作业形式的变化,直接导致汽车维修行业的经营业态发生较大的转变。加之近年来国家对于汽车专营特权的逐步放开,使得汽车维修由 4s 店(含汽车厂家的特约服务站)、社会独立维修服务机构两分天下的业态形势,转变为“4s 店(含汽车厂家的特约服务站)+社会独立维修服务机构+服务品牌连锁机构”三足鼎立的行业格局。

2)O2O 线上线下和连锁经营模式将快速兴起

互联网和通信技术的发展,使得汽车后市场的很多服务项目得以在线上进行,如远程车辆故障诊断、网上采购配件、线上服务预约、网络信息传递、线上就近救援等业务活动已经成为新常态。以汽车维护为例,电商渠道对汽车维护市场的渗透力度就在逐渐加大,线上汽车维护业务景气度不断上升。据资料介绍,2018 年线上汽车维护的市场渗透率已经达到16%。根据途虎养车和腾讯联合发布的《2019 中国汽车用户线上养护报告》,数据显示受中国电商行业发展和居民消费习惯的影响,中国 85% 以上的汽车用户都有网上采购汽车配件的经历。

与此同时,汽车连锁服务模式也较好满足了广大车主就近、便捷、方便的需求。这种服务模式采取加盟方式,根据能够完成的作业项目,服务网点可以分为社区店(服务的区域半径范围 1.5km,辖区内汽车保有量 500 辆左右,以维护业务为主)、中心店(可以完成钣喷作业)、区域总店(具有维修和配件库存功能)等三级架构。这个网络可以完成大多数车辆的维修服务,目前发展势头迅猛,包括整车企业在内的众多企业,如米其林驰加、上汽车享家、上汽通用车工坊、奇瑞车贝健等连锁服务品牌,旗下网点规模都在千家以上。这些连锁服务品牌,往往通过 O2O 模式“网上集客、线下体验”相结合方式,不断扩大客户资源;同时采取集中批量采购方式,能够获取较为低廉的配件价格,且管理相对规范,因此表现出旺盛的生命力,有人预计这种经营形式将成为后市场维保经营的主要模式。

3. 汽车金融行业的发展现状与趋势

由于汽车市场已经深度进入买方市场,汽车厂商及其经销商在新车销售环节获得的利润大幅下滑(甚至无利润、负利润)。在这种背景下,汽车厂商、金融机构(含银行和保险机构)不谋而合,共同携手开发汽车金融市场,以便开拓新的利润增长点;同时,国家也为了维持社会商品零售总额和宏观经济基本面的相对稳定,不断出台汽车金融政策法规,以便鼓励汽车消费。

汽车金融是指银行、保险公司或汽车金融公司(品牌整车企业与金融机构共同组建)等金融机构,向汽车购买者(个人或机构)提供购车贷款或向汽车经销商提供融资服务的金融业务活动。相对终端购买者而言,汽车金融主要包括新车购置贷(零首付贷、部分贷、置换贷)、二手车购置贷、保险贷等业务,以及未来可能出台的大额修理贷(如大于 2000 元/次)等业务形式。

在国家相关消费拉动政策支持下,加之我国公民信用体系逐步完善,汽车金融近些年来获得快速发展,已经成为我国汽车企业和金融机构重要的利润增长点。据前瞻产业研究院发布的统计和预测数据,2021 年我国的汽车金融市场规模已经达到 2 万亿,2025 年将进一步上升到 3 万亿元。

4. 汽车保险业的发展现状与趋势

随着汽车保有量的增长,汽车保险市场的规模一直处于扩张阶段。2000 年全国汽车保费收入为 400 余亿元,至 2019 年增长到 8188 亿元,19 年间平均年复合增长率达到 17% 以上。现阶段,车险一直是各个财产保险公司的主要收入来源,汽车保费占财险总收入的比例一直高达 70% 左右。预计未来我国的汽车保有量增幅将逐渐趋缓,汽车保险市场也将进入成熟稳定期,车险保费收入增速也将逐渐趋缓。

从赔付端看,我国机动车辆保险赔付率(保险赔付金额占同期保费收入的百分比)经历了一个从上升到下降的转换过程。2014 年前,赔付率是一个逐年增长的过程,而此后进入下降过程。长期来看,车险赔付有出险频次下降、案均赔款上升的趋势。

随着互联网对各个行业的渗透,"互联网 + 汽车保险"模式正在成为汽车保险行业越来越重要的销售形式。如近年来出现的惠折网、最惠保、保网、车险无忧等创业公司,阿里、腾讯、平安合资的众安保险推出的线上保险服务,还有安心保险、泰康在线也纷纷涉足车险业务。通过网络平台开展保险投保和理赔,正在成为主流趋势。

5. 二手车行业的发展现状与趋势

一个健康运行、功能健全的二手车市场是汽车产业的重要一环,其存在十分有利于整个汽车产业的发展,它不仅自身实现可观的经济成果(对增加全社会商品零售总额、税收和就业岗位成效显著),也会促进新车消费和汽车市场规模的扩大。据不完全统计,2021 年我国二手车全年的交易量超过 2200 万辆,约为新车交易量的 90%,且呈逐年递增趋势。欧、美、日等发达汽车市场上,二手车年交易量是新车交易量的数倍,例如美国为 4 倍、德国为 2.5 倍、日本为 1.5 倍,相比而言我国的二手车市场还有极大的开发潜力。未来,随着汽车总保有量的增长以及社会保有车辆平均车龄的增加,车主换车频率将会相应增大;同时,由于城镇化进程加快,大量流动人口和新市民将对二手车产生较大需求,这有利于促进二手车的消费和市场规模增加。从发达国家二手车市场发展经验来看,我国二手车市场的交易规模将达到每年 6000 万 ~8000 万辆,为现阶段市场规模的 3 ~4 倍。

近年来,国家对二手车市场给予了扶植发展的政策,先后出台了取消跨区域(省、自治区和直辖市)二手车交易车辆转籍的各种限制、税费优惠、鼓励二手车出口和规范交易行为等政策,这些举措无疑将会促进二手车市场的健康和持续发展。在经营模式上,将形成旧车专营、旧车拍卖、品牌专卖、电商售卖和直销、代销、租赁、拍卖、置换等多元交易模式,衍生出集二手车金融、二手车保险、二手车维修(车辆整修)和二手车交易于一体的集成服务业务等。

随着 5G 通信、移动互联、大数据、人工智能等技术的推广普及,二手车交易的信息化、数字化、智能化进程将大大加快。可以预见未来国内二手车市场上独立二手车商的地位和作用将不断增强,涵盖 B2B、B2C、C2B、C2C 等商业模式的二手车电商形式将变得越来越普遍,市场交易受区域、地点、距离、时间的限制将大大降低。

6. 共享出行行业发展现状与趋势

近年来,共享经济理念被越来越多的百姓接受和认可,导致共享出行行业快速发展。初步估计 2021 年，共享出行的交易额超过 4000 亿元，网络预约顾客达百亿人次。共享出行带来了新的就业机会和职业，如网约车司机、网络平台营运服务师等。

与此同时，私家车合乘（俗称“顺风车”）也是共享出行的另一种生态。由于其营运成本低，乘行价格便宜，受到广大百姓喜爱，因此合乘业务增长很快。2014 年，嘀嗒拼车进入合乘市场，此后滴滴出行、高德、哈啰出行和曹操出行等企业相继进入这一市场。截至 2019 年四季度，嘀嗒出行公布的用户数达 1.3 亿人，累计合乘出行达 230 亿 km；哈啰出行宣布合乘车主注册量突破 500 万人，乘客量累计超过 1800 万等，表明这个市场增长迅速。

由于移动互联已经广泛普及，人们通过手机叫车的网约服务形式已经成为共享出行最主要的服务方式。未来随着智能汽车的发展，必将迎来无人驾驶汽车时代，对共享出行行业的发展将带来新的发展机遇。2020 年长沙和北京等地，便相继宣布开展自动驾驶出租汽车试点服务，用户可通过相关 App 发起网约叫车，免费试乘自动驾驶出租汽车。

7. 汽车租赁行业发展现状与趋势

随着百姓消费能力的提升、生活方式的改变、自驾出行习惯的养成等因素的叠加影响，加之私家车面临维修、养护、年检和停车等麻烦，越来越多的消费者（特别是年轻人）愿意选择租车方式，解决自己的用车需求，汽车租赁已经成为客户新的出行选择。

数据显示，目前国内有 6300 余家汽车租赁经营主体，租赁车辆总数达 20 万辆，并以每年 20% 左右的速度增长，并涌现出“一嗨租车”和“神州租车”等全国性服务品牌企业。但总体看，这个行业由于起步较晚，市场规模依然较小，尚处于发展的初级阶段。

随着国家公民诚信体系的建立与完善，车辆定位和远程监控技术的发展与普及，租车不再需要用户提供众多证明和大额押金，租车手续变得越来越简单，这将非常有利于汽车租赁市场的发展。租车的手续简化，分时租赁或计时租赁（不再以 24h 为计费周期）、租赁车辆车型多样化，以及异地还车等便捷化服务形式将越来越受欢迎，成为主流服务方式。可以预见，随着移动互联、5G、定位和人工智能技术的快速发展，未来的汽车租赁也一定会更加依托互联网进行，甚至实现无人化服务。在任何地方，一部手机就可以解决叫车、用车、还车、支付的全部过程。出行、用车、停车的烦恼将随之消失。共享化、无人化、互联网化，使得车辆的空驶率降低，未来区域之间的互联互通，甚至国际的互联互通都将成为可能。

8. 汽车改装行业的发展现状和趋势

随着国家经济的快速发展，人们生活水平和汽车普及程度的提高，追求独立和差异化消费、富有个性的汽车爱好者（尤其是具有超前消费观念的年轻人）越来越多，由此孕育出汽车消费改装市场，即在汽车出厂配置的基础上，对汽车进行各种个性化的改装而形成的消费市场。

随着近几年国际汽车赛事对我国的影响加大，汽车展览和汽车文化交流活动的增多，唤醒了汽车消费者的个性化消费意识，政府部门为了拉动内需，对国内汽车改装的管理政策也逐渐放松，使得我国汽车改装市场有了加速增长的趋势。2018 年 10 月，国务院办公厅正式发布《完善促进消费体制机制实施方案（2018—2020 年）》，明确指出“积极发展汽车赛事、旅游、文化、改装等相关产业，深挖汽车后市场潜力”；2019 年 9 月，公安部发布新版《机动车查验工作规程》（GA 801—2019），对汽车改装做了规范要求，新版规程减少了很多以前的限制。这些政策法规为汽车改装的合法性提供了保障，受到汽车爱好者尤其是年轻人的欢迎，促进了汽车改装行业的发展。

目前汽车改装市场呈现两个特点：一是这个市场与经济收入成正比。在国内，汽车改装相对发达的地区有北、上、广、深等一线城市，或珠三角和长三角等经济发达地区，改装的车型也多为中高级乘用车车型；二是改装作业由外观改装（含装饰装潢），逐渐向汽车结构与性能改装转变，改装作业的技术含量逐步提升。传统汽车改装多在于外形改变和部件增加等类别上，但现在的汽车改装逐步发展为结构改装（如排气管改道、发动机舱防滚架、底盘升高、非标轮胎更换、越野牵引绞盘等）和性能改装（如发动机参数调整、进排气道改装、自动变速改手动变速等），改装技术要求的层次更高、难度更大，改装市场的"高端化、品牌化、品质化、个性化、定制化"正在成为未来汽车改装市场的主流发展方向。

9. 汽车文化旅游产业的发展现状与趋势

2018 年，国务院办公厅发布《关于促进全域旅游发展的指导意见》，指出旅游行业应加快建设自驾车房车旅游营地，推广精品自驾游线路，打造旅游风景道和铁路遗产、大型交通工程等特色交通旅游产品，积极发展邮轮游艇旅游、低空旅游等。在国家大力发展汽车旅游政策的推动下，汽车旅游营地、房车租赁等基础设备设施及服务将会不断趋于完善，我国的汽车旅游事业必将迎来大发展。

虽然国际上汽车运动开展的历史比较悠久，但我国汽车运动和相关文化产业，长期以来的发展却较为缓慢，具体表现在举办国际汽车运动的赛事少、影响小，民众关注和参与汽车运动的程度低，从事汽车运动的专业队伍人数少、专业水平也不高，缺乏具有国际影响力的赛车手，赛车的制造水平不强等。然而，近年来，随着我国经济发展和汽车保有量的增加，我国已逐步成为全球重要的汽车运动市场之一，初步形成以国家级锦标赛为核心，地方性赛事为支撑的赛事体系。2018 年，国务院办公厅发布的《关于印发完善促进消费体制机制实施方案（2018—2020 年）的通知》中指出，要培育汽车摩托车运动消费新业态，积极发展汽车赛事、旅游、文化、改装等相关产业，为汽车运动产业带来了新的机遇。汽车运动政策的出台，以及随着我国汽车产业综合实力的提升，汽车企业必将越来越重视借助汽车运动赛事平台来展现自己的科技实力，汽车运动文化将会得到高度重视，拉动相关的市场消费规模。

10. 汽车报废与回收行业的发展现状与趋势

汽车报废是其使用寿命周期必不可缺少的过程，特别是在环境保护越来越受到重视的今天，对报废汽车进行科学回收便成为汽车产业链末端最重要一个工作环节。

据有关机构统计和预测，近些年我国汽车报废量持续处于稳步增长状态，并开始转入快速增长阶段。2021 年汽车报废量达到 1500 余万辆，已经构成一个较大的产业。根据汽车消费发达国家市场的经验，年度汽车报废量占其汽车保有量的 7% 左右。

我国虽然建立了报废汽车回收体系，但由于这个行业发展的时间短，行业高度分散，受利益驱使造成不规范操作，各地从事汽车报废回收的企业素质参差不齐，大多企业仍然为落后的手工拆解方式，大批报废车辆未能进入国家或地方定点的回收企业，而是流入一些作坊式小企业完成拆解。这种局面对环境保护（容易造成废弃物的二次污染）和整个行业的规范发展造成一定负面效应，行业现状远远不能适应快速增长的报废汽车的科学解体与回收要求。

未来汽车报废回收行业将会向两个方向发展：一是随着国家政策越来越严格和规范，现有很多分散、手工、造成二次污染的小型企业将逐步被淘汰出局；二是资金雄厚，规模较大的企业，生产方式逐步转变为机械化、自动化、规范化和互联网化，这类企业将会得到政府支

持，从而获得快速发展。

总而言之，未来，汽车消费品质将由中低端向中高端转变、消费心理由从众模仿向个性体验转变、消费形态由物质型向服务型转变、消费方式由线下向线上线下相结合转变、汽车价值由个人向共享转变等，汽车企业必须面对这些变化，适时做出正确的经营决策。

第二节　新能源汽车与智能网联汽车产业的发展现状与趋势

一、我国新能源汽车产业的发展现状

新能源汽车是指采用非传统化石燃料作为动力来源(或使用常规的车用燃料、采用新型车载动力装置)，综合车辆的动力控制和驱动方面的先进技术，形成的技术原理先进，具有新技术、新结构的汽车。新能源汽车主要包括三大类型，即插电式混合动力电动汽车(HEV)、纯电动汽车(BEV)、燃料电池电动汽车(FCEV)等。非传统化石燃料指除汽油、柴油、天然气(NG)、液化石油气(LPG)、乙醇汽油(EG)、甲醇、二甲醚之外的燃料。

其中，插电式混合动力电动汽车(Plug-in HEV 或 PHEV)依靠外部充电，用纯电模式行驶，电池电量耗尽后再用发动机驱动行驶，并同时向电池充电，包括插电式重混及增程式电动汽车(电池电量充足时发动机不参与工作，电池电量不足时发动机再对电池充电)。目前，弱混、轻混、中混电动汽车均不再被视为是新能源汽车；纯电动汽车(Battery powered EV 或 BEV)完全依靠大容量动力蓄电池和外部充电方式为汽车提供动力来源；而氢燃料电池电动汽车(Hydrogen Fuel cell EV)则是利用氢气等燃料和空气中的氧在催化剂(贵金属铂或铑)作用下。在质子交换膜中经电化学反应产生电能驱动汽车，其反应机理是燃料中的化学能不是经过燃烧，而是通过电化学反应形成电能。

1. 我国新能源汽车产业进入成长期，产销规模世界第一

自 2001 年我国正式启动“‘863’计划电动汽车重大专项”至今，新能源汽车行业经历了战略规划期(2001—2008 年)、市场导入期(2009—2015 年)、市场成长期(2016 年至今)三个发展阶段。至 2021 年，我国新能源汽车销量达到 358 万辆，产销规模连续位居世界第一，销量几乎占据全球的一半，我国的新能源汽车产业已从导入期迈入快速成长期。从渗透率来看，2021 年我国新能源汽车销量占当年全部汽车销量的 14.2%，表明新能源汽车在未来市场中的增长潜力还很大。

2. 实施双积分和开放政策有利于构建长效、竞争和高质量发展的机制

(1)政府补贴加速退坡，从补贴购置转向补贴运营和基础设施建设。政府补贴自 2017 年明显退坡，2019 年加速退坡，原计划 2020 年完全退出补贴，但受新冠肺炎疫情影响，国家将退坡政策延长至 2022 年。2013 年以来，工业和信息化部联合其他部委先后发布 6 份新能源汽车购置补贴通知，4 次调整财政补贴标准以便引导市场健康发展。政策的基本特征，一是退坡力度加大，二是鼓励高能量密度、低电耗技术发展，三是补贴转向运营端和基础设施建设。2018 年 11 月，工业和信息化部等四部委印发了《关于〈提升新能源汽车充电保障能力行动计划〉的通知》，要求引导地方财政补贴从补贴购置环节转向补贴营运，支持充电基础设施建设。

(2)双积分政策有利于构建新能源汽车发展的长效机制。相比需求侧的财政补贴而

言，双积分政策着力于供给端，既可以起到降低新车平均油耗、提高新能源汽车积分占比等硬性约束，又可以促进积分交易、转让的价格信号制度建立，在后补贴时代对促进新能源汽车行业发展有着重要作用。

（3）放开新能源汽车外资股比限制，有利于扩大开放和鼓励竞争。2018 年 6 月，国家发展改革委、商务部联合发布的《外商投资准入特别管理措施（负面清单）（2018 年版）》指出，从 2018 年 7 月底起取消专用车、新能源汽车的外资股比限制。该政策极大地刺激了外资新能源车企在华建厂的积极性。例如 2018 年 7 月，特斯拉 CEO 马斯克亲赴中国，与上海临港签署纯电动车项目投资协议，年产 50 万辆纯电动整车的特斯拉超级工厂在上海临港落户。

3. 纯电动乘用车成为市场的主流，市场向更广泛区域渗透

（1）从车型看，新能源乘用车销量占比超过新能源汽车的九成。从增速上看，自 2016 年起，新能源乘用车市场增速一直超过新能源商用车，且优势不断扩大。中国汽车工业协会（简称“中汽协”）数据显示，2019 年我国新能源乘用车、商用车的销售比例为 9∶1；与传统燃油车市场一样，乘用车是市场的绝对主力。

（2）纯电动车型销量占新能源汽车的比例接近八成。自从 2012 年科技部发布《电动汽车科技发展“十二五”专项计划》正式确立“纯电驱动”技术战略，之后从未动摇。得益于政策倾斜，几乎历年纯电动汽车（EV）无论是销量还是增速均高于插电混动汽车（PHEV），成为新能源汽车市场的主流车型。据中汽协数据，我国 EV、PHEV 的市场占比约为 80% 和 20%。

（3）销量从集中于一二线与限牌城市，逐渐往其他城市渗透。跨区域看，新能源乘用车销量高度集中于东南部沿海省份；但从趋势来看，新能源汽车销售逐渐向二、三线城市和非限牌地区加速渗透。2021 年，我国非限牌地区新能源乘用车的销量已经达到总销量的 60% 以上，且其市场增长率高于限牌地区的销量增速。

（4）私人消费购买新能源汽车的市场占比提升。私人消费者已成我国新能源汽车领域的购买主力。2021 年我国私人领域新能源汽车销售达到 280 万辆，占比 80% 以上，公共领域新能源汽车销售约 70 万辆，其中出租汽车、汽车租赁行业、企事业单位、城市公交占绝对多数，合计占据不足 20% 的市场份额。但从车型看，由于新能源汽车市场还相对不够成熟，一些明星车型的出现往往会改变市场的车型构成格局。

4. 新能源乘用车市场形成三大阵营，外资车企开始发力

新能源乘用车生产企业按照背景可分为三大阵营：传统自主品牌、造车新势力、外资品牌。目前造车新势力仍处于量产初期，仅蔚来、小鹏、威马、理想等少数几家企业实现量产交付，不过销量尚不大。受此前股比限制与补贴影响，外资新能源车企发力较晚，当前主要以合资形式进入本土市场，如大众与江淮、宝马与长城、奔驰与比亚迪等合资形式。

目前国内新能源乘用车市场仍是传统车企占主导。根据中机车辆技术服务中心合格证数据统计，国内新能源乘用车市场销量居前的多为传统汽车品牌，如比亚迪、长安、北汽、吉利、上汽、长城、江淮、广汽等，但它们累计的市场份额持续下降，表明新进入新能源汽车行业的企业在增加，这也是行业还未走向成熟的标志。

5. 技术方面“三电”技术水平快速提升

新能源汽车尽管具有插电混动、纯电动和燃料电池三种类型（通常称为“三纵”），但都存在电池、电机和控制系统等三类技术问题（通常称为“三横”），它们组成新能源汽车的技术体系，如图 13-5 所示。

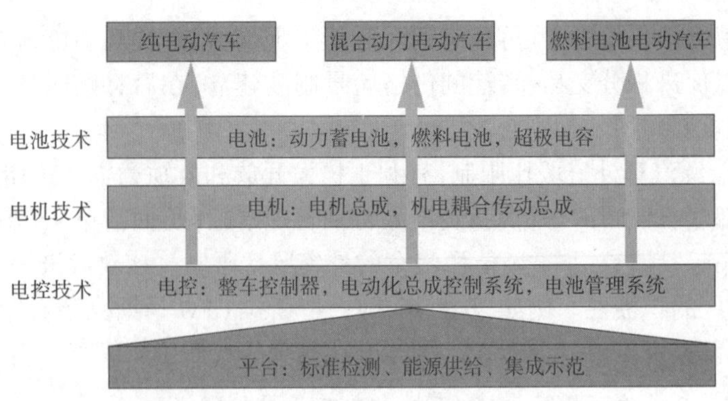

图 13-5　新能源汽车的技术体系

(1)整车技术呈现续驶里程明显提升,百公里电耗显著下降态势。近年来我国纯电动乘用车技术水平不断提升,尤其是续驶能力和电耗水平进步显著。2017 年第 1 批推广目录中的纯电动乘用车型平均续驶里程仅 202km,到 2019 年第 7 批推广目录时,平均续驶里程涨到 361.9km,到 2021 年部分车型宣称续驶里程超过 600km,甚至更高达到 1000km,有效缓解了里程焦虑问题。此外,我国纯电动乘用车电耗水平也有很大提升,单位载质量百公里电耗不断下降,平均值从第 1 批免征目录的 12.7W · h/(100km × kg)下降到第 25 批的 8.6W · h/100(km × kg),节能效果显著。

(2)电池技术水平持续提升,处于世界第一阵营。动力蓄电池作为新能源汽车三大核心零部件之一,不仅占据整车成本的 40% 左右,且其性能好坏直接决定了整车的安全性和续驶里程的高低,重要性不言而喻。新能源汽车产业快速增长,直接催生了配套动力蓄电池的技术进步,一方面动力蓄电池正极材料从磷酸铁锂转向三元材料,另一方面由普通三元向高镍方向转变,这些努力共同促进了动力蓄电池系统能量密度的显著提升。例如,从工业和信息化部推广目录统计数据来看,新能源纯电动乘用车配套动力电池系统能量密度平均值从 2017 年第 1 批的 100.1W · h/kg 攀升到 2019 年第 7 批的 150.7W · h/kg,提升了50.5%。从销量看,在全球动力蓄电池市场上,前 10 名和前 5 名厂商中我国品牌分别占据 5 席和 3 席,其中宁德时代位列第一,市场占有率明显高于第二名的日本松下公司。

(3)电机技术基本完成国产替代,“三合一”集成成为趋势。多年来,我国新能源汽车电机配套供应商中,自主品牌一直占据绝对份额。据中汽协统计,我国驱动电机自主配套比例达到 95% 以上,新能源公交车、纯电动货车、纯电动物流车等领域全部采用国产驱动电机。目前,集驱动电机、电机控制器、减速器“三合一”的动力总成已经成为行业的发展共识,这种系统的优势有:①成本大幅度下降;②结构紧凑,质量轻,体积小,方便布局;③电机和控制器共用一套水冷却系统,散热好,工作效率高。此外,新型驱动电机形式开始得以探索和研究,集中式、轮边式和轮毂式驱动电机开始逐步被使用,驱动电机的技术发展趋势向着电机本体永磁化、电机控制数字化和电机系统集成化方向发展。

(4)电控系统核心器件 IGBT 实现国产突破,但对外依存度仍然较高。目前,新能源整车控制器、电池控制器相对成熟,但电机控制器相对落后,主要是因为其核心零部件 IGBT90% 以上的用量还需要依赖进口,面临“卡脖子”风险。作为新能源汽车中连接电池与电机的电能转换单元,在电动汽车行驶过程中,电机控制器将动力蓄电池直流电逆变成驱动电机所需要的交流电,以驱动电动汽车行驶。电机控制器主要由 IGBT 功率半导体模块及其关联电路等硬件部分,以及电机控制算法及逻辑保护等软件部分组成。其中，IGBT占据电控系统成本的40%以上，折合到整车上占总成本的5%左右，如果加上充电系统中的IGBT，成本占比更高。纯电动新能源汽车中IGBT的成本占总成本的比例在7%～10%之间。

6. 基础设施端：充电桩保有量快速提升，充电难问题有所改善

受益国家政策激励和下游需求拉动，我国充电基础设施建设快速发展。据统计，截至2021年底，我国公共充电桩和私人充电桩保有量总计达到260万个，对应的车桩比约为3∶1，充电难问题大幅缓解。有资料预计，到2025年我国将建成超过3.6万座充换电站以及超过2000万个交直流充电桩，构建覆盖全国的充电服务网络；2030年将建成超过4.8万座充电站以及超过8000万个交直流充电桩，进一步完善全国充电服务网络。

与上述要求和发展态势相比，现阶段我国公共充电桩和私人充电桩的数量还有一定差距。根据充电联盟发布的调查表明，配建充电桩依然面临很多困难，其中车主居住地其他业主不配合、居住地没有固定停车位、居住地报装接电难度大等，是未能配建充电桩的主要障碍。此外充电桩布局不合理、不通用、不共享，充电桩被占用、整体利用率偏低，充电时间长等问题，也是需要高度重视的问题，这些问题制约了充电桩的使用效率。

7. 降成本和提升竞争力是新能源车企现阶段的努力重点

1）后补贴时代降低成本是新能源汽车发展的急迫任务

与传统燃油车相比，新能源汽车具有购置成本高、使用成本低的特点，全寿命周期内整体经济性好坏与行驶里程、使用寿命高度相关。以当前纯电动乘用车主流A00和A型车为例，根据中国汽车工程学会推演，在补贴退出情况下，2030年可以实现与传统同级别燃油车整车成本持平，考虑到使用成本、税收减免、路权优惠等政策，预计可在2025年取得经济性优势。

新能源整车企业降成本的主要路径大概有四个维度：①商务维度，即产业链上下游企业均分摊降成本的压力，尤其是电池厂和核心零部件厂更是要加大降低成本的力度；②技术维度，通过驱动系统集成化和零部件模块化等途径降低成本；③结构维度，通过整车向轻量化方向发展，削减部分结构冗余设计，减低部分材料使用或寻找更廉价的替代材料，或使用标准化产品等路径降低成本；④规模维度，通过整合产线、扩充产能、增加批量采购规模等途径，通过规模经济效应降低新能源汽车产品成本。

2）后合资时代自主品牌急需提升综合竞争力

据中国汽车技术研究中心评估，在中国、美国、德国、日本、韩国五个国家中，我国新能源汽车产业整体竞争力排名第三，而基础竞争力和企业竞争力排名第五、产品竞争力排名第四。尽管我国发展新能源汽车已取得部分先发优势，但如果自主品牌不及时提高核心技术与产品竞争力，在外资企业发力电动化转型后仍可能重演国内传统汽车行业大而不强、产品低端、同质化竞争的历史。外资进入新能源汽车领域首先冲击的是PHEV乘用车市场，其次也会冲击EV乘用车市场。

本土企业提升市场竞争力的途径主要有三种：①降低产品成本，提升性价比，重点开发大众化、普及型的新能源产品，实现不同价位的差异化竞争。以比亚迪宋Pro为例，纯电动车型补贴后的售价比燃油版高出了整整1倍，而日产轩逸只高出了38%。相比而言，自主品牌电动汽车的经济成本差了一截。②智能化、网联化赋能，扩大价值差异化优势，加快对燃油车的替代。截至2021年，我国新能源汽车保有量达到780余万辆，而传统燃油车保有

量达到 3 亿辆,新能源汽车保有量渗透率约为 2.6%,假设通过智能网联赋能,推动新能源汽车每年多渗透 0.4 个百分点,就可以增加 100 万辆的新能源汽车销量。③扩大主场作战优势,提升服务体验。利用更熟悉消费者偏好、产业链布局更完善、售后服务响应更快等主场作战优势,提升客户满意度,保持顾客黏性,不断扩大顾客数量。

二、我国智能网联汽车产业的发展现状

当今世界正经历百年未有之大变局,新一轮科技革命和产业变革方兴未艾,智能网联汽车已成为全球汽车产业发展的战略方向。

1. 智能网联汽车的概念及分级

智能网联汽车是指搭载先进的车载传感器、控制器、执行器等装置,并融合和运用现代通信与网络技术、人工智能等新技术,实现车与 X(包括车、路、人、云端等)智能信息交换、共享,具备复杂环境感知、智能决策、协同控制等功能,可实现"安全、高效、舒适、节能"行驶,并最终实现替代人来操作(自动驾驶)的可作为智能移动空间和应用终端的新一代汽车。智能网联汽车集智能汽车(数字汽车)与车联网技术于一体,因此又被称为智能汽车、自动驾驶汽车等,其最高级形式就是无人驾驶汽车(智能化程度最高)。广义地讲,智能网联汽车也属于城市智能交通系统(ITS)的重要组成和部分。

智能网联汽车根据其智能化程度,从低到高可以分为 L1 ~ L5 级,各级的名称、功能及其应用场景见表 13-1。

智能网联汽车的分级 表 13-1

分级	名　称	功　能	应用场景
L1	辅助驾驶	根据环境信息,只能执行转向和加减速中的一项操作	可在车道内、高速公路无车道干涉路段,以及停车工况实现自动驾驶
L2	部分自动驾驶	根据环境信息执行转向和加减速操作	可在高速公路及市区无车道干涉路段,以及换道、环岛绕行、拥堵跟车等工况实现自动驾驶
L3	有条件自动驾驶	能够完成所有驾驶操作,驾驶员在系统请求时提供适当干预	可在高速公路、市区无车道干涉路段实现自动驾驶
L4	高度自动驾驶	特定环境下系统会向驾驶员提出响应请求,驾驶员可以对系统请求不进行响应	可在高速公路全部工况及市区有车道干涉路段实现自动驾驶
L5	完全自动驾驶	系统可以完成所有道路环境下的驾驶操作,不需要驾驶员介入	可在所有行驶工况实现自动驾驶

2. 智能网联汽车的战略地位

首先,智能网联汽车已成为全球汽车产业发展的战略方向。从技术层面看,汽车正由人工操控的机械产品逐步向电子信息系统控制的智能产品转变。从产业层面看,汽车与相关产业全面融合,呈现智能化、网络化、平台化发展特征。从应用层面看,汽车正在由单纯的交通运输工具逐渐转变为智能移动空间和应用终端,成为新兴业态最重要的载体之一。从发展层面看,一些跨国企业率先开展产业布局,一些国家积极营造良好发展环境,智能网联汽车已成为汽车强国的战略选择。

其次,发展智能网联汽车对我国具有重要的战略意义。发展智能网联汽车,有利于提升

产业基础能力,突破关键技术瓶颈,增强新一轮科技革命和产业变革引领能力,培育产业发展新优势;有利于加速汽车产业转型升级,培育数字经济,壮大经济增长新动能;有利于加快制造强国、科技强国、网络强国、交通强国、数字中国、智慧社会建设,增强新时代国家综合实力;有利于保障生命安全,提高交通效率,促进节能减排,增进人民福祉。

最后,我国拥有智能网联汽车发展的战略优势。中国特色社会主义制度和国家治理体系能够集中力量办大事,国家制度优势显著。我国汽车产业体系完善,品牌质量逐步提升,关键技术不断突破,发展基础较为扎实。互联网、信息通信等领域涌现一批知名企业,网络通信实力雄厚。路网规模、5G 通信、北斗卫星导航定位系统水平国际领先,基础设施保障有力。汽车销量位居世界首位,新型城镇化建设快速推进,市场需求前景广阔。更难能可贵的是,我国目前在人工智能、大数据、区块链、云计算、5G 通信、工业互联网等新兴科技领域异军突起,整体发展不落后于世界先进水平,而智能网联汽车也起步较早,积累了一定的基础,相较于传统汽车领域,我国在智能网联汽车方面的差距更小,因此我国具有发展智能网联汽车的战略优势。

3. 智能网联汽车的技术进展

电动化、智能化、网联化天生具有互补互融、相辅相成的特性。电动汽车反应时间短(电动车约 30ms、燃油车约 500ms)、电池容量大(停车时可长时间给车联网通信模块供电),是汽车智能化、网联化最好的载体;反过来智能化、网联化又可极大地提升电动汽车的驾驶体验,扩大新能源汽车差异化竞争优势。

2017 年节能与新能源技术路线图战略咨询委员会和中国汽车工程学会在发布的《节能与新能源汽车技术路线图》中提出了智能网联汽车"三纵三横"新技术架构,如图 13-6 所示。"三横"强调技术,包含车辆/设施技术、信息交互技术、基础支撑技术等;"三纵"强调场景,对应公路自动驾驶、城区自动驾驶、共享自动驾驶等。

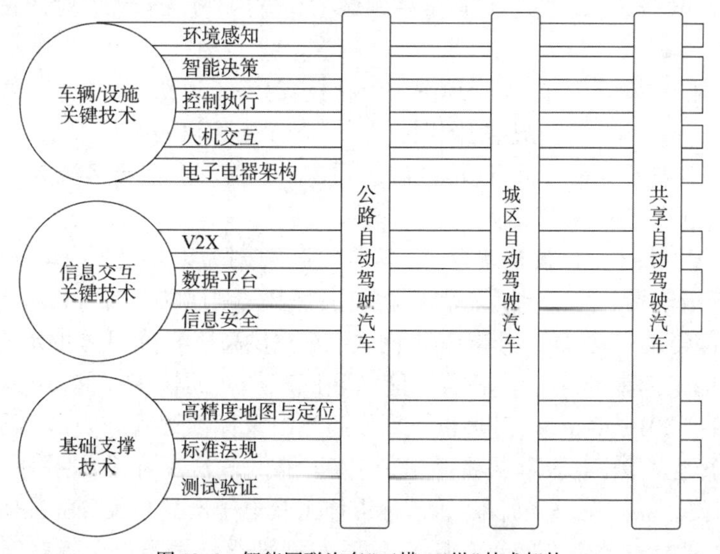

图 13-6　智能网联汽车"三横、三纵"技术架构

目前,包括我国在内的智能网联汽车技术已经取得很多重要进展,随着不断的创新研发和技术迭代,自动驾驶经过较长时间的发展已经逐步趋于成熟。自动驾驶技术分为 L2/L3 和 L4 两条大的技术路线:L2 是部分自动驾驶,即具备了干预辅助类的高级驾驶辅助系统(ADAS)功能,包括自适应巡航(ACC)、紧急自动制动(AEB)、车道保持辅助(LKA)等;L3

升级了辅助功能，并使机器成为驾驶主体，人类仅仅需要紧急接管。相比之下，L4 是一次质的飞跃，它是不需要配备人类驾驶员的高度无人驾驶，但要求限定区域（如园区）或限定环境条件（如白天、晴天）。由于 L5 要求机器在所有条件下都能完成驾驶的定义过于理想化，L4 公司实际瞄准的就是开放区域和全部环境条件。

目前，L2/L3 已经实现商业化应用，L4 由于商业天花板更高，目前还不能落地应用。L2/L3 对应园区配送、环卫清扫、自动停车等相对较小空间的应用场景，而 L4 对应了自动驾驶规模相对比较大的跨城物流、同城物流和自动驾驶出租汽车等三个目标场景。

但总体上看，L4 ~ L5 级智能网联汽车技术还面临很多挑战，核心原因是部分关键技术未能根本突破，如传感技术、车载操作系统、数据平台技术、高精度地图与定位技术等。

（1）传感技术。用于环境感知，主要分两种技术流，即以摄像头为代表的视觉派和以毫米波雷达、激光雷达为代表的雷达派。其中摄像头成像识别能力强，但是受盲区及雾霾雨雪等恶劣天气影响大，目前摄像头从单目朝着多目摄像头方向发展。雷达目前仍以毫米波雷达为主，并从 24GHz 朝着 77GHz、79GHz 中长距离发展。由于两种技术各有优劣势，现在整体上正朝着相互融合方向演变，以“摄像头→毫米波雷达→激光雷达→摄像头”为主，雷达为辅。

（2）车载操作系统。作为驾驶员与汽车交互的接口，其备受各大厂商关注。目前国内以百度、阿里、华为三者较为领先。2017 年初，百度推出 Duer OS，之后又发布 Apollo 操作系统；2017 年 9 月，阿里与上汽合资的斑马公司推出 Ali OS 操作系统，并在荣威、名爵等多款车型中使用；2019 年 8 月，华为发布手机、车载设备、PC 端皆可使用的鸿蒙 OS 操作系统。

（3）数据平台技术。数据平台需要对前端输入的大量数据进行实时处理以实现环境感知，必须具有超高的计算能力。智能网联汽车硬件平台由计算处理、接口通信、V2X 通信、存储单元四部分构成，计算处理芯片是核心。按计算处理单元类型不同，计算处理芯片可分为 GPU、FPGA/ASIC、DSP 三大类，目前这些领域主要被国外厂商垄断，国产技术总体竞争力不够。

（4）高精度地图技术。普通电子地图用于导航，忽略了道路细节，将道路直接抽象成一条直线，精度在 10m 左右。高精度地图用于自动驾驶时，除道路拓扑关系更精准外，还包含道路的坡度、斜率、航向等更多信息，精度需达到 20cm，其难点在于多源数据的融合、提取、规模化制图与更新升级的成本。

（5）高精度定位技术。准确描述当前车辆位置，是实现复杂环境下自动驾驶的关键技术，尤其是在 L4、L5 级体系下，对实时动态高精度定位要求是刚性的。当前我国北斗导航系统已在全国推广，全部建设完成后可为我国智能网联汽车提供高精度、低成本的定位方案。

（6）智能网联汽车标准体系。随着智能网联汽车产业的快速发展，相关产业标准也在逐步建立及完善。2018 年 6 月，工业和信息化部与国家标准化管理委员会印发《国家车联网产业标准体系建设指南（总体要求）》，旨在从智能网联汽车标准体系、信息通信标准体系、智能交通相关标准体系、车辆智能管理标准体系及电子产品与服务标准体系五方面构建完整的车联网产业标准体系。同年 8 月，全国汽车标准化技术委员会等多家行业组织共同编制了《智能网联汽车自动驾驶功能测试规程（试行）》，为自动驾驶汽车道路测试规程提供可量化的标准。2018 年 4 月，工业和信息化部、公安部及交通运输部出台《智能网联汽车道路测试管理规范（试行）》，确定了智能网联汽车测试管理的基本框架，在国家层面准许地方开展自动驾驶道路测试。

4. 智能网联汽车的产业进展

中国智能网联汽车发展已上升至国家战略层面,发展定位从原来车联网概念的一个重要组成部分,向智能制造、智能网联等智能化集成行业转移。顶层设计上,《汽车产业中长期发展规划》《智能汽车创新发展战略》及《车联网(智能网联汽车)产业发展行动计划》等指导性规划文件密集出台。国家发展改革委、工业和信息化部、交通运输部等各部委,在贯彻落实国务院对于智能网联汽车领域的战略部署之外,同样在各自所负责的产业规划、产品准入、安全监管、场景应用等领域积极主动作为。

在产业化方面,智能网联汽车产业链由上游企业(包括感知系统、决策系统、执行系统、信息通信系统、基础支撑技术、智能座舱零部件等企业)、中游企业(包括自动驾驶解决方案、智能座舱等企业)、下游企业(主要为整车企业)、后市场和应用服务企业(包括共享出行服务、智慧物流、数据增值服务、售后服务等企业)等环节组成。

从智能网联汽车产业涉及的企业看,主要为两类企业,一是传统汽车企业,二是"造车新势力",是指那些原来从事控制、IT、人工智能或大数据的ICT企业(物联网信息企业)及从事资本运作的风险投资企业等。目前看,两类企业对推进智能网联汽车的路径稍有不同。传统汽车企业较为务实,希望从L1、L2级较低智能化程度做起,步步为营向前推进,对成熟的技术就可以进行产业化应用。新势力造车企业则大多位居产业链的上游或中游,高起点涉足智能网联汽车产业,凭借其在人工智能、大数据应用、通信技术或资金上的优势,直接瞄准L4级甚至L5级智能网联汽车的核心科技领域攻关,希望在掌握核心竞争力后再整合产业资源,形成完整的造车实力。当然,这种路径难度较高,需要长期的高投入,需要厚积薄发,持之以恒。目前以互联网巨头或通信业巨头(他们有的也与传统车企开展深度合作)为代表的新势力造车企业,已经取得越来越多的核心科技,并正在改变传统汽车产业的面貌。

三、新能源汽车与智能网联汽车产业发展展望

根据工业和信息化部在2019年底发布的《新能源汽车产业发展规划(2021—2035年)》和国家发展改革委发布的《智能汽车创新发展战略》,我国新能源汽车及智能网联汽车的发展前景将非常可期。国家将继续坚持电动化、网联化、智能化、共享化的发展方向,坚持实施发展新能源和智能汽车的国家战略,以融合创新为重点,突破核心关键技术,提升产业基础能力,构建新型产业生态,完善基础设施体系,优化产业发展环境,推动高质量发展,加快建设汽车强国,使我国的汽车产业实现对欧美日汽车工业的赶超。

1. 总体发展愿景

在新能源汽车领域,到2035年我国的新能源汽车核心技术要达到国际领先水平,质量品牌具备较强的国际竞争力,新能源汽车产业进入世界强国行列;纯电动汽车成为主流形式,燃料电池电动汽车实现较大规模的商业化应用,公共领域用车全面电动化。

在智能网联汽车领域,到2025年中国标准的智能汽车技术创新、产业生态、基础设施、法规标准、产品监管和网络安全体系基本形成;实现有条件自动驾驶的智能汽车达到规模化生产,实现高度自动驾驶的智能汽车在特定环境下市场化应用;智能交通系统和智慧城市相关设施建设取得积极进展,新一代车用无线通信网络LTE-V2X等实现区域覆盖,5G-V2X等在部分城市、高速公路开展应用,高精度时空基准服务网络实现全覆盖。到2050年,中国标准的智能汽车体系全面建成和更加完善,成为安全、高效、绿色、文明的智能汽车强国,智能汽车能够充分满足人民日益增长的美好生活需要。

2. 总体发展趋势

新能源汽车为世界经济发展注入新动能。新能源汽车融合新能源、新材料和大数据、人工智能等多种变革性技术，推动汽车从单纯交通工具向移动智能终端、储能单元和数字空间转变，带动能源、交通、信息通信基础设施改造跃升，促进能源消费结构优化、交通体系和城市运行智能化水平提升。

新能源汽车在我国进入加速发展新阶段。我国汽车产业电动化进程正在跻身世界前列，网联化、智能化的发展势头保持强劲态势，共享化应用市场兴起和蓬勃发展，产业进入叠加交汇、融合发展的新阶段。

融合开放正在成为新能源汽车发展的新特征。产业生态正由零部件、整车研发生产及营销服务企业之间的"链式关系"形式，逐步演变成汽车、能源交通、信息通信等多领域、多主体参与的"网状生态"形式。

智能网联汽车将成为移动智能终端。汽车产业与通信、电子以及互联网产业的融合不断加速；在未来汽车使用数据端产生的大量数据将加速汽车产品的迭代，汽车必将由代步工具向移动智能终端转变。

3. 技术创新能力将获得增强

新能源汽车和智能汽车将继续围绕各自的"三纵三横"研发布局开展工作：①强化整车集成技术创新，"三纵"布局整车技术或应用场景创新链。新能源汽车领域将研发新一代模块化高性能整车平台，攻关纯电动汽车底盘一体化设计、多能源动力系统集成技术，突破整车智能能量管理控制、轻量化、低摩阻等共性节能技术，提升电池管理、充电连接、结构设计等安全技术水平，提高新能源汽车的整车综合性能。②突破关键零部件技术，"三横"构建关键零部件技术供给体系。将开展先进模块化动力蓄电池与燃料电池系统技术攻关，探索新一代车用电机驱动系统解决方案，加强智能网联汽车关键零部件及系统开发，突破计算和控制基础平台等技术瓶颈。③突破关键基础技术，智能网联汽车方面将开展复杂系统体系架构、复杂环境感知、智能决策控制、人机交互及人机共驾、车路交互、网络安全等基础前瞻技术研发，将在新型电子电气架构、多源传感信息融合感知、新型智能终端、智能计算平台、车用无线通信网络、高精度时空基准服务和智能汽车基础地图、云控基础平台等共性交叉技术取得重点突破。

4. 新型产业生态将得以构建

产业链的核心企业将获得优先发展。国家将鼓励新能源汽车、能源、交通、信息通信等领域企业跨界协同，围绕多元化生产与应用需求，通过开放合作和利益共享等机制，催生出涵盖解决方案、研发生产、运营服务等产业链关键环节的"生态主导型"企业；以资本市场为依托，充分发挥各类基金的协同作用，推动新能源和智能汽车整车、动力电池等零部件企业优化重组，提高产业集中度；推进车载高精度传感器、车规级芯片、智能操作系统、车载智能终端、智能计算平台等产品的研发与产业化，在产业基础好、创新要素集聚的地区，发挥龙头企业的带动作用，培育若干上下游协同创新、大中小企业融通发展、具有国际竞争力的新能源和智能汽车产业集群，提升产业链的现代化水平。

促进关键系统创新应用。以整车企业需求为牵引，发挥龙头企业和国家制造业创新中心等创新平台作用，坚持软硬件协同攻关，集中开发车规级车载操作系统。围绕车载操作系

统，构建整车、关键零部件、基础数据与软件等市场主体深度合作的开发与应用生态。建立健全动力蓄电池模块化标准体系，加快突破关键制造装备，提高工艺水平和生产效率。完善动力蓄电池回收、梯级利用和再资源化的循环利体系，建立健全动力蓄电池运输仓储、维修、安全检验、退役退出等环节管理制度，加强全生命周期监管。

提升智能制造水平。加快新能源汽车智能制造仿真、管理、控制等核心工业软件开发和集成，开展数字化车间/智能工厂应用示范。支持设计、制造、服务一体化示范平台建设，整体提升新能源汽车全产业链智能化水平。

强化质量安全保障。充分利用互联网、大数据、区块链等先进技术，健全产品全生命周期的质量控制和追溯机制，以提升质量和服务水平为重点加强品牌建设；加快智能化系统推广应用，培育具有国际竞争力的新能源和智能汽车品牌；健全安全保障体系，强化企业对产品安全的主体责任，落实生产者责任延伸制度；健全新能源汽车整车、零部件以及维修、充换电等安全标准，完善安全法规制度。

培育新型市场主体。整合优势资源，特别是在智能汽车领域组建产业联合体和联盟，鼓励整车企业逐步成为智能汽车产品提供商，鼓励零部件企业逐步成为智能汽车关键系统集成供应商，鼓励人工智能、互联网等企业发展成为自动驾驶系统解决方案的领军企业，鼓励信息通信等企业发展成为智能汽车数据服务商和无线通信网络运营商，鼓励交通基础设施相关企业发展成为智慧城市交通系统方案供应商。

创新产业发展形态。积极培育道路智能设施、高精度时空基准服务和智能汽车基础地图、车联网、网络安全、智能出行等新业态。加强智能汽车复杂使用场景的大数据应用，优先在封闭区域探索开展智能汽车出行服务等。

推动新技术转化应用。加快北斗卫星导航定位系统、高分辨率对地观测系统在智能汽车相关领域的应用，促进车辆电子控制、高性能芯片、激光/毫米波雷达、微机电系统、惯性导航系统等自主知识产权军用技术的转化应用。

5. 产业融合发展将得到极大改观

新能源汽车与能源融合发展。新能源汽车与电网（V2G）实现能量互动，小功率直流化技术应用加快，柔性配电网络获得建设；国家将鼓励地方开展 V2G 示范应用，统筹新能源汽车充放电、电力调度需求，综合运用政策及经济性手段，实现新能源汽车与电网能量高效互动，降低新能源汽车用电成本，提高电网调峰、调频和安全应急等响应能力；新能源汽车与可再生能源实现高效协同，新能源汽车与气象、可再生能源电力预测预报系统实现信息共享与融合，新能源汽车能源利用与风电光伏协同统筹调度，可再生能源应用比例得到提升；一批“光储充放”（分布式光伏—储能系统—充放电）多功能综合一体站得以建设。

新能源汽车与交通融合发展。一体化智慧出行服务得到发展，诞生涵盖前端信息采集、边缘分布式计算、云端集中管控的新型智能交通管控系统；新能源汽车在分时租赁、城市公交、出租汽车、场地用车等领域的应用步伐加快；汽车生产企业和出行服务企业将共建“一站式”服务平台，精准匹配个体出行需求，构建“出行即服务”的交通出行服务新模式；将诞生智能绿色物流运输体系，新能源汽车在城市物流、农村物流、港口短驳等领域得到广泛应用；智慧物流营运模式实现创新，模块化运输、单元化物流、无人物流等新模式获得推广应用，形成安全高效的物流运输服务新业态。

新能源汽车与信息通信融合发展。互联互通和信息交互能力被加强，以蜂窝无线通信、定位导航等技术为支撑，实现车辆与道路交通、信息通信基础设施广泛互联和数据交互，为多级联动的自动驾驶控制决策提供保障，以数据为纽带的“人-车-路-云”高效协同。基于汽车感知、交通管控、城市管理等信息，构建出“人-车-路-云”的多层数据融合与计算处理平台并得以应用。信息安全保障体系充分发展，汽车身份认证和数据管理体系，数据、应用服务在汽车全生命周期的分级分类管理和访问控制，风险评估、预警监测、应急响应机制等均得以完善，以保障“端-管-云”各个环节的信息安全。

实现标准对接与数据共享。通过建立新能源汽车与相关产业融合发展的综合标准体系，明确车载操作系统、车用基础地图、车桩信息共享、云控基础平台、车用无线通信等技术接口标准，跨行业、跨领域的综合大数据平台将促进各类数据实现共建共享与互联互通。

6. 基础设施建设进一步完善

充换电网络建设将受到高度重视。在充换电基础设施建设方面，将依托“互联网 +”智慧能源，形成适度超前、慢充为主、应急快充为辅的充电网络；换电模式受到重视和应用，智能有序充电、大功率充电等新型充电技术得以开发。在充电基础设施服务水平方面，企业将联合建立充电设施运营服务平台，实现互联互通、信息共享与统一结算，并通过规范无线充电设施电磁频谱，提高充电设施安全性、一致性、可靠性。在商业模式创新方面，充电场站与商业地产紧密结合，建设智能立体充电站，提升公共场所充电服务能力，实现增值服务。

协调推动智能路网设施建设。新一代无线通信网络建设受到高度重视，低时延、高可靠、大带宽的网络通信服务，将极大地满足高级别自动驾驶智能网联汽车的应用。智能化道路基础设施也会受到重视，促进交通标志标识等道路基础设施的数字化改造，交通信号灯、交通标志标线、视频监控设施、通信设施、车载终端之间实现智能互联，差分基站建设、北斗卫星导航系统在高精度定位领域应用步伐加快等。

氢燃料供给体系建设受到重视。围绕提高氢燃料制储运的经济性，各地将因地制宜开展工业副产氢及可再生能源制氢技术的应用，加快推进先进适用储氢材料的产业化；开展高压气态、低温液态及固态等多种形式储运技术的示范应用；探索建设氢气运输管道，逐步降低氢燃料储运成本，健全氢气制储运、加注等环节的标准体系；氢营运相关企业会根据氢燃料供给、消费需求，合理布局加氢基础设施。

智能化道路基础设施的规划建设力度加大。通过科学制订智能交通发展规划，建设智慧道路及新一代国家交通控制网。分阶段、分区域推进道路基础设施的信息化、智能化和标准化建设。结合5G商用部署，实现5G与车联网的协同建设。通过统一通信接口和协议，使得道路基础设施、智能汽车、运营服务、交通安全管理系统、交通管理指挥系统等信息实现互联互通。

车用无线通信网络实现广泛覆盖。国家将开展车用无线通信专用频谱使用许可方式，快速推进车用无线通信网络的建设；统筹公众移动通信网部署，在重点地区、重点路段建立新一代车用无线通信网络，提供超低时延、超高可靠、超大带宽的无线通信和边缘计算服务；在桥梁、隧道、停车场等交通设施部署“窄带”物联网，并建立信息数据库和多维监控设施。

形成覆盖全国的车用高精度时空基准服务能力。充分利用已有的北斗卫星导航定位基准站网，建设全国统一的高精度时空基准服务能力，加强导航系统和通信系统的融合，建设多源导航平台；北斗通信服务和移动通信双网实现互通，并建成车用应急通信系统，完善辅助北斗系统，形成快速辅助定位服务能力。

建成覆盖全国路网的道路交通地理信息系统。通过开发标准统一的智能汽车基础地图，建立完善的包含路网信息的地理信息系统，提供实时动态数据服务。制作并优化智能汽车基础地图信息库模型与结构，建立智能汽车基础地图数据和卫星遥感影像数据共享机制，建成道路交通地理信息系统快速动态更新和在线服务体系。

建设国家智能汽车大数据云控基础平台。将充分利用现有设施和数据资源，统筹建设智能汽车大数据云控基础平台，重点开发建设逻辑协同、物理分散的云计算中心，标准统一、开放共享的基础数据中心，风险可控、安全可靠的云控基础软件，逐步实现车辆、基础设施、交通环境等领域的基础数据融合应用。

7. 智能汽车网络安全体系实现全面高效

安全管理联动机制得以完善。国家将严格落实网络安全法律法规和等级保护，完善智能汽车网络安全管理制度，建立覆盖汽车制造企业、电子零部件供应商、网络运营商、服务提供商等产业链关键环节的安全责任体系，建立风险评估、等级测评、监测预警、应急响应等机制，定期开展网络安全监督检查。

网络安全防护能力得以提升。将通过搭建多层纵深防御、软硬件结合的安全防护体系，加强车载芯片、操作系统、应用软件等安全可靠性设计，开展车载信息系统、服务平台及关键电子零部件安全检测，强化远程软件更新、监控服务等安全管理；实施统一身份权限认证管理，建立北斗系统抗干扰和防欺骗安全防护体系；按照国家网络安全等级保护相关标准规范，建设智能汽车网络安全态势感知平台，提升应急处置能力。

数据安全监督管理得以加强。通过建立覆盖智能汽车数据全生命周期的安全管理机制，明确相关主体的数据安全保护责任和具体要求；实行重要数据分类分级管理，确保用户信息、车辆信息、测绘地理信息等数据安全可控；完善数据安全管理制度，加强监督检查，开展数据风险、数据出境安全等评估。

本章小结

我国汽车产业（市场）整体上已经进入“S形”增长曲线的平稳发展阶段，整车市场或已趋于饱和，产业增长方式已经走过规模扩张阶段，正在向科技创新和品牌经营方向转变，但现阶段相对较低的人均保有量又将在一定时期内为我国汽车市场提供稳定的市场力量，这些力量主要来自部分居民的普及性消费、家庭扩增消费和升级换代消费。当前，我国汽车产业（市场）在全世界的位置特别突出，其市场规模占据全球约30%，产业空间布局相对集中，企业综合素质相对较高，自主品牌建设取得积极进展，车型结构、用户结构和价格水平基本实现国际接轨，市场开放、产品出口和国际投资取得重大进展，汽车产业国际化成效明显。

专用汽车产业一方面市场需求趋于饱和，另一方面因为属于生产资料，其需求受国家基本建设投资和国民经济运行形势影响而剧烈波动。我国汽车零部件产业在企业转制、经营转型、产品转换等方面取得重要成绩，尤其在新能源汽车关键零部件领域还形成一定优势。在汽车服务领域，汽车维修业一直是汽车后市场的主体，但汽车金融、汽车保险、二手车交易、共享出行、汽车租赁、汽车消费改装、汽车文化旅游以及汽车报废回收等业务正在崛起，将成为汽车服务市场增长的重要方向。

我国的新能源汽车已经走过战略规划期和市场导入期，现在步入快速成长期，纯电动乘用车成为市场的主流，产销规模不仅增长快，而且还一直位居世界第一。为了构建长效、竞争和高质量发展机制，国家坚持实施“双积分”和开放政策，促进了市场增长和向更广泛区域渗透。自主品牌、造车新势力和外资品牌合理竞争，形成我国新能源汽车的三大阵营，近年外资车企开始发力，值得国内企业重视。目前，新能源汽车围绕“三电”技术水平提升、完善充换电基础设施、多种途径降成本，成为行业提升整体竞争力的努力重点。预计到2035年，我国的新能源汽车核心技术将达到国际领先水平，质量品牌具备较强的国际竞争力，新能源汽车产业进入世界强国行列。

智能网联汽车是我国成为汽车强国的战略选择，目前在车辆/设施技术、信息交互技术、基础支撑技术为代表的“三横”技术领域，在公路自动驾驶、城区自动驾驶、共享自动驾驶为代表的“三纵”应用领域，均取得重要进展。中国标准的智能汽车技术创新、产业生态、基础设施、法规标准、产品监管和网络安全体系正在加快形成，很快将会实现L3级智能汽车的规模化生产和L4级智能汽车在特定环境下市场化应用。通过坚持融合创新、突破核心关键技术、提升产业基础能力、构建新型产业生态、完善基础设施体系、优化产业发展环境等举措，将会推动智能网联汽车产业高质量发展。预计到2050年，中国标准的智能汽车体系将全面建成，我国成为安全、高效、绿色、文明的智能汽车强国，实现对欧美日汽车工业的赶超。

复习思考题

1. 为什么说我国汽车产业（市场）总体上已经进入平稳发展阶段？

2. 分析讨论支撑我国汽车产业未来发展的市场力量及其特点。

3. 分析讨论我国汽车产业及其细分市场的发展趋势及发展特征。

4. 分析讨论我国的新能源汽车在技术和产业化方面取得的进展以及未来的发展趋势。

5. 分析讨论我国的智能网联汽车在技术和产业化方面取得的进展以及未来的发展趋势。

第十四章　国际汽车市场营销

在经济全球化背景下，汽车厂商生产要素的配置和市场竞争国际化趋势日益明显，特别是在国内汽车市场趋于饱和、产能出现过剩的背景下，汽车厂商进入国际市场开展营销活动，已经成为一种必然选择。

第一节　国际市场营销概述

一、国际市场营销的概念

国际市场营销(International Marketing)是指营销者在本国本土以外的其他国家或地区开展的市场营销活动。这里所指的"其他国家或地区"，一般是指世界贸易组织(WTO)体系中相对独立的关税区，不一定是以政治意义上的拥有国家主权的领土(领海、领空)疆域为界。

国际市场营销也不只是单一的产品出口，而是以国际市场营销环境为背景，以全球资源优化配置为手段，以获得国际经营效益为目标，以企业整体营销组合为手段，所开展的综合性跨国营销活动。

现阶段，我国大部分汽车企业出现产能富余，行业平均产能利用率不到70%，有的企业产能利用率甚至低于20%，个别企业已经濒临破产，我国汽车产业整体呈现产能过剩已经成为不争的事实。在这种背景下，汽车企业增强全球资源整合和利用能力，将发展目光瞄向更为广阔的海外市场，积极开展国际市场营销，便成为企业谋求健康、持续发展的必然选择。汽车厂商开展国际汽车营销能否取得成功，不仅取决于企业对产品、定价、分销、促销、服务等可控因素如何运用，还要看企业能否成功跨越他国政治制度、法律体系、商业习惯、社会文化等环境因素的障碍，这些挑战往往比国内营销复杂得多。

二、国际市场营销的特点

与国内市场营销相比，国际市场营销虽然拥有资源配置和人才利用更广泛、市场规模更大等优势，但由于其营销环境差异较大，使得营销过程更加复杂、决策风险更大、营销手段更烦琐。国际市场营销具有如下特点。

1.营销环境复杂

由于各国在政治制度、法律体系、经济水平、科技进步、技术标准、使用条件、宗教信仰、风俗习惯、语言文字等方面各不相同，国际市场营销面临更复杂的宏观营销环境。

复杂的营销环境，为国际市场营销可能增加了很多不确定性因素，营销者在适应和利用国际营销环境方面会遇到更多的困难。特别是社会文化和价值取向的差异，会影响到国际目标市场消费者是否能够接受来自异国他乡的产品和企业文化，影响到营销者与消费者之间的理解、沟通和文化认同，也影响到消费者信念和消费偏好能否建立等。

2. 市场竞争激烈

国际市场上，营销者更多，特别是存在一批实力雄厚的营销竞争者，因此国际市场营销的竞争往往比国内市场更加激烈、竞争层面更高、竞争程度更充分。对汽车营销而言，由于国际汽车产业的整体供给能力大大高于国际市场总需求，世界汽车工业巨头已瓜分国际汽车市场，并拥有丰富的国际经营经验，因此新进入或拟进入国际市场的汽车营销者，不可避免会遭遇来自强大对手的竞争压力。

3. 经营风险较高

由于国际营销环境复杂，特别是目标市场国家的政治动荡和政权更迭频繁（这种现象在一些国家经常出现），往往会导致政局不稳、政策转向、经济发展受阻灯不利局面，同时国际经济和国际市场行情也更加容易发生变化，这些不可控因素使得国际市场营销面临极大的风险考验，包括政治（战争）风险、政策风险、行情风险、运输风险、价格风险、信用风险、汇率风险等。

4. 营销管理困难

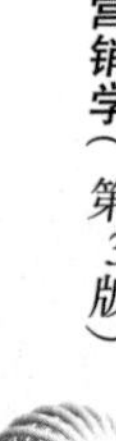

对国际营销者而言，面临很多营销决策和营销管理的困难。例如，因为技术标准和使用条件的差异，国际营销者在产品策略上的标准化及产品结构方面可能不同于国内，需要对产品进行创新设计；受国际市场价格、关税、汇率变动和外汇管理政策的影响，国际产品定价更加富有策略性；因为宗教信仰、价值观念、社会文化、风俗习惯的不同，国际促销必须考虑目标市场的社会文化特点；由于语言文字、制度流程、办事风格的差异，在与国外的政府、营销渠道企业、竞争者和公众开展合作和实施公共关系时会遇到意想不到的问题；国际营销业务活动的开展，往往需要招募会语言、懂业务、熟悉国际贸易惯例、了解目标市场国家社会文化的复合型人才，而这些人才往往难求、难留、难用；在产品进出口、报关、国际运输、商品检验检疫、外汇管理等业务方面，往往手续十分繁杂，专业素质要求较高等。

三、国际市场营销的意义

对汽车厂商而言，开展国际市场营销具有以下意义。

1. 有利于汽车厂商提升综合竞争实力

通过开展国际经营，汽车厂商可以在国际市场上彼此交流和学习，建立先进的营销理念，追踪汽车产业的国际发展动向，学习国际先进技术，掌握更丰富的营销手段和方法，提高营销决策的水平，深刻理解营销的艺术，从而有利于汽车厂商增强市场竞争的综合实力。

我国加入 WTO 后，特别是近年来，除了汽车产品的出口保持快速增长态势外，越来越多的企业成功地在国外建厂，并取得可喜的国际经营成绩。但是，我国汽车企业展开经营的国际市场，总体上还主要限于发展中国家市场或不被国际汽车大厂商重视的不发达经济市场，未在根本上触及欧美日等国家和地区大型汽车企业们的经济利益，经营手段也主要是依靠低成本竞争，国际竞争能力还相对不高。在这种情况下，我国汽车厂商如果不抓住当前国际新兴汽车市场需求增长的机遇，不积累参与国际市场经营的实力，将会使我们很难参与国际汽车产业的分工和协作，不能较快缩短与国际大型汽车跨国集团的实力差距，并最终被他们排斥在国际汽车市场之外。

2. 有利于汽车厂商分享国际分工与合作的利益

当今的世界经济尽管受到个别发达的霸权主义国家逆全球化的干扰,但国际分工与合作依然是国际经济的主基调,国际采购、全球营销依然是国际经济的重要特点。汽车厂商参与国际营销,有利于充分利用国内、国际两种市场资源,实现资源配置的最优化,分享国际分工与合作的好处,形成自己的比较利益,并从国际市场上获得良好的收益,抵御在单一市场上进行营销的经营风险。

随着科学技术的发展和国际竞争的日趋激烈,当代国际分工的形式也在发生深刻的变化,行业内的分工正在成为现代国际分工的主要形式,其突出表现是产品零部件的国际生产专业化分工进一步加强,通过利用不同国家的优势而产生的"国际综合性产品"在当代国际贸易中所占的比重进一步增强。

对我国汽车厂商而言,适应当代国际分工交换的发展趋势,建立国际分工的观念,运用国际市场营销的战略和战术,有计划地开展国际专业化生产和技术合作,是我国汽车厂商开展国际经营、提高竞争力的重要途径。所以,开发国际市场,有利于我国汽车厂商积极参与汽车行业的国际分工,并从中获得收益。

第二节　国际汽车营销环境

了解国际汽车营销的各种特殊环境,是汽车厂商进行国际汽车营销的基础和前提。本节着重讨论政治法律环境、经济环境和文化环境的特殊性。

一、国际汽车营销的主要环境

汽车厂商的市场营销活动要想向国外市场扩展并取得成功,必须认真研究国际市场营销中的不可控宏观环境因素。

1. 政治法律环境

1)政治环境

无论哪个国家和地区,经济活动都不可能独立于政治因素之外。对于汽车厂商而言,开展国际市场营销活动的前提就是必须取得目标市场所在国相应政府的支持。汽车厂商必须对政治环境中的各种因素保持高度的敏感性。

由于一国政府用以实现国家目标的方针不同,对外商的基本政策和态度会有很大差别。这种态度主要有鼓励、限制和禁止三种,并通过政府所制定的一系列有关的政策体现出来,汽车厂商要了解目标市场国政府对外国企业进入本国市场的态度,充分利用好各种鼓励政策,在政策规定的范围内开展生产和营销活动。

汽车厂商无论在世界上的哪个国家从事营销活动都会面临政治风险,只是风险发生的概率和影响程度不同而已。政治风险产生的直接根源有目标市场国政体改变、执政党更迭、武装冲突、社会动乱、对外战争、国际政治同盟关系改变、外交关系变化等。

政治环境变化对外国经营者引起的风险主要有国有化、外汇管制、贸易壁垒、价格控制、雇工规定、税收变化等,极端情况下很可能出现驱赶和排挤等不利情形。因此,汽车厂商应努力争取与目标市场国企业合作(或许是抵御风险的理想方式),不参与目标市场国的政治争斗,保持与目标市场国各政党的友好关系,在政治环境稳定的国家(地区)可以建立生产基地,而在政治不稳定的国家或地区则宜采取产品出口的策略。

2)法律环境

法律是国际市场营销环境中一个重要而又复杂的因素,企业从事国际营销活动,既要遵守本国的法律制度,还要了解和遵守目标市场国的法律制度,国际营销企业进入多少个国家,就要可能面临多少种不同的法律环境。法律环境因素对国际企业的营销活动有着深刻影响。例如,日本政府就规定,任何外国公司进入日本市场,必须要找一个日本公司同其合作经营;也有一些国家利用法律对外国企业的行为作特殊限制,美国《反托拉斯法》规定不允许几个公司共同商定产品价格,一个公司的市场占有率超过20%就不能再合并同类企业。有的国家的法律对营销组合要素,往往有不同的规定。例如美国曾以产品安全性为由,限制欧洲制造商在美国销售汽车,以致欧洲汽车制造商不得不专门修改其产品,以符合美国法律的要求。还有些国家法律对商标、广告、标签等也有自己特别的规定。例如加拿大的产品标签要求用英、法两种文字标明;法国却只使用法文产品标签。广告方面,许多国家禁止电视广告,或者对广告播放时间和广告内容进行特别限制。例如德国不允许做比较性广告和使用"较好""最好"之类的广告词。这些特殊的法律规定,是国际营销企业必须了解和遵循的。

国际营销企业除了关注目标市场国的法律体系外,还有研究国际经济法律法规及惯例准则。国际经济法(International Economic Law)是指约束国际经济关系的法律规范的总和,它包括国际私法、国际公约或条约、国际惯例等。国际私法是调整涉外民事法律关系的规范的总称。一般地讲,目前国际上主要运用属地管辖原则、属人管辖原则、协议管辖原则和专属管辖原则四种原则来确定国际商事争端的司法管辖权。

国际条约、公约或协定(International Agreement, or International Convention)一般是指两个或两个以上的主权国家或关税地区为确定彼此间的经济、贸易关系所缔结的书面协议。签订了国际条约、公约或协定的国家,彼此间的贸易就要按条约、公约或协定的规定进行,即企业的国际营销还必须符合目标市场国缔约或参加的有关国家或国际经济贸易组织所做出的有关国际经济问题的决议。

国际惯例(International Practice)是调整和约束企业国际营销行为的重要法律规范。国际惯例是通过各国的反复实践逐渐形成的某种特定行为、习惯和规范。在现行的国际惯例中,有些内容已被国际条约所采用,即出现惯例条约化的趋势,因此,国际惯例的作用越来越重要。

影响国际市场营销活动最经常、最直接的法律因素是目标市场国有关国外企业在该国活动的法律规范,它涉及的范围十分广泛,包括企业在产品开发、商标运用、定价、促销、分销渠道等所有的商业活动。

从全球范围看,汽车厂商母国法律对国际市场营销行为的影响,主要可归结为进口贸易立法管制、出口贸易立法管制、技术贸易立法管制、投资立法管制四个方面。汽车厂商还要特别关注有关的行业法规和技术规范,如各国为了治理环境污染,保护世界气候,实现"双碳"目标(碳达峰、碳中和),相继制定了控制汽车排放的强制性标准和技术法规等。

3)国际关系

国际关系包括国家之间的政治、经济、文化、军事等关系。国家间的关系会影响国际营销企业的营销活动。这种国际关系主要包括两个方面的内容:

(1)目标市场国与企业母国之间的关系。例如,在海外经营的我国汽车企业就要受到目标市场国政府和我国外交关系的影响。如果该国与我国的关系良好,则对我国企业在该国经营有利;反之,如果该国对我国政府持不友好态度,那么,中国企业在该国就会遭遇各种不利,甚至攻击或抵制。例如中美两国之间的贸易关系就经常受到两国外交关系的影响。美国为了维护自己的霸权,经常对我国进行无端的指责,贸易上常常采取一些歧视政策,如搞配额限制、征收反倾销税、提高关税,甚至直接实施简单粗暴的中断交流等霸凌措施,阻止中国产品进入美国市场。这对中国企业在美国市场上的营销活动是极为不利的。

(2)目标市场国与其他国家之间的关系。国际企业对于目标市场国来说是外来者,其营销活动会受到目标市场国与其他国家关系的影响。例如,伊拉克与中国很早就有贸易往来,曾是我国钟表和精密仪器的较大客户,但自从海湾战争爆发后,由于美国挑唆联合国对伊拉克施行经济制裁,便中断了我国企业与伊拉克的经贸往来。

2. 经济环境

经济环境是汽车厂商在国际市场营销中,确定目标市场和制定营销决策首先要考虑的因素。分析一国的经济环境,一般可从经济发展水平、经济结构和经济特征等方面入手。

1)经济发展水平

美国经济学家罗斯托按经济发展过程将世界各国的经济发展水平归纳为五个阶段:传统社会、起飞前夕阶段、起飞阶段、趋向成熟阶段、高消费时期。传统社会是自然经济占主导地位,生产力水平低,经济发展落后,人们的文化知识水平低,无法进行最基本的经济建设;起飞前夕阶段虽然存在一定的自然经济成分,但现代的科学技术已开始应用于工农业生产,交通运输、通信及电力等基础设施逐步建立,政府大力促进民族工业的发展,人们的教育受到重视,人均收入水平也在上升,但市场仍存在一定的局限性;起飞阶段已大致形成了经济成长的雏形,农业及各项产业逐步现代化,投资增加较快,新兴的工业部门不断涌现,国家拥有某些高度发达的产业部门,尤其是加工制造部门,个人收入的增长较快;趋向成熟阶段的国家能维持经济的长足进步,更现代化的科技应用于各种经济活动,同时,还能够多方面地参加国际营销活动,由于人们的收入增加更快,对各种耐用消费品的需求急剧上升,产品饱和度较大;高消费时期的国家注重耐用性消费、财富及各项服务业的生产,个人所得猛增,整个经济呈现大量生产、大量消费的状态,经济中最为重要的特征是,第三产业在国民经济中的占比很高,因商品的市场饱和度很高,所以市场机会更多地取决于发展和创新。

一国的经济发展水平与汽车厂商的国际市场营销密切相关。所处的经济发展阶段不同,居民收入水平明显不同,消费者对产品的需求也就不一样,因此会影响到企业的国际市场营销。对于汽车产品而言,起飞前夕阶段商用车的需求开始增加,起飞阶段乘用车的需求增加,到了趋向成熟阶段轿车普遍进入家庭,而高消费时期对汽车产品的差异化需求较大。

2)经济结构

经济结构是指一个国家的一、二、三产业之间,劳动密集型产业、资本密集型产业、技术密集型产业和知识密集型产业之间,以及各产业所属部门之间的比例关系。通过对一国经济结构现状及其变化趋势的分析,国际营销者可以发现某些市场机会。从目前情况看,各国的经济结构大致可以划分为生存经济、原材料或能源出口经济、新兴工业化经济、发达工业经济四种主要类型。

生存经济类型的国家生产力水平低,自给自足的传统农业经济占统治地位,商品经济很不发达,市场基本封闭,所以进入该国的机会极小。原材料或能源出口经济类型的国家某种自然资源储量极为丰富,资源开采部门发展迅速,这类国家大量从国外进口轻纺产品、日用消费品、耐用消费品及资源开发所需的机电产品、大型成套技术设备、运输工具等,沙特阿拉伯等石油输出国和主要依赖天然气出口的俄罗斯属于这一类国家。新兴工业化经济类型的国家是依靠国内廉价而丰富的劳动力资源,大力发展国内的加工制造业,带动了能源和原材料进口需求量大幅度增加,同时制造业所生产的劳动密集型产品也大量出口,使得这些国家进出口贸易的迅速增长,如现阶段的“金砖”国家。发达工业经济类型国家的特点是工业基础雄厚,生产力水平高,资金充裕,技术先进,以通信、信息、网络等为主的第三产业迅速发展,这类国家是国际市场上资本、技术密集型产品,以及知识、信息产品的主要输出国;同时,也是原材料或能源及劳动密集型产品的进口国,这些国家国内的消费市场庞大,消费水平高,是国际市场营销的主要目标市场,美国、日本和西欧的一些发达国家均属于此类国家。

汽车厂商要了解目标市场国的经济结构,进口的产品种类及市场规模,有针对性地开展国际汽车营销。新兴工业化国家和工业经济发达国家对汽车产品的需求,多集中于家用中高档轿车和大吨位的、专用的商用车;原材料或能源出口经济国家对汽车产品的需求,则偏重于中低档轿车、通用型的商用车或个别类型的专用车。

3)经济特征

经济特征主要包括人口、收入、基础设施、自然条件和城市化程度等方面的具体特征。人口因素决定着市场规模和市场潜力的大小,人口通常是由总人口、人口密度、年龄结构、人口自然增长率等变量决定。总人口的多少一定程度上决定着市场容量的大小;人口密度影响企业的渠道布局和促销方式;年龄结构影响消费结构和购买力水平;人口自然增长率的变化会对市场需求大小和需求结构产生影响。收入水平的高低决定了一国消费市场的购买力大小。基础设施包括交通运输条件、能源供应、通信设施以及商业和金融的基础设施,是衡量市场营销环境优劣的重要因素。自然资源影响产品的需求结构和人们的购买偏好。城市化程度影响一国的产业结构和市场消费结构。

3. 社会文化环境

由于社会文化的影响,各国消费者往往都会有其独特的购买方式与消费嗜好,身处异国的营销者往往难以理解或认同。这也是汽车国际市场营销中最棘手、最需要关注的问题之一。

不同国家的人民,不同的社会文化,代表不同的生活方式,对同一产品可能持有不同的态度,因此,社会文化因素会直接或间接地影响产品的设计包装、产品接受度、信息传递方法、分销与促销的措施等。此外,人们的消费方式、满足需要欲望的顺序以及他们满足自我需要的方式等也都是以他们的文化为基础的。文化形成并支配着人们的生活方式。因此,国际商界有一条定律:重视文化分析者成功,忽略文化分析者失败。

一国的文化环境尽管错综复杂,但可以从其民族、宗教、风俗习惯、语言、教育水平、审美观念、态度和价值观念、社会阶层和社会组织等方面去分析文化相关要素。教育水平代表着一国的国民素质和国民对开放的态度。语言的差异往往意味着文化的差异。宗教是一种信仰,影响着人们的价值观念和行为规范。风俗习惯、态度和价值观念、社会阶层和社会组织等,都对人的生活方式、购买的商品和购买的行为产生深刻的影响。

二、当今国际市场营销环境的基本特点

当今,国际汽车市场营销环境较以往相比,具有如下特点:

(1)汽车市场日趋国际化。汽车国际贸易与国际投资增长,汽车市场日趋国际化。越来越多的汽车厂商将眼光转向国际市场,通过产品出口形式进入国际市场,或者在目标市场

国投资建厂，实现本地化生产，以取得目标市场国政府支持，占领国际汽车市场。

(2)国际汽车市场呈现寡头垄断的竞争结构。经过一个多世纪的发展，国际汽车工业已逐步演变成少数厂商分享国际市场的寡头垄断局面。全球汽车呈现“6 + X”格局，其中6大汽车巨头分别是通用(包含菲亚特、铃木、富士重工、五十铃)、福特(包含马自达、沃尔沃)、丰田(包括大发和日野)、戴姆勒(包含克莱斯勒、三菱)、雷诺(包含日产)、大众；X表示其他重要汽车企业，分别为本田、宝马、现代(含起亚)、FCA(含PSA)等。数据显示，以上企业在全球汽车产量中的占比高达90%以上。中国、印度、巴西、俄罗斯等国家的汽车厂商实力较弱，国际市场经营面临很大的风险。

(3)汽车市场呈现明显的买方市场特征。目前，全球的汽车生产能力已远大于需求量，北美、欧盟、日本等汽车市场早已饱和，世界各主要汽车厂商都纷纷把目光投向亚洲、拉丁美洲、东欧等新兴市场区域，尤其以中国、俄罗斯、印度和巴西等国家为代表的“金砖国家”市场。

(4)汽车产品结构正在发生明显改变。由于各国对节能减排的重视，汽车产品围绕环保、节能、安全、智能等方面的竞争越来越激烈，在电动和新型能源动力开发、轻量化材料应用、智能网联汽车等技术和产品开发的投入不断增加，互联网企业也纷纷推出自己的自动驾驶汽车，以期成功实现跨界经营。因此，汽车厂商不仅面临传统车企的激烈竞争，还面临越来越明显的跨界经营竞争者(我国俗称新造车势力)。

(5)国家积极参与国际汽车市场的争夺。许多国家为了保护和支持本国的汽车工业，采取了一些的措施，主要包括：①通过关税和非关税壁垒来限制外国汽车产品进口。发展中国家多采取关税和部分非关税壁垒的手段，发达国家更多采用非关税壁垒手段来限制外国汽车产品的进口。②采取各种奖励措施鼓励出口。如采取提供出口信贷、低息贷款，减免国内税收(出口退税)等政策，帮助提高本国汽车出口的竞争力。

(6)竞争手段从价格竞争转向非价格竞争。随着经济的高速发展，各国人民生活水平的提高，对汽车产品的质量、功能、售后服务等提出了更高的要求。从当今国际汽车产业的竞争态势看，谁能生产出更符合目标市场国消费者需求的汽车新产品，谁就能占有更多的市场份额。售后服务也越来越受到各国消费者的重视，在消费者心里，售后服务与产品质量同等重要。这使得在国际汽车市场的竞争中，价格竞争已无绝对优势可言，非价格竞争正在激烈展开。

第三节　国际汽车营销策略

汽车厂商在了解国际汽车营销环境基础上，必须结合自身的资源要素和整体经营实力，决策自己的国际目标市场，并根据目标市场的具体特点，研究制定正确的营销组合策略。

一、国际目标市场的选择

国际汽车营销者首要的任务就是要加强对国际汽车市场的研究，做好市场细分和评估，选择自己拟经营的国际目标市场。这是因为：选择国际目标市场就是为企业确定国际经营的主攻方向，为企业制定准确而有效的营销策略奠定基础，避免经营失误。

如同国内市场营销一样，汽车营销者在选择国际目标市场的过程中，需要率先对国际市场进行充分研究，对国际市场进行细分，并对各个细分国际市场进行有效评估，然后科学决策自己的目标市场。从本质上讲,这个过程与国内营销并无二致。

需要说明的是,汽车厂商在评估国际细分市场时,更要充分考察目标市场是否真正具有分割市场的机会,企业是否具有价格优势、技术优势、品牌优势或其他优势,产品能否打入目标市场;要充分评估国际目标市场的各种风险,包括可能的政治风险、经济风险、文化风险、技术风险、运作风险等,企业研究国际经营风险通常比研究国内经营风险困难得多。

二、国际市场的进入方式

国际汽车经营者在确定其目标市场的同时或之后,还要研究具体进入国际市场的方式。这些方式主要有:产品出口、国外生产、补偿贸易、加工贸易、跨国经营和独资经营等。

1. 产品出口

产品出口(Product Export)是企业走向国际市场的最初级、最简单的经营方式,也就是企业将所拥有的生产要素留在国内,在本国制造产品,再通过一定的渠道将产品销往目标市场国的方式。其特点是汽车厂商不需增加多少生产投资,从投资角度看所面临的经营风险较小,但常常面临出口不能成功或出口规模不能扩大的困扰。产品出口包括间接出口和直接出口两种方式。

1)间接出口

间接出口(Indirect Export)是指制造商通过外贸中间商(出口商)作为出口代理,将产品打入国际市场的一种经营模式。在出口过程中,制造商本身并不直接参与实际的出口业务。

间接出口的特点是制造商经营的国际化与企业的国际化相分离,即制造商的产品走出了国界,而他们的经营活动却几乎是在国内进行的。间接出口的优点是制造商可以利用出口商的销售渠道和销售经验,把产品打入国际市场;制造商不必在国外建立销售网点,节省了投资和相关费用;由经验丰富的出口商负责国际市场营销活动,可以大大降低制造商对外营销的风险。但间接出口,制造商不能控制国际营销的主动权,不能及时了解国际市场的需求信息,不利于制造商根据国际市场需要及时开发和生产适销对路的产品,不利于培养自己的国际营销队伍和积累国际营销经验,不利于制造商真正形成国际市场的营销能力。

2)直接出口

直接出口(Direct Export)是指制造商自己在海外建立分销渠道,将产品直接销售到国际市场的一种经营方式。如果制造商的外销数额达到一定的规模,或外销市场增长很快,制造商就可考虑采取直接出口方式。直接出口时,制造商需要自己负责在海外的全部营销活动,如国际市场调研、寻找海外客户、发展和建立海外分销渠道、独立进行产品定价、办理本国出口和目标市场国进口的文件手续等。直接出口是企业真正进入国际市场的标志。

直接出口的优点是企业可以自由地选择海外市场,对国际市场营销活动拥有很大的控制权,可以提高企业自身的国际营销水平;可以直接获取国际汽车市场的最新资料,为企业的及时决策提供依据;建立自己的海外营销网络,可以节约出口代理的费用,使企业获得更多利润。但直接出口,企业自己面临的各种风险增加,对企业的国际经营能力要求较高。

直接出口需要企业在内部设立出口部门、建立海外市场营销分公司、派遣巡回销售代表、建立海外经销商或代理商机构等,建立健全负责直接出口业务的组织机构。对汽车出口而言,汽车厂商一般需要在海外建立经销商、代理商或服务商体系,由他们完成在目标出口国开展产品销售和服务等具体工作。

2. 国外生产

国外生产的主要特点是:国际汽车营销者以较低的风险实现了国外的产品生产,降低了产品的成本,扩大了在当地的市场份额,绕开了进口国的贸易壁垒,容易取得目标市场国政府和同行企业的支持与合作。国外生产有以下几种形式:

1)国外装配

国外装配又称为KD生产(包括CKD、SKD),就是在国外投资或与外国企业合作,开设装配制造分厂,将国内生产的汽车零部件出口运抵国外的装配分厂,在当地组装产品就地销售的过程。国外装配一般需要国内企业提供生产设备、装配工具、装配技术等支持。国外装配的优点是它比完全在国外生产需要的投资少,生产组织较为简单,相对于整机或最终产品的出口而言,又可以降低目标市场国的关税,并且可以使很大一部分生产环节完成的增加值、技术等留在本国。国际汽车营销者在早期向国外转移生产时常常采用这种方式。

2)许可证协议

许可证协议又称技术授权或许可证贸易,是一种相当简单的走向国外市场的方法。借助许可证协议,发证人(即许可方)一般不必大量投资即可进入国外市场,风险较小。同样,受证人(即被许可方)一般不必从头做起,即通过付给发证人特许酬金方式,使用发证人的制造程序、商标、专利、技术诀窍以及其他有价值的东西,迅速获得生产知识和品牌声誉,在市场上销售产品。许可证协议的缺点是许可证协议终止后,被许可方可能会成为原许可方的竞争对手,因而许可方一般不转让自己的核心技术。

3. 补偿贸易

国际补偿贸易是进口方向出口方以贷款形式购进生产设备、技术和专利等,进行建厂和开展产品生产的行为。其贷款可不用现汇方式支付给出口方,而是待合作项目竣工投产后,以该项目的产品或其他形式清偿贷款。国际补偿贸易有以下四种形式。

1)产品返销

产品返销就是进口机器设备和专利技术的一方,在签订贷款合约时明确规定,在协议期内,用该设备和技术生产出来的产品偿付所贷的价款,即技术和设备输出方进行产品回购。这是国际补偿贸易的基本形式。

2)互购

互购是指出口机器设备和专利技术的一方,在签约贷款时,承诺在协议期内向设备进口方购买一定数量的产品。这些产品不一定是由上述进口的设备和技术生产出来的直接产品,而是可用其他产品进行偿付,因此被称为"互购"。

3)贸易补偿

进口机器设备和专利技术的一方,对引进的技术和设备,部分用产品偿还,部分以货币偿还。偿还的产品可以是直接产品,也可以是间接产品;偿还货币可以用现汇结算,也可以在贷款项目建成运转后分期偿还等。

4)第三方补偿

第三方补偿贸易就是在国际补偿贸易活动中,进出口双方不直接发生联系,由双方互信的国际中间代理商(第三方)作为双方的代理。由于增加了一个双方共同信任的第三方环节,进出口双方就可以避免谈判冲突或僵持的局面,提高国际经济合作的效率,减少双方的经营风险。第三方补偿贸易贷款的渠道和偿还的方式灵活多样,虽然进出口双方或其中一方要多付佣金,但是能够促使双方尽快达成协议,可以进一步扩大补偿的范围。

4. 加工贸易

加工贸易比较适合汽车零部件领域的国际贸易。加工贸易的主要方式有:

(1)来料加工与来件装配。指从出口国进口(购买)原材料、辅料、零部件、配套件和仓装物料,加工成成品后再返销至出口国的业务。必要时国外委托方也提供某些生产设备,承接方只需要按照委托方要求的品质、规格、款式等进行加工生产或装配,并将产成品按规定时间交给委托方。承接方对委托方提供原料、半成品、生产设备,以及生产出来的产成品均没有所有权,只收取事先约定的加工费,不承担产品经营盈亏的风险。

(2)来样定制。该方式是委托方提供产品样件和生产图纸,承接方按照约定的时间、价格和技术标准交付产成品的贸易方式。国外厂商实行生产全过程委托,包括产成品的包装和商标印制等。这类业务委托方要求较高,对产成品的检验也较严格,在其他条件不变的情况下,承接方必须在掌握加工和装配技术的基础上,才能顺利完成。

5. 合资经营

指两个或两个以上国家(关税地区)的投资者,各自以一定比例的投资额,在选定的国家或地区投资,并按照投资项目所在国或地区的有关法令组建合资企业的经营模式。合资企业的通常做法是"四共",即按照各自投资的份额比例共同投资、共同经营、共担风险和共负盈亏。合资企业所在国的一方主要是以土地、厂房、设备、现金等作为投资股份,外方则以设备、工业产权(技术或品牌)、资金等作为投资股份。合资经营各方按注册资本比例分享利润和分担风险及亏损。这是目前国际投资的主要形式。

对于合资企业的投资比例,项目所在国可能有一定的政策或法律要求。因为,投资者持股比例的大小,直接关系到其在合资企业经营管理上和利益分配上的权利与义务。因此,投资比例问题历来为各国投资者所关注。各国政府也为此专门有一些法律和规范,如美国尽管实行比较开放自由的金融政策,但在对外投资部门、投资比例等方面仍有一些专门规定。例如,交通运输方面,在美国的航空公司和在美国注册的船舶公司,外国投资者不得拥有超过25%的股权。大多数发展中国家也有类似规定,而且坚持合资企业出口产品越多时外资的比例才可以越大,但对产品以内销为主并使用当地资源的合资企业,外资比例就要受到严格限制。

设立合资企业,无论对国外投资者还是对目标市场国来说,都有其自身的优势。对于海外投资者而言,合资企业由于有目标市场国企业的参与,较易开展与目标市场国政府和人民的合作,降低了政治风险,可以顺利打开目标市场国市场的销售渠道,并可以迅速熟悉当地法令、商业惯例、文化习俗等;合资企业的产品容易被目标市场国人民看作是本国产品,减少了商品进入目标市场国市场的阻力,有利于迅速占领市场。对于目标市场国投资者而言,合资经营可以弥补其资金不足和解决技术缺乏的问题,可以引进先进的生产设备,促进企业的技术改造和产品的更新换代;合资企业的产品可以通过合资外方在海外的销售渠道打入国际市场;目标市场国企业可以获得管理支持,提高现有劳动力的技术水平和劳动生产率,增加其利润。

合资企业的弊端主要是,由于双方背景、兴趣、动机等各不相同,投资各方对合资企业经营目标的选择可能不同;双方因文化和习惯等方面的差异在管理上也容易产生分歧;对跨国公司而言,其全球战略很难在合资企业中得到很好的贯彻;对于目标市场国企业而言,也比较容易受到合资外方的控制。

6. 独资经营

独资经营就是国际营销者在国外单独投资,建立拥有全部股权的子公司,并独立经营、自担风险、自负盈亏的一种经营模式。站在目标市场国的立场上,独资公司属于一家外国企业,即由外商提供全部资金,在本国开办公司或子(分)公司,独立经营,并获得全部利润。

独资企业的建立有两种基本方式:创建和购并。创建是指跨国公司在目标市场国建立一个新的企业,尤其指建设新工厂或其他实业投资。购并是指跨国公司通过购买目标市场国现有企业而在目标市场国建立自己国际独资企业的行为。

独资经营的优势是,对于外国投资者而言,投资者对独资公司的经营活动有着完全的决定权和控制权,在经营管理上能够排除各种干扰,完全按照自己的意志和目标进行经营管理,有利于跨国公司的集中管理与决策,以及技术及经营方针的保密;独资企业有利于保证产品的质量和品牌声誉,并可独享全部经营利润。对于目标市场国而言,其好处是:可以向外商独资企业提供劳动力,解决就业问题;可以向独资企业销售和配套原材料、零部件、半成品等,有利于目标市场国学习先进技术,特别是零部件生产技术;可以促进本国同行业企业与外商独资企业竞争,促进本国的产业进步等。

独资经营的局限性主要有:对于外国投资者而言,所需投资规模较大,费用较高;经营的政治风险和经济风险都较高,因为其商业活动主要反映了独资企业母公司的利益,因而目标市场国的政府和人民往往对外商独资企业的产品抱有戒心。

三、国际汽车营销组合策略

国际市场营销者在海外开展生产经营活动,同样需要认真研究自己的营销组合策略,包括产品策略、价格策略、分销策略、促销策略、公共关系策略和政治权力运用策略等内容。

1. 产品策略

在制定产品组合策略时,国际营销者必须考虑究竟以什么样的产品形式进入国际市场,是在国际市场上销售与国内市场完全相同的产品,还是对现有产品进行部分改造以适应国际市场的需要,抑或是开发一种全新的产品推向国际市场。

国际营销者还必须考虑品牌问题。现有的产品品牌在名称、图案、商标等方面是否与目标市场国家或地区的法律和社会文化相冲突?品牌标识和品牌发音是否会令目标市场国消费者误解,从而对自己的品牌形象不利?在不存在以上问题时,如果产品未作任何更改,可以不更改品牌要素,沿用原来的品牌,以便发挥原有的品牌资产价值。如果产品针对目标销售国进行了部分更改,或者是全新推出的产品,则最好重新进行品牌设计,可以采取保留主品牌、更改副品牌的策略。如果产品是合资生产或在国外生产,副品牌可以针对目标销售国的文化特色进行设计,要在当地建立良好的品牌联想。

2. 分销策略

选择和建立分销渠道是国际市场营销中极其重要也是十分困难的工作。由于各国营销环境差异很大,各自的商品分销相差甚远。在不同的国度,应针对其市场特点采用不同的渠道策略。

渠道策略按照渠道宽窄,可分为:①窄渠道策略。该策略又称为独家销售特定商品或劳务的渠道策略,包括独家包销和独家代理两种形式。②宽渠道策略。指出口商在目标市场区域选择较多的当地中间商来推销或代理其产品的分销策略。其特点是中间商数目多,容易形成营销规模,有利于商品迅速向目标市场渗透。

渠道策略按照渠道长短,可分为:①长渠道策略。指出口商在国际市场上选用两个或两个以上环节的中间商为其推销或代理产品的渠道策略。其特点是商品能进入不同层次的消费者群,但容易形成中间商库存,同时不利于出口商对下层渠道的监管和控制。②短渠道策略。指出口商在国际市场上直接与零售商或该商品用户从事交易的渠道策略。这一策略包括两种形式,一是出口商直接与零售商从事交易,二是出口商直接建立自己的终端直销网络。

针对汽车产品的特点,国际汽车营销者仍然需要在海外建立"短而宽"的渠道(如4s店模式),这是国际汽车产业的惯例。

3.定价策略

本书主要讨论国际市场营销中商品定价的特殊性,包括以下内容。

1)国际市场的商品价格构成

由于商品进入国际市场产生了商品分销渠道延长的问题以及关税、运输和保险费用增加、汇率存在差价等一系列的问题,同一产品的国际市场价格与国内价格往往存在一定的差异。一般来说,国际产品价格较国内产品价格增加了关税、国际中间商成本、跨国运输和海运保险费、汇率波动等要素。

2)正确选择计价货币

国际市场营销活动可以使用多种计价货币。国际交易的每笔交易周期较长,外币汇率波动可能较大,正确选择计价货币是国际市场营销的重要定价策略。在选择计价货币时,应注意以下几方面的问题:①出口国与进口国是否签订了贸易支付协定,是否规定使用某种计价货币。②如果两国间没有签订计价货币的协议,一般选用国际结算货币。国际结算货币指国际货币基金组织(IMF)列入国际结算货币篮子内的货币,如美元、日元、英镑、欧元、人民币等。③出收"硬"、进取"软"的计价策略,意思是在出口商品时宜争取用"硬货币"计价(如自由兑换货币),而在进口商品时宜争取用"软货币"计价(一般是进口国本币)。④如因各种条件限制,只能以"软货币"计价时,可以根据该国货币币值疲软趋势加价,也可以在交易合同中订立保值条款,规定该货币贬值时,按贬值率加价。

3)国际转移定价

国际转移定价是指跨国公司的母公司与海外子公司之间,或海外子公司相互之间转移产品和劳务时采用的国际定价方法。当今的国际贸易中有很大一部分是跨国公司的内部交易。跨国公司为了加强各子公司的经济核算和效益评估,制定了这一内部交易价格——国际转移价格。但是,许多跨国公司都把国际转移价格作为国际市场营销的重要定价策略,实际上都把国际转移价格定得偏离正常的国际市场价格,以实现整个跨国公司利润的最大化。

常用的定价方法如下:①当产品需要在不同国家转移时,如果出口国采用从价税(销售税依据产品价格纳税),或进口国的关税较高,则宜采用尽可能低的国际转移价格(出口价格),以减少纳税额。②当某国的企业所得税税率较高时,产品从其他国家向该国转入(进口)时,产品宜定高价,而将产品从该国转出(出口)时则宜将价格定得较低,即执行"高进口、低出口"的转移价格策略,以减少该国子公司的盈利额和缴纳的利润所得税。③当某国出现较高的通货膨胀率时,如向该国子公司转移产品,也可采用"高进口、低出口"的转移价格策略,避免资金在该国大量沉淀而贬值。④在实行外汇管制的国家,跨国公司转移产品进去时采用高定价,而在转移出来时则采用低定价,降低在该国的利润。这样可以避免利润从该国汇出的麻烦,又可少纳所得税。

跨国公司合理确定国际转移价格,有利于其整体利益的最大化,但是,这些做法要以不触犯本国和当事国的政策和法律为前提。

4.促销策略

1)广告策略

国际广告活动究竟应采取有差异的个性化广告,还是无差异的标准化广告,应根据产品或劳务性质、各国市场的同质性或异质性、各国政府的限制和社会文化差异等因素决定。

标准化广告策略是指把同样的广告信息和宣传主题传递给各国目标市场。这种策略要求撇开各目标市场的差异性,突出基本需求的一致性,广告应围绕产品功能定位展开。其特点是可节约广告制作费用,有利于保持企业和产品的统一形象。但一般来说,汽车的标准化广告必须以汽车产品的形象定位与目标市场的心理需求保持高度一致为前提。随着经济国际化的发展,越来越多的广告信息趋于标准化。如沃尔沃轿车向全世界各地始终传递着一个"安全"的主题。

个性化广告策略是指向不同的国家和地区传递不同的广告信息,突出各国市场的差异性,广告可以实施心理定位。其依据是不同的国家和地区,在政治制度、法律、文化、风俗习惯、经济发展状况等方面存在着巨大的差异,广告信息的传递应根据这些差异做出调整。这一策略的特点是针对性强,广告促销效果可能更好。

随着广告费用的增加,对国外分销商或子公司的广告活动进行评估和控制,在广告促销管理中变得日趋重要。国际广告的控制策略主要采用三种方法:①集中管理国际广告,控制营销成本。②分散管理广告,国外分销商或子公司按销售额的一定比例提取广告费,开展个性化广告促销。③按广告职能的不同,分别采取分散或集中的国际广告管理。

2)人员促销策略

国际市场营销中,人员推销最易受到目标市场国家的社会、文化和语言等因素的制约。人员推销对专用车辆、大型商用车辆的销售和对产业用户、集团用户的销售,具有明显的作用。

国际汽车营销者在决定使用人员推销手段时,必须考虑以下因素:①市场的集中程度。产品市场的消费群体相对比较集中时,人员推销很有效。而对于消费群体相对分散的市场,它的作用就很有限。②市场用户类型。对大客户、产业用户,一般购买量大,并具有需求的连续性,因而广泛应用人员推销;而对于点多面广的普通汽车用户,宜采用广告宣传的方式,人员推销只面向中间商或批发商。③产品的技术含量。若产品技术含量很高,顾客很难全面了解产品的性能及特点,单凭广告不易使其下定购买决心,在这种情况下,人员推销就有必要。④产品的价格。高价格的产品使顾客产生的风险感较高,人员推销可以及时解除顾客的心理压力,坚定顾客的购买信心。

国际汽车营销者在应用人员推销时,在推销员的选拔上要注意:优先选择目标市场国家中能驾驭多种语言的当地人,特别是那些还具有销售经验的人才,其次是选择母公司所在国移居到目标市场国家的人才,他们懂得两国的语言和文化,只需学习推销技术、销售政策和产品知识,就可能成为优秀的销售人员;再次是选择母公司所在国具有外语基础,并愿意到国外工作和生活的人员,他们最好能懂得目标市场国家的社会文化、政治法律等环境因素。

3)营业推广策略

在汽车市场中,营业推广是一种行之有效的促销手段,针对不同的销售对象、不同的国际市场环境,营业推广的策略也有所不同。营销者应认真研究营业推广的具体形式。

4)公共关系策略

在国际市场营销中,公共关系促销策略的地位越来越高。现代跨国企业为了进入目标市场国家,特别是一些封闭性较强的市场,应用各种公关策略,如与政府官员、当地名人以及工会、社团等人士交往,为其产品进入市场打开通道,并采用各种公关活动在目标市场国树立良好的形象。

公共关系活动的主要方式有:①尊重和支持当地的政府目标,与当地政府保持良好的关系,让当地政府认识到国际企业的经营活动有利于当地经济的发展。②利用各种宣传媒介,以第三者身份正面宣传企业的经营活动,使当地人对国际企业产生好感。③听取和收集当地各种不同阶层的公民对本企业的各种意见,迅速消除相互间的误解和矛盾。④与国际企业业务活动有关的各重要部门和关键人物保持良好的关系。⑤积极参加目标市场国的各种社会公益活动,对当地的教育事业、文化活动、慈善机构等给予关注和支持,积极组织国际教育和文化交流。⑥协调企业内部的劳资关系,尊重当地雇员的社会文化偏好、习惯和宗教信仰,调动员工的积极性。

5)政治权利的应用

政治因素对国际市场营销具有重要作用,两国政府和人民的友好,往往是促进两国贸易最突出的环境因素。领导人的政治访问往往伴随一个庞大的经济代表团,素有“外交开路、文化搭台、经贸唱戏”之说。

国际汽车营销者应积极争取本国政府制定有利于本国企业开拓国际市场的外交和外贸政策,争取支持自己开拓国际市场,争取本国政府对外援助的采购。汽车厂商在进入国际市场的过程中,还可以充分依靠本国政府驻外机构(大使馆、领事馆)的协助,简化有关手续。各国驻外使馆一般都为本国企业提供一般性的当地市场信息,参与政府或企业的经贸活动,指导和协助有关厂商在当地建立海外贸易中心或办事处等。

国际汽车营销者还应争取目标国当地政府的支持,积极参与当地政府的各项建设工作,支持其公益性活动。要学会充分利用两国友好的双边关系,解决与当地企业的贸易争端。

本章小结

国际市场营销是指营销者在本土以外的其他国家或地区开展的生产经营活动,它具有营销环境复杂、市场竞争激烈、经营风险较高和营销管理困难等特点,特别是要面临比国内市场复杂得多的政治法律环境、经济发展环境和社会文化环境,因此国际营销者需要管控的经营风险也比较多。当今国际汽车市场的营销环境呈现国际化日趋加强、寡头垄断竞争结构固化、买方市场特征明显、产品结构迅速演化、国家协助市场争夺、非价格竞争手段应用普遍化等态势。

汽车厂商必须结合自身的资源要素和整体经营实力,决策自己的国际目标市场,并根据目标市场的具体特点,选择恰当的经营方式,研究制定正确的营销策略。其中进入国际市场的方式主要有产品出口、国外生产、补偿贸易、加工贸易、跨国经营和独资经营等,国际汽车营销组合策略包括在内涵上不同于国内营销的产品策略、价格策略、分销策略、促销策略、公共关系策略和政治权力运用策略等。

复习思考题

1. 如何理解国际市场营销的概念？讨论国际市场营销的特点。
2. 比较国际和国内市场营销在政治法律环境、经济环境和文化环境方面的特点。
3. 讨论进入国际目标市场的方式及其应用特点。
4. 比较讨论国际和国内市场营销组合策略的异同点。

参考文献

[1] 张国方. 汽车营销学[M]. 2 版. 北京:人民交通出版社股份有限公司,2017.

[2] Pranab Bardhan. Growth and International Trade 2013[M]. Springer Berlin Heidelberg,2013.

[3] Kenneth Laudon Carol. E-Commerce 2014 [M]. Prentice Hall,2013.

[4] 王倩南,吴映波,王旭. 汽车行业供应商共同体利益分配研究[J]. 世界科技研究与发展,2016,38(06):1328-1333.

[5] 中华全国工商业联合会汽车经销商商会,等. 汽车电子商务蓝皮书:中国汽车电子商务发展报告[R]. 北京:社会科学文献出版社,2015.

[6] 何坤. E 公司 CRM 系统在数字化转型下的制约因素分析和对策研究[D]. 成都:电子科技大学,2021.

[7] 韩雅娟. 汽车企业数字营销发展趋势[J]. 互联网周刊,2020(23):32-34.

[8] 戴娟. 车企数字化营销探索浅析[J]. 上海汽车,2020,(09):15-21.

[9] 卢佳娜,姚静仪,王颖,等. 从"循环销售漏斗"模式看汽车销售管理[J]. 中国市场,2015,(49):10-15.

[10] 陈勇. 基于社会化媒体数据的汽车行业数字化营销战略研究[D]. 北京:对外经济贸易大学,2017.

[11] 李永革. 六类汽车电商平台分析[J]. 科技视界,2019,(07):235-236.

[12] 甄文媛. 汽车之家:云车展如何破局数字化营销[J]. 汽车纵横,2020,(05):34-37.

[13] 任潇波. 销售线索管理软件系统设计与实现[D]. 成都:电子科技大学,2013.

[14] 樊靖钊. 一汽-大众销售公司数字化营销策略研究[D]. 长春:吉林大学,2016.

[15] 中国汽车行业营销研究报告,2021 年[C]//艾瑞咨询系列研究报告(2021 年第 7 期). [出版者不详],2021:180-235.

[16] 韩雅娟. 汽车企业数字营销发展趋势[J]. 互联网周刊,2020(23):32-34.

[17] 辛宇,郑鑫. 大数据驱动与客户生命周期——基于汽车行业的分析[J]. 河南社会科学,2014,22(03):71-77 + 123-124.

[18] 贾志国. A 汽车经销商基于客户生命周期的客户管理策略研究[D]. 上海:上海交通大学,2016.

[19] 凯伯. 国际贸易[M]. 中国人民大学出版社,2012.

[20] 李向文. 汽车物流信息化[M]. 北京:北京理工大学出版社,2013.

[21] 彭鹏. 汽车电子商务[M]. 北京:机械工业出版社,2016.